U0901902

燃烧的岛链

美国人眼中的珍珠港事件

上

[美] 高尔登・普朗格 著
张晓生 编译

台海出版社

图书在版编目（CIP）数据

燃烧的岛链 / 张晓生编译 . -- 北京 : 台海出版社，2017.4

ISBN 978-7-5168-1344-7

Ⅰ . ①燃…　Ⅱ . ①张…　Ⅲ . ①日军偷袭珍珠港（1941）—研究　Ⅳ . ① E195.2

中国版本图书馆 CIP 数据核字（2017）第 077889 号

燃烧的岛链

著　　者：[美] 高尔登 · 普朗格　　　译　　者：张晓生

责任编辑：刘　峰　　　　策划编辑：卜　卜
装帧设计：翌　晨　　　　责任印制：蔡　旭

出版发行：台海出版社
地　　址：北京市东城区景山东街 20 号，邮政编码：100009
电　　话：010 — 64041652（发行，邮购）
传　　真：010 — 84045799（总编室）
网　　址：www.taimeng.org.cn/thcbs/default.htm
E - mail：thcbs@126.com

印　　刷：北京嘉业印刷厂
开　　本：710 毫米 ×1000 毫米　1/16
字　　数：800 千
印　　张：45
版　　次：2017 年 7 月第 1 版
印　　次：2017 年 7 月第 1 次印刷
书　　号：ISBN 978-7-5168-1344-7
定　　价：98.00 元

中译本序言

1981年，美国MCGRAW—HILLBOOK公司出版高尔登·普朗格遗著《我们沉睡在清晨——有关珍珠港的未告诉过人的故事》一书。众所周知，珍珠港事件是第二次世界大战的转折点，由此点燃日美太平洋战争的战火。我们觉得这一事件的内幕，应该被国人知道，很快将其译成中文，于1990年1月交付长征出版社出版。现在，27年过去，因应时代需求，决定重新予以编译，更名为《燃烧的岛链——美国人眼中的珍珠港事件》，提供给仍对此事感兴趣的读者。

原著的突出成就是，以其无与伦比的研究规模和他人难以企及的权威性，首次既从美国又从日本的观点审视珍珠港事件，故获得巨大成功。据说它当年一经问世，就引起广泛瞩目，使得在太平洋战争特别是珍珠港事件上历来众说纷纭的美国军事历史学界，都异口同声地称赞“这是一部真正非凡的史诗”，认为“比此书更真实、更有吸引力的有关珍珠港事件的论述，似乎不会再有了”。

此书之所以为人称道，与作者不寻常的在美国陆军、海军和学术领域的背景经历有关。高尔登· 普朗格于1910年7月16日生于美国衣阿华州的波美洛伊，曾在衣阿华大学和柏林大学受到教育，并取得博士学位。从1937年起，他在马里兰大学任讲师、教授，已成为一名海洋战史学家。第二次世界大战中，他作为海军预备役军官服役。1945年美军占领日本后，为了研究太平洋战史，搜集日本方面的有关资料，他又以平民雇员的身份加入麦克阿瑟设在东京的盟军总司令部，先后任历史研究室主任和军事历史处代理处长。1951年7月回到美国，继续在马里兰大学执教，直至1980年5月去世。多年来，他坚持把研究太平洋战史的重点集中到作为开战导火索的珍珠港事件上，从政略、战略两方面进行研究。他把当时参加过这一奇袭行动还活着的所有能找到的日本官兵从全国各地找来问话，请他们说明当时的情况，他的提问常涉及细节问题，而且不知疲倦地反复询问。此外，他还以盟军总司令部所赋予的权力，利用战时缴获的日本外务省来往电报和许多其他文件，进行了更为广泛深入的调查。经过极其艰苦的努力，他终于发现大量新证据，使自己的研究得到重大启示。尤其难得的是，他在以客观公正的态度，向人们娓娓叙述和冷静剖析人类战争史上最大的出其不意——珍珠港事件这一历史陈迹。他承认日本确实打了一场漂亮的奇袭战，称赞珍珠港事件的策划者们“个个都是思想家”，对日本人的硬骨头精神和执着性格，更深表钦佩。而对美国方面，则毫不留情地指出，正是由于美国当局的疏忽和犹豫，才遭到日本打击，美国人捶胸顿足地悔恨此事，恰应从这里多去反思。总之，在珍珠港事件上种种幼稚可笑的风潮似的认识，有许多都被此书荡涤得无地自容。它的历史文献价值和军事学术价值，也由此得以确立。

75 年前发生的珍珠港事件，留下了大量疑点，至今仍是人们津津乐道的话题，也是美国为何迄今既利用日本又防范日本心结之所在。其中，最为扑朔迷离的话题，可能是战争动机问题。就是说，罗斯福总统事先是否真的知道日本要袭击珍珠港？还是根本不知道而由日军单方面挑起的？如果罗斯福总统及其统帅机构事先知道日本要袭击珍珠港，为什么没有向太平洋舰队司令和夏威夷防守司令发出警告？对于诸如此类的疑问，读一读高尔登・普朗格用 37 年时间写成的这部书，大概都可以得到令人满意或比较满意的答案。

该书原译出版后，颇获好评。有读者认为：“知道很多事，不如全面准确地了解一件事。《我们沉睡在清晨——有关珍珠港的未告诉过人的故事》，就是一部力图让读者明白珍珠港事件来龙去脉的好书。这部书，我看了两三年了，对我的影响依然存在。我一直认为研读二战书籍有两个好处，一是时间距现在近，与当下的关联性较强，很多事理解起来容易；二是档案几乎全公开了，因此人们有可能看清不远的过去所发生的事情的真相。二战这样一场伟大的历史过程，没有成为后世的神话传说，我们应该感谢那些在历史资料中努力寻找真相的学者。看了这部书，我坚信高尔登・普朗格就是这样一个人。在一场战争中，敌对双方是怎么做的，我们很容易看到，但双方在战前、战中是怎么想的，受到哪些因素的影响，又发生了什么变化，双方面临的问题和存在的选择，以及最终采取了哪个选择，中间的种种矛盾冲突，往往不为人所知。而作者显然为解答这些疑惑做足了功夫，他用的资料之翔实确实罕见。当年读完这部好书，我最大愿望就是，如果有高质量的出版机构能重译出版它，就好了。”

感谢该读者这么认真地读过原译，感谢他建议我们重译出版。距原译毕竟 26 年过去，也期望新译本《燃烧的岛链——美国人眼中的珍珠港事件》，给读者带来关于珍珠港事件更为确切的认知。它给世界留下的教训，是否可以这样概括——意外事件能够发生，也许还会发生。

张晓生

2016 年 8 月 16 日校毕

目 录

第一章 太平洋的癌

第二次世界大战前日本对世界四大势力圈的构想

1941年元旦那天远在太阳升起之前，日本裕仁天皇就起床开始纪念日本帝国建立2600周年的宗教活动。毫无疑问，他在为他的国家以及全世界的“和谐”而祈祷。因为这个看起来温和的爱好和平的人，亲自为他的朝代选择了一个意味“文明与和平”的词——“昭和”——作为年号。

但是，日本社会却在新年贺词中，预言战争与动乱。老资格的记者德富宗步，警告人们面临风暴：“谁也不能否认太平洋上海浪之高……现在已到了日本人下定决心，去抵制任何阻挡他们国家前进的人的时候了……”

是谁挡了日本的路？所有的日本人都不会怀疑，日美关系有许多问题需要改善。日本正在始于1895年的扩张航船上满帆前进，驾着征服之风，于1937年侵入中国华北。虽然它竭力想要解决被委婉地称之为“支那事件”的问题，但仍陷入一个漩涡之中，而这个漩涡，正在吸入其成千上万的青年、成千上万吨的军事装备以及成百万的日元，而且没有任何力量可以阻止它不由自主地越来越深地进入那片被蹂躏的土地。因而，这尚未解决的支那问题，成为日本外交政策的困扰。

日本于 1939 年转向南进。2 月 10 日，它进占了海南岛。同年 3 月，日本宣布对斯普拉特利斯（中国的南沙群岛——译者著）的主权。那是一片坐落在西贡、北婆罗洲、马尼拉和新加坡之间美丽航道上的珊瑚礁群岛，能为飞机和小型舰只提供理想的基地。

1940 年法国失陷，日本在法属北印度支那部署了部队，这是其进一步南进的跳板。受到希特勒军事扩张成就的炫惑，它与德意携手，于 1940 年 9 月 27 日签订了三国条约。该条约规定："当一个签约国受到当时尚未卷入欧战或中日冲突的某一强国的进攻时，三方同意以全部政治、经济和军事手段互相支持。"由于当时除了美国和苏联之外，德国与后者签有互不侵犯条约，没有哪个大国没卷入战争，三国条约的矛头所指是显而易见的。

1941 年是决定性的蛇年。日本进一步向东南亚（马来亚、菲律宾和荷属东印度）扩张的决心已下。日本人自信，为了打破真正的和想象中的被包围，以及击败其国际敌手——美国、英国和苏俄——中的任何一个，或联合起来的挑战，有必要夺取这些富饶地区的大量资源。

在整个日本崛起的早期阶段，美国一直在为被他们视作门徒的日本欢呼。但是，随着时间的推移，下述情况变得明显了：有胆量的"小日本"不仅勇敢聪明，而且是危险的，并有点站到魔鬼一方去了。到了 1941 年新年那天，两国有识之士已经相信，公开冲突仅是时间问题。甚至连日本的朋友、美国驻日大使约瑟夫 · C · 格鲁，都无法找到银衬里（译者注——在魔鬼身上也能找到的一点好品质）。他在 1940 年 11 月 14 日一封以"亲爱的富兰克"开头的写给富兰克林 · D · 罗斯福总统的信中，抱怨道："我越来越清楚地认识到，我们注定在某天要和日本摊牌，关键是早一点摊牌对我们有利，还是迟一点摊牌对我们有利。"

欧洲的进程，不可避免地给美国对日态度染上色彩，日本正在因与阿道夫 · 希特勒结盟而给自己戴上的手铐下艰苦奋斗，而大多数美国人把日本看得比魔鬼好不了多少。日本在劝说法国维希傀儡政府允许其军队进驻北印度支那上，所采取的强硬方法，使本尼托 · 墨索里尼对待法国有名的"背上匕首"相形见绌。所有迹象表明，荷属东印度是日本清单上的下一个。美国不得不从日本与轴心结盟的角度，来考虑日本问题，因为对东京的援助和让步，事实上意味着对柏林和罗马的援助和让步。

中国问题本质上，是日美关系的试金石。中国是所谓大东亚共荣圈的一部分，而大东亚共荣圈，只是一个水分很大、糟蹋民主的概念，日本人从来都没有详细说明这神圣字眼的原则，只是吞吞吐吐地从地理上指明“大东亚”包括的范围。也许随着日本向外推进，它将包括一切军靴所踏之处。

日本人急于实现这个梦想。日本首相近卫文麿公爵宣称：“我坚信，对于我国的继续生存，牢固地建立大东亚共荣圈，是绝对必要的。”

日本对美国有一大堆怨言，最抱怨的是美国承认蒋介石政权，而不承认满洲国。美国以及欧洲诸强在亚洲的存在，是对日本式高傲经常的刺激。日本新闻界，无时不在企图使这些管闲事者确信：日本终会把打开着的门，摔在他们脸上。“日本必须搬开在远东的一切干扰其计划的因素，”有影响的《读卖新闻》写道，“英、美、法、荷必须要被强制离开亚洲，亚洲是亚洲人的领土……”

日本不下几十次地对美国援助英国和英美合作，大吵大喊地表示反对。理由是：第一，英国正与日本的盟国德意交战，帮英国就危害了轴心。第二，日本认为美国支持英国，使不列颠的殖民主义残余在亚洲永存，因而使欧洲可憎的国旗，还在亚洲土地上飘扬。

日本的愤怒，也集中在美国对日出口的禁运上。到 1940 年年底，华盛顿已砍掉除石油之外，所有重要的与日贸易中的战争物资。而在 1938 年，美国只对日本实行所谓道德禁运。1940 年 1 月 26 日，随着美日 1911 年通商与通航条约的终结，实际限制对日出口的法律障碍消失了。从 1940 年 7 月开始，美国对航空燃料和高质废钢铁实行联邦政府出口许可证控制。1940 年 9 月日军进入北印度支那后，罗斯福总统最终宣布向日本出口废钢铁的禁运。因此，当年年底，日本带着对这些歧视性措施十分怨恨的心情，开始体验到真正地受折磨和恐惧的阴影。

东京与华盛顿，还有一个老烦恼如鲠在喉，美国的移民政策把日本人拒之门外，并且不给在美国出生的日本人以公民权。

最重要的是，日本认为美国庞大的扩大海军的计划是针对它的。由于 1940 年春天美国舰队的大部分部署在珍珠港，美国海军已横站在日本的路上。日本的将军们，认为这一部分海军，足以威胁他们国家的生存。

自从海军准将马修·佩里打开日本通向现代世界的大门以来，两国有着极好的友谊与互利贸易的历史。但是，现在他们面对着面站着，像一对决斗者在行礼。对于这种形势，日本有一个不愉快的名称——太平洋的癌。

然而，日本人在拔剑出鞘之前，先要用外交手段，如果他们能用和平方式使美国人在太平洋不动，他们宁愿这样干。为了谈判解决与美国的分歧，东京在 1940 年 11 月挑选海军大将野村吉三郎为驻美大使。野村在他长期的海军生涯光辉的经历中，任过许多要职，64 岁时退休。当他还是驻华盛顿海军武官时，在一次旅行中，和当时任美国海军部长助理的富兰克林·D·罗斯福交上了朋友。更重要的是，野村在美国感觉安适，并珍惜他与美国朋友的友谊。很少有两个相抗争的国家，被这样两个均抱有良好愿望的人所代表，他们是格鲁和野村——两名“医生”，他们愿尽一切努力，来帮助医好“太平洋的癌”。

野村身高六英尺，赫然耸现在他的大多数同胞之上。1932 年 4 月 29 日，他出席上海的一次庆祝活动时，一名恐怖分子向一群日本要员扔了一枚炸弹，炸瞎了他的右眼，并使他的腿致残，从此他便瘸着走路。当安静时，他总在沉思，甚至有点焦虑。他的宽阔敦厚的脸上，经常带着愉快友善的微笑。日本人都知道，他是一个真诚、温和的人，思想开放，坚决反对侵略。他鼓吹和平和与美国友好，因此在美国海军界，也得到爱戴与尊重。直到最后一刻，日本玩火的扩张主义者和东京的德国人，都在竭力阻挠野村的任命。实际上，他并没有争取这项任命，整个 1940 年晚夏与早秋，不顾松冈外相一再请求，这位将军一直拒绝这项任命。只是在他的温和派的海军同僚们恳求他接受这位置，去帮助与美国达成协议的情况下，他才不情愿地答应了。这时，他虽然并未认为前景已经完全无望，但认为情况“很糟”，并且担心“可能变得更糟”。

在同近卫文麿首相、东条英机陆相以及其他人的多次谈话中，野村曾警告不要指望他会创造奇迹，认为解决战与和的问题，超出了他作为日本政府的一个代表的能力。战后，当野村试图解释他于 1941 年在华盛顿的紧张日子里的感受时，他引用了一句日本成语——“大厦将倾，独木难支”。

所以，1941 年元旦官方的《日本时代与广告报》承认，虽然野村的任命得到广泛的赞许，但“他在华盛顿扮演的角色，一点也不值得羡慕，当大家都确信日本外交要首先受到轴心的意图支配时，与美国的关系，就会孕育着无数潜在的争端”。

1941 年 1 月 20 日，正好是启程赴美的前三天，野村与格鲁会见了半小时。这位美国大使，肯定不会指望野村能扭转潮流。他在日记中写道：“对于野村将军的任命，我仅看到一个潜在的用处，那就是希望他将诚实地向他的政府报告，美国政府和人民在想什么、写什么和说什么。”

格鲁用敏锐的不轻松的眼睛，注视着东京的事态发展。他高大、尊严，有着无可挑剔的风度，给人一种完美的老资格外交官的印象。那张智慧动人的脸的上面，是一头平滑厚实的像雪一样的白发，黑色的浓眉下面是一对坦率的黑色的眼睛，注视着一切可能发生的事件，但看起人来，又带着良好的幽默和普通人的理性。

当了九年驻日大使之后，他在东京外交界中，被列为老资格的外交官。他从未掌握日语，部分原因是受耳聋所限，但他妻子日语说得非常好。艾莉丝·格鲁是海军准将佩里的孙女，因此和日本有着特殊的关系。凭着上帝赐予的过人的思维与成熟的判断力，格鲁成为日本政治舞台上敏锐的观察者，并能在他向华盛顿的报告里和在与日本领导人会晤时，极精确地描述他所观察到的事物。

“尽管我们希望美国介于战争之外，并且维持与所有国家特别是与日本的和平，但若允许我们被诱入一种虚假的安全感中，则将是最大的愚蠢。”格鲁在1941年元旦的日记中写道。那是一篇无价的手稿。他不仅详细记录了当时重大的外交及政治事件，而且还在压力增长太大时减了压。然而，甚至当日本人最刺激他时，他的口气仍像一位有感情的父亲对令人气恼的爱子一样。“日本，而不是我们，正走向战争的路上……”他继续写道，“如果赞成绥靖政策的美国人，能读哪怕一两篇有身份的日本人在现在日本主要杂志（他们通常在这里发表他们的真实希望和打算）上的文章，我们这些具有和平头脑的同胞，就会认识到绥靖政策是完全没有希望的。”格鲁又加上一条严厉的旁注：“让我们时刻准备着对付任何事件。”

1941年1月23日，野村从横滨启程去就任新职时，仍准备寻找光明的一面。但他的离开，并没有引起日本新闻界多少乐观主义的言论。第二天，评论家武藤丁池写道：“事实上，新任驻美大使，好像是一名乘条小船冒险横渡怒涛汹涌的大洋的水手。”大约两周后，强硬的国家主义的《国民报》，又加上这样悲观的润色：“我们只能用对于抱着必死决心走向战场的战士的同样的态度，向野村大使致敬和感谢。”

野村才在海上待了四天，松冈外相就在东京发表了下述不祥兆头的讲话：

> 大东亚共荣圈是基于八纮一宇的精神……我们必须控制西太平洋……不仅是为了日本，而且也为了世界，我们必须要求美国重新考虑。如果美国不听我们的要求，日美关系就没有希望。

当海军大将吉川古志郎于1940年9月4日就任海军大臣时，就指出：“海军的责任是沉重的，它必须充分准备去对付，随着当今世界形势发展而出现的任何紧急情况。”吉川1939年荣升海军大将，他是最能干和最杰出的海军将领之一。他是一个块头很大的威严的人，非常健壮，有一张令人愉快但又不大可测的脸，两侧配着一对大耳朵。他平时说话不多，只表示自己的意见，并不强迫人信服。

他坚信日本的天数，强烈支持向南方扩张的战略，他把在中国的战争说成“圣战”，他认为日本可能会因为三国条约而冒一些为德国人火中取栗的风险，但他又相信“美国是如此地不愿打仗，以至于形势还是很安全的”。尽管如此，他宁愿先施加外交的和海军的压力，也不愿立刻诉诸军事行动。然而，他还是在 1941 年 1 月底，向他的同胞这样保证：“海军已充分准备对付最坏的情况……正采取措施来应付美国的海军扩张。”

那时，他头脑里肯定装满了最高机密，他知道的远比他说出来的多得多。当然，他是不会说出他所知道的一切的。

第二章 在月光之夜，还是在清晨

日本联合舰队司令官山本五十六

1941 年 1 月 7 日，在广岛湾的柱岛抛锚的 3.2 万吨级战列舰长门号随波摇荡，一个极端严肃的人正坐在他的座舱里的书桌前，面前放着一张纸，手握毛笔冥思苦索，人们可以想象出此人的形象。突然，只见他灵感一来，飞快地用浓墨写下了帝国海军史上最受天启的一些字。

从一幅当他权力达到顶峰时的照片可以看到，即使按日本的标准他也不高（6 英尺 3 吋），宽阔的肩膀上戴着显眼的肩章，厚实的胸膛上挂满了勋章和奖章。比这些服饰更显著的，是一张坚定的威严的脸，有棱角的颚骨线条分明地斜朝着突出的下颌，在垂直的凸出的鼻子下，饱满的嘴唇像是用刀切出来的一样，长得很好的一对大眼睛能立刻流露出感情，或转瞬加以掩饰，深藏着潜在的喜色或迅猛的雷霆，短秃的眉毛带来一种询问的表情，所有这些之上，是理成不协调的平头的灰发。这是一个富于行动和幻想的人的脸，反映出意志、魄力和敏感。

此人就是山本五十六[①]，日本联合舰队司令长官。

在这1941年1月7日的凌晨，山本却没有表现出他通常的良好素质和对生活的热情。如果说邪恶之灵决定赋予他一项他最害怕的使命，那么这正是他自己强加给自己的那项使命——用突袭太平洋舰队的方式，对美国挑起战争。

最具有讽刺意味的是，在日本也许找不出比这位攻击珍珠港的策划者更真诚地希望避免与美国开仗的人了。山本清楚日本没有对美国最后胜利的希望，他知道美国在科学、技术和自然资源方面远远超过日本，不仅美国的舰队比日本的海军强大，而且美国的庞大的生产体系能够比日本的劣等经济快得多地补充战斗损失。他在哈佛大学学习时，以及后来在二十年代中期作为驻华盛顿的海军武官时，亲眼看见了美国工业的强大。

自从1939年8月被任命为司令长官之后，山本一直在为任何可能的突发事件加强着裕仁的海军，但他同时又怀着日美不要走向冲突的希望。然而，在1940年早秋，他终于看到面临着危险。德意日结盟的不幸前途，使他异常苦恼，因为他很早就不信任里宾特洛甫和希特勒的诡计。他于1939年9月4日给他的海军大学同班同学、海军中将岛田繁太郎写的信，可作为证明："面对着欧洲发生的巨大变化，每当我想到日本与德意的关系时，我就会发抖。"

但是，日本亲近轴心的趋势不可遏制。1940年9月末，他在东京和近卫首相会晤。据首相的回忆录记载，他当时告诉首相："如果命令我进行不顾后果的战斗，我将能够称雄六个月或一年，但对第二年或第三年，我完全没有信心。三国条约已经签署，对此我们无能为力。既然形势已走到了这一步，我希望你要大胆地避免日美战争。"

山本不太信任日本的政治领袖们。在1940年11月10日写给岛田的一封非常坦率的信中，他抱怨道：

……现政府似乎处于完全混乱之中。它目前对美国的经济压力所表现出的吃惊、愤怒和埋怨的样子，使我想到了缺乏深思熟虑、心血来潮而不顾后果的学童的无目的的行动……如果海军相信像近卫公爵和松冈洋右这样的人能被依赖而随之行动，那将

①山本的生父高野贞吉56岁时，他的妻子为他生下了第六个也是最后一个男孩，为了纪念他在完全成熟之后的这个值得自豪的产物，他选了五十六作为男孩的名字。高野五十六于1884年4月4日出生在本州的长冈，1916年被过继给山本家。过继，在日本很普遍，特别是对于没有男性继承人的家庭，为了传宗接代更是如此。

是十分危险的……

山本也对用谈判来解决日美之间的困难问题持怀疑态度。“野村对他的使命的成功毫无信心”，他继续写道，“此外，在这样晚的阶段想要通过外交途径来调整我们与美国的关系，无疑是指望过多的……”

尽管山本对时局持悲观看法，但他在 1941 年中大量的通信表明，如果有一点点可能的话，他仍希望避免与美交战。他绝没有说过那些被广泛报道并歪曲了他的真实形象的言论。1941 年 1 月 26 日，由于害怕走向战争，厌恶那些全力叫嚣战争的狂人，山本写了封信，给一名叫笹川良一的极端国家主义分子。信中写道：

假设日美之间爆发战争，我们仅仅占领关岛和菲律宾是不够的，甚至占领了夏威夷和旧金山也不够。为了得到确定的胜利，我们将不得不进军华盛顿，并在白宫口授和平条款。但是，我对那些以国家利益的名义，坐在椅子上油嘴滑舌地轻率地谈论战争的政治家们，对这种最后的结局是否有信心，并准备做出必要的牺牲，抱有怀疑。

作为原话，这段话整体说来有着山本非常善于使用的辛辣的讥讽。他是在极有远见地直截了当地警告：美国并不是像某些仅怀奢望的空想家们所相信的那样不堪一击的空心巨人，日本若想征服美国，必须派兵在太平洋沿岸登陆，穿越山脉、沙漠和广阔的平原，用战斗去争取每一吋的道路，然后占领华盛顿。但是，日本的国家主义者们故意歪曲山本的原意，他们公布了篡改过的话，并删去最后的一句，从而制造了下列印象：山本许诺要在白宫口授和平。不幸的是，当这被歪曲的话到达公众面前时，日本已经采取了冒险行动，山本不能公开反驳，免得引起分歧。

这样一位十分清楚地预见到战争结局的人，是怎样策划了这场他所希望避免的战争突然爆发闪电似的一击呢？唉，日本早已使自身走向一条既定的道路，使山本没有选择余地。日本的山地和火山土壤，不能维持飞跃增长的人口，也不能为其高效率的野心勃勃的工业提供全部原料。到 1941 年，日本正在向南觊觎着马来亚、菲律宾和荷属东印度那片令它垂涎的有着丰富资源的土地。这样的扩张，将招致严重后果。在 1940 年 11 月 10 日的一封信中，山本告诉岛田：

我们发动针对荷属东印度群岛的军事行动，有很大可能会导致与美国过早交战，并因为英国和荷兰将同美国站在一边，我们对荷属东印度群岛的军事行动在完成一半之前，将几乎确定无疑地发展成与美国、英国和荷兰作战。因而，除非我们面对这些不测加以充分准备，否则我们不应发动南线军事行动……

他又加上句一定会使岛田头脑冷静的话："如果……感到战争不可避免，最好一开始就定下与美作战计划，先夺取菲律宾，以缩短战线和保证作战的顺利进行……"他又说："与在中国作战不同，南方作战决定国家的存亡，因为它将导向一场拿整个国家命运作赌注的战争……"

毫无疑问，山本也是一名深入骨髓的强烈的国家主义者。他热爱他的天皇和祖国，他的好战心理源于武士道传统。像当时很多日本人一样，他相信日本人民是受命于有预见的天神去完成必然使命的被选中的种族，因而日本完全符合逻辑地应当在亚洲国家中起支配作用。

但他陷入两种磨难之间：一方面是，他看到资源贫乏的日本，不仅要与美国，还要和中、英、荷，也许还和苏联同时作战的暗淡前景；另一方面，他要承担作为联合舰队司令长官必须执行的职责的压力。南线作战，取决于海军在运送部队、将同盟国的舰队封锁在港口内并保证日本的海路畅通的能力。为了战役的成功，必须把美国太平洋舰队阻挡在南方水域之外，至少在头几个关键月份中应做到这一点。那如何才能办得到呢？

山本认为，遵守他继承下来的在西太平洋进行舰队决战的训条，是不可能完成上述任务的。当他在 1939 年 8 月接过联合舰队的指挥权时，日本的战略部署似乎是：让敌人来我们这儿，在靠近国土的地方，按我们的条件与其作战，因而能得到内线通讯和靠近供应的巨大的战术与战略的便利；使用陆基和航空母舰的飞机，从空中将敌摧毁；在恰当的时刻将敌诱入陷阱，并歼灭之。

日本的海军将军们，把未来事件的进程看成是这样：一支强大的美国舰队向西挺进，根据渐减作战的原则，随着其离基地越来越远，追踪这支庞大武装的日本潜艇，将把它削弱到一定程度；当美国舰队最终抵达战略上对日本有利的位置时，大海战开始，双方都横过宽阔的洋面，把各自的舰只排成战斗编队，打出所有的炮弹；当硝烟和火光散去之后，日本的胜利将浮现出来，美国的钢铁巨兽将一只跟一只地凄凉地瘸着脚朝家逃窜，或者舰首向上，如同向大海行死亡前的最后敬礼，然后永远消失。

山本认为，这种概念并不适合日本向着距离其本土数千海里的分布极广的诸多目标全力进击的要求。对于清除日本侧翼不受美舰干扰，同时又要把主力用于南方战役的难题，他必须找到有效的答案。

山本受过的训练和他的经验，使他具备了解决他所面临任务的条件。他虽然不是飞行员，多年来一直和海军航空兵紧密相关，认识到它作为一种新的海上武器的巨大潜力。1924 年 12 月，山本被任命为东京东北约 60 英里的霞浦（日本的彭萨科拉）海军飞行学校的副校长。虽然他一生中从未亲自驾过一次飞机，但在他的强有力的推动下，霞浦变成了一个使学员具有更高水平的训练、更强的责任感、更好的体质、更严格的战斗规则和真正集体主义精神的基地。

20 世纪 30 年代初，山本任第一航空母舰舰队司令，他抓住这时机，使舰载空中武装成为海军的一个有战斗力的部分。他激励部属的勇气和信心，但他又是一名严厉的监工，多次在训练中大发雷霆。

1936 年 12 月 2 日，山本被任命为海军航空本部部长。在自已的权力范围内，他给了海军空中武装一个适合长远需要的推动，并建立起使之直入第二次世界大战的势头。

山本的性格也对他最终孕育出的战略有很大的影响。一些他爱用来自励或用来赢得尊敬的格言，可揭示他的思想特色："有效的鹰藏起双爪"，"逼急了，耗子也要咬猫"，"不入虎穴，焉得虎子"。作为一个大胆的有独特见解的战略家和老赌棍，他最喜欢玩有竞争性的将棋、扑克或桥牌。山本经常要身边的人陪他通宵打扑克，条件是谁首先提出不玩就算认输。他非常爱考验人——考验他们的智慧、神经、耐受力和信心，因为他也同时考验了自己。"在赌博时，山本总爱冒险，正如他在海军战略中一样。"山本最喜欢的一位下属军官渡边安次海军大佐说："他有一颗赌徒的心。"

他为了改善帝国海军而顽强奋斗。"联合舰队的舰只应增加一倍。"1940 年 11 月 24 日，他告诉他的朋友原田熊夫男爵。此人是受尊敬的年长的国务活动家西园寺公爵的私人秘书。山本继续说道：

> 飞机的数目也必须增加一倍。若能组织起这样一支大的舰队，我将不会同意撤入内海这样的地方等待出击的时机，甚至在战争爆发而东京被美国空军炸得起火的情况下，我仍将如此。假如东京起大火，被火毁掉三、四次，假如我必须在等待战略时机中亲眼看见这一切，那么我不能保持沉默。

当山本接过联合舰队的指挥权时，他着手创立的计划可以浓缩为两个基本点：着重强调空战，把舰队决战的战线由博宁群岛和马里亚纳群岛向东推进到加罗林和马绍尔群岛。美国舰队在 1940 年转移到夏威夷，也是山本认真考虑的问题。他和他的幕僚们得出结论：把战场移到靠近夏威夷群岛的水域，可以更好地与美国海军进行早期交战，可以迫使敌人出来按照较弱的日本舰队能够战胜可怕对手的唯一方式作战。此外，如果仗一定要打，最好在美国海军的迅速扩张使任何直接冲突成为不可能之前，就强行打起来。

正如一个小个子柔道手能趁人不平衡时掀翻比自己高大得多的对手一样，日本必须抓住机会先发制人。山本希望在一次大胆的闪击中打掉美国舰队，改变太平洋上的战略态势，使之对日本有利，从而保护在东南亚的极端重要的南部侧翼。如果日本在由此获得的短暂时机中行动得足够快和足够有力，就可能征服这些广大的区域，从而保障为进行持久战争所急需的资源，这也可能使日本的地位加固到可以用谈判获得既成事实的和平。

我们不能精确地知道什么时候山本第一次想到了进攻珍珠港，但海军中将福留繁对此提供了值得信赖的证据。他是一位相当睿智的高级军官，从 1939 年 11 月 15 日至 1941 年 4 月 10 日是山本的参谋长。山本与他私交很深，认为他是一名能干的军官，经常和他讨论海军战略问题。福留记得，山本是在 1940 年 3 月或者是 4 月第一次对他谈到那大胆的想法。

福留中等身材，结实，有着肥厚的胸膛和健壮的肩膀，他的嘴巴表现出坚定，嘴唇的形状很好，下巴充满信心地向前伸着。他通常表情严肃，而他的不太常有的微笑，让人迷惑不解。他的头脑不像山本那样突然爆出主意，许多主意只是在他头脑中像植物生长那样慢慢地成熟。他既不激进，又不保守，而是坚定地介于中间。他是狂热的国家主义者，与日本的传统势力保持着极强的联系，他支持向南扩张的主张，但他缺乏山本那种先知先觉的睿智、个性和训练。当山本第一次向他谈及袭击珍珠港时，并没有引起他太大的注意。

到 1940 年上半年，日本的舰载航空兵的训练已进步到了使山本和福留深信，空投鱼雷将在决战中起压倒作用。有一天，两位将军正为此而庆贺时，山本对他也像是对自己低声说："我不知能否对珍珠港实行空袭？"福留当时认为，这个主意只不过是个刚好进入他的善于接受新思想的司令官大脑中的偏离正题的闪念。在福留看来，这种作战似乎是不切合实际的，而且这对他来说并不新鲜，因为军令部在近几年的年度计划会议上和图上演习中，曾考虑过进攻珍珠港，每次提出这种建议，参谋们都把它抛弃，并结论为不可能。福留相信，对于距离日本水域这样遥远的地方，只有用潜艇才能攻击。他对山本的回答是："最好还是在夏威夷附近海面，用我们整个舰队进行一次决战，然后再对那里实施空袭。"

在 1940 年晚秋，联合舰队完成了年度演习，其中包括卓有成效的航空母舰舰载飞机空中攻击训练。到了年底，又进行了每年一度的组织调整和人员调动。这时，山本决定把训练计划继续到新的一年，同时更加强调空中战术。他和福留谈到这个安排时说："我想要海军少将大西泷次郎作为试探性的步骤，探索攻击珍珠港的方案，研究了他提出的报告之后，可把这个问题包括在舰队训练计划中。同时，我要求在实施之前，一直把它作为最高机密。"因为福留已有几个月的时间习惯了这个主意，他简短地回答："我想，那很好"。

虽然这个计划在 1940 年一直没有超出构思阶段，山本早已预想到了一支主要由航空母舰、巡洋舰和驱逐舰组成的特遣舰队，向珍珠港的美国舰队实施毁灭性的打击。为了在敌人的门槛上进行战争，必须出其不意，因而机密和突然性形成整个计划的关键。但是，山本仍然不愿意像这样攻击珍珠港，他要打掉山姆大叔的舰只，倘若零点来临时敌舰队不在夏威夷抛锚地，山本计划不论在太平洋的哪里都要把它找到，并攻击之。

我们用山本自己的话，作为他最终决定了他的大胆冒险的日期。"在战争爆发之际对珍珠港发动突然袭击，以使敌人受到致命打击的计划，是去年 12 月决定下来的，当时正在修改舰队战略。"他在 1941 年 12 月 19 日的一封给他的朋友、海军大将高桥三吉的信中写道。同一天，他在给原田男爵的信中，也重复了同样的意思。因此，这证据似乎是结论性的。

人们也许会问，从什么时候开始，日本的战场指挥官决定了他们整个国家的战争计划？的确，从观念上说，日本海军的作战计划是由海军军令部的作战部来决定的，那是由一群非常年轻的有进取心的军官所组成。而他们的策划，又由高层的大人物决定取舍，而不是由联合舰队，后者只是执行在东京制定并被批准了的计划。没有军令部的批准，联合舰队无权做出哪怕是一个战术调动。

若不是山本五十六恰巧是联合舰队司令长官的话，上述程序是没问题的。他对这种正常的指挥程序的感觉，如同一位坚定的光棍对其他人认为极好的老婆的感觉一样，这就是他的个性及无人可以成功地向其挑战的威望的力量之所在。正因为如此，我们发现，是他而不是军令部长，向海军大臣描述了这个作战的概念。他这样做，是想亲自指挥攻击珍珠港的舰队，因为海军大臣吉川古志郎掌握着人事任免权。

山本也违反保密原则，把他的带爆炸性的想法写入私人信件中。但他并不是想让他的无价的信件流芳后代，或是保存在官方档案中，这些通信只限于他与朋友之间。他从来都不口授这些信件，总是亲手用毛笔起草和写成最后的信件，甚至他的参谋长也没有看过。他写的东西言简意赅，文风类似密码，喜欢抄近路和历史隐喻。幸运的是，他的通信只限于少数与他兴趣相投的人，他们都能准确理解他的原意。

好，请记住此人本身就是法律。让我们又回到1941年1月7日那寒冬的一天，山本坐在他的座舱里，正在给及川写一封长信。这时，若有一位旁观者，可以注意到他的左手缺食指和中指，那是1905年5月在对马岛日俄海战中丢失的。

只见毛笔有力地划过纸面，山本写道——鉴于国际形势暗淡，海军已到了认真地一心一意备战的时候了，因为与美英的冲突已在所难免。山本强调：日本海军应在开战之际就凶猛地攻击，并消灭美国的主要舰队，这样美国海军和美国人民的士气就会低落到不可恢复的地步。奇怪的是，对美国的物质力量做出准确判断的山本，却如此完全错误地估计其精神力量。

他坚持要积蓄力量，"在战争爆发之际，我们应该竭尽全力……在第一天就决定战争的命运"。接着，山本勾画了他的两点作战计划："一、在敌主力大部分停泊在珍珠港里的情况下，用我们的空中力量猛攻之，并封锁该港口。二、若敌舰在港外，也采取上述同样的方法。"

他也告诉及川，他想使用什么样的兵力，以及怎样使用它们：第一和第二航空母舰舰队合同，或必要时只是单独使用后者，"用它们的全部空中力量，发动一场强有力的突发的攻击，冒险在有月色之夜，或者在清晨进行"；一个驱逐舰中队，去"救援被敌人反攻击沉的航空母舰的幸存者"；一个潜水艇中队，去"攻击由被包围的珍珠港（或其他港）仓皇逃窜的敌船，如有可能，在珍珠港入口击沉敌船，封锁港湾入口；最后，还要有几艘油船……以供海上加油"。

"当敌主力在我们进攻之前，就从夏威夷出来迎战的情况下，"他继续写道，日本攻击部队一定要"以全力与之交战，并一举歼灭之"。

山本承认，胜利不会轻易得来，但他认为若所有的参战者都决心献身于他们的使命，甚至不惜牺牲生命，则日本可以得到"神灵保佑"。

山本也没有忽略日本的主要目标。"在攻击珍珠港的同时，一定要对驻在菲律宾和新加坡的敌空军发动先发制人的空袭。"如果珍珠港的美军主力被消灭，则敌"部署在南方区域的训练不足的部队将丧失士气，以至于失去战斗力"。

倘若日本海军担心这种对夏威夷的作战太危险，因而待在自己的水域里等美国人来，那么"我们将不能排除这样的可能性，那就是敌人胆敢攻击我们的本土，烧毁我们的首都及其他城市"。

"若上述情况发生，"他继续写道，"即使我们在南方作战中获得成功，我们海军也将受到公众激烈的谴责……”这样，日本的士气将会丢掉，无法挽回。

然后，山本提出他个人的请求：“我真心希望被任命为攻击珍珠港的航空舰队司令官。这样，我就可以亲自指挥攻击部队。”显然，他了解其中的危险性，但他还是力劝及川“对我的请求通过一个有利于我的决定……这样，我可以把自己的全部贡献给我对祖国最后的义务……”

第三章 虽然困难，但并不是不可能的

日本珍珠港事件实际策划者源田实

像长矛一样的挺直，像弹簧一样的有韧性，第十一航空舰队参谋长、海军少将大西泷次郎，有着上帝赋予的无畏的自信、极强的个性和强健的身体。他从不装假，走路时头抬得高高的，在任何环境里都是中心形象。他对制定战术计划细节有特殊天才。有一次，当他解决一个难题时，他专心致志到除了手头的任务之外，对任何其他事情都视而不见的程度。他要求自己工作得比他对下级军官的要求更刻苦，但他也玩，当他喝醉时——并不是不经常——那就是活脱脱的又一个山本。

山本在写过 1941 年 1 月给及川的信后，不到一周，又写了第二封关于珍珠港的信件——给他的密友大西的长达三页的信。山本在写这封信时，使他的不定型的想法具体化了。他首先回顾了给及川信中的要点，强调日本必须把美国海军挡在西太平洋之外，至少到第一阶段作战完成之前，大约六个月的时间。山本又加上这样的话，他希望指挥去夏威夷的特遣舰队。然后，他要大西尽可能快地着手研究一个提案，并准备一份给他的回答。当然，这件事必须高度保密。

山本挑中了一名优秀的军官，来验证自己的想法。大西除了受到山本的信任之外，也是被列为日本为数不多的天才空战将领之一。虽然当时他主要与陆基飞行有关，并且他是一名战术家，而不是战略家，但他坚决地为航空母舰作战辩护。他曾在现任驻美大使野村手下，去中国服务过，野村说他是“一贯鼓吹扩大和改善日本海军空中力量的军官之一”。

大西智力不高，他曾在海军大学的入学考试中不及格，并从未进过那所培养未来将军的学校。他也不具有独创见解和丰富的想象力，他只是用勤奋和极强的推动力来补偿这些不足。“大西是一个热情的人，他属于这种类型，即只要下定决心就没有办不到的事。”海军少将富冈定俊说。富冈在 1941 年是军令部作战课课长。大西刚介入珍珠港问题时，正好差几个月满 50 岁，他有足够的不容置疑的实践经验来深化他的认识，使他的判断更加成熟，并使他有很好的办法来解决航空问题。

山本在给大西写信之后，紧接着又和他讨论了概念问题。这两位将军，极可能是 1 月 26 日或 27 日的下午，在当时停泊在南九州有明湾的长门号的山本座舱中，进行首次交谈的。没有消息来源能告诉我们谈了些什么，但根据稍后他们与严格限于他们同僚的讨论来判断，大概主要集中于技术细节和进攻珍珠港的可行性。山本后来把这种可行性说成是——“如此困难和如此危险，以至于我们必须有全军覆灭的准备”。

与山本会谈之后，大西回到他的设在九州南部鹿儿岛湾东侧鹿屋的总部，并于当晚开始工作。他站在他办公室的一张圆桌旁，全神贯注地凝视着珍珠港地图。这时，门突然被打开，他的高级参谋、海军中佐前田古井走了进来，他是被大西召来的。

前田 40 岁出头，享有“空投鱼雷战专家”的当之无愧的名声，而这也恰恰是大西需要别人提建议的领域。当前田走近他的长官时，后者的眼光仍被铆在那张地图上，正陷入深思之中。他突然抬起双眼，一连串地问道：“假设美国海军舰只停泊在福特岛四周，能否对他们发动成功的鱼雷攻击？”

这问题，使前田措手不及，对珍珠港的鱼雷攻击？他知道大西是一个爱憎分明的人，经常缺乏听取反面意见的余地。因不知大西对这个问题的立场，他仔细地从头至尾把这个问题想了一遍，然后在日本特遣舰队能够不受拦截地长距离航行直抵夏威夷，这一值得怀疑的假定前提下，回答：“单从技术上来说，对珍珠港美国战舰的鱼雷攻击是不可能的，那基地的水太浅。”

大西强有力的脸有点变硬，他用猫样的目光怒视着前田，因为他不愿听到“不可能”这个词。但前田坚持己见，“除非能在鱼雷轰炸上创造奇迹。”他坚定地宣称，

“否则，这种类型的攻击，将是完全不现实的。”他又说：“如果鱼雷上能捆上降落伞，以防沉入水中太深和卡在水底淤泥中，或者是从非常低的空中投放鱼雷，这样困难的作战，从想象上来说是可能的。”

但是，谁曾听说过用降落伞空飘鱼雷去进行攻击？并且到当时为止，日本海军在低空投掷鱼雷的企图，在很大程度上还仍然是一种愿望。再说，在珍珠港内紧靠着停泊的船舰之间的有限空间里，鱼雷手如何能做到把鱼雷投进去呢？

因此，谈话转到其他形式的轰炸。前田强调了高空轰炸有利于洞穿美国船舰的厚甲板装甲，大西却认为俯冲轰炸将保证更大的精度，因而造成更加有成效的结果，不过，两位军官一致认为空袭珍珠港是很大的冒险。前田那时的心情，认为这个问题纯属虚构，大西并没有告诉他山本脑子里有这种计划，前田直到那年年底，才了解实际的计划。

同事离去之后，大西继续动手解决这个问题。有一点是确定的，对珍珠港的偷袭即便是仅有很小的可能性，它也要驾上日本海军航空队的双翅。为了估价这个基本点，然后再充实它，大西需要一位真诚的和精明的干将。他应该是一个完全掌握空中情况的飞行员，更重要的是，他必须是一个具有天才素质的首创精神的大胆的想象者。这对任何国家的海军来说，都是一个高标准的要求，但大西精确地知道到哪儿去满足自己。

1941 年 2 月初，他给停泊在有明湾的航空母舰加贺号上的航空参谋发了一封短电，电文是：“源田实立刻来鹿屋，有急事相商。”这样，大西迈出了对山本计划有深远意义的有力的一步。

源田不需要第二次邀请。因为，大西是他心中的英雄和作为男子汉、空军战士及爱国者的典范，没有人能比大西更加强烈地影响他的战略思想和对生活的看法了。当他急忙赶往第十一航空舰队总部时，心中仍未免充满了好奇。将军和中佐，在参谋长办公室里会了面，两人有着早自 1935 年就开始的紧密的私人以及职业上的联系，尽管源田级别较低（他是头年 11 月才当上中佐的），但大西知道他为这件事挑选到了最合适的人。

大西在极端秘密的气氛中，透露了山本的设计，源田专心地听着。然后，大西把山本的信拿给源田，坐下来等着他的朋友消化信的内容。他看着源田易变的敏感的面部，随着仔细沉思地读信流露的激情，果然像他一样，源田也赞扬山本的大胆计划和勇敢精神。这一次，大西能期待得到毫不犹豫的回答，不用担心会听到使他不愉快的答案，因为他相信源田一看到这个计划，就可能定下基调，而不管别人的反应。源田看完信，迎着大西挑战的目光平静地说："这计划虽然困难，但并不是不可能的。"

大西咕哝了一声表示满意，然后两人开始研究实际问题。"山本不仅打算在作战开始时用偷袭使美国太平洋舰队瘫痪，还想用打沉尽可能多的战斗舰来粉碎美国人的士气。"大西解释道。与大多数日本人一样，大多数美国人仍相信战斗舰是最强大的战争武器，打沉一艘或几艘这种巨大的战舰，将会被认为是最吓人的事，类似于大的自然灾难。山本推断，这种打击将使美国自吹自擂的"扬基"精神顿告瓦解。

然而，说来可能奇怪，山本并没有认真对待不能收回航空母舰舰载飞机的问题，按他最初的设想，仅用鱼雷轰炸机施行单程攻击。实际上，据大西说，如果这种进攻方法被证明不行，山本认为日本应使其航空母舰在离瓦胡岛 500 至 600 英里处放出他们的飞机，这距离大大超出了飞机的作战半径。这种想法，是和当时联合舰队的航空兵正在讨论的单程攻击的概念相一致的。而且，这似乎有一定的优点：它将增大飞机的攻击范围，使母舰快速离开危险区域，并在一发动攻击后，就立刻安全返回；与此同时，飞行员将飞向目标，投下他们的死神货物，飞回他们母舰方向的海面，并降落在海面，驱逐舰或潜水艇将把它们从海里捞出。

山本还用少有的天真设想，认为在这种方式的攻击面前，美国人可能会想：日本人是如此独一无二的无畏种族，与他们打仗是没用的。山本这位哈佛大学学生、前驻华盛顿武官、美国海军军官的朋友，竟然严肃地抱有这种想法，其本身就是日本人和美国人当时互相低估对手的表现，甚至那些更应该了解对方的人也是如此。

源田对此当场表示激烈反对。因为，单程攻击意味着一种与他的本性格格不入的失败主义。他没有一般日本人的不在乎死亡的偏见，当这种祖先的精神召唤他时，他将会英勇地面对，但他不打算轻易去死，也不要求他的部属这样做。"为了获得最好的战果，全部航空母舰必须尽可能地靠近珍珠港。"他强调说，"打掉他们的全部飞机，除非我们取得战果的一击招来美国发动反击并引起灾难，才离开现场。"源田也注意到山本的计划中没有考虑用重复攻击去取得决定性的胜利。"为保障彻底成功，我们必须始终待在轰炸机和战斗机对目标的有效范围之内，直到完成了使命为止。"他指出。

山本原来的设计太狭窄，也使源田感到吃惊。因为，它只提倡一种攻击方式而缺乏多样性，会招致严重的战术风险。特别是把日本全部希望寄托于鱼雷轰炸——海军航空战中最困难的一种，若天气不好，能见度低，或敌人有警觉，作战很可能失败。

"如果飞行员知道他们能活下去的唯一办法，在于被人从海中捞起的微小的机会的话，单程攻击将会对他们产生不良的心理作用。"他又说，"降在敌人水域，是对飞机和训练有素的飞行员的不必要的浪费。”源田强烈地说出他最后的观点：“我们的首要目标，应当是美国航空母舰。”

两个人讨论了一个多小时后，大西用几句话作了结论。“我想这是一个好计划，应该执行。”他告诉源田，但指出“保密是关键，而突然性是最重要的因素”，他也强调“日本应投入所有能够驶到夏威夷的航空母舰”。觉察到山本计划中含有的巨大的挑战性，源田对此完全同意。在他们长时间讨论结束时，大西要源田在大约一周或十天内准备一份初步草案和报告给他，敦促源田要绝对机密行事，并“对这种作战的可行性，施行方法和动用的力量给予特殊注意”。

一张源田穿中佐服装的照片，表露出他的脸部对称，具有通常贵族的形象，一双有洞穿力的当表情强烈时几乎是吓人的眼睛，在平平的浓眉、直耸的鼻子和坚定的额中占支配地位，使见过这双眼睛的人永远不会忘记。年方36岁的源田，不能容忍平庸，只是对十全十美才感到安心。在他的锋利的深深的眼睛后面，是一个能直接切入任何问题核心的像剃刀一样锋利的大脑，显示出一种了解并热爱自己工作的人所具有的沉静与世故。他纤细的身躯，有时给人一种虚弱感，但实际上他的身体像鲸鱼骨头一样的结实。他有着极强的耐力，不妥协的诚实，他是大胆的冒险精神与内心的笃实相结合、一触即发的想象力与冷静的自制力相结合的产物。事实上，每一位进行过这方面研究的日本海军军官都一致同意：在1941年，源田是帝国海军中最棒的航空军人。“在海军航空领域，他远远超出他的大多数同僚。”富冈证实，“他无疑比他的时代先进十年。”

源田于1904年出生于一个古老家族，命中注定要成为他的国家历史的一部分。1929年11月，他以全班第一名的成绩毕业，赢得了飞行权。其后的六年中，他频繁地调动到各种作战和参谋岗位上，不久便成为日本海军的王牌战斗机飞行员和战斗机飞行教官，舰队中几乎无人不知道他。在整个日本，也几乎无人不知道，“源田的飞行杂技团”是一群大胆的魔鬼，他们以不怕死的绝招，使全国各处的观众大饱眼福。

“源田有时太主动，应该小心时又太冒险。”曾率队攻击珍珠港的海军少佐渊田美津雄说：“源田像一名把橄榄球比赛输赢押在一次投掷上的大胆的四分位。他是一个有闪光思想的人，但有时他的想法太浮华，需要一位有实践经验的人去实现。”

1933年，源田被派在航空母舰龙骧号上服役，那时山本是那支舰队的司令，他们相识了。在舰上举行的许多次关于空中力量的讨论中，山本是少数几名源田的支持者之一。这些讨论的确非常热烈，标准的海军航空条例，只分配给战斗机纯粹防守的作用，而把进攻仅限于轰炸机，源田猛烈地向这种理论挑战：“若不能到达目标，轰炸机又能干什么呢？”他坚持战斗机应掩护轰炸机直到目的地，从而在战斗中保卫轰炸机，并保证在敌船舰和基地上空的制空权，不应只留在后边作为保护伞，在母舰上空盘旋。当某些同僚嘲笑源田时，山本坚定和响亮地说：“使用飞机于防卫目的的思想，本身是错误的。正如源田先生所说，它们当然应被用于进攻。”

1934 年 11 月，源田调到横须贺航空联队当教官，在那里扩大了他的在战斗中使用战斗机和航空母舰的思想，后来成为“源田主义”的理论。当时，他极力主张为了发挥超级战斗性能，战斗机必须有两个显著的特性——操纵的灵敏性和速度。这一主张，后来被有名的日本零式战斗机实现了。

在横须贺，源田与当时还是大佐的基地副司令大西首次会面，由于他们的思想一致，都对山本表示崇敬和他们相互吸引的个性，他们很快成为挚友。足够有意义的是，源田在这里第一次想到了使用舰载飞机攻击珍珠港，并和大西讨论了这种可能性。这个冒险念头。在实际进攻六年多之前就跳入了源田的头脑，可见他的想象力如何。而源田是如此热爱飞行，以至于拒绝任何他应进海军大学的建议。在他眼里。海军大学就像对一只野心勃勃的骆驼的针眼一样。正是大西改变了他的想法：“……如果一个人像你坚持做的那样，仅仅盯在驾驶战斗机上，那么他就绝不会领导或指导航空政策。我期望你建设一个高效率的军事体制，为此即便似乎你不喜欢，你也应该进入海军大学，打下今后能使你得以这样做的职务的背景。”

源田进入海军大学后约六个月，他就开始深深怀疑日本海军建制。他写了一份鼓吹全面改组帝国海军的报告。认为战争准备的重点应是空军和基地、航空母舰以及潜艇，少量的驱逐舰作为辅助舰只，在建的所有战列舰都应转建成航空母舰，现有的战列舰作为废钢铁，而且为了这种改组，所有的岸上设施和工厂都应该重新组织。

源田是日本的贝里·米切尔，他不能容忍不同意他想法的人。在高度竞争的海军大学里，有一些人认为他疯了。尽管同班同学有这种看法，他绝不可能精神不正常，因为他毕业时排名班上第二。他后来从东京调到设在中国的第二联合航空队，在那里获得了宝贵的实战经验。

1938 年 11 月，源田作为助理海军武官去伦敦。他在那个岗位上待的时间，足以使他看到第二次世界大战在欧洲爆发，法兰西不光彩的陷落，以及英格兰受到戈林的德国空军的狂轰滥炸。由于德国人炸毁英国的城市和乡村，但却对舰队的装甲造不成损伤，源田开始对在日本的反应感到担心，即会不会看到德国空军横扫英国舰只的企图失败，使那些战列舰学派的人对他们的保守理论增强了信心？后来，他写了一份报告陈述：敦刻尔克之后没有一鼓作气，使希特勒失去了不列颠之战。毋庸置疑，刚刚签订了三国条约，源田的报告与当时的气氛不和谐。“源田先生的故事，使人听起来似乎英国正走向胜利”，这是不能想象的。

11 月，源田加入了第一航空母舰舰队的参谋部，并晋升为中佐。在紧接着的几个月里，他沉浸在在战斗中如何使用航空母舰和如何编队的思考之中——这是“源田主义”的第二个方面。从 1935 年以来，海军演习中一直分散使用航空母舰，主要把它们用于为其他发动主攻的舰队提供空中保护。海军还有这样的理论：分散航空母舰，将使敌人没有巨大的攻击目标。但这也意味着，在需要强大火力对既定目标同时发动进攻时，日本人在集中组织他们的飞机上，将有非常大的困难。

一天晚上，源田挤出时间去看电影。在银幕上，他看到 4 艘美国海军航空母舰成单列雄壮地行驶在海面上。他想，这可能仅是为了示威，但种子已在他的下意识中生了根。几天后，当他从电车上跳下时，闪过了一个念头：“如果我们集中我们的航空母舰，在空中集合飞机，还会有什么麻烦呢？”

冲破了思想上的僵局，源田飞快到达他思维的下一阶段：如果日本海军集中 6 艘或更多航空母舰，就能以两个大攻击波的形式派出飞机，每波有 80 架轰炸机和大约 30 架护航的战斗机。它们也能储蓄战斗机力量，提供足够的飞机用于航空母舰的保护，同时为轰炸机护航到目的地，取得目标上空的制空权。源田进一步确信，航空母舰集团编队时能最好地保护自身。这样，在“源田主义”里，我们看到了航空母舰特遣舰队的先兆。

源田鄙视舰队决战标准教条中含有的防卫心理，他把基于这种蓝图的 1941 年前的海军演习看成是在想象中练习，极力主张日本海军应走出去迎战敌人，首先攻击和不断地打击敌人，直至将其消灭之。为达此目的，海军应当建造航空母舰、驱逐舰和潜艇等进攻性武器，而不是当时正在建造的载有 18.2 时口径大炮的像 6.37 万吨的大和号和武藏号一样的过时钢山。他坚持为了全面胜利，日本一定得有超过太平洋上任何敌国基地的空中优势，包括夏威夷。

和大西讨论之后第二天，源田回到了加贺号，他脑子里装满了主意。他在业余时间开始发展这些主意，并准备一份草案。整个设计充满了大胆、冒险和挑战，召唤着他的有创造性的想象力，使他在理智上和感情上激动不已。在解决面临的所有问题和麻烦中，源田从来都没有失去对这项计划的热情，虽然缩小这种攻击中固有的困难是太不现实了，但源田仍然从根本上来考虑作战方案，并且其后以山本一样的韧性为之奋斗。在战后的一次怀旧的讨论会上，源田说：“攻击珍珠港，是我作为海军军官事业的顶峰。”的确，仅仅他在夏威夷冒险中的业绩，足以把他的名字载入帝国海军的历史。他在加贺号上秘密干了大约两周，然后在 2 月下旬回到鹿屋，与大西第二次商量。源田草案的基本点是：

1. 攻击必须完全在出敌不意下进行。这一点，符合日本军事史的传统。源田认为，若不能做到出敌不意，最好是抛弃整个想法。因为，如果美国人预测到了这次攻击，那么特遣舰队很可能会驶入一个布置周全的陷阱，最好的结果将是无效的轰炸，进攻飞机和舰只人员高度伤亡，以及航空母舰舰队遭到致命损坏。

2. 主攻目标应是美国航空母舰。与山本原计划相反，源田设想主要攻击目标是美国太平洋舰队的远程攻击力量。如果日本能击沉美国的航空母舰，并在自己大多数航空母舰不受损伤的情况下返回，则将获得双倍的优势，美国海军空中力量被打碎了，而日本还能发动强有力的进攻，日本将会消灭敌舰队的其余主要部分。最终，帝国海军可以不受惩罚地漫游太平洋。当然，源田也希望打沉战列舰，但航空母舰是第一位的。

3. 另一优先目标，应是瓦胡岛上的陆基飞机。击毁尽可能多的敌机——最好是在进攻开始时把它们炸毁在地面——将保障目标上空的制空权。这也将防止敌人跟随日机回到日本航空母舰上空，并轰炸特遣舰队。

4. 全部可动用的航空母舰，都应参加此次作战，替代山本只使用一支或最多两支航空母舰舰队的尝试性的建议。源田和大西一样，想最大限度地使用武力，这符合集中兵力的军事原则。他希望给美国舰队造成最大的伤害，航空母舰力量越强，日本攻击成功的机会越大，而且能更好地准备对付战场上出现的预料不到的情况。

5. 攻击应使用所有轰炸形式——鱼雷、俯冲和高空轰炸，源田把重点放在鱼雷轰炸。和大多数日本飞行员一样，他认为空投鱼雷是他们最有效的武器，但他对珍珠港的浅水中能否进行成功的鱼雷攻击抱怀疑态度，认为事实上是办不到的。源田的草案，也提醒大西，美国战舰四周也许设置了防鱼雷障碍。假如刻苦的训练和敌人的反击证明鱼雷轰炸不可行，那么日本就应依靠俯冲轰炸，这是他的第二考虑，因为在中国高空轰炸证明不能令人完全满意。

6. 战斗机应在攻击中起积极作用。在轰炸机往返于珍珠港的航线上，应有强大的战斗机护航，到达目的地后，战斗机应从空中扫除敌机，在攻击中，另一些战斗机应盘旋在航空母舰上方，防止敌反攻。

7. 攻击应在白天而不是在天亮前进行。无论是帝国海军还是陆军都缺乏在黑暗中使用的精确仪器。因此，源田建议攻击机群在太阳升起之前从航空母舰起飞，刚好在黎明时到达珍珠港。

8. 海上加油将是必需的。鉴于大部分日本军舰作战半径有限，因此油轮应伴随着特遣舰队。这样，海上加油将构成整个作战行动最棘手的问题之一，必须透彻地加以研究。

9. 全部计划必须在极端机密中进行。为了防止敌人猜测日本正在准备这样一件危险的事业，严格的保密措施是绝对必需的。当时，正如源田强调的，“攻击的成功，取决于首次打击的开始”。这也更加是作战为什么必须完全出敌不意的原因。

大西未加任何评论接受了源田的草案，两位军官用了大约两小时，进而讨论山本的计划。“我不认为特遣舰队需要战列舰。”源田说，“它们过于庞大，并增大了被发现的危险。我不相信在海面作战的情况下，我们会想念它们，我们可以依赖航空母舰的优势。另外，加上战列舰将加重燃料困难。”

源田在开始准备草案的瞬间，就偏爱彻底实行这项战役。“我们应紧接着攻击之后，在夏威夷登陆。”他说，“若夏威夷被占领，美国将丢掉其最大和最先进的基地，而我们对未来作战的支配将会非常好。”这样一种措施，将使攻击成为决定性的，美国在夏威夷的作战部队将撤回西海岸，日本将控制中太平洋。在空中打击成功的前提下，1 万至 1.5 万装备精良的部队足以占领夏威夷。

虽然大西是一名敢作敢为的军官，但他还是拒绝了源田的建议：“以我们现有的武力，我们没有能力同时在东部和南部采取进攻。首先，我们必须摧毁美国舰队的大部分。”再者，进攻夏威夷与山本最初设想的方案不一致。

但源田并未改变他的意见，坚持日本最好的一着棋，应该是摧毁美国太平洋舰队及其在大洋中的堡垒。因为，美国人占着有优良海军基地和海陆军设施的瓦胡岛，便控制了中太平洋并能对日本基地或舰队派出打击部队，不拿下瓦胡岛，日本就没有取胜的希望。源田坚持应在战争开始时，利用突发性和首先发动的时机，就这样干。

假设源田有最后的决定权，进攻珍珠港将成为日本主要的军事目的。如果说山本孕育了把潜在打击作为击倒敌人的最初设想——造成伤害，并使之暂时不动，源田却把它看成是得胜的一拳——在一次决定性打击中消灭敌人的力量。山本赞成有限战略，源田则主张全面战略。

源田离去。大西留下了他的草案，以此为基础，给山本准备了一份更为详尽的报告。源田在当年晚些时候，曾几次研究过这份报告，据他说大西的文件有大约 10 页长，包含着源田原来草案的大部分要点，并做了一些增加与修改。

大西同意航空母舰应作为第一号攻击目标，但他又加上巡洋舰作为紧接着的第二号，目的是打破美国太平洋舰队的平衡。与源田一样，大西最初倾向于强调使用鱼雷轰炸，但他的鱼雷专家前田的逆向反应，也许给他的热情大大地泼了冷水，他也担心这种要求非常靠近目标的技术，会造成日本飞行员和飞机的严重损失。不过，与他向前田表示的意见相反，大西现在有了关于俯冲轰炸的第二种想法，飞行员将不得不扎到很低的低空，也许直接进入令人畏惧的高射兵器和机关枪火力圈内。他知道以这种方式投的炸弹不具有穿透巨舰甲板装甲的能量，所以逐步排除掉不好的办法，把着眼点放到了高空轰炸上。这种方法，允许飞机待在安全高度，并因高空投放重磅炸弹的速度，能够造成严重的伤害。

大西建议用两艘商船在特遣舰队前面开路，一在左舷，一在右舷，作为舰队的眼睛和诱敌物。他倾向于商船而不是驱逐舰或潜艇，原因是若敌人不管在哪儿发现了后者，都会靠近查看，并进而发现进攻舰队。为更进一步增加可靠性，去夏威夷的航线应是提供最佳偷袭机会的航线。

通过对山本的信、源田的草案和大西增加上的内容的分析，可确定一个基本点：日本人盯上了美国太平洋舰队和瓦胡岛上的空军，而不是军事设施、油罐场、干船坞、机修车间或潜艇基地。清楚地看到这个事实，对理解珍珠港事件是十分关键的。

据我们所知，大西是在大约 3 月 10 日登上长门号，向山本面交这份扩展了的草案，它代表了这位空军将领的思想和海军中对于空中力量最富有首创精神的思想家的思想的折中。随着这项计划的成熟，大西的修改被逐渐否定了，最终批准和执行的偷袭珍珠港蓝图是如此无误地带着源田的标记，以至于他的一些同事把它称为“源田计划”。

与传说的不一致，夏威夷冒险并不是仅为山本和少数高级将领所知的超级机密，是日本人在东京战争罪行审判中培养了这种神话。当然，珍珠港计划的确是高级别的，严密保护的，是第二次世界大战中最漂亮的机密之一。但是在特遣舰队驶离日本之前，一大批人——不仅在日本海军中，也在陆军中并有限地在政府中——知道此事。空袭珍珠港的计划过程，不仅仅是在帝国海军的一个小小的不透水的座舱中进行的，它要求海军主要部门——军令部、海军大臣和联合舰队的最紧密的合作。珍珠港冒险，也与广大的南方作战行动密切配合，因而牵涉到许多其他军官。

若没有如此众多的人了解正在进行的活动，袭击珍珠港的特遣舰队就无法集中、装备、加油、补充人员和训练。真正的奇迹在于，虽牵涉到如此多的人，日本人还是保密得很好，使进攻者能够最大程度获得战争的两个基本原则——进攻性和突然性的虽说是暂时的好处。

当然，分享的秘密将不再成为秘密。山本向历史的池塘中扔进了一粒石子，怎样都不能止住那一定向四周扩散的涟漪。当源田埋头于他的草案时，山本和日本最能干最有经验的“海狗”——第三战列舰舰队司令官、海军中将小泽治三郎谈了话。小泽50岁出头，在海上度过了他的大部分生涯，金黄色的阳光和猛烈的海风，使他显得健壮、充满活力和机敏，光亮的紫红色皮肤紧绷在他的面颊骨上，两眼深陷，身材高大的威严的外表，使人想起了阿帕切人（美国西南部印第安人的一族）的头领。他的极端的冷静，也给人上述同样的感觉。严格说来，他虽不是空军将领，但他在1940年指挥过第一航空母舰舰队，并通晓海军航空理论。

小泽在长门号上经常与他的好友山本闲谈。在1941年2月的某天，他们又聊起来了，正如两个能干的同行之间经常发生的那样，他们开始谈到了本行业务。

山本认真地说：“当我研究日俄战争时，给我印象最深的是下述事实：我们的海军在战争一开始，就发动了对阿瑟港的夜间袭击。”他告诉小泽：“我相信这是我在那场战争中所见到的最棒的战略主动行动。”他又残忍地补充道：“遗憾的是，我们在进攻上执行得不彻底，远没有达到满意的战果。”

小泽是一位老练的军官，习惯于理解别人的原意。他知道若不是对现在有用，山本不会提到过去的事。“鉴于日美之间日益加剧的紧张局势，山本大将的这段话，足以使我明白他的真正意思。”小泽晚些时候写道，“我想他的意思是，如果战争到来，就在一开始进攻珍珠港。”如果说小泽这时还有什么疑问的话，那么在1941年4月山本实际上与他商讨了珍珠港计划后，所有这些疑问就烟消云散了。

诚然，日本的总体战争计划，使山本太忙，分不出太多的精力给珍珠港。作战行动也并不属于及川作为海军大臣的管辖范围，他于1941年10月中旬就离开这个职务。甚至大西，也在1941年4月之后离开了研究珍珠港问题，而去帮助准备为进攻菲律宾建立的陆基第十一航空舰队。这样，早期暗中参与这一计划的核心成员中，只有山本、福留和源田仍在为此工作，直到最后执行这一计划。在这三重奏中，福留从未赞成过这项计划，后来他和大西把自己列入反对采取这种冒险的人之中。于是，只剩下山本和源田全力支持这项计划。两人相比，源田具有丰富的技术知识，而山本则具有级别、职务、巨大的权威和推动力。

但山本对这项大胆设计的热心支持，并不能一定保障它最终被采纳。首先，这种想法源于联合舰队，而不是军令部——日本海军计划和战略的最高策源地。关于如何同美国打海战，东京的大人物们有他们自己的理论，这些理论并不包括攻击珍珠港。因此，在1941年初山本的计划仅仅是联合舰队司令长官的一个战斗概念，而不是一项被接受的战争计划。再说，在1941年2、3月间，还不能确定美日是否将要开战。日本政府在长时间慎重考虑之后，再加上天皇的认可和批准，才能够做出最后决定。

即便战争变得不可避免，日本海军是否接受珍珠港计划，还有一大堆问题急待解决：飞行员的训练，鱼雷轰炸，海上加油，特遣舰队的组织，人员的挑选，船舰的类型和数量，行动路线，保障获得敌人的情报，攻击日期的确定，欺敌的战术，与南方作战的协调以及其他问题。因此，一个现实的问题需要一个现实的答案：在战争情况下，山本的计划行得通吗？

这些谣言不可信

美国驻日本大使约瑟夫·格鲁

在一个因多年的检查制度使得其好打听和敏感的居民，养成一种谨慎传谣并有很好的据事实推理的艺术的国家里，如何使秘密成为真正的秘密呢？当一个人的想法不再是他一个人知道时，又怎样做到使秘密成为真正的秘密的呢？在 1941 年 1 月，很有可能军令部作战部的好几个成员，知道了山本的珍珠港计划。

就拿内田繁中佐为例吧，他在部里担负的任务包括了对美作战。内田是一位非常聪明的头脑冷静的军官，也是源田的大学同班同学，源田和他很熟悉，并对他有很高的评价。内田的瘦脸上有着一种谦虚的自信，使人感到友善和平易近人。他曾作为学语言的大学生，在美国待了两年，能说漂亮的英语，而且相当透彻地熟悉美国舰队的情况。内田于 1940 年 11 月参加作战部，与部里所有成员密切合作，经常记简洁的日记来帮助他的记忆。

“在 1 月底和 2 月初（1941 年），我已经在写我自己的对美海军作战计划——包括我设想的有关针对珍珠港作战行动的计划。”内田写道。他还进一步证实，作战部的另外几位成员也那样早地知道了山本的设想。

当然，内田在海军军令部研究的作战计划，不一定和山本与及川和大西在当年年初的讨论有联系，对攻击珍珠港的设想偶然进行讨论，并使之不断得到修正，是内田作为美国情况的负责人的责任之一。

总之，可能攻击珍珠港的口风，毕竟在某些地方露出来。但这种谣言，也许和山本的计划或内田的工作毫无关系，也许这仅仅是一种日本幻想小说作家们的虚张声势。

不管来源是哪儿，1 月底的某个时间，秘鲁老资格的驻东京公使里卡多·里维拉－施里伯听到了一个谣传，一个足以促使他立刻去找他的朋友——美国大使馆一秘爱德华·S·克罗克的谣传。里维拉－施里伯说：“我认为这是一个令人难以置信的谣言，但同时又觉得十分有理由把它传给……”克罗克果然立即转告给不易轻信人的格鲁大使。然而，格鲁对里维拉一施里伯却完全信任，“我很了解他，和他认识多年了。我完全确信，他能传给我的任何消息，都不会把我引向歧途。”格鲁后来在众议院珍珠港事件联合调查委员会作证时说。

于是，在山本写给及川的具有历史意义的那封信之后仅 22 天，在美国驻日海军武官的建议下，格鲁起草了一封电文，这是美国大使和国务院之间最重要的电信之一。他直接把它交给了译码员，在 1 月 27 日 18 点[①] 发出了这封电报：

> 我的秘鲁同事告诉我的一个馆员，他从包括日本人在内的许多消息来源听到，当和美国出现麻烦时，日本武装力量企图动用全部军事手段大规模地偷袭珍珠港。他还说，虽然这计划似乎令人难以置信，但他从多方面听到同样消息，这促使他转告这份情报。

格鲁和其他在日本的美国馆员，采取了什么步骤来追踪这谣言的许多来源，并尽力搞清楚日本人是否实际上真正进行着这样的计划呢？根据现在到手的资料，答案显然是：没有任何步骤。格鲁不记得问过里维拉－施里伯谣言的来源。他解释说：“总而言之，当一个官员特别是外交官得到那样情报或谣言时，若要他说出情报来源，也会使他的处境相当困难。”

---

①所有引用的时间都是当地时间，按军事通常采用的24小时制，这样也避免了上午和下午之间的混乱。

这谣言似乎像一根划着的火柴，闪亮一下，又很快熄灭了。“我宁愿说这是一种悄悄话，但又有很多来源。”格鲁作证道，“我现在不能回忆出是什么样来源，因为来源并不重要。但这封 1 月 27 日我发出的电报，完全以我的秘鲁同事带给我的口讯为基础。”他记得，关于这方面的情况，从那以后不再谈到了。极有可能是，他相信他能采取的最好的措施，就是把这不可全信的传闻发往华盛顿，那里的这方面的专家们能根据他们手边其他情报来估价它。格鲁没有建立起自己的有效情报网。

日本人密切监视着陆军中校哈里·I·T·克里斯维尔和海军少校亨利·H·史密斯－赫顿，他们分别是格鲁的陆海军武官。克里斯维尔虽说不上卓越和富有想象力，却是一位聪明的努力工作的军官，他曾是一位在日本学语言的大学生，喜欢日本和日本人民，于是成为一位引人注意的人物。史密斯－赫顿也是如此。他是一位能干的有分析家头脑和献身精神的军官，能掌握流利的日语。认识他的人都说，他对日本海军及其军官有无可争辩的了解。

日本海军不但紧密监视着这两位武官，而且像母虎护子一样地保卫自己的机密。这和他们的代理人当时在美国本土和夏威夷刺探有关美国海军情报的容易程度，形成鲜明的对照。

美国利用日本各口岸和亚洲大陆的谍报人员，以及领事馆的权威人士搜集情报，但是华盛顿缺少一个在日本独立于官方代表的专门谍报网来提供源源不断的军事情报，查清像可能攻击珍珠港这样惊人的谣言。无疑，格鲁的做法甚至比从不在路上耽搁的鲁莫女士也毫不逊色，格鲁丝毫没有耽搁。因为，山本给及川的信还墨迹未干，而且山本尚未在长门号上与大西讨论他那大胆的计划时，格鲁已把这令人震惊的冒险的消息直接报告给了美国政府。

在华盛顿，大使的电话辗转通过国务院交给海军部。在这两处，这信息都没有引起太大的注意，人们只是对于像格鲁这样有能力的大使居然如此严肃地对待无稽之谈感到稍微有点吃惊。但是，每日召开一次的海军作战部长参谋会议，决定把它送给在夏威夷的美国太平洋舰队司令。海军情报部部长助理朱尔斯·詹姆斯上校接受了这项工作，他把这项工作又转给了远东科科长亚瑟·H·麦高伦中校。

麦高伦 1898 年生于日本的长崎，父母是南部浸礼会传教士，他又是一位日本事务专家，从 1928 年到 1930 年曾任驻东京的助理海军武官。当裕仁天皇还是王储的时候，麦高伦就认识了他，还认识天皇的兄弟高松亲王、海军大将野村、山本及其他一些海军军官。

麦高伦在三十年代早期和中期待在华盛顿，他从 1933 年到 1935 年领导着海军情报办公室的远东科。然后，在西海岸搞了一段特殊的情报工作，并作为舰队情报军官旅行了一次（1936–1938年）。1939年10月，麦高伦回到华盛顿，再次当上海军情报办公室远东科的头儿。他聪明自信并有活力，得到同事和上司的敬重和信任。他手下有两名军官——分别为日本及中国事务专家，以及四名熟悉东方情况的文职官员。

格鲁的信息并没有引起麦高伦的警觉，因为日本进攻珍珠港的想法对他并不新鲜。几乎10年来，保卫夏威夷一直在实际上是美国海军模拟演习的陈词滥调。特别是1933年的陆海军联合演习的记录，读起来就像一篇预言书，除了进攻部队的攻击目标是摧毁海军基地及其辅助设施，而不是当时尚未部署在珍珠港的舰队这一点没有言中之外。而且，演习是在预先知道敌人来攻的基础上进行的，因此对于若日本人出其不意地袭击时防卫者应如何反应，提供不了答案。

再有，麦高伦知道，多年来日本写实的和幻想的小说家，一直用这类进攻故事来引起他们读者的兴趣。1924年，他就第一次读了一本平装本的这种小说。他怎能想象得到，山本从流行的幻想小说的石头地上拔出了这个概念，并把它栽培到了现实的能够培育它成熟结果的沃土之中？

基于个人背景和对日本的了解，加上海军情报办公室近来到手的情报，麦高伦在1月31日准备了一封信，等他的领导签署。詹姆斯上校“在指示下”签了字——意思是得到海军作战部长的批准。12月1日，这封信就到了新任命的美国太平洋舰队司令赫斯本·E·金梅尔海军上将那里。这封信先讲了格鲁的电报的内容，然后加了一段话来予以否定：“海军情报部对这些谣言不予信任。此外，基于有关日本海陆军部队目前部署与配置的情报，在可以预见的将来，无针对珍珠港的迫在眉睫的和被计划的调动。”

麦高伦用“可预见的将来”这一词汇的实际意思，是不超过一个月。在这样一个期限里，他的估计可以说是正确的，因为山本的计划需要几乎九个月才被日本海军军令部接受，成为日本总体战略不可分割的一部分。麦高伦低估这份告诫的另一个原因是，格鲁的电报没有指出谣传的进攻可能发生的时间。但这一点，对于任何大使来说都是要求过高的。若能做到这一点，对于最好的潜伏间谍来说，也将是一次大功。

海军情报办公室并不是对这件事持如此看法的唯一一家。陆军情报部部长、陆军准将舍曼·迈尔斯作证，陆军不比海军更相信这个谣言。在1941年，迈尔斯54岁，是一位有丰富军事经验的高个子的漂亮男人，但他没有在远东的经历。从1929年4月到1932年5月，他曾当过夏威夷陆军部的作战与训练处处长，负责作战计划和防卫项目，准备大演习及各种各样的演习。他还当过四年军事计划部的计划与工程科的负责人，从事对菲律宾、巴拿马和夏威夷三个海外陆军部的同类型的工作。因此，迈尔斯具有既站在华盛顿又站在瓦胡岛的立场，进行思考的非常优越的全局位置。

当被问及他的办公室为什么不相信格鲁的警告时，迈尔斯在一定的详细程度上回答：

第一，因为尽管我相信那位秘鲁人，但对于知情的消息人士会首先把情况告知那位拉美大使这一点，觉得不可思议；第二，多年来，我们一直知道日本偷袭珍珠港总是可能的，只要我们卷入与日本的战争，这种可能性就天生存在。

……瓦胡岛的巨大堡垒……是为了仅仅一个目的而修建的，那就是针对日本这个唯一敌人保卫那里的海军基地，日本是全世界能对那个海军基地发动真正攻击的唯一之敌……

当被进一步问及为什么格鲁的电报指出珍珠港将被作为一个可能的攻击点，并提醒日本人惯用突然袭击时，他都把它抛在一边。迈尔斯回答说："我不相信那份报告……是一份他从一个负责任的日本消息人士那里得到的真正的情报。但任何时候，我都没有对日本人偷袭夏威夷这种可能性不相信过。"

再有，绰号"平基"的罗斯科・E・舒伊尔曼上校——他的责任之一就是和国务院联络——作证说，就他所知，海军没有和国务院讨论过这件事，因为"那报告被给予了低价值……被认为似乎是没有事实根据的传闻"。

不过，尽管海军认为格鲁的信息是多么的不可信，麦高伦的部门还是做了一些侦探工作，并于大约一个月之后得出结论：里维拉－施里伯的独家新闻是来自他的日本厨师，日期大约是 1940 年 12 月 18 日——非常接近山本自认为他坚定了他决定的日期。战后的情报表明，消息来源可能是那位秘鲁公使的日文翻译秘书。

不管这消息的来源是什么，这件事留下了一大堆犹豫不决的问题。迈尔斯作证道，有关日本的最重要的情报消息来源是东京的美国大使馆。①"我们有一位非常优秀的大使，在那里待了好多年了，使馆工作人员在那儿待的时间比他还长得多。"但据麦高伦说，华盛顿对这样一位有经验的大使还要上这种流言的当，完全感到疑惑不解。

最令人不安的是，当认为里维拉－施里伯的厨师是主要消息来源时，就似乎停止了对这件事的积极刺探。这样的仆人们，他们不受注意地走遍大城市，听到各种议论，可以是优秀的情报来源，而调查者忽视他们，就要自己承担风险。

无疑，一些美国海军军官把他们的日本对手的辨别力设想得太高了，以至于不相信他们企图进行这样的赌博。“我不相信会做出这样的攻击”，金梅尔的军事计划助理文赛特·墨菲海军中校作证说：

我想，日本人进攻珍珠港是非常愚蠢的……不管是否战舰沉在珍珠港，我们不可能实质上影响了他们对其所想要控制的水域的控制。换句话说，我不相信我们能把美国舰队开入西太平洋……除非太平洋舰队极大地增强了。

陆军也抱有几乎同样的态度。迈尔斯把它清楚地概括为：

在估计形势时……有两条应遵守的原则：一是不要看不到或忽视敌人在其能力所及范围内所能干的任何一件事，不管你认为他这样干是否聪明。第二是承认你的敌人有最高形式的良好感觉和良好判断……我们的确认为日本人天生有着最好的辨别力，对他们是否攻击夏威夷，我们的确十分怀疑。因为在日本方面，这样的决定从长远[①]来说就是自杀……为攻击一个强大的要塞和舰队，就要拿一定数量而日本无能力补充的舰队来冒险，并知道攻击的成功在很大程度上，取决于突发性的成功与否，换句话说，就是在我们的要塞和舰队对攻击毫无准备的情况下。

事实上，迈尔斯很好地概括了山本的反对者们反对他的计划的论点。但美国陆军和海军忽视了山本的意志，它像高山激流一样卷走路上的一切障碍。他们——除少数例外——也没有考虑到只以美国太平洋舰队为目标的攻击的可能性。

在珍珠港问题上，一个更加重要的环节，就是在第二次世界大战前的年代里，美国对日本普遍过低的估计。美国人相互之间确信无疑地说，日本实际上已破产，缺少原料，毫无希望地陷入中国的泥潭，比时代落后100年。当发生大规模冲突时，日本的在独轮车上的经济将如同茶杯碰上砖墙一样被粉碎。

更进一步的是，美国人以完全轻蔑的态度来看待一般日本人。在那无知的年代，通过缺乏远见的美国人的眼睛，把日本人看成——长着鹿牙的可笑的小家伙，傲慢地大摇大摆地在亚洲地图上走，令人不可思议的脸上带着一丝愚蠢的露着牙齿的笑容，角质框的眼镜戴在像斜缝一样的眼上，他们的深鞠躬使下巴几乎挨着膝盖，用日本式

①事实上，“魔术”——美国破译日本外交密码系统，我们将在后面加以讨论——才是有关日本情报的主要来源。当迈尔斯作证时，“魔术”还是最高机密，他不能提到它。

的英语说："十分抱歉，请原谅！"这个滑稽的形象，是一个慢脑筋的无效率的庸俗之辈，是一个绝不会适应新环境的缺乏想象力的盲目模仿者。我们在动画片中、杂志和报纸中，拿日本人找乐，这是对我们有害的。

"日本人不会冒与一级国家打仗的风险，他们还没有准备好这样做，没有人比他们自己更清楚这一点。"宾夕法尼亚州的众议员查尔斯·法地斯在1941年2月19日宣称，"他们将不敢进入在公开战场上与美国海军对抗的位置，他们的海军还不够强，他们的国家也太弱。"

尽管在美国政界和军界高层人物中，同时弥漫着对危险的某种程度的意识，这就是格鲁的电报到达华盛顿时美国的普遍情绪——过了1941年底才消退的情绪。在珍珠港的故事中，另一个奇妙的讽刺是，在这时期山本确实想到了攻击夏威夷的美国太平洋舰队。事实上，在格鲁发出给华盛顿电报的那一天，他也许已在长门号上和大西谈过话了。1941年初，日美军事舞台上的错综复杂的交织，充分使人相信心灵感应现象。

第五章 你伤了总统的感情

美国太平洋舰队司令赫斯本德·金梅尔

夏威夷用心中的歌和嘴上对和平的祈祷迎来了1941年元旦。无疑，美国舰队司令、海军上将詹姆斯·C·理查森是非常高兴看到1940年消失在历史中的，在许多方面，那是一个令他不安又不满意的年份。他于1940年1月6日取得了舰队的指挥权。在初春，海军总部派他去夏威夷进行军事演习，他的舰队于4月10日开进了茅伊外的拉海纳水路。在那之前，一支由一艘航空母舰、几艘重巡洋舰和驱逐舰组成的叫作夏威夷分遣舰队的小舰队，是那个区域里的唯一有点影响的武装力量。

演习之后，理查森打算使他的大舰队于5月9日返回设在加利福尼亚的圣佩德罗的永久基地。但是，由于海军作战部长哈罗德·R·斯塔克的话——“设想因你的存在，也许会对日本鬼子入侵东印度群岛有着威慑作用”，海军部把他的舰队留在了夏威夷水域。假若日本人真的入侵东印度群岛，美国将如何反应？“我的回答是：我不知道，我认为上帝脚下的这块绿色大地上，没有人能告诉你这答案。”斯塔克承认道。

紧接着，舰队按理查森的说法“逐渐漂移到”夏威夷。陆军部得出了一个有点特别的结论：“新近缔结的为解决其争端的日苏协定……的时机，正好允许日本在美国舰队离开夏威夷后进攻瓦胡岛。”于是，华盛顿又给夏威夷陆军的指挥官查尔斯·D·海伦少将发了一道命令。其中，部分读起来如下：“立即使全部防卫组织处于警戒状态，以对付越过太平洋的入侵……保持戒备状态，直到收到进一步的命令……”

将于1940年7月31日晋升为陆军中将的海伦，只相信一种警诫——总体的。他立刻建立了总体警戒，并“在一小时内”与海军中的对等军官商议，他们是第十四海军军区指挥官克劳德·C·布洛克海军少将和在珍珠港的海军分遣舰队司令阿道佛斯·安德鲁斯海军中将。由于理查森在拉海纳，安德鲁斯是在珍珠港的海军最高军官。他们商议的结果，决定海军应提供“清晨和黄昏的侦察巡逻飞行”。

理查森对上述情况毫无所知，海军部长并没有使他的在夏威夷的军官们处于戒备状态，因为他“当时没有局势已经特别严重的印象”，并把警戒看成“主要是陆军的事”。

海伦使其部队整个夏天处于戒备状态，然后这种紧张状态消失得和开始前一样，但它给未来留下了作祟的魅影。对陆军部的命令从不含糊的海伦，对指令迅速采取了适当的军事措施。这次警戒，也显示了夏威夷陆军与海军第十四军区之间合作的健康状态。然而，在下达警戒命令时，陆军部错误地假设攻击目标是海岸设施和岛屿本身——而不是舰队的舰船。正因为如此，一些陆海军的计划者们相信：除非舰队出海，否则日本人不会朝夏威夷运动。山本不会傻到干这种事的程度，若非剑在匣中，何需打破剑鞘？

自从当上美国舰队司令，理查森一直注意避免可能被解释为针对日本的进攻行动而进行的舰队演习，他坚信空中巡逻，一直让他的战鹰翱翔在天空，但他从未命令过在珍珠港进行一次模拟航空母舰攻击。“虽然那时我感到绝不存在日本舰队攻击的危险，”他后来作证道，“但我担心存在着某些狂热的为邪恶所驱使的日本潜艇或军舰指挥官发动攻击的可能性。”

所以，理查森并不是因为日本人会向他猛扑过来而反对把舰队留在夏威夷，他有其他理由，几乎完全合乎逻辑。由于这些事实，也由于他相信他的舰船“在西海岸的正常基地上能更好地准备对付战争”，理查森真心地希望把他们撤回大陆。

于是，1940年7月，他去了华盛顿，除了其他目的之外，他争取让舰队返回西海岸。他于7月8日会晤了总统，他也和国务卿的政治关系顾问斯坦莱·D·霍恩贝克博士谈了话。随着他们谈话的进行，这位海军上将愈来愈认识到："在舰队部署问题上，霍恩贝克博士行使的影响比我大。"他又回忆说："……在远东问题上，他是个强人，他也是我们待在夏威夷的根源，并且他会尽可能地使我们待在那儿。"

理查森带着一个坚定的信念回去了，那就是：舰队被留在夏威夷区域，只是为了支持外交上的有所表示的需要和作为对日本侵略行动的阻挡因素，同时美国又没有采取实际与日为敌的意图。他离开首都时，也有一个清楚的印象：在华盛顿有一种意见，日本可以被吓唬住。

但是，日本是吓唬不住的。它把法国、英国和荷兰的殖民地看作合法的扩张范围，如果日本能夺取并守住东南亚这一大片资源丰富的区域，东方的政治和战略格局将会对它有利。若不是拿着枪在果园门口闲逛的戴礼帽的流氓山姆大叔——美国在夏威夷的强大舰队——的话，南方的黄金之国就会像熟透了的李子一样落入日本的怀抱。不管理查森的姿态如何强大，任何事物都不能使日本国策已经决定了的航程改变哪怕是一度。

按理查森的意见，他的舰队还没有做好战争准备，他还相信日本人对他的舰队知道得很清楚，因而不会把它看成是阻挡力量。1940 年 10 月 8 日，在白宫与罗斯福会面时，他表示了上述观点。但总统回答："不管你相信什么，我知道舰队在夏威夷区域的存在，对于日本的行动，已经并正在发生抑制性的影响。"这位上将固执地坚持道："罗斯福先生，我对此仍不相信，并且我清楚，对于准备对付战争或发起军事行动，我们舰队的部署都是不利的。"

直接与总统对抗，已经是够呛了，理查森又"非常故意地"向他的总司令扔下了这样的炸弹："总统先生，我感到我必须告诉你，海军的高级将领们对于文官领导缺乏信任和信心，而这种领导又是对于在太平洋成功地打仗十分重要的。"罗斯福尽管明显地感到震惊，但还是尽量温和地答复了他。然而，这位将军走得太远了，只要他把自己严格限于海军的事，他就能站住脚，现在却对有关政治家的才能进行辩论，就侵犯了总统的领地，并危险地走近美国最严格的禁区之一——武装力量的军官干涉国家政策的制定。

10 月 10 日，理查森和海军部长富兰克·诺克斯、斯塔克以及其他官员会面。诺克斯告诉他们，罗斯福对因英国在 10 月 17 日重新开放缅甸公路日本可能做出的反应表示担忧，正在考虑切断美日贸易。为此，他建议用轻型舰只巡逻，分为从夏威夷向西到菲律宾和从萨摩亚群岛到荷属东印度群岛两条线进行。理查森对这项提议感到愕然，强烈地抗议说，舰队还没有准备好去执行这样的计划，也没有准备好去面对由此种行动确定无疑会引起的战争。此外，将肯定会损失许多舰只。

进一步讨论之后，诺克斯显然对这种一般的反应感到不快，特别对理查森不满意，有点暴躁地说："我不是战略家，如果你们不喜欢总统的计划，那就制定一项为完成此项目的的自己的计划吧。"斯塔克和理查森分别与各自的军事计划官员这样做了，但警惕着大西洋局势的斯塔克决定在他能和罗斯福讨论之前，先不说出来。

10 月 22 日，在华盛顿的布雷默尔顿，理查森给斯塔克写了一份正式的备忘录。在这份文件里，他无情地推翻了现行的对日战争计划（橙色 0—1 计划、wpusf44 和 wpusf45），说发现自己处于一种在没有益处的指导下突然陷入危机的状态。他毫不含糊地宣称："若想要舰队司令圆满地完成他的任务，就必须比目前更清楚地把部里的计划和意图通知他。"是的，让舰队司令更好地了解情况这件事，在危机的 1941 年变得更加关系重大了。

理查森对于舰队在珍珠港的安全，仍然表示不用担心，其他人却不这样有把握。11 月 12 日，英国海军对意大利南部塔兰托港的意大利舰队的空袭，显示了泊在暴露锚地的舰只的脆弱。在不到一个小时的时间内，英国人使意大利作战舰队的一半失去了在大约 6 个月内的战斗能力，从而扭转了地中海的海军力量对比。

这个事件，在斯塔克脑子里显现出令人不安的画面。甚至早在英国人这场辉煌的袭击之前，他已对珍珠港表露出越来越多的不安。现在，他把他的关于更好地防卫夏威夷舰队的笔记，交给了新任的负责作战计划的理奇蒙德·凯利·特纳海军上校，一名优秀的极为自负的带刺的人物。他抱负远大，即将当上斯塔克的主要顾问之一。在 1941 年 1 月，为了使他在美—英—加（ABC）计划会谈中起足够的作用，总统现场晋升他为海军少将。

经过特纳的努力，搞出了一份文件，斯塔克签字后，于 11 月 22 日发出。文件指出："夏威夷水域最有利可图的偷袭目标，是以那里为基地的舰队。"它又提出："在港里放置防鱼雷网……是否更妥当。"

但是，理查森对这些很有根据的担心置之不理。他认为，港内的防鱼雷网"既无必要，又不切实际。那区域太狭窄，目前舰只并没有锚泊在由入口发动的鱼雷攻击的射程之内"。显然，理查森想到的鱼雷，是由军舰或潜水艇发射的，而不是由飞机投下的。他在战后的出庭证词肯定了这一点："我没有考虑到，舰队有可能被航空母舰组成的入侵所攻击……"

与此同时，斯塔克已在制定一份更大规模和更加重要的计划。这项计划，在给诺克斯的一份后来成为著名的 D 计划的备忘录中，发展到致使美国的战争计划工作转向，并为第二次世界大战的战备定下了基本行动方针。他的主要论点是："……若英国对德国取得了决定性的胜利，我们就能处处获胜；但若她失败，我们很可能处处赢不了（斯塔克用斜体字）。"这位海军作战部长，面对美国直接参战这个敏感的问题，指出：

（D）是否我们应把我们的努力朝着作为英国的同盟，最终在大西洋采取强烈的攻势，而在太平洋采取守势？我们派往远东的任何力量，都将必然减少我们打击德国和意大利的武力。对于一个盟国，我们至少应该做到派遣强大的海军机动力量和飞机去英国和地中海，也许我们不能停止在只使用海军上……

D 计划，很可能是斯塔克作为海军作战部长最有意义的贡献和他长期事业的最高水准点。到 1940 年，斯塔克 59 岁，他的头发几乎全白了，但那双在无框眼镜后面的明亮的蓝眼睛，却保持着坚定和清晰。他的皮肤发着健康的红光，别人若用对他似乎不大对头的外号——贝娣——叫他，他也应声。这外号应回溯到在安纳波利斯的粗俗日子，那时高年级学生在路上拦住这位未来的作战部长，并要他用这样的话来诋毁革命英雄约翰·斯塔克："我们今天必胜，否则贝娣·斯塔克将成为寡妇。"[①] 斯塔克不具备对于果断的战场指挥官所要求具备的作决定时的无情，倾向于过于闪烁其词，但他具备参谋人员的优秀品质。他是一位精确的、透彻的思想家，有时工作到深夜两三点钟，星期天和假日也不例外。

他的经历，几乎代表了一名海军军官由底到顶所走过的道路的教科书式的范例：驱逐舰、巡洋舰、战列舰上的服役，还有那有权的军火局局长。当罗斯福越过了 50 多名比他资深的军官选中他当海军作战部长时，他正朝着战斗部队的巡洋舰队前进。他于 1939 年 8 月 1 日任职，多年和职业搅在一起，使他得到了这样的评价："斯塔克是在恰当的时候、恰当的地点完成许多必需的工作的恰当的人。"但是，一名与斯塔克有密切工作关系的内阁成员却认为，这位将军对他的位置来说，是胆小的没有效率的人，是所有总统顾问中最弱的之一。

由于在海军里的高层地位，斯塔克能够一眼就看到两个大洋，并能从全球的观点来考虑太平洋问题。他也能够不满足于成就送别旧岁，1940 年 12 月 30 日，布洛克通过理查森向这位海军作战部长呈交了一份备忘录，题目是"有关舰队安全和地方防卫

---

①有的历史书称斯塔克·莫利太太。

力量对付突然袭击的能力"，对于这份文件，在研究深度上和写作水平上，斯塔克没有理由埋怨布洛克的努力，但其内容却能够引起他对前景的不安——

攻击珍珠港基地的飞机，无疑会由航空母舰运送。因此，有两条击退进攻的路子。第一，在航空母舰出动飞机之前，找到并消灭他们。第二，使用高射炮和战斗机赶走敌轰炸机。地方防卫武装力量的海军部分，缺少发现敌航空母舰的远程侦察飞机，而当发现敌航空母舰时，地方防卫武装力量唯一可用来狙击它们的飞机，只是陆军的轰炸机。陆军在夏威夷地区有 59 架 B—18 轰炸机……无论数量还是型号，都不能满足打算使用的目的……为了远程侦察，必须征用浮动的武装力量，例如舰队能拿得出来的。

布洛克然后提出他的第二个替代办法："为了赶走已出动的轰炸机，将要求同时使用战斗机和高射炮。陆军在夏威夷地区有 36 架驱逐机，可惜都已过时了……"

更有甚者，布洛克看不到在未来情况会有任何改善。"陆军负有用高射炮保卫珍珠港基地的责任，夏威夷有 26 门 3 吋高射炮，44 门移动式 3 吋高射炮，还有计划中的 24 门将于 1941 年运到……陆军计划把高射炮的绝大部分，部署在珍珠港四周……"

布洛克又指出："陆军已经计划了一个由八个雷达站组成的空袭警报系统，其中三个站是固定的，五个站是移动的。在将来某个不确定的时间完成之后，这个警报系统是适用的，但若日本人在最近几个月蜂拥而下瓦胡岛的话，它们起不了作用。"

布洛克接着谈海军的形势："防卫潜艇的理想方法，应是进行舰艇和飞机的协同巡逻。所受到的限制是，没有用于此目的的飞机……"他列举了最近分配给他的 3 艘带有声呐装置的驱逐舰后，继续谈道："在瓦胡岛和其他岛附近，将需要一大批用于反潜的巡逻舰船，目前却一艘都没有……不计划使用防潜艇网，也不认为任何这样的装置是值得的。火奴鲁鲁和珍珠港的入口，都计划安置防鱼雷网，但这些装备大概要到 1941 年 3 月 1 日才能到货……"

在又谈了一点关于防水雷的措施之后，布洛克转到始终存在的敌人搞破坏活动这个题目。他对瓦胡岛的两个油罐场的评价，分别为"适度安全"和"相当安全"。是的，这些油罐场对于来自地面的破坏是安全的，但却是空袭最有吸引力的目标。

布洛克接着详细谈了基地的通行证制度和有关的措施。这些措施，都是第十四海军军区为防止非授权人士进入珍珠港而发布的。他用这样的建议来做结论，即海军作战部长应与陆军部协商，以便知道陆军的计划。但他自己不想卷入，"这里的陆军权威人士和海军权威人士之间缺少合作，第十四海军军区的军官们正向海军部施加压力，要求解决与陆军的矛盾。陆军部迟早会了解到这种情况，这也是我极不希望看到的”。这段话说得过头了，这里的陆军和海军的合作与友谊还是有的，没有必要如此过于紧张。

理查森于 1 月 7 日签署了这份给斯塔克的备忘录，一般说来，他与布洛克意见一致。备忘录的基本点，是这两位海军将军和海伦商谈的结果，但理查森的批示软化了布洛克警告的冲击力，布洛克的报告揭露瓦胡岛既无法保卫自身，也无法保卫舰队。

像往常一样，理查森是在当地和当时的时空上考虑问题的，也考虑了目前形势将会对他的军舰和水兵有什么影响。“由于在一段相当长的时期内，无论是要求增加的防空设施还是要求扩大的驱逐机飞行队都不会到手，在珍珠港内的部分舰队的保卫，就不得不靠增大当敌机攻击时能够留在港内的舰只的比例……”简而言之，舰队必须自己保卫自己。理查森继续写道：“本司令认为，鉴于当前条件下这种攻击的不可能发生，不一定要完全中断舰队航空部队所要求的训练。若要求战斗机中队处于经常的戒备状态的话，这种训练就会被大大地削减了。”他仍不能接受日本轰炸机及战斗机会真的攻击他的军舰和基地这种想法，更不认为防鱼雷演习有特殊用处。

似乎找不到一种实用方法，在港内敷设防鱼雷障碍或防鱼雷网，以保护锚泊在港内的舰船免受鱼雷飞机的攻击，同时又不限制港内舰船的活动……只要珍珠港是在这个区域的舰队可用的唯一军事基地，任何这类能进一步限制基地使用的被动防卫措施都应避免。考虑到这一点，再加上在目前条件下这种攻击的不可能性，以及在战时面对着积极活动的舰队敌人似乎没有能力把航空母舰开到足够近的地方，设置这样的网被认为是不必要的。

许多先前接受的意见，像藤壶似地附在理查森的脑子里。他忘记了：一点点的不方便和受到限制，将是便宜的代价，而另一种代价，则是完全不能使用这基地，他不认为在他的军舰周围布设防鱼雷障碍是必要的。然而，正如我们将看到的，日本人在制定攻击计划时一直对可能存在的障碍网焦虑不安，并进行特殊的努力，去刺探美国海军是否敷设了它们。他们简直不能相信美国人忽略了这明显的防备措施——可能使美国免去战舰遭受重大损伤的措施，且不去说人员伤亡了。

理查森沉溺于极端微妙的力图猜透日本人意图的游戏之中。事实上，他是在问他自己：他们会进攻吗？或更是：他们能进攻吗？并且，他不顾历史的证据继续假设，在似乎不会发生的日本人企图攻击夏威夷事件中，他们会在宣战之后才这样干，这样将会给他时间去部署舰队。

不管怎样，理查森急切地建议华盛顿应加强第十四海军军区，使其可以提供足以完全防卫并且不依赖于美国舰队的军舰存在与否的地方防御力量。这样，任凭斯塔克及其顾问们在塔兰托之后尖锐地认定夏威夷的主要目标是军舰，理查森看来更多地考虑保护夏威夷，而较少考虑军舰。这由他对独立于舰队之外的地方武装力量的关心，可以证明。

令人稍微有点吃惊的是，理查森没有抓住华盛顿对军舰在珍珠港的安全的突然担心，而利用它作为回圣佩德罗的另一个理由。他也许不屑利用一个他不相信的论点，或者他也许认为，这个问题已不再有讨论的余地。

按所有正常的手续，理查森应至少再留任一年的太平洋舰队司令。事实上，在他于 10 月离开华盛顿之前，斯塔克和当时处理人事的航行局长、海军少将切斯特·W·尼米兹通知他说：他们相信他将留在那职务上，直到他干完两年的任期。但随之发生的是，在 1 月 5 日星期天 11 点 30 分，理查森和他的一些军官相继被召唤，他接到让他去职的命令。绰号“波克”的布鲁克林号巡洋舰舰长威廉·沃德·史密斯海军上校问：“怎么搞的？”理查森毅然回答：“我不知道。”但某些理查森的下属军官，却不太感到吃惊。他的无线电副官邓达斯·P·图克尔已注意到，从华盛顿回来后上将显得焦躁不安，显然与罗斯福有分歧。他回忆说：“当时我们大家都感到，理查森干不长了。”

理查森的另一副官乔治·C·戴耶尔，亲手把命令解职的电报交给上将，并看到它如何震惊了理查森。然而，他必定知道不能指望与总统交锋之后没有后果。自从那次重大的白宫之行后，斯塔克的通信令人感到变冷了，很可能是，海军都已在寻找新的司令官了。

周一星期天，巡洋舰舰队司令、海军少将赫斯本·E·金梅尔正和他的参谋长沃尔特·迪兰尼海军上校待在当地的高尔夫球场上。当两位军官回到码头时，他的一名下级军官告诉他，要他到舰队的旗舰报到，一份他应当立即看到的电报刚到。金梅尔和迪兰尼急忙赶到海军码头的军官上岸处，爬上了一条定期航行于旗舰和码头之间的小艇。在宾夕法尼亚号上，金梅尔读了这封电报。电报通知他，他将成为美国舰队司令，立即生效，或者大约在 2 月 1 日生效。他是个现实主义者，知道上级对他的看法很好，但这件事“来得完全出乎意料……”他当时愣住了。在那个瞬间，迪兰尼以为他的上级会晕过去。

金梅尔是敏感的，并容易发生恻隐之心，他首先想到了他的老朋友。“天哪，理查森没有做错任何事。”他后来说，“他是一名优秀的军官，绝对第一流的。”在激动中，金梅尔飞快来到理查森的座舱，向这位前美国舰队司令保证，他对他的解职觉得不公平，他不知道这件事，并且也没有进行任何活动去取代他的职务。

在华盛顿，特纳正在认真地消化带有理查森批示的布洛克的备忘录。以海军部和陆军部的材料为基础，再加上一些他自己的，他起草了一封给陆军部长亨利·L·斯廷森的信。因为这是一封给陆军部的极为重要的信件，所以要诺克斯签署。斯塔克批准了这份文件，并转给了诺克斯。诺克斯签字后，于 1 月 24 日把它发出。2 月 5 日，给太平洋舰队司令和第十四海军军区的这封信的复印件到了珍珠港。这封信被证明是诺克斯签过的最具有历史意义的信件之一，它的一部分是这样的：

在过去几周里，海军部和在海上的武装力量一直在重新研究美国舰队在珍珠港和珍珠港海军基地自身的安全问题。之所以再次审查，是由于涉及日本的形势日益加剧，以及来自国外的有关对停泊在基地的军舰进行成功的轰炸机和鱼雷机进攻的报告所引起的。若最终和日本开战，下述可能性很容易被人相信，即：敌对行动会由对珍珠港的舰队和海军基地本身发动突然进攻而开始。按我的意见，对舰队或海军基地的大灾难的固有的可能性，使我们有理由尽快地采取一切步骤，来增强陆海军抵御上述特征入侵的联合戒备状态。

信中按“它们的重要性和可能性的顺序”列举了各种危险，其中“空中轰炸攻击”和“空中鱼雷机攻击”分别排第一和第二。这封信又写道：“两种类型的空中攻击都是可能的，它们也许会被相继同时或与列举的其他攻击方式结合进行。”

诺克斯然后列出了建议使用的反措施，第一就是在敌人发动空中袭击之前，发现并拦截敌航空母舰和支援船舰。他指出：这些措施主要是舰队的功能，但很可能在没有宣战就发动空袭的情况下而无法实施。

注意一下最终方案逐步做出的过程，是有意思的。首先，在一个长时期中，美国人的设想和演习，都是完全按照日本可能攻击夏威夷来考虑的。第二，在塔兰托的那场教训之后，华盛顿逐渐认识到，这种攻击的首要目标将是停泊在港中的舰只。第三，理查森 1 月 7 日的批示承认了——虽有点不太情愿——若日本与美国开战，则将有空袭珍珠港的可能性。现在作为第四步，诺克斯的有预见的信件，集中到了在没有预先宣战时日本航空母舰上的轰炸机和鱼雷机机群突袭舰队这种情况。特纳和他的作战计划部，的确做了一次辉煌的预报。

除布洛克列出的建议之外，诺克斯又提出两条建议，供斯廷森考虑：阻塞气球和烟雾屏障。然后，他总结了他的提议：

（1）陆军应最优先考虑增加驱逐机和高射炮，以及在夏威夷建立防空警报网。

（2）陆军应对阻塞气球、烟雾屏障的使用以及其他为增进珍珠港防卫的特殊装置等问题，给予考虑。

（3）为了对付突然空袭，应制定联合计划，以便有效地协调海陆军的飞机作战，以及舰上和岸上的高射炮火力。

（4）瓦胡岛上的陆海军部队应同意在一定程度上的联合戒备，以便在珍珠港遭到突然空袭时立即采取防御行动。

（5）只要目前的不稳定局势继续存在，应举行至少一周一次的联合军事演习，旨在使瓦胡岛的陆、海军部队准备防御突然的空袭。

他在结尾时向斯廷森保证："您对这些建议以及迅速在陆军中采取这些对舰队安全具有最重要意义的措施的同意，将会得到海军部方面最密切的合作。"

第二天，显然是在不知道诺克斯24日给斯廷森的信的情况下，金梅尔和理查森共同完成了一份备忘录，由理查森送给斯塔克。该备忘录，与强调美国的主攻方向应在大西洋的D计划有关。华盛顿之所以做出它的选择，不是因为政府把太平洋降了等级，也不是因为单纯防御观点，而是出于硬性需要的考虑。美国不可能一下子给两个大洋同样的优先和同样的努力，罗斯福的两洋海军仍处于蓝图阶段。

理查森为D计划概括了舰队关于形势的看法：

（a）美国正与德国和意大利处于战争状态。

（b）与日本的战争迫在眉睫。

（c）太平洋舰队的一部分也许会在接到通知短期之内调往大西洋……

（e）日本也许会在没有事先警告的情况下发动进攻，进攻可能会采取任何形式——甚至日本军舰挂德国或意大利旗进行攻击，或用潜艇攻击……

（f）预计日本人也许会攻击航运、远离本土的领地或海军部队，可能会偷袭珍珠港或企图封锁航道。

（g）当地的敌特破坏活动是可能的。

按这些看法，舰队要担负一些特定的任务，其中有为保护航行在海上或停泊在港里的舰队采取充分的安全措施。在布洛克得到合适的舰船之前，舰队还要支援那里的海军军区的地方防卫。两位将军指出：

照理，一个舰队基地应当为人员提供庇护与休息的场所，为物质设施提供维护与更新的机会。当要求舰队的飞机、火炮和人员为它自己基地的防御处于经常的戒备时，人和物两方面的疲劳，只能产生一种对海上积极作战受损伤的后果。

他们建议立即改正现存的不足之处，要求得到比大陆各军区的需要、训练工作和对英国的物资援助更优先的安排。

这就是正当山本开始发展他的冒险计划之际，美国海军界关于日本可能进攻珍珠港的想法。在珍珠港这块织物上，美国线和日本线是多么紧密地交织在一起！日本时间1月7日——理查森批示布洛克的报告的前一两天——山本在写给海军大臣及川的信中，吐露了他大胆的计划。诺克斯1月24日的信，很可能是紧跟着山本给大西的有关珍珠港的信。诺克斯的文件，是在山本与大西在长门号上举行秘密会谈之前大约三天。此外，诺克斯文件比格鲁对国务院的经典性警告提前了大约同样三天。

然而，一种奇怪的矛盾心理在起作用。由塔兰托入侵而产生的斯塔克的对舰队的担心，引起了一连串的意识，这些意识在1月24日诺克斯给斯廷森的信中达到了高潮。但八天之后，一份海军作战部长的电报发给了金梅尔，其中引述了格鲁的有名的警告，又加上“这些谣言不可信”，并宣称：“在可预见的未来，针对珍珠港的军事动向似乎不是紧迫的，也不是被计划了的。”

理查森与金梅尔一起准备出的备忘录，代表了他在夏威夷的最后的努力。在公开场合，他以一位军官和上等人的姿态，接受了从美国舰队司令的位置上离职，但这件事使他痛心，他的自尊心要求他知道在他当场被解职的后面隐藏着什么。他于3月24日在华盛顿向诺克斯报到时，他礼貌地但又坚定地要求解释。“按我在海军中的经验，”他说，“我从未听说过一位将军级军官在美国舰队的指挥职务，以我这样的方式被打发了。”诺克斯告诉理查森，总统将召见他，并谈清这件事。（附带提一句，罗斯福一直没有召见理查森进行这许诺的会见。）诺克斯又给理查森暗示：“上次在这儿时，你伤了总统的感情。”

假设理查森继续掌舵的话，珍珠港的故事是否会不同？我们没有理由认为，这样的人事变动会必然影响到这个阴谋。理查森对可能会发生的进攻的怀疑，并不能保证他能证明比金梅尔更意识到安全问题。他对防鱼雷网的反对，证明是一个严重的判断失误，但他的决定是基于武器专家关于在珍珠港内不能有效地使用鱼雷的意见。在日本，大西由前田那里得到了同样的估计，甚至热爱攻击和富于想象力的源田也对这一点最怀疑。

理查森对他祖国的服役是忠诚的，应该得到一个更体面的去职。但看一看后来的事态进展，我们一定会想，这位将军有一个不寻常警觉的守护神。感谢罗斯福的受伤的感情，理查森静静地溜出了在珍珠港的烫人的座席，回到了在海军传统中被人尊敬的“J·O”（理查森姓 James O. 的缩写——译者注）的角色，并永远地站在不消褪的记忆的阳光下。

第六章
那就必须承担责任

美国夏威夷地面部队司令沃尔特·肖特

想象一下，当你于 1941 年 2 月 1 日在星期六早晨的金色阳光下，站在珍珠港里的战列舰宾夕法尼亚号的后甲板上吧。她总是保持着配当旗舰的第一流的清洁，铜饰件在阳光下耀眼地闪亮。舰员们列队站在主甲板上，在青绿色的蓝天下，他们的制服白得令人眼晕，柔和的微风时而吹动白色的衣领，时而吹动黑色的飘带。

当一批又一批穿镶金边制服的人从舷梯走上来时，水手长以时钟一样准确的节奏吹响了哨子，不少于 16 位将官脸朝前站成一排，甲板上挤满了珍珠港的无数舰船长和许多参谋军官。

终于，乐队奏起了《上将进行曲》。然后，由通向下面的左舷升降口，准时出现了一群高级军官。理查森高大的身躯，笔挺地站在后主炮塔的 14 时大炮下面，他的温厚的脸庞庄严而又专注。新任美国舰队司令金梅尔笔直地站着，给这个场面应得的尊重，因为他热爱海军，也爱它的仪式和日常任务。这一天早晨，是他于 1904 年从阿纳波利斯毕业后的37周年，标志着他一生中最骄傲的时刻，他处于事业的巅峰——海军上将和美国舰队司令。

仪式准确地在10点05分开始。“舰队的军官和士兵们！”理查森用深沉坚定的语调开始讲话：“我将离开你们的遗憾，被下述事实减轻了，我将把指挥权转交给金梅尔上将，他是我的长期朋友，一个直率的人，一名有显著能力的军官和使我感到骄傲的继任人……”

现在轮到金梅尔讲话了。他迅速戴上了一副角质边眼镜，啪啪作响地展开了一纸讲稿，用一种清晰的办公事的腔调读了起来。他首先向理查森致敬，然后用略带肯塔基的口音，向他的士兵和他的国家保证：“我只能说，我个人的座右铭或指导原则，就是使舰队保持在最高水准的效率和准备状态，不管什么样的命令下来，我将尽我的全力去贯彻执行。”

《檀香山广告报》的马克·马修斯观看了这次仪式，在第二天的早报上以敏感的洞察力写道：“这位干净利落的蓝眼睛的肯塔基人，现在已成为自行其是的无限孤独的角色，必须对成百万吨的能战斗的钢铁负责——这是世界上最大的战舰集合，也是他的国家的安全所在。”

金梅尔快60岁了，是个对自己感到骄傲的男人。他站着有5英尺10吋高，体重180磅，有结实的骨头和肌肉。这位命运并不好的人，有一颗很好看的头颅，在结实的肩膀上稍微有点偏。在他的仍很茂密的深金黄色的头发中，夹杂着灰白色头发，宽平的眉毛下是一对反射出聪明和老练的眼睛，形状很好的鼻子以及有强烈决心的嘴和下巴，构成了一张有点严厉的德国式的脸部。雄浑而又带有明显海味的金梅尔，看起来就像是海军的活的化身。

赫斯本·爱德华·金梅尔，于1882年2月26日生于肯塔基西北离印第安纳州不远的小城罕德森。忠于他家族的传统，他曾企图进入西点军校。只是当这个企图失败之后，他才报考美国海军军校，而且成功了。

他在阿纳波利斯猛烈地投入了学业，似乎是要向那所陆军军校证明：它漏掉了一个优秀的人才。的确如此，他在海军军官学校的成绩单表明，他在航海、船舶驾驶、军械和语言方面是优秀的，他在效率上排名第二，这表明他将得到晋升。在金梅尔整个海军生涯中，对命令、常规和效率的坚持达到了惊人的程度。他设法甩掉他在海军军校的不幸的绰号——赫比，离开了阿纳波利斯。对他的大多数好朋友来说，他是金梅尔。斯塔克叫他穆斯塔法——这名字使人想起古代土耳其的一位高官。

金梅尔毕业时，在全班62人中排名第十三。在他此后的经历中，看不出一点点坏运气在等待他的征兆，相反他的路上似乎总是好运气。1912 年 1 月 31 日，他和一位海军上将的女儿多罗西·金凯德结了婚。她的兄弟托马斯·C·金凯德是阿纳波利斯 1918 年级的，也命中注定要升到将军级。这联姻产生了三个儿子。当父亲成为司令时，两个儿子曼宁和托马斯都在菲律宾水域的潜艇 S—38 上服役，最小的一个爱德华，则是普林斯顿大学三年级学生。

1933 年，由于在海上和岸上的服役中都干得不错，金梅尔实现了每一名黑皮鞋军官的梦想，得到一艘战列舰的指挥权。作为纽约号舰长的金梅尔，是一位精确的工头。在舰上一年之后，金梅尔参加了战斗部队，当上了战列舰舰队司令的参谋长。在这些金梅尔晋升为将军前的准备时期里，有三件事最为突出：优秀的炮火射击成绩、重要的参谋经历和在战列舰上服役的坚实背景。

后来，在恰当的时候，华盛顿任命金梅尔为海军部的预算官。这个职务牵涉到多次与国会打交道。在那里，金梅尔的自信、真诚和直截了当的谦恭的品质，加上他在必要时所表现出来的魅力，使他得到很多好处。他以执行温和路线的行政官而为人所知。从这种关系着眼，我们应当注意到在任何一名可能挑选出来的中级官员的杂乱无章的特殊细节中，金梅尔曾在巴拿马运河的一次庆典中，短期当过当时海军部副部长富兰克林·罗斯福的助手。在当预算官期间，金梅尔晋升为海军少将，时间是 1937 年 11 月。次年 7 月，他便返回海上，当上第七巡洋舰舰队司令。

一年之后的 1939 年，他作为巡洋舰舰队司令踏上了火奴鲁鲁号。他是如此严格地要求舰船秩序井然，锚链哗哗作响的升落要不差分毫，海上的速度与航线要十分准确，信号要清楚有力，训练要以精确的编队和果断的机动生气勃勃地进行，若做不到的话，一定要使他知道原因是什么。他有在海军历史、战术和战略方面的坚实知识，但缺少有创造性想象力的火花。虽然，一件不和谐的事或一个好的笑话可以引起他衷心的微笑，但他缺少真正的幽默感。

他也许是一位值得称赞而不值得爱的容易相处的人，但他的下属中，对他有一种说不出原因的忠实的亲切的气氛。当他在饭堂里与下级军官一起吃饭时，谈话是自由的，并通常集中到本行业务方面。在晚上，金梅尔有时玩一两把牌，但更经常的是他退回他的座舱里研究作战计划，或沉醉在一本书中。

到这时，金梅尔的档案里充满了对他高度评价的报告和远大前程的预示，这些都表示他的上级的肯定与满意。但当华盛顿把他作为司令官召见时，整个海军从他本人直到士兵的反应是惊奇。金梅尔相对来说，级别毕竟较低，而且不太知名。

对于罗伯特委员会①——被指定调查珍珠港灾难的几个机构之一——的一名成员提问他是否“进行了活动，或利用了任何影响，来取得舰队的指挥权”，金梅尔坚定地回答：“没有，先生……我用来成为舰队司令的唯一影响，是尽力做好我的工作……”绝对如此！尽管遭受攻击，对为什么金梅尔在一大列更高资历的海军将领之前接受这项任命而进行的所有调查，显然表明海军部之所以选他是基于一个简单的原因，认为他是最适合这项工作的人。

于是，美国舰队的指挥权传入了一名与其著名对手山本有许多共同点的人的手中。两人都出生在小城市，都于 1904 年——日本偷袭亚瑟港的年份——毕业于自己国家的海军军校，都富有推动能量，都有坚强的意志和坚决献身于自己职业的精神。不管走到哪儿，两人都使别人强烈地感觉到自己的存在，并且当他们想要开辟自己的路时，都会努力做到。两人都在自己周围集合了一批具有特殊才能的军官，使这些人对自己完全信任，并如家人似地对待他们。两人都鼓励自己的下级军官的个人首创精神，不喜欢总说“是”的人，并乐于听取正反两方面的意见。两人都给自己的人以强烈的信任，作为回报则得到他们对自己的忠诚，这种忠诚经受了各种压力，并持续多年。最重要的是，两人都是爱国者，都是一直战斗到最后一滴血的地道的水兵。

除此之外，两位将军都有如同夏天闪电般的脾气。山本能跺脚跺得他的座舱振动。而金梅尔以把手边的书扔向舱壁而出名，当他真正发火时，他把自己的帽子摔到甲板上，并且跳着踩上去。由于在海上经常发生这种事，一个餐厅侍者总在手边预备着一顶水手帽或军官帽，当金梅尔发火时，他就可踩上一顶旧帽子，而不是一顶新的。他们发火时，他们各自的下属就把舱门封起来，直到这雷霆过去，有时也就是几分钟的事。这些人并不认为他们的将军坏，但他们并不喜欢忍受这种折磨。

金梅尔认识到他的任务的巨大分量，并清醒地又无畏地面对它。他的学习、努力和训练，不都正是为了肩负这样的责任吗？然而，与他的任命同时生效的海军的新建制，却不能使他放心。这次改组，把海军分为三支舰队——大西洋舰队，太平洋舰队以及亚洲舰队——这是自 1922 年以来没有过的。但时代变了，大西洋舰队和太平洋舰队不再举行联合军事演习，因而美国舰队司令这个值得自豪的头衔，已变得主要是荣誉性的。金梅尔同时被任命为美国太平洋舰队司令，他知道得十分清楚，这才是他的真正工作。

星期三，2 月 4 日，是金梅尔接过新的指挥权的几天之后，希卡姆机场的第十八

---

①参见第七十章。

轰炸机联队的24架轰炸机轰鸣越过钻石海角附近的轮船马索尼亚号，此时它正在徐徐朝着火奴鲁鲁港前进。码头上的阿洛哈场面（夏威夷语，表示问候或送别），是专门为了表示对在船上的新任夏威夷陆军部司令沃尔特·C·肖特陆军少将的欢迎。他的前任海伦陆军上将，站在码头上迎接他。

2月7日，时钟正敲9点，肖特的汽车在谢夫特要塞的撒满了阳光的阅兵场上正好停下。简短的仪式之后，海伦正式把他的绶带和旗帜交给了肖特。那天中午，在谢夫特要塞的另一场令人深刻印象的仪式中，这次是在夏威夷陆军部司令部里，肖特接受了中将的晋升。身旁的肖特太太面带笑容，显得十分幸福，把新军衔的徽章别在他的肩上，搞不清她和她丈夫谁更自豪。1880年3月30日出生在依利诺伊斯州的菲尔莫尔·肖特，于1902年由依利诺伊斯大学毕业。同年3月，他得到了从1902年2月2日起生效的军官资格任命。在以后几乎40年中，他提供了一部他那一代标准的陆军军官的典型经历史。他军人生涯的初期，是在得克萨斯、旧金山的普雷迪奥、菲律宾、内布拉斯加和阿拉斯加度过的。从1912年2月至1916年3月，他是俄克拉荷马州的西尔要塞射击学校的书记官。然后，他伴随着第十六步兵团，在珀欣的领导下，去墨西哥进行惩戒性的远征。

在第一次世界大战中，他获得了令人尊敬的纪录。他作为一名上尉，于1917年6月被首批派往英法前线，乘船去了法国，帮助英国和法国组建了一所自动化武器学校，并亲自指导机关枪的教学。停战之后，他是留在海外直到1919年的铁杆分子之一，在那期间，他是助理参谋长，负责第三军在德国的训练工作。

他从战场回来时是上校军衔，但和其他军官一样，又恢复到原来的军衔。1920年，他晋升为少校，同年从设在堪萨斯州的利文沃斯要塞的军校（后来的指挥与参谋学校）毕业。从1921年7月开始，他在华盛顿度过了三年服役期，先是在陆军部和陆军参谋部供职，然后进陆军军事学校深造，于1925年毕业。接着的三年，他是在波多黎各度过的，后回到利文沃斯当参谋，一直到1930年9月。以后的四年，是在华盛顿的海岛事务署，但不久又回到部队，任过许多指挥职务。到1937年，他戴上了陆军准将的一颗星。随着欧战爆发，他接受了进一步的指挥任命，首先在哈米尔顿，然后在南卡罗来纳州的哥伦比亚，最后作为他事业的顶峰，陆军调他去夏威夷。

金梅尔和肖特立刻建立了良好的个人关系，他们很快就确立了两周一次的星期日早晨的高尔夫球聚会。当他俩在办公室里坐在一起时，或在草坪上散步时，一定会是一种引起新闻界兴趣的场面。如果不是在技术职业上他们相对立的话，作为普通人，他们也确实是相对立的。金梅尔有十足的美国海军上将的体魄，而人们对于在新闻专栏上是否会给肖特标上美国陆军中将表示怀疑。他的脸是削瘦而敏感的，有着很精美的骨骼，并有吝啬的、镇静的、受过良好教育的人的一种表情，隐现在撒了香粉的假发下面，并不使人感到不和谐。他的 5 英尺又 10 吋的瘦长而结实的身躯，穿着整洁的咔叽布制服，看起来有点不合时宜。从抬起的眉毛下面，探出了一双不寻常大而深陷的发光的眼睛，加上一个高高的平滑的前额，稍微有点球茎状的鼻翼和高鼻梁，两耳长得和脑后贴在一起，上唇较薄轮廓分明，下面是较厚的几乎绷紧的下唇，头抬得很高。他的整个外形，放射出一种权威意识和警觉的自信。

从肖特本人以及其他人的证词，可以看到他是一位能干的、认真的军官，既不卓越，又不过于敢干，老练，真诚，并有决心干好工作。他的经历，被他多年负责的训练工作搞得头重脚轻。这样的背景，总是蕴藏着这样的危险因素：这种人，也许会把影子错当实体和把训练看成是目的。诚然，自从把脚踏上夏威夷的土地，肖特就正是为了训练的需要而活着。

然而，把新兵管教成型不是一项战斗使命，它本质上是一个控制问题——也是肖特在 1941 年和每一位其他指挥官分享的问题。当时，这位正规军事单位的指挥官，正在尽力吸收和很好地利用征兵局汇集来的原始材料。当肖特接管夏威夷陆军部队时，它的基本战斗使命是两方面的：保卫停泊在珍珠港锚地的太平洋舰队和夏威夷各岛屿的海岸防卫。当年晚些时候，又加上了在菲律宾和大陆之间穿梭运送飞机的任务。这些任务中的任何一项，都可能会要使用肖特手下的全部有限的兵力。为完成全部三项任务，需要足够的人力物力投入这些岛屿。

在所有的证人中，肖特是珍珠港事件主要人物中最躲闪的人之一。不像金梅尔和几名日本方面的关键参与者一样，他不写书。尽我们所知，他没有像山本那样留下信件的宝藏，他也不像斯廷森以及一些日本人那样保存着多卷的日记，在私下谈话中也不放松警惕。他高度警觉地有礼貌地不可捉摸地站在刨根问底的历史学家面前，永远坚守着他个人的要塞。

第七章 我们首要关心的是保卫舰队

美国陆军部部长斯廷森

1941 年 2 月 7 日，是分开的命运之线短暂相交的日子之一。当肖特太太在谢夫特要塞给她丈夫别上第三颗星时，金梅尔正在宾夕法尼亚号上的船形办公室里挥动着生气勃勃的钢笔。而在华盛顿，斯廷森和马歇尔正在各自的办公桌上，签署有关珍珠港的美国太平洋舰队的重要文件。

亨利・L・斯廷森于 1940 年 6 月参加了罗斯福的内阁。当时，总统决定向他的官方家族中注入共和党的血液，人们会很容易理解他为什么看中了斯廷森。他们来自相同的背景，并相互理解对方本质上的贵族式气质。斯廷森没有个人的政治企图，他对国际形势的看法在所有实质问题上，都与罗斯福相吻合。作为英美友谊的长期鼓吹者，他支持所有可能的对英国的援助和反抗任何地点的侵略行动。

他的职业是律师，已在不少于 5 名总统手下掌握过一定的权力。他曾担任塔夫脱的陆军部长，库利奇的菲律宾高级专员，还有胡佛的国务卿。也有人贬低斯廷森，说他自以为了不起，难以相处，思路狭隘而又刻板，脾气急躁，记忆力如同大网眼的筛子一样。在一定程度上，所有这些说法都对。但甚至连最恶意的人，也不得不承认斯廷森具备非凡的勇气和对事业的献身精神。

斯廷森 72 岁，是最老的内阁成员，仍身体健康，并因此而自豪。他善于思考，最能在幕后工作。他没有个人野心，也不受党派的影响，一次又一次地响应了他的国家的召唤。而且，他基本上是一个家庭和大自然的热爱者，只有在自己的壁炉旁或在户外，才感到放松和幸福。他非常喜欢他在纽约的名为海霍尔德的家，来到称之为华盛顿的这个“地狱之门”，对他说来是一种真正的牺牲。

这封 2 月 7 日在斯廷森手上的信，是写给他的同事富兰克·诺克斯的，后者在斯廷森任现职的同时参加了内阁，任海军部长。诺克斯也是一名被投票选出的共和党人，一直是特迪·罗斯福的人，但相似之处到此为止。斯廷森生来就有钱有势，而诺克斯靠投递报纸挣出自己的出路，用当跑堂和干其他一些活儿，来支持读完大学。在西班牙与美国的战争中，他果断地响应当志愿兵的号召，当了一名第一义勇骑兵团的骑兵去古巴。后来，他热心地紧跟着特迪参加了公牛麋鹿党。在这一点上，他与斯廷森不同，后者尽管对特迪·罗斯福崇敬，但仍保持对塔夫脱的忠诚。

在第一次世界大战中，诺克斯虽然过了年岁，还是作为一名个人志愿者，随第七十八师上了前线，并且佩上了少校的金袖子。由于某些神秘的原因，别人把他当成上校。停战之后，他回到新闻界。1930 年，他接管了芝加哥《每日新闻》报。到 1936 年，他已得到了足够的社会地位，获得了共和党副总统候选人的提名资格。

虽然天赋不如斯廷森，诺克斯在品格上却有大得多的前途。他有着与罗斯福同样的对生活的开朗态度，善于公关之道。他对海军的知识可能还记不满一本薄薄的笔记本，但他知道自己的局限，渴望努力填满这空隙。并不是他对谁真正指挥海军有一种错觉，他是用一种完全坦然的心情来接受这一现状的。

斯廷森的信是对诺克斯 1 月 24 日备忘录的回答。在“夏威夷珍珠港的防空”这个主题上，斯廷森表示了“对此事的重要性和尽一切可能来准备应付这种敌意行动的紧迫性的完全一致的看法”。他坚定地宣称：“夏威夷陆军部是所有我们海外陆军部队中装备最好的一个，并且为了完成它的被计划中的防御任务，将继续在装备上给予优先，原因是充分保护舰队的重要性。”

当涉及细节时，他勾画出的前景却不太乐观。他只能许诺“正在圣地亚哥装配的 31 架 P-37 驱逐机，十天之内可向夏威夷发运”，并通知诺克斯：总体的夏威夷防空工程，要求有 98 门 3 吋高射炮、120 门 37 毫米高射炮和 308 挺口径为 0.5 吋的高射机关枪。但他没有说明何时才能把这些装备运给肖特。

他进一步告诉诺克斯：用于防空警报的设备已订了货，并将在 6 月发往夏威夷，到那时，有关安装的安排也会确定了。然后，斯廷森又许诺道，他将指示肖特调查一下使用障碍气球和烟幕屏障的条件，但对于这两项措施，他都没有提出使人感到鼓舞的意见来。因为，在夏天之前搞不到障碍气球，另外根据权威的意见，瓦胡岛的大气和地理条件，不适合大规模地施放烟雾形成屏幕。

这封信的复印件送给了肖特以及金梅尔和布洛克。若能知道肖特对这句话——他的部队是“所有我们海外陆军部队中装备最好的”——当时的反应，将是有趣的。肖特也不需要斯廷森的与海军合作的指示，他没有做任何其他事情的打算。并且，他手上还有另外一封 1941 年 2 月 7 日的信——这封信是马歇尔的来信——强调正好同一个主题。

当希特勒的军团于 1939 年 9 月 1 日猛攻入波兰之后仅仅几个小时，时年 59 岁的陆军上将乔治·C·马歇尔出任美国陆军参谋长。这位文静的又高又瘦的 6 英尺的汉子，蓝眼睛，灰头发，有着粗犷的面部，显露出极强的个性。像所有具有强烈个性的人一样，特别是像身居高位的人一样，马歇尔能激起别人很强的感受，使人对他产生坚定的热爱或尖锐的反感。虽然，他也许有点不好接近，但他还是讲道理的。不过，若他一旦下了决心，他的下属军官还继续反对的话，就要自己倒霉了。

马歇尔在 2 月 6 日和斯塔克碰了面，这位参谋长告诉肖特他们谈话的一些内容。马歇尔在信的开始，按照斯塔克告诉他的情况，简短描述了金梅尔的特点。他说：

金梅尔很直截了当，甚至在处理问题时鲁莽和不太老练。虽然他做事方式显得有点粗鲁，但他心中还是很友好的。我猜测，如果别人和他谈话时又坦率又合乎逻辑，他是会坦率回答的。斯塔克甚至谈到以前他个人曾反对过金梅尔对待别的军官的态度。但金梅尔在指挥上是突出的，这也是整个海军的意见。

斯塔克也告诉了马歇尔，金梅尔抱怨陆军为防守珍珠港的作战物资不足。马歇尔向肖特承认，事实正如金梅尔所指出的一样。然而，他又说：“金梅尔不知道，整个陆军都从战略上缺乏作战物资，夏威夷是比其他陆军部队好得多的基地之一。”

马歇尔然后强调了一个非常致命的问题：“充分保护舰队，是我们的一个（马歇尔用斜体字强调）更加主要的考虑……但海军要求我们控制夏威夷之外的其他地区，这就使我们难以满足夏威夷的需要……”

对于所有夏威夷陆军部队担负的重任，马歇尔强调："我们首要的关心是保卫舰队，对此我们必须有清醒的头脑。"他继续说："我对夏威夷问题的印象一直是：若在已知道的敌对行动发生的最初 6 个小时之内，我们没有受到严重的损害，那么保留下来的防御力量将使敌人对于进攻给我们造成的伤害丧失信心……"马歇尔怎能预见到，战争的头 6 分钟，就打断了太平洋舰队的脊梁骨。"敌人破坏活动的危险及由飞机和潜艇进行偷袭所包含的危险，构成了那里局势的真正危险。坦率地说，只要我们有空中优势，我就看不到任何在夏威夷各岛屿登陆的威胁。"

无论在华盛顿还是在夏威夷，都这样地注视着敌人的破坏活动，是可以理解的。岛上人口包括了 16 万日本人，其中大约 3.7 万人是在美国以外出生的。美国已经看到希特勒是如何很好地利用少数民族的不满和怨气的。实质上，夏威夷的日本人，展现出一幅与欧洲某些国家少数民族完全不同的特征。但马歇尔和肖特都是战士，而不是社会学家，马歇尔再次重复道：

> 在你所进行的所有谈判中，请清醒地记住：我们的使命是保卫基地和海军的集结，必须使金梅尔清楚地看到这个目的。我之所以强调这一点，是因为我发现……以往由分配份额之争而产生的陆海军的不和……仍旧存在于有关国防的混在一起的各种事情中……我可以幸运地并感到高兴地说，斯塔克和我是在最亲密的个人关系基础之上，这种关系使我们能够避免许多严重的困难问题。

肖特急忙于 19 日作了回答，并使马歇尔确信：无论金梅尔，还是布洛克——他的在海军中对等的人，都非常易于接近，愿在一切方面给予合作，"我们的关系将是非常衷心的"。他列举了他认为重要的条件，以及他希望为进行必需的改变要采取的步骤，与海军合作自然而然地排在第一。他向马歇尔劝告：为了贯彻这一点，陆军和海军军官联合委员会应在 3 月 1 日开会。

肖特在同一天，也就有关战斗机与轰炸机的疏散与防护问题给陆军副官署署长①写了信。"这些飞机集中在惠勒机场和希卡姆机场，对保卫它们免受敌机攻击造成严重的问题。"他强调说。他要求为 142 架单引擎驱逐机、121 架双引擎驱逐机、25 架双引擎轰炸机和 70 架四引擎轰炸机提供地下钢筋水泥掩体防护，总共需要经费 156.56

①最高陆军机构中设有一名副官署署长。"陆军副官署署长"——像"军法署署长"一样——负责任免陆军的部一级的高级官员。

万美元。考虑到这些飞机的价值，这是足够合理的费用。他的这些请求没有得到任何具体的结果。当然，陆军部既不是不理睬肖特，也不是故意把他放到不理想的处境上，它有着与肖特完全同样的问题，不过是在更大的范围内——怎样用现有的财力物力建设一个要塞，并尽快实现。夏威夷已经得到华盛顿能够给的一切，但这些是不够的。

肖特的官方通信和他的证词，展现出对夏威夷危险的透彻意识，也显示出他对他所指挥的日常工作的很好地理解。然而，人们很难避免这样的印象：他在职责细节的精神领域中，比在他的使命的大范围上，对自己更有把握，他对他得到的一切，都能有效地掌握和很好地利用，可惜严格地说来，他只是个士兵，尽管他的主要使命是用最明白的术语说给他的，他从来都没有真正懂得他对太平洋舰队所负的责任。在一次非常揭露性的作证中，谈到珍珠港潜在地受到攻击时，肖特说："假若舰队受命离开了夏威夷水域，我一定会十分担心……假设舰队不是在那儿的话，我一定会盼望它在那儿。"在他心里，把太平洋舰队的存在看作是对他的夏威夷陆军部队的保护，而不是相反。他也认识不到，日本人的攻击目标对准的，正是他负有责任加以保护的舰只。

肖特的基本目标——在上帝和陆军部调他去所负责的范围内尽他能力干好工作——和金梅尔的目标相同，但对于怎样完成任务，肖特有不同的想法。像布洛克——他对肖特十分了解——回忆的那样："肖特不是一位十分苦干的人，他绝不是一位为繁忙的工作勤奋而认真的人。他属于这样的类型：认为他的责任是认识本地区的每一个人，对他们友好，并经常与大家闲扯。"

的确，肖特的处事圆滑也许对他的任命是一个重要因素。若想得到平滑的协调关系所必需的合作，夏威夷陆军部队的司令官绝对必须和平民的权威人士相处很好。在夏威夷，平民和军人之间一直存在着矛盾，肖特把在上面架桥作为自己的责任，他在这方面的成绩突出。

下述事实是明显的：保卫各岛屿是他的使命的一部分，对此他理解得最好，也是做得最成功的——至少在他被指派的程度上。我们不能知道，对于日本的全力进攻，他是否能守住这个群岛。如果攻击得足够迅速、足够猛烈和攻击时间足够长，任何阵地都会被进攻力量所占领，这是一条军事上的公理。夏威夷地理位置上处于孤立地位，在燃料及食品上依赖美国大陆，几乎提供了一个脆弱的范例，肖特对此十分清楚。

这位中将没有很快在他身边集合起一批紧密结合在一起的工作人员，他的军官们在当年经历了如此之多的变化，直到珍珠港受攻击前大约一个月，他们才安定下来，处于相对固定的状态。海伦在他身后，留下一位第一流的参谋长菲利浦·海斯上校，但海斯已到了轮换时间，他的继任缺乏他的背景、风度和对工作的熟练。1940 年 12 月，在一次第一师的十分成功的系列演习之后，肖特要求任命第一师的作战参谋陆军中校沃尔特·C·菲利浦斯，到夏威夷当参谋长。

菲利浦斯带着马歇尔的个人祝福，于 3 月 1 日到达夏威夷。菲利浦斯是位目的明确的人，非常忠于肖特，但很多人都说他的粗哑的声音和粗暴的方式可以使人误解乃至被激怒。在整个春天和夏天，经过在不同参谋岗位上的锻炼，菲利浦斯于 11 月 1 日接过了参谋长职务，并于 5 天之后成为上校。陆军的珍珠港事件委员会对他工作的评论是："全体成员认为，对这样一个重要的位置，菲利浦斯没有控制能力，太软弱了。肖特挑选菲利浦斯似乎是个错误……"错误也罢，不错误也罢，肖特仍坚持对自己人的看法。正如他战后作证时所指出的那样："海斯上校是一位优秀的行政管理人员，他多年来一直和海军打交道。菲利浦斯上校则是在战地工作和训练上能干得多的人。"

拉塞尔·C·斯洛克莫中校，在肖特手下相继任作战训练处（G-3）和人事处（G-1）处长。他是一名好军官，乐于助人，并与人合作，有好的人品，是海伦手下留下来的人，对海伦非常崇敬。他虽然与肖特不很接近，但与这位将军处得也不错，同样尊重肖特。

绰号"伍奇"的肯德尔·J·菲尔德中校聪明而又机灵，以前没在肖特手下干过，但他们是好朋友。1941 年 7 月，菲尔德当上肖特的情报处（G-2）处长，代替了莫利尔·W·马斯顿中校。虽然，菲尔德以前没有干过情报工作的背景，他对这项工作很卖力气，并忠于肖特。

威廉·E·多尼根少校原来是海伦的人，后来当上了肖特的作战与训练处处长。1941 年 7 月，他调到了总部，于 9 月 15 日得到中校的晋升。11 月 5 日，当莫顿成为人事处长时，多尼根调到作战训练处任处长，这乃是最重要的职位之一。他待人真诚，忠于上司和同事。

1941 年 7 月 21 日，菲尔德接管情报工作，原来在海伦和肖特手下任情报处长的马斯顿中校当上了后勤处长助理参谋。他的同事一致认为，这位温和的不摆架子的军官是瓦胡岛上最有觉悟和最忠于职守的人之一。马斯顿在 1941 年 10 月 19 日荣升后勤处长。

正当肖特调整他的官员的职务时，华盛顿继续给太平洋舰队的防卫以大量的考虑。在 2 月 25 日上午召开的一次高级军官会议上，马歇尔提出了这个重要的问题。"鉴于日本的形势，海军对在夏威夷舰队的安全担心……他们正处于一种必须警惕突然的密谋的攻击的地位。舰队在停泊的时间内需要加以保卫，正是在这时，它们特别容易受到攻击。”他又说，“我不觉得这是一种可能性或甚至是一种或然性，但必须保卫它们以防不测。”

这里，那条古老的二分叉的蛇再一次扬起了它的头。马歇尔意识到夏威夷的危险，并愿意做他力所能及的任何事，来向那前哨提供保护，但在内心深处，他并不相信日本人会进攻。于是，在源田把他的草案呈交大西的同一天（或是非常接近的一天），马歇尔继续说道：“我们也得到了关于可能使用鱼雷飞机的情报，有可能突然出现日本航空母舰搭载的梅塞施米德型的飞机……海军的看法是：整个舰队都受到攻击，美国的海上力量可能会受到危害……”3 月 5 日，马歇尔带着这次会议的新鲜记忆，敦促肖特送给他一份关于防空袭的夏威夷陆军部队的早期考察，并且强调“建立一个为此目的而协调所有可利用手段的满意的系统，是一件最优先的事情”。

肖特在收到陆军参谋长的信之前，于 6 月发出了一封信，这封信表现出他是一位思路清楚的有勇气的人。虽然他处事比较谨慎，但在说出自己的想法时，并不比理查森或金梅尔更犹豫：“我在陆军部队调查研究的第一批项目之一，就是防空警报系统，我认为这对于这些岛屿的防卫是生死攸关的。”他要求从内政部长那里得到许可，“建设哈里 · 阿卡拉山工程[①]，而毋需向国家公园局提交详细计划”。他直截了当地结束道：“这些岛屿的防卫和对美国舰队适当的警戒，是如此依赖于这个防空警报系统的完成，以至于我相信，所有对细节问题的吹毛求疵，应立即停止……”

从事后分析的角度来看，陆军部于 3 月 15 日的回答，给人一种误入疯狂的茶会的感觉：

> ……当其他地方不适合此目的时，国家公园局的官员们表示，愿意让我们暂时使用他们的土地，但他们不放弃向他们提交有建筑物外形的初步建筑计划的要求，他们也坚决反对在这种地方竖起任何显眼的和大大地改变这自然保护区面貌的建筑物……

肖特在收到这封信之前，就已经回答了马歇尔 3 月 5 日关于防空情况的信，这就避免了他回信时发火。肖特在 3 月 15 日回了那封信，他一开始，就不妥协地说：“关于空袭的最严重的问题，是陆海军两方面的机场对空袭的脆弱性。”这一点，表明了良好的直觉。因为，日本的计划者们知道，为了取得最大的成功，他们必须在攻击军舰之前，或攻击过程中，把美国空军钉在地面上。在讲清他的众多的短缺之后，这位陆军将军强调：

①坐落在茅伊岛上的这座山，是夏威夷各岛屿的制高点之一。

与美国本土大部分地方的情况相比，夏威夷的防空协调工作表现出完全不同的情景。本岛是如此之小，以至于在这里没有与本土上的警报系统相同程度的警报。在安装我们的新的监测装置之后，我们将会有来自不同的岛屿的警报，并且还有对最危险方向约 75 英里范围的连续警报，以便使驱逐机在最短时间内升空。

人们禁不住要同情肖特，一方面他经常与华盛顿通信，双方的信中都以严肃的腔调，谈到有关夏威夷与舰队的防空问题；另一方面，他被用官方语言告知，考虑了一切情况之后，对于测出接近之敌来说，从一座山顶上的观测，要比建立一套有效的雷达屏幕重要得多。

这种态度最使人不安。因为，珍珠港是在距本土几千海里外的唯一领地，在那里美国太平洋舰队可以加油、整修和补充食物，港湾的形状大致像一朵三叶苜蓿，西、中和东海湾分别构成了三个花瓣，只能从它的细长的茎进出，那是一条长长的水道，窄到只能大船一艘一艘地通过。理查森把珍珠港称作“该死的捕鼠器”，这是不足为奇的。

金梅尔和理查森同样清楚珍珠港的这种对舰队的不利之处，但他不想在鞭打死马上浪费时间，他也有着这样的战士的传统信念，即：任何决定都比不做决定要好，他渴望着加强他的武装力量。在那繁忙的 2 月 7 日，他给斯塔克写了一系列冗长但又毫无结果的信中的第一封，目的是要人。

尼米兹收到这封信，并回了信。他对金梅尔要求增加编制的回答，是在 3 月 3 日的一封长信中，该信提供了海军许多决定中的一些奇怪因素的有趣的线索。信中指出：罗斯福听到了不少水兵家属的抱怨，说他们的亲人像沙丁鱼似地被塞到战舰里。为此，“总统强烈地感到：人太多会使我们的船舰变得更不舒服，为了得到他同意增加超过目前舰上已满员的人员编制，斯塔克和我需要你尽量给我们提供支持与保证……”当时金梅尔对这一点的反应，没有载入记录，也许这是件好事。

斯塔克当时也有他自己与总统的纠纷。总统希望派出一支特遣舰队，通过菲尼克斯、吉尔伯特群岛或斐济去菲律宾，作为对日本的警告姿态。斯塔克不想两面作战，于 2 月 11 日送给罗斯福一份备忘录，企图阻止总统这种雄心勃勃的行动——“有这种可能：针对日本的进一步的行动，不是阻止了他们，而是反而加速了他们的敌意。在我们不得不进入与我们认为是主要对手的德国处于交战状态的情况下，我们不想给日本以其前来的借口。”

简单说，这就是当时美国海军政策的基调。斯塔克对日本虎不抱任何幻想，但当希特勒这条吃人鲨鱼在大西洋猖狂时，他不想刺激这只虎咆哮，维持大不列颠不沉——这才是主要的目标。

没等收到要求增加兵员的答复，金梅尔于 2 月 15 日向他的部队发出了太平洋舰队第二号密件。密件中，对舰队可能会受到攻击表示担心，列举了各种能想象得出的紧急情况，并附有自己兵力所允许采取的应急措施。

密件的第二段声称："负责任的世界强国，都不会在目前条件下用进攻这里的舰队或基地来挑起战争。但是，不负责任的和被错误指导的这样的强国，也许会进行这样的尝试。"这封信进一步假设，日本宣战之前也许会：

（1）偷袭珍珠港的军舰。

（2）潜艇偷袭航行在海上的舰只。

（3）上述情况同时发生。

这样，金梅尔也相信这种普遍的看法：日本绝不会故意首先发动与美国的战争，因为这个主意几乎是可笑的——耗子踢猫！但单个人的思想不是那么好预测的。并且他从日本的历史知道：他们会行动在先，办手续在后。

他的关于防卫空袭的各项命令是清楚的，让人理解的。陆军在海军的支持下操纵海岸高射炮。舰队在珍珠港的所有部队，加上所有舰队的以瓦胡岛为基地的飞机，将增大夏威夷的防空力量。金梅尔分配第十四海军军区司令布洛克负责海军基地的防卫，并明确了他的责任。其中，包括这样的告诫："必须记住，一艘潜艇的攻击，可能表明一支大型的也许由伴有航空母舰的快速舰只组成的水面舰队的存在……"相反的是，日本的计划则要求快速舰只伴随航空母舰。后来，日本的飞行员更担心他们的一艘潜艇会把即将开始的空中攻击泄露给美国人。

金梅尔的舰队密件，没有讲到远距离巡逻飞行对保卫瓦胡岛的有魔力的关键措施。当时，这是陆军的任务，尽管海军不久就将把它担当起来。

2 月 15 日，斯塔克发给金梅尔一封信，这封信只能加强了他的这种信念：对他的舰只停在港内时的主要危险，来自于水底下。斯塔克信的开头写道：

1. 对于在珍珠港内为防备鱼雷飞机攻击而敷设防鱼雷障碍的问题，已给予了考虑。结论是，相对来说浅的水深，限制了珍珠港内防鱼雷网的需要。此外，拥挤以及需要一定的舰只活动空间，限制了目前能用的各种障碍的实用性……

2. 据认为，为了成功地从飞机上投下鱼雷，最少需要 75 英尺的水深，150 英尺水深是理想的。现在，最大的飞机投放鱼雷实验高度是250英尺，发射速度在120至150节之间，投入的理想高度是60英尺或更低，在爆炸装置打开引信之前，鱼雷需要跑大约200码的距离。但情况也许会改变……

这样的假设，可能会有灾难性的后果。被不屈不挠的源田所激发，日本人不把任何事看成是注定的，坚信需要做到的就能够做到。他们一直在计划、试验和训练，直到使斯塔克的数据不准为止。

在18日，金梅尔再次表示了他对他的舰队安全的担心，向斯塔克强调指出："我感到，对珍珠港的突然袭击（潜艇、空中或结合的）是可能的。我们正在采取立即可行的步骤，以使这样的袭击引起的损害降至最低程度，并保证使进攻的敌人部队付出代价。我们需要反潜力量和巡逻飞机……"

金梅尔只写了使进攻者付出代价，而没有写如何阻止这种袭击。但他和肖特及其他人一样，认为攻击更可能发生在他的军舰不在珍珠港内时。"我感到，随着形势的发展，舰队也许会离开珍珠港。在这样的紧急情况发生时，敌人才有可能企图对珍珠港的军事设施发动迅速的入侵。"他后来作证时说。

实际上，当舰队停泊在珍珠港内时，金梅尔并不负有直接保卫他的军舰的责任，只有当军队认为司令官应对其管辖范围内的一切事情都负有责任时，他才负有责任。正如海军调查法庭在对珍珠港事件调查之后陈述的那样："一个永久性海军基地的防卫，是陆军的直接责任。海军的责任，则是利用它所具有的手段，对那永久海军基地的海军军区提供支援。"

太平洋舰队认为，自身的装置是用于进攻的。一旦宣战，金梅尔的舰只将急速驶往各托管地，并在西太平洋巡航，以使日本对它决定和美国海军决一雌雄的那一天感到悔恨。一旦战争开始，舰队本身的进攻行动，将是对珍珠港最好的防御。

金梅尔又在他2月18日的信上，加了一段意义深远的话：

一位刚刚从华盛顿来的军官最近告诉我，海军情报办公室认为，向舰队司令提供机密情报是作战部门的职能。我又听说作战部门认为，提供同类情报的责任属于情报部门。我不知我们是否搞错了什么。但是，如果对于向舰队司令提供与舰队利害有关的恰当的报告，以便于充分了解情况，是谁的责任还有任何疑问的话，请您把这种责任明确下来，这样就不会有误解。

斯塔克当时不在华盛顿，因此回答推迟了。但他在 3 月 22 日回答说：“海军情报办公室充分认识到它的责任，它应使您恰当地了解有关的外国的活动，以及美国国内不忠于祖国分子的情况……”

理查森的行动日程表规定：舰队的一半留在海上，而另一半则在港内，并且相互轮换。金梅尔任职后约一个月，就修改了这个安排，把舰队分成三支特遣舰队，总有一支或两支在海上，这样使每艘舰船有 60％的时间在海上，40％时间在港中。尽管他清楚地意识到，在水中航行的分舰队可能会遇上敌潜艇，他还是决定碰碰运气。正如他后来作证时说：“我们不得不采取这样的办法。因为如果把一支舰队一直停在港中，你就等于是解散了它们，放弃了它们，使它们对你不再有用了。”

第一特遣舰队的指挥权给了海军中将威廉·萨特利·派伊。他的级别仅次于金梅尔，因此当金梅尔不在时，他将行使太平洋舰队司令的指挥权。派伊有卓越战略家的名声，在一次去作战计划部出差时，他起草了海军的太平洋作战基本计划。

第二特遣舰队落入杰出的海军中将威廉·F·哈尔西手中。好闹事的满脸皱纹的比尔·哈尔西，曾是金梅尔在阿纳波利斯的同班同学。到 1934 年他 51 岁时，已当上祖父了，他才戴上将军级的肩章，地点是在彭萨科拉。他热爱并懂得海军航空，与他同代的人几乎无人能与他相比。金梅尔极重视他。

第三特遣舰队的司令是海军中将威尔逊·布朗。金梅尔曾向斯塔克说起他是“刚从华盛顿来的军官”。布朗的杰出的经历，包括潜艇基地司令和战列舰加利福尼亚号的舰长，他也曾当过海军官校的负责人。

这种建制是可运行的。派伊的官衔是战斗部队司令，布朗是侦察部队司令，哈尔西被称为飞机、战斗部队司令。在他们各自手下，有一大堆各种指挥官——海军少将们，负责每一种主要型号的舰船。

要不是燃料短缺禁止这样做的话，金梅尔也许会宁愿保持两支特遣舰队在海上。太平洋舰队只有 11 艘油船，其中仅 4 艘能进行海上加油。请记住，一艘驱逐舰全速航行 30 至 40 个小时，就会用尽自身的全部燃料储备，可想而知整个舰队的油耗量了。但夏威夷不出产油，每一茶匙的油都是从 2000 多英里外的本土运来，全部油料供应都不得不储存在一眼可见的地面上。不断困扰舰队的梦之一，就是巨大的油罐场有可能着火，或是意外事故，或是敌人的行动造成的。

金梅尔的改组，给了布洛克第二个岗位：第四特遣舰队司令。在这个意义上，他是基地防卫司令，负责夏威夷的海上前沿，包括远方的岛屿——约翰斯顿鸟、中途岛、威克岛和帕尔米拉岛。从技术上来说，布洛克有两个上司，作为第十四海军军区司令，他是在斯塔克手下；作为特遣舰队司令，他又在金梅尔手下。实际上，渠道并没有交错，因为布洛克在行政上受命于斯塔克，而在作战方面听从于金梅尔。

为了帮助自己执行多方面繁杂的任务，金梅尔精选了一批非常聪明的军官做参谋，其中很多人他已认识多年了。他从布鲁克林号的舰桥上，把人们普遍喜欢的绰号“波柯”的威廉·W·史密斯海军上校选上来，当他的参谋长。史密斯身高差一点不到 6 英尺，由于像职业选手一样地打高尔夫球，保持了良好的身体。他的不寻常的持久的记忆力，使他头脑更加机灵，同时又夹杂着压制不住的幽默感。作为参谋长，他保持中性，用函件圆满答复他遇到的一切问题，但有时他却迅速做出判断，鲁莽地行事。

从很多方面来说，金梅尔的下级军官中，与他最接近的是他的副参谋长与作战参谋沃尔特·S·迪兰尼海军上校。迪兰尼是实事求是的，并有智慧，与金梅尔有很多相似之处，包括努力工作以及对职业高度的热情。当他认为有必要时，他不怕向金梅尔表示不同的意见。

金梅尔发掘出绰号“索克”的查尔斯·E·麦克莫里斯海军上校当作战计划参谋。他的四方形的麻脸，像一幅中世纪的木版画。他是个讨人喜欢的人物，能够不用擂桌子就让别人接受他的想法。对于很多海军军官来说，“索克”的大写字母签名就是一份行动计划成功的保证。大家相信，他有时靠自己的想象和热情出海。

金梅尔留下了几位理查森的参谋人员，其中有麦克莫里斯的助手文森特·墨菲海军中校，理查森认为他是“美国海军中最优秀的军官”，另一位留用的是头脑敏锐的阿瑟·C·戴维斯海军中校，舰队的航空参谋，他是一名飞行员，也是金梅尔的军官中唯一一位了解甲板起飞的人。金梅尔也留下了理查森的情报参谋爱德温·T·雷顿海军少校，雷顿自信，机智，曾于 1937 年 4 月至 1939 年 3 月任驻日本的海军副武官，因此对日本的情况特别是日本海军的情况有第一手知识，他也能流利地讲日语。

随着理查森的去职，绰号“德国人”的莫利斯·柯茨海军中校希望能离开在通信部门的工作，回到他所喜爱的海上。当金梅尔把他召到旗舰上，问他“年轻人，你愿意成为我的参谋人员吗”的时候，柯茨对这种讨好的询问坚定地回答：“见鬼，不！”这立即的否定，让金梅尔感到吃惊，血立即涌上了脸面——“你必须服从”，金梅尔说“已经决定了”。柯茨咕哝道：“噢，见鬼！”语调完全是一种憎恶的屈从，让在场的人包括金梅尔都爆出了大笑。这样，他把柯茨也拉入这具有神力的圈子。

以上几位，就是当时金梅尔参谋人员中有代表性的几位军官，体现了脑力、专业知识、能力和个性的十分突出的结合。他们互相之间关系极好，互相补充，互相信任，并都具有对他们的司令的忠诚。

没人能做到就任高职后仍保持不变，和原来一样，但军官们在金梅尔身上注意到的变化，只是量的，而不是质的。他从来都是一位刻苦工作的人，而现在几乎对献身于工作着了迷，如果不能说超越，也可说至少是达到了献身与狂热之间的境界。只是，他在细节上花费了大量的时间，也过分地注重事物的外表。

金梅尔来夏威夷时，把妻子留在了本土。作为对波柯·史密斯的提问——为什么没把她带来——的回答，金梅尔说："噢，说实话，史密斯，我觉得当家庭在身边时不能干工作。"这种对自己能同时安排好家庭和干好工作的正常能力缺乏信心，叫人不好理解。因为，金梅尔太太的一生都是在海军中度过的，能够正确对待她丈夫的职务带来的各种问题。

金梅尔的这种全神贯注于工作，并没有逃出舰队医官的注意。他向几位美国舰队司令的参谋建议，他们应尽可能引金梅尔去打高尔夫球。但是，金梅尔显然对离开办公桌的时间太长抱怨不已。

海军上将对自己的部下要求很严，对自己更严。他期望他的人个个高效率，而不仅具备只是想干好的良好愿望。在穿海军蓝的人中，大概再也找不出比他更有觉悟、更努力工作、更真诚的人来了，他是很值得他的军官们对他表示忠诚的。这种忠诚是一贯的，在他生前和死后一直存在。

第八章 间谍的温床

潜伏在火奴鲁鲁日本领事馆内的超级间谍吉川猛夫

“日本驻夏威夷领事馆是瓦胡岛的间谍的温床，这只不过是一个常识。”海伦说，“不管具体跑腿的是谁，总领事本人总是值得怀疑的。”在 1941 年，这个领事馆是日本驻外机构中最忙的一个，在日本海军情报部门中，它形成关键的一环。

日本间谍已在夏威夷活动很长时间了。当 1940 年 5 月罗斯福把舰队基本上设在这片水域时，日本外务省要求总领事郡司喜一定期报告美国海军在夏威夷的规模、部署与活动，这要求来源于海军军令部。与陆军中相应机构一样，海军军令部享有和外务省尽可能紧密的关系，并利用后者在海外的代表，从事间谍和其他情报工作。而郡司又主要依靠火奴鲁鲁的报纸来取得有关美国舰队的情报。那时，新闻界一直报道理查森的战舰的规模、数量和调动情况，并为便利起见，引用准确的舰名以及到达和离开的时间。

郡司于 1940 年 9 月 11 日回到日本，他的副手奥田乙治郎代理了他的工作。奥田态度优雅机敏，有知识，是一位老练的主要兴趣在于达到个人升迁和发迹的人。他中等身材，一副事业型和责任心很强的形象，并隐含着某种东方神秘的气氛。

没有直接证据可以证明，日本派奥田来火奴鲁鲁是专门为组织和领导夏威夷的情报网的，他从未在美国或任何美国领地干过，也没有任何海军工作的特殊背景。然而，美国情报界得到的消息表明，在火奴鲁鲁的日本领事馆里，这位副领事依照职权负责间谍工作。无疑，郡司会给奥田留下这样的指示。他解释说，他已由外务省接到海军的指示，要求报告美国舰队的调动和军舰的位置。这个信息并不完全使奥田吃惊，但他不喜欢这项任务，它有一定的危险性，和正常的领事职责不符。郡司向奥田担保说，他并不认为报告美国舰队的情况是件困难的任务，因为当地新闻报道了它的所有调动情况。

奥田迅速并有效地开拓了他的间谍工作。正如郡司所说的那样，在一段时期内监测美国舰队的动向，不存在特殊的困难，地方新闻媒介如实地报道有关消息，奥田从中提取适切的素材，并译成密码，以商业电报发出。在夏威夷是公开的消息，一到了日本外务省，就成为够等级的情报，又立刻被转给了海军军令部，在那里全都成为情报磨坊中的原料。

但是，奥田不满足于仅仅依靠报纸，他派出自己的情报人员，去查看珍珠港的舰队，以检验新闻报道的真实性。到 1940 年底，他认为这类报道愈来愈少了。也许他是对的，因为夏威夷新闻的泄密，引起了远至马尼拉的反响。1940 年 12 月 15 日，亚洲舰队司令、海军上将托马斯・C・哈特为了中止不希望见到的把海军舰只和部队的动向公布于众，给布洛克写信。他正在考虑要求海军部在“一定程度上减少……”，但又坦率地说：“使人最感担心的新闻来源，对于我们在哪里的报道总有点是对的。”无论如何，奥田决定，他必须找到其他收集情报的办法。他不太敢从生活在瓦胡岛的日本人中招募可靠的间谍，仍使用他的馆员。

能找到的唯一有点适合干这项工作的人，是领事馆的财务关孝一。他 39 岁，体质弱，看起来有点病态。他上过设在江田岛的海军官校，但又被体面地除名了，原因是他的健康不合海军的标准。外务省设法为关搞到了一本简氏战舰年鉴。关经过两个月的阅读，去记忆美国舰只的型号，然后开始侦察美国太平洋舰队。

他不用一个小时，就可以查看整个珍珠港，那里离领事馆不到 7 英里。只要他待在军事区外，并且避开禁区，就不犯法。他做了一次实验，叫了一辆出租车去港区，由出租车的车窗直接观察，然后回到领事馆起草报告。奥田审察这些报告，再送给负责密码的秘书月川。和许多搞密码工作的人一样，月川完全专心于他的工作，如果说他对其他事有过一点点兴趣的话，他的同事也没注意到。

在整个 1940 年 1 月中，信息定期地发往东京。在那个月有些时候，奥田叫一个名叫理查德·琴城户正之的人，开车送关去珍珠港和爱伊阿，从北面和东面分别监视珍珠港。关在他的间谍活动中，得到了琴城户的帮助。琴城户大约 25 岁，是一位引人注目的壮实的年轻的二世[①]，于 1935 年参加了领事馆的工作。如同他的名字一半美国一半日本那样，他是一个有点矛盾的人物。和许多与他同样身份的人相同，按日本的法律，他是日本公民，按美国法律，他又是美国人。琴城户的柚木色的宽脸，充满智慧的双眼，平头，随和而容易相处的风度，都是在日本领事馆经常可以遇到的。作为一位本地夏威夷人，他能够以司机兼保镖的身份为关干有价值的事。况且，他是一名聪明的年轻人，有着上帝赐予的完整的记忆力和卓越的观察力。

东京对美国的军事活动和军事增强越来越感兴趣，这可由 2 月 15 日发给华盛顿的一份电文看出。其中的第一和第二段，特别针对火奴鲁鲁：

> 对于牵涉到美国和加拿大的情报工作，我们特别期望如下的情报：
>
> 1. 太平洋海岸和夏威夷区域的军事准备的增强或补充；军用物资的储存和供应的数量以及类型；备用机场（也要仔细注意民航运输情况）。
>
> 2. 舰只和飞机的调动（特别是大型轰炸机和海上飞机）……

奥田不需要督促，到这时，他的报告已是定期的和详细的了。关的侦察工作，也大大地改进了。但这时美国，也非常意识到安全问题的重要。2 月 10 日，诺克斯呼吁保护军事机密，请求美国公民不要泄露舰队人员的调动情况。他也许白费了口舌，就在肖特到夏威夷的同一天，1941 年 2 月 5 日《火奴鲁鲁星报》以“舰队的主力出海”为题，发出整版的新闻，并刊登了这位新任夏威夷陆军部队司令坐在后排的照片。一名有理解力的间谍，还需要求得更多吗？显然，布洛克也有同样的想法。3 月 4 日，他向《星报》抗议另一个类似的情况，指出“你们报纸发表的这类消息，如果是真实的话，将会向任何现实的或潜在的敌人提供一个有价值的指导他们军事行动的基础”。

关不仅仅依赖于新闻报道，用日本人特有的认真劲儿，他一直亲眼核对。在 27 日，奥田可以向上级报告：“显然，部分舰队出海训练一周，另一部分停在珍珠港一周。每星期三，海上的与停在港内的舰只轮换。这种调动是上星期三注意到的……”

---

①在美国领土上出生的第二代日本人。

由此开始了贯穿于当年精确地阐明美国太平洋舰队的时间安排和活动日程的一个又一个报告，时间安排和活动日程！美国人是多么易受欺骗，易受追踪！他们在保密工作中的疏漏，给日本人提供了多么舒适的方便！正是因为这个原因，意识到这种情报价值的人们，一代一代地传下一条戒律：切勿养成某种习惯。但是，到 1941 年 12 月初，美国的司令官们已经忽略了这条基本规则。日本的计划者们，则必须要知道从哪儿对目标舰只下手，依靠美国的习惯方式，再加上卓越的来自领事馆的报告，使他们能够做到这一点。

火奴鲁鲁的新任日本总领事喜多长雄，于 3 月 14 日由龙田丸号上岸。在适当的饮宴之后，他对当地的显贵包括肖特进行了礼节性的拜访。喜多长着一副宽脸，厚发，浓眉，扁平狮子鼻，短粗身材，看起来像是一个职业拳击手。他穿着讲究，热心打高尔夫球，但技术平常，是社交能手。他在亚洲大陆待了多年，使他养成了一种中国上流人士非常悠闲的气质。他灵活多变，善于适应随时的需要和环境，总是冷静、超然和警惕的。他是一位鳏夫，唯一的儿子在日本上学，因此他可以把他的巨大的精力，全部投入到他在火奴鲁鲁的工作中去。

为了帮助喜多的工作，上级给他派来了一位年轻人，以“森村正”的名字出现在客轮新田丸号的旅客名单上，该船于 1941 年 3 月 27 日停靠在火奴鲁鲁港的第八号码头。实际上，他是吉川猛夫，是一位受过训练的谍报人员。当奥田把欢迎的花环挂在吉川的脖子上，并引导这位被保护人通过海关时，日本海军正把其最高级的秘密间谍偷偷放上岸去，像一位普通旅客那样进入目的地。奥田立即把他带回领事馆，领他进入喜多的办公室。吉川交给总领事一封信，是海军军令部情报课的山口文次郎海军大佐写的，信中的 6 张 100 美元的钞票供吉川执行任务时使用。

喜多看到一位中等身高的纤细的人站在面前，看上去比他的实际年龄 29 岁年轻得多。他的稍长的黑发，从平滑的前额成波浪状梳向后面，一双像受惊的小鹿似的眼睛，从易动的双眉下望出，他左手食指缺一节——正是一种容易被人认出的残疾。总之，他看上去有点野，不像公认的间谍形象。更有甚者，他没有当过实地间谍的经验。

在一阵慌乱的鞠躬和令人好笑的动作之后，奥田带吉川从喜多的办公室出来，去和其他馆员见面，那些人只知道他叫森村正。最初，喜多还有奥田都怀疑他能否成为一名好间谍。但东京没有搞错，吉川是一本活的美国海军百科全书。他是江田岛的毕业生，正当在自己所选择的事业的前进路上似乎很顺利时，一场严重的胃病迫使他不得不退役，他深为自己的不幸而哭泣。一位海军人事官员告诉他说，仍然给他留了一个位置，但是他必须放弃将来一切提升的希望。这似乎是吉川为回到他所喜爱的海军而付出的一个小小的代价。

在海军军令部的情报课，吉川接受了简单明了的指示：他必须提高英语水平，并成为有关美国太平洋舰队和在关岛、马尼拉以及珍珠港的美国基地情况的专家。经历4年刻苦学习之后，他参加了外务省的英语考试，当上了一名初级外交人员，于是他有了为他的真正使命必要的外装。1940年8月，他的领导西田正雄海军大佐通知他说，他将作为一名外交人员去火奴鲁鲁，在那里用外交电码报告美国舰队及基地的每日状况。正当他启程之前，山口文次郎大佐又向他作了最后指示，叫他把重点放在瓦胡岛。

为了安全，喜多分配给他一间单独的房间，他可以在那儿隐蔽和私下工作。在他安顿下来之后不久，喜多向他详细地布置了任务，全面介绍了瓦胡岛的情况，然后谈到哪些是特殊的地方，强调需要谨慎。

在紧连着喜多的内部私室的奥田的办公室里，给了吉川一张写字台，他的表面工作牵涉到处理双重国籍的日本人的事务。吉川的主管同一工作的同事——领事馆秘书油下恭之助和他的职员酒井隆一，整天泡在文件堆里，期待得到更多的帮助。但酒井很快注意到，“森村”显然对这种工作毫无所知，在头三四周内，他仅限于帮忙干些日常事务，后来干脆不再装蒜，全部工作负担又落回到油下和酒井身上。

到达后不久，吉川进行了几次沿瓦胡岛的观光旅行，观察地形，并用尖锐的目光注意军事设施和飞机场。在首次和其他多次沿珍珠港考察中，吉川雇了一个出租汽车司机约翰·三上世茂。此人60多岁，虽然受教育不多，却把海军事务当成一种业余爱好，并获得了广泛的虽然有些肤浅的这方面的知识。到1941年，他因听差的作用如此有用，成了一名实际上的馆员。吉川很快就依靠三上，常用他的出租车。但三上对吉川评价不高，当领馆的职员们怀疑这位难以捉摸的同事的身份时，三上断言：吉川“缺乏一名日本陆军或海军军官所具有的敏锐的目光和利索的步伐”。

受吉川支配的，还有一辆1937年产的福特车及车主琴城户，他成为吉川信赖和有价值的助手。在到达后一周之内，这位间谍就已经访问了珍珠港全域。开始时，奥田偶尔也一起去，但当这名间谍更有把握之后，奥田安心地退出了。这可能对吉川正合适，因为他对奥田始终不热情，奥田不像喜多那样和善。当吉川最初到达这里时，关和他一起去观察过珍珠港里的舰队，有时琴城户陪他们一起去。

吉川指导琴城户到达地点后，除了他们两人的任务之外，琴城户可以自己再去侦察舰队，或是在吉川指示下，和三上一起去。

作为对其真实活动的掩护，喜多给了吉川领事馆一等秘书的头衔。在恰当的时候，总领事又把他介绍给了一座日本式的茶馆，叫作“春潮楼”。这地方使吉川着迷，因为老板娘和他是同县人，艺妓使他想起了故乡。更重要的是，茶馆坐落在阿莱瓦高地，有一间二层楼上的房间，从那儿可以看到珍珠港和希卡姆机场。虽然用肉眼观测距离太远，但春潮楼有一架望远镜，吉川利用它可看得很清楚。

到 1941 年 4 月底，吉川已找到了许多间谍活动的地点。从爱伊阿高地上的一个地点，他能够很好地观察珍珠港，而对潜艇基地最好的观测点，是在爱伊阿和马卡拉帕之间的卡米哈米哈高速公路上。他有时乘坐一辆小公共汽车去火奴鲁鲁，在爱伊阿下车，往周围闲逛，爱伊阿的甘蔗地是最好的观察点，吉川穿上农业工人的制服，藏在蔗田里。利用这个地方 10 次之后，他觉得自己已走得太远了，或者是因为他已看完了这里的一切，从此就不再去那里了。

三上和琴城户经常开车送吉川去海军基地西北的珍珠城。在这个半岛顶端的一个码头上，吉川能够清楚地看到珍珠港和福特岛以及岛上的简易机场。他观察到，战列舰成对地抛锚，因而朝岸的战舰实际上受不到鱼雷攻击。尽管这个地点非常宝贵，吉川不敢冒每周去多于两次或三次的危险，他每次去都要换不同的衣服。

一般说来，吉川对珍珠港西部不感兴趣，然而他想看航道。希卡姆机场挡住了从东面观察航道的视线，他试图到瓦伊帕胡西面，然后转向南去接近航道口，但临近西海湾的地区受到严密的警卫，吉川不敢冒险走得更近，以便很好地观察。无论是他还是其他领事馆人员，都不能确切地知道是否有防潜网守卫着入口，但他们坚持认为有。吉川对潜艇搞间谍活动是有困难的，他一直未能搞出满意的情报。

吉川用真正日本人的细微精神，对他认为可靠的每一点滴情报都画了图，终于使一个模式出现了。随着时间推移，他发现每到星期六和星期日总有一大批军舰停在港内。为验察飞机巡逻，他很早就离开领事馆，去一些有利的地点，在那里观察飞机架数、它们通常的飞行方向、出发和返回时间。他知道这是一种原始的方法，但也是他能用的唯一方法。他不敢使用双筒望远镜，那会引起对他的注意。他对巡逻飞行仔细地做记录，但飞机一旦起飞之后，很快就飞出了视力所及，所以他从来都不能精确地搞清楚它们去哪儿，或者它们是否改变航向。但他不久就发现了一点——在瓦胡岛的北方，美国人全然不派出巡逻飞机。

对于从好莱坞和伊安·弗来明的作品中得到有关间谍概念的人来说，吉川似乎是一种有点特殊的间谍。但无论喜多还是奥田，都毫无打算去搞可能会引火烧身的惊人的大行动。这样，如果不把始终存在的害怕被发现当成一回事的话，吉川的工作绝大部分都是足够平淡的：学习——侦察——估计——报告——学习——侦察——估计——报告，日复一日。

吉川向我们保证说，他总是单独工作的，但证据不支持这一点。显然，有一个高效率的核心小组，范围从老练的外交家喜多直到底层的出租车司机三上，在执行领事馆的间谍使命。吉川这位明星，的确常常单独去侦察，但当需要时，可得到他的前任关和有详细记忆功能的能干的琴城户的支持。在他背后，更总是有彬彬有礼、道德高尚和精明的奥田在活动。

第九章

处于有点困境之中

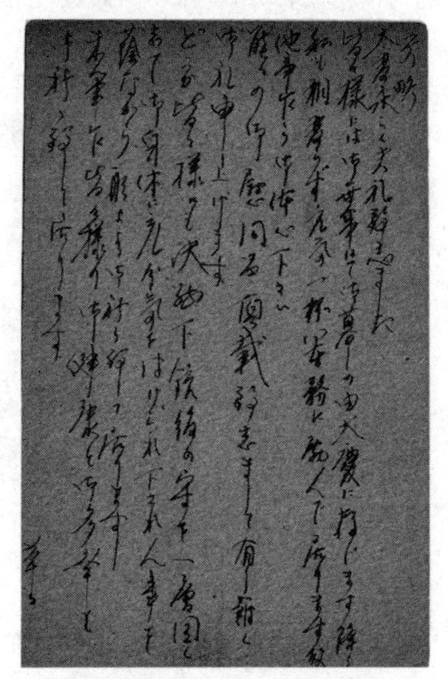

日本外务省电讯底稿

1939 年 8 月 23 日，罗伯特 · L · 胥威尔斯踏上了夏威夷的土地。这时，这位瘦小的说话细声的人，已积累了在联邦调查局工作 19 年的经验。就在当天下午，他在火奴鲁鲁市中心区的州政府大楼里，设立了自己的办公室。听取海伦简单介绍夏威夷日本人的情况后，胥威尔斯开始周游各岛屿，向当地人，特别是商人、农场工人和经理打听日本人的情况。无奈他所经历的更多是受挫，而不是搞清楚情况。“我和多少人谈话，我就得到多少种不同的回答。”他懊丧地说。

到了 1941 年，胥威尔斯手下已有 25 名工作人员，包括一些办事员。他的火奴鲁鲁办公室，负责涉及普通市民的颠覆活动（包括间谍活动）的所有案件。在以日本人为对象的案件中，FBI（联邦调查局）有与 DIO（海军军区情报办公室）同样的权威和责任。DIO 由一个在火奴鲁鲁的办公室、3 个设在外岛上的地区办公室和 10 个坐落在瓦胡岛、茅伊岛和中途岛上的海军基地内的情报小组组成。这个组织可以调查所有以海军人员、海军雇员以及海军合同雇员为对象的反间谍事务，它还和 FBI 共同分担处理以日本人为对象的反间谍案件。

1941 年 3 月 15 日，欧文·梅菲尔德海军上校以第十四海军军区情报参谋的身份，被任命为 DIO 的负责人。梅菲尔德是一位非常能干的有魄力有智慧的人，是一名斗士，然而他只在华盛顿干过两周临时的情报工作，在智利做过两年海军武官。这样的背景，对于一位在像夏威夷这样的地点负责海军反谍报的军官来说，不是完全理想的，所以他的经验无法与胥威尔斯匹敌。梅菲尔德在阿列克山大·杨格饭店里设立了自己的办公室。在这里，他领导着大约 12 个人，再加上在每一个大点儿的岛上各有一名代理人，在卡纳奥赫和努阿努的海军军火库也各有一人。

梅菲尔德对日本间谍以瓦胡岛上的日本领事馆为中心，抱怀疑态度：

……我感到，领事馆可能会被通知现时各种情况，并将与谍报网合作……它本身并不是谍报网的领导，也没有必要是该网的一个重要部分。因为，领事馆会预见到，它将会按德、意领事馆的方式被关闭，所以他们一定准备了一个计划，该计划可以在得不到领事馆支持的情况下继续执行下去。

日本人的确准备了这样一个计划，并且他们也用了几名领事馆外的间谍。但尽管梅菲尔德有这样的意见，领事馆确实是夏威夷日本间谍活动的中心。

梅菲尔德企图从日本领事馆发往东京的电报入手。他去电报商业公司碰运气，但他们拒绝违反 1934 年联邦通讯法第 605 条条款，该条款明确禁止窃听或拦劫发往外国或由外国发来的电信。梅菲尔德的一名招募人员狄奥多·爱码纽尔，设法在日领事馆的多条电话线路上安了窃听器，并在一段长时期内，记录了每日多达 50 至 60 次谈话。当然，无论是喜多还是领事馆的其他人，都不会在电话中谈重要的事。梅菲尔德希望的最好结果，是关于馆内人员的概况，以及在岛上与他们经常接触的人的姓名。

夏威夷陆军部队的侦察长是乔治·贝克奈尔陆军中校。他又高又壮，身高 6 英尺 4 吋，外表给人以深刻的印象，长着一张吸引人的有雀斑的脸，双眼闪烁有神。他平常穿老百姓的衣服上班，是一位保守的军官，有能力，机敏，头脑聪明，于 1940 年 10 月作为情报处长的助理来到夏威夷。海伦对他评价很高。在肖特第一次会见他时，他告诉这位新司令，自己已被内定为情报处长，但肖特没有接受暗示。所以，贝克奈尔还是助理，并被人称为联络参谋。一般说来，他是和梅菲尔德互相对等的。

贝克奈尔的主要任务，是经常向司令官报告各岛上的居民活动的详细情况，他也会见与接触从东方回来的来访官员和商人，以便获得他们可能带来的有关太平洋区域一般形势的任何情报，他也负责各岛屿的内部保密以及遵守所有必要的反谍报措施。如果反间谍牵涉的对象是陆军雇用者或进入过陆军禁区的话，他有责任进行调查。

贝克奈尔的工作地点在州政府大楼外面，而胥威尔斯和他的 FBI 小组成员在楼内上班。每周二，胥威尔斯、贝克奈尔和梅菲尔德碰头交换情报，他们的办公室之间存在着诚恳的工作关系。FBI 和 DIO 都对日本领事馆和日本邮船公司进行部分监视，但他们都对阻止吉川、关或是琴城户的活动无能为力。只要别国委派的外交人员和领事馆工作人员的活动不犯法，所在国通常都会有礼貌地让他们去干。喜多和奥田，在让他们的人进行“合法的间谍活动”这一点上，又是非常谨慎的。

据我们所知，日本领事馆中的人，除了受美国权威人士邀请的情况下，没有一个人进入过军事禁区，也没有关于日本窃取和拍照够保密级的情报的记录。他们在停下来观看那泊在珍珠港内的军舰的壮观场景时，并不违反任何法律。事实上，基地本身就是一本打开的书，情报部门对此毫无办法。珍珠港太大，坐落在太开阔的地形上，不能隐藏起来或加以伪装，使人们从海上或从陆地上看不到。杜绝观看的唯一办法，就是把整个瓦胡岛定为军事禁区——这是任何美国政府都不能容忍的事，美国人发誓坚守并保卫的法律成了他们自己的绊脚石。宪法保证航空公司的隐私权，地方公司非常正当地拒绝了 FBI 要得到日本领事馆的关于陆军情报或海军情报复印件的要求——这种情况直到 1941 年 12 月初才改变，但为时已晚，那时已几乎没有这类情报了。

讽刺中的讽刺是，华盛顿一直在成桶地舀出这些日本人和其他日本人的外交信息。基本情况是这样的：日本人使用几种外交电码，最机密的是一种极端复杂的密码系统，叫作紫码。东京以小孩的天真相信，其外交电码绝不可能被破译，它从来都不相信美国人有破译紫码的能力。

事实上，经过了 18 到 20 个月的最紧张的工作之后，在威廉·F·弗利德曼中校不倦领导下的通信情报科，早已在 1940 年 8 月成功地做到了这一点。被称为“世界上最伟大的密码专家”的弗利德曼，虽然性格安静，从不假设，但他有着绝不承认“不可能”这个词的动力和韧性。对紫码和它的派生码体系的破译，得到了一个名字：“魔术”。弗利德曼为把自己的巨大天才献给祖国，付出了很高的代价。1940 年 12 月，他因工作过度得了严重的神经衰弱，并于 1941 年初住进了华盛顿的瓦尔特·列德总医院。此后，一位较年轻的平民密码分析者哈里·拉里·克拉克的个人天才引发了成功之路。海军在 1939 年和 1940 年整整两年中，一直提供截取到的信号，并担负了所有其他日本外交电码的破译工作，对陆军集中精力在紫码上给予了有力的支持。陆军提供了解决办法和图纸，海军提供了资金和厂房设备。

因此，从 1940 年夏季开始，美国情报部门就一直在读日本外交电信的内容。这就意味着，美国政府事实上完全知道东京的外务省和日本驻外最重要的大使馆、领事馆之间的通讯，华盛顿知道东京给野村的指示和他从大使馆发回的报告。美国的破译专家们也读密级较低的外交密码，著名的称为 J 码的密码，当时正用 J-19。这主要用于日本外务省和许多领事馆之间的电讯，也包括火奴鲁鲁的领事馆。这样，美国也搞到了东京和火奴鲁鲁之间有关美国太平洋舰队的电讯。

到 1941 年秋，美国的政策制定者们实际上比野村更了解他的国家的意图，因为东京无论如何也不能完全诚心对待自己的大使。美国陆军、海军以及国务院意识到“魔术”数据的巨大价值，并且在做决策时主要依靠这些数据。

但“魔术”不是一剂治百病的药，也不是能打开所有日本人想法的迷宫的有魔力的钥匙，它只能揭露日本外务省给外交官的指示。日本外务省并不是了解全部过程，日本的陆海军支配着日本的外交政策，他们在事情已进行到一定程度之前——有时是相当程度之前，总是不愿过早给外相及其下属们提供线索。这样，“魔术”不能回答美国想要知道的所有问题。

例如，在 1941 年，美国情报部门还没有在破译日本海军电码的链条上取得突破。一般说来，军事密码比外交密码更难破译，加上日本海军在 1941 年内审慎地换了几次密码，所以华盛顿不知道山本发给联合舰队军舰的命令，也不知道当日本特遣舰队穿过北太平洋驶往珍珠港时，日本海军军令部发给它的电报。

珍珠港第十四海军军区的通信保安分队的主要任务，是破译“日本的将官码系统”。大约从 1926 年到 1940 年，这个电码提供了大多数的美国海军关心其日本同行的情报。对美国不幸的是，在大约 1940 年 12 月 1 日，日本人变换了他们的密码，尽管华盛顿和珍珠港的有关单位进行了极大的努力，都没能成功地破译这新版的电码。虽说在 1941 年 5 月 15 日接管珍珠港情报部门领导的约瑟夫·罗切福特海军中校，也是一位对干这一行非常合格的人。

1941 年，美国共有 8 架紫码破译机，华盛顿有 4 架，陆军和海军各两架。那些机器中的开关和错综复杂的线路很少冷下来。在 1941 年 11 月，日本外交电讯平均每天有 26 封。为了避免重复工作，他们把电讯按东京日期分成两份，海军处理单日的，陆军处理双日的。

1941 年 4 月，一架机器运到了菲律宾的甲米地，8 月又被载到了柯雷吉多，那里的通信情报部门分配到的任务是负责紫码、红码和 J 码。这架机器是斯塔克批准运去的，因为菲律宾是那时截取日本电讯和接收情报最好的地方，使哈特海军上将受益只是作为第二位的考虑。所有外交电讯详件的复件当天就送给当地陆军。此外，所有的紫码和部分的红码以及J—19码，立即被译成密码发往华盛顿。那里的密码工作者也和英国在新加坡的同行保持着联系，并向华盛顿提供由英国人送来的任何有价值的情报。

伦敦在1941年1月收到两架紫码机器。当年7月，珍珠港也能有一架，“但需要在扣除了华盛顿的份额之上”。然后，又提出向英国提供第3架机器的问题，最好的折中办法是把机器运往伦敦，同时订购更多机器部件。于是，大约9月或10月初，伦敦有了自己的第3架机器。而对另外4架机器的申请，在军事生产委员会陷入困境。这样，夏威夷没有收到一架紫码机。金梅尔和肖特能否从一架这样的机器受益，也是值得怀疑的。因为与他们最有关的情报，来自于东京和火奴鲁鲁之间的J码通讯。

在华盛顿，属于奥地斯·K·萨德勒陆军上校领导的以莱克斯·W·明克勒陆军中校为首的陆军通信情报科，与海军通信部的保安科紧密合作。后者的头儿劳伦斯·F·萨福德海军中校，又受通信部长雷·诺伊斯海军少将领导。萨福德比自己的同事弗里德曼年轻一岁，长得消瘦，好像吃不饱，有点像古罗马大将加西阿斯。他是安静文雅的人，但又是一部可控制能量的发电机，对于达到目标有着狂热的固执。他长期从事译码，再加上对这项工作的天生才能，使他成为海军中这方面公认的权威。

通信部保安科有两方面的任务：第一，向美国提供电码和密码；第二，监督美国的通信安全和对外国的情报工作，特别是对日本——事实上，几乎只对日本。

“魔术”的破译和翻译工作落后于形势，有许多原因。例如，没有足够数量的无线电设备，把从各监听站劫获的信号都用无线电发给华盛顿，因此只能使用普通航空邮路。如果普通航空邮路出了故障，则改用火车或是轮船传递信息。那时，夏威夷和本土之间每周只有一次空中航班，若天气不好中断了的话，就靠轮船送信到西海岸。这些信息一旦抵达华盛顿，就得在人手严重短缺的办公室里排队等候处理。

翻译工作构成了真正的瓶颈，两个通信办公室只是解码而不加以翻译。海军中，这属于麦高伦海军中校的部门，他的助手阿尔文·克莱默海军少校很懂日语。克莱默比沙夫德和弗里德曼几乎年轻10岁，他曾从1931年起在日本学了3年日语。他能干，头脑精确，手下有1名军官、2名文书士官和6名翻译，只有3名翻译，可以说是完全够格。

日语很难被翻译成英语，更糟的是它是按一个个音节来的，一个音可以有许多完全不同的意思。即便是高水平的日语翻译，也必须在他们能够被信任进行正确的翻译之前，在这个特殊的领域取得大量的实践经验。更有甚者，他们处理的是外交文件，用词的深浅有着举足轻重的意义。无怪克莱默经常极度超时工作。

陆军方面，也有同样的问题。通信情报科接收电波信号并对其解码，然后把它们送给鲁福斯·S·布拉顿陆军上校。他是远东科科长，是一名有献身精神的军官和西点军校毕业生，在“魔术”中起决定性作用。他对把哪些情报送交高层供参考做出决定。他比他的上级更了解日本、日本语言和日本人民，因为他在那里学过语言，于1932年进过日本陆军大学。

在整个1941年中，布拉顿相信，日本将扩大其亚洲战争，最终将把美国卷入这个旋涡。他受过情报工作的训练，使他天生的性格更加坚定了，因而他几乎发展了一种第六感官，能够感觉出别人意识不到的事态发展。布拉顿一旦判定某个情报来源正确，他就会不妥协地坚持自己的判断。

珍珠港调查，并没有表明布拉顿可用的翻译的精确人数，但他是否比克莱默的翻译人员多，是值得怀疑的。因此，不可避免一些情报被优先处理，另一些则堆在文件堆里。华盛顿和东京之间的外交电信得到优先处理，通信情报科只要一送来情报，“魔术”一般是当天就对它进行破译。正如麦尔斯所说：“令人吃惊的是……不是这些情报在由日语被翻译成英语的过程中被耽误了，而是我们完全能做这一点。”

仅能做到收集事实，即使这事实是准确的，也是不够的，这些情报必须及时，必须或交中央部门处理，或把它们分发到有关单位去，以便根据它们采取相应的行动，否则这种收获只能是收集的练习。美国在情报工作历史上，搞成了最惊人的伟大行动，但之后没有充分利用它的成果。华盛顿的高层领导这样推理：对于美国能够看到日本外交电信这件事，只要让东京看出一点点线索，他们就会立即改变整个密码系统，这就会使美国情报部门倒退几个月，也许几年。因而，正如斯塔克作证时说的：“不管何人，只要他因工作知道这件事，就必须签字保证，直到生命终止绝不泄漏，或永不谈论它。”

甚至在华盛顿，正式收到有关“魔术”情报的人员也是经过挑选的。将级军官间的一句有讽刺意味的笑话——“在看之前，就把它销毁”，事实上是在被应用着。1941年1月23日的一项协议规定，陆军中知道这件事的人的名单，仅限于陆军部长、参谋长、作战计划部门的头儿和情报部长。有时，也包括绰号“帕”的爱德温·M·瓦森少将，他是罗斯福的军事顾问，负责把这种情报交给总统。海军也有依照官职，可牵涉此类情报的高级军官名单。国务卿柯代尔·赫尔和他的副国务卿索姆奈·威尔斯，也收到“魔术”的情报。由他们的证词表明，国务院中还有几个其他人至少熟悉截收电码的主要内容，如克莱默、布莱顿和布莱顿的副手C·克赖德·杜森布里中校，有时还有当信使的贝亚德·勋代尔少尉。信使的手提箱里锁有情报，钥匙在收件人手中，收件人签收当日一批密件，信使当天或是第二天就返回来取走，立即和收据一起销毁。

最初，陆海军情报部门，只投送这些情报的总结或节选的片段。在1941年11月当美日关系恶化到极点时，总统坚持要看原件，因为他担心当他们尽力压缩这些情报时，有人会把原意改变了。事实上，情报部门早已基本上停止了总结工作。克莱默早期的筛选工作，是打算从包括全世界的材料中提出较重要的项目，但是到1941年中期，由于截到日方电讯的数量增大，使他忙于从先前收到的信息中查找新截收的电信中有关的参考资料，以便把查出的资料和当时的文件合在一起，然后把这一大沓资料封入每天的投送文件夹中，这样收件人可看到完整的情况。在秋季，大部分电讯都与柏林——东京轴心或是日——美谈判有关。

波克·史密斯后来作证说："我认为在由华盛顿到珍珠港通过我们的系统传送信息没有危险。如果不安全，那么在华盛顿和珍珠港之间，用其他方法来回传送我们的信息也不安全……"关于金梅尔得到了多少对自己有用的情报这个问题，在海军部显然有些混乱。特纳作证说："斯塔克将军也相信，当时至少是太平洋的这些主要外交电信，正在被哈特将军和金梅尔将军破译。直到海军关于珍珠港的调查法庭告诉我之前，我并不知道金梅尔将军没有破译这些电信的密码。"

也许，华盛顿这种态度后面的真实想法，是在一封谨慎的信中。那是麦高伦1941年4月22日寄给雷顿的，是作为对后者要求得到像他于2月已收到的有关日本关于维希方案这类外交情报的回信。

对我来说，建立一个仅仅重复部里的情报工作的浮动机构，似乎是不太实际的。我理解到，所有这一切使您处于有点困境之中，正如人们自然地对目前局势发展感兴趣一样。但我相信，应在感兴趣的情报和希望得到用来指导行动的情报之间画一条鲜明的界线，并且应当不断地强调二者的区别。

换句话说，虽然您和舰队也许会对政治高度感兴趣，但您对它却无能为力。因而，具有政治意义的情报，除了能对舰队行动有直接影响的之外，对您来说仅仅是个兴趣问题，而不是有实用价值的问题。

这次，麦高伦和雷顿之间的互相通信，并没有涉及火奴鲁鲁日本领事馆进出的电报通讯。这种通讯一直使用J码体系，直到1941年12月，他们才换成PA——K2码。

甚至最没有经验的人也能看出，截取的电信有军事谍报的明显证据。华盛顿再次回答说：这种类型的情报，由日本在西海岸、菲律宾、巴拿马的领事馆大量地流出。的确，由全世界的日本领事馆流出。火奴鲁鲁领事馆发出的信息，本质上和其他城市发出的没有什么不同。这种解释并不能站得住脚。公认的事实是，无论是通讯部门还是情报部门，都被类似于东京和火奴鲁鲁之间的电信的信息泛滥成灾所困扰。但火奴鲁鲁不是其他任何城市，它是美国太平洋舰队的大本营，又是在那片广大区域里美国亚洲战略的中枢。因此，任何日本对那里过分感兴趣的一点点线索，都值得优先处理和立即送交有关机构。

火奴鲁鲁——东京电信，虽然以外交电码发送，绝非仅仅是外交事务，其中经常有纯军事情报。美国的权威人士清楚地知道，在日本是军队说了算，所以他们某些动向的关键情报，更有可能是在军方通讯中，而不是在高层外交渠道中。

使情况更加复杂的是，估计敌人意图的这个至关重要的职能，近来一直是海军情报部和作战计划部之间争夺的一项职能。1941 年初，特纳来到詹姆斯的办公室，要求海军情报办公室不要为海军作战部长估计敌人的意图，而只向作战计划部提供情报，由作战计划部负责做出估计。詹姆斯抗议这种对他权限的侵犯，他告诉特纳：“现在印出的海军作战部长对有关组织的指示，要求情报部门负责这种估计。”问题暂时得以解决。

阿兰·C·柯克替换了詹姆斯的职务之后，特纳又试了一次，这次他成功地把问题提到斯塔克那里。柯克坚持对收到的任何来源的情报进行评价之后，由情报办公室负责解释敌人可能的意图。再有，他感觉情报办公室和陆军部的情报部在这些方面职能相当，应该相应地对名为“敌意图”的那部分做出估计。但是，“可畏的”特纳宣称，他的作战计划部——

应准备这种估计，并应对来自于任何消息来源的有关可能是敌对国的所有情报进行解释和评价。再有，海军情报办公室仅是一个收集并分发情报的机构，没有责任送出能使太平洋舰队或其他地方的舰队开始任何行动的情报。

不管斯塔克的本性如何，他没有敢于对抗特纳要求的骨气。可以预测，他站在了特纳的立场，柯克接受了决定。

结果是，把海军情报办公室缩成一个专管收集和分发的票据交换所。更严重的是，斯塔克的决定把估计日本意图的责任交给了这样一些军官，他们不像海军情报办公室的军官那样了解日本、日本语言和日本军队。

这场有关情报工作的争吵，不适当地强调了对敌意图估计的概念，最好应劝告这些争权的人，把他们的精力用于估计敌人的能力。不管是谁决定了把火奴鲁鲁的截取敌电信工作——或至少是基于此项工作的情报工作——从金梅尔和肖特手中接过来，都必须承担对珍珠港悲剧的部分责任。

最有可能的和最危险的进攻方式

珍珠港及其周边岛屿

1940 年 11 月 2 日那个星期六的夜晚，运兵船利奥纳德·伍德号到达了火奴鲁鲁，一位高个子的绅士走下了跳板。他长着弯曲的灰发，灰发下有两道遮盖着那双愉快眼睛的浓眉，瘦脸，长下巴，大鼻子，高前额，再加上一对大耳朵，使他看起来更像是学者，而不像军人。

弗雷德利克·L·马丁少将在 39 岁时取得了飞行资格，那时他已是少校了。他在设在弗吉尼亚州的兰利机场的飞行战术学校和设在堪萨斯州的利文沃斯要塞的指挥与参谋学校完成学业，然后担任了一系列指挥职务，又进入陆军学院深造。在俄亥俄州的莱特机场服役之后，他接过在路易斯安纳州巴克达尔机场第三轰炸机联队的指挥权，当时他的军衔是准将。1940 年 10 月 1 日，他当上了少将，并同时受命去指挥夏威夷空军。11 月 1 日，该项任命生效，佩戴着两颗星，他可以和海伦以及后来的肖特打交道，即使不能平起平坐，至少也在地位上与他们差不多。当他就任新职时，他是那里空军部队中级别最高的飞行员和技术指导者，已有 2000 小时的飞行经验。

马丁的身体状况不太好，外表比他的实际年龄 58 岁要老。他年轻时就患了严重的慢性胃溃疡，并做了手术，因而损害了健康，为此多年滴酒不沾。他的任命，把他推到了不太明确的位置上。作为夏威夷空军司令，他直接与陆军空军部队的主要负责人、绰号为“哈波”的阿诺德少将联系，但他又接受肖特指挥，好像一名步兵和自己的靴子与鞋底的关系一样。这种情况也许是微妙的，马丁确实接到过阿诺德给他的专门指示，要他结束瓦胡岛上陆军、陆军空军部队和海军之间的没有宣战的内战，这种内战似乎使空军受到某些指责。

为了理解 1941 年瓦胡岛上的司令官们，我们必须从困扰他们的问题上来看待他们。于是，马丁拿着橄榄枝来到夏威夷，他对他的角色非常严肃，有时为了和谐他会放弃一点，而这一点又是他手下的空军人员认为他应严格坚持的。他对于取悦别人的急切劲儿，再加上他那有点学院味的外表和风度，使有的人私下叫他“老古板”。但这种评价对他是不公平的，因为尽管总是担心工作干得不够好，他是一位工作勤奋忠于职责的军官。随着马丁的任命，各军兵种之间互相照应的关系，在 1941 年中稳步地改善着。

12 月 17 日，到这岗位大约 6 周之后，马丁写信给阿诺德：“这些岛屿……很少有适于用来做降落场地的平地。现在平地的更大部分种着菠萝或是甘蔗……我的意见是，向每一个战斗机中队提供离开中心的机场……”马丁不想让他的飞机挤在一块儿，以免敌人猛扑过来时，很容易把它们一下子吃掉。接着，他谈到他的主要担心：“过去，我们一直满足于在本土的各军事单位实现现代装备之前，只提供在海外领地上的军事单位以陈旧的装备。我认为这是非常错误的，在局势不稳定时期，对我们的国家防御计划十分不利……”

海军中与马丁对等的人，是性格外向的爱尔兰人帕特里克 · N · L · 贝林格海军少将。他是 1940 年 10 月 20 日到达夏威夷的。他长着满头浓密的黑发，从左边分开，还长着有点长的嘴和尖锐明亮的眼睛。他有最杰出的飞行经历，在他的记录中有无数海军中的第一。目前在夏威夷，他所任的职务不下于 5 个，从理论上说，他得对 5 个不同的上级负责。为何这么多责任在身，使珍珠港受攻击后，许多调查者比他本人更感到迷惑。事实上，这样的任命，在各军种中并不罕见。

贝林格不是位深奥的思想家，但他固守己见，并爱执意地表达己见。他经常对他优秀的作战与计划参谋查尔斯 · 柯爱中校为他准备好、并让他签字的文件而“大吵”，但他不是冲着柯爱。他的直率开朗的气质使他得到普遍的喜爱。和马丁一样，他也在玩一种可怜人的游戏，并且可以毫无顾忌地向甚至最高层大声抱怨自己的麻烦。1941年1月16日，他给斯塔克写了一封措辞强烈的信：

1. 我带着这样的观点——国际局势特别是太平洋局势是危机的观点，于1940年10月30日来到这里。我的印象是：为对付可能发生的不测事件，需要今天而不是明天就做好准备。在接过第二巡逻联队的指挥并了解情况后，我惊奇地发现：在夏威夷各岛这样一个远离本土的海军重要据点上，我们是在小本经营，乃至我了解得越多，似乎本钱越小。

……鉴于尚没有使第二巡逻联队的巡逻飞机现代化的计划，这显然意味着没有替换现有的过时型号飞机的计划……这一点，加上许多现存的不足之外，使我认识到，海军部在整体上不认为太平洋局势有什么可大惊小怪的，或者是没有采取与他们观点相一致的步骤……

这是一位海军少将打在海军作战部长身上的一记重拳。贝林格急切地建议："立即采取步骤，提供要求的人员、物资、设施和装备……"他在非常坦率地说了上述话之后，他的宽宏大量的本性又显现了，又加上："我们完全理解海军部的人所做的大量的和非常费神的工作，我们没有批评或是推卸责任的意图。"在结尾，则列上了他所提建议做买卖式的清单。

当贝林格说到巡逻飞机的生命攸关的作用时，他并不是在吹大牛，这一点我们可以从一份日期为1941年3月31日的杰出文件中看出。这项计划有其根源，金梅尔大约3月1日在自己的办公室召见了贝林格，指示他向第十四海军军区的布洛克报告，并和马丁一起制定一项当瓦胡岛或夏威夷水域的舰队受攻击时的联合行动计划。

布洛克的任命由巨大的海军基地，它的大片的维修车间、宝贵的有潜在危险的油罐场和港区防御的总负责所组成，还包括一些像为舰队人员提供住宿、伙食和服装以及岸上设施等琐碎的工作，还要对只要珍珠港的防卫用得着的一切事情负责。因此，布洛克对设施及舰船的防空有非常直接的兴趣。

当然，马丁和贝林格并不是自己坐在大型办公桌前，挽起袖子独自写报告，他们的一些优秀的参谋人员做了大量艰苦的准备工作。但这两位将军级军官和他们紧密合作，接受并签署了这份报告，所以可以完全归功于他俩。

这份历史性文件的最终稿，就是所有研究太平洋战争的学者们都很熟悉的马丁—贝林格报告，文风清爽，干脆利落。它的"形势的总结"部分，除了其他事外，谈道：

（c）一次对我们在瓦胡岛的军舰和海军设施的成功的偷袭，可能会在一个长时期内阻止我军在西太平洋有效的进攻行动……

（d）在没有预先得到我们的情报机关的警告下，日本的潜艇以及日本的快速入侵部队也许会到达夏威夷水域，这种情况完全是可能的。

文件然后在实际力量上，考虑了日本的能力："（a）日本可能会向这一地区派出一艘或多艘潜艇，以及在快速巡洋舰支援下由航空母舰组成的入侵部队。"人们不难注意到，这和金梅尔 2 月 15 日的太平洋舰队文件有着惊人的不同之处。这两位空军将领马丁和贝林格，估计到了敌人的航空母舰将会受到快速巡洋舰的支援，而不是相反。这些空战的经验成分，是和源田的想法一致的。报告继续说："夏威夷目前可用的飞机，对于维持任何较长时间从瓦胡岛基地起飞的远程巡逻飞行，都是不适合的。这种巡逻必须远到足以保证使从日本的航空母舰起飞的空袭到达瓦胡岛上空时，不至于搞得我们措手不及……"这就是瓦胡岛保卫者们的困境的硬果壳——需要 360 弧度的巡逻，而又没有为完成这种使命所必需的飞机。

在"敌人可能的行动"这一部分，作者们实际上预言了未来：

（a）宣战前夕可能会发生：

1. 潜艇对活动区域的军舰进行偷袭。

2. 偷袭瓦胡岛，包括偷袭珍珠港内的军舰和军事设施。

3. 上述两种情况同时进行。

（b）对瓦胡岛的最有可能和最危险的进攻形式，似乎是空袭。我们相信，目前这类攻击最有可能是从接近到 300 英里之内的一艘或多艘航空母舰上发起的。

（c）第一次攻击，也许会表明有更多的潜艇或更多的飞机，正等着防卫的飞机被第一次攻击引开之后，发动新的攻击。

（d）任何单艘潜艇的攻击，可能表明存在着一支未被发现的由伴有航空母舰的快速舰艇组成的强大的水面舰队。

有的人因为这段话而忽视了以下两段话的不一致，或是不领会"在快速巡洋舰支援下的航空母舰"和"伴有航空母舰的快速舰艇"的事关重大的不同含义。事实上，这些对敌行动的估计，有些是已有的太平洋密件的反映。

（e）在早晨的空袭中，很有可能是：尽管我们使用了巡逻，空袭将是一场完全的出其不意。空袭时，我们会处于一种驱逐机不能很快起飞的状态。也可能敌人是想把我们的注意力从第二批攻击部队引开，而实施成功的佯攻行动……潜艇攻击也许会与任何空中攻击配合进行……

这种水下舰艇溜入夏威夷区域的可能性，使人感到极不愉快。实际上，马丁和贝林格已有些走在大西和源田最初的攻击珍珠港计划的前头了，该计划并没有想到使用潜艇这一点。

那么，金梅尔、布洛克和肖特对潜在的日本的攻击能干些什么呢？马丁和贝林格的答案：

（a）为减少水面和空中偷袭的可能性，向海上360弧度派出尽可能远的每日巡逻，这样做是合于需要的。但以目前的人力物力，只能有效地维持在短期之内。除非其他情报表明，很可能在较近的时间内发生水面入侵，否则不能作为实际可行的措施来加以实施。

这样，马丁和贝林格用两个短句，无意中概括了令人叹息的美国的战略。

两位计划者，接着详细谈到有关“我们可以采取的行动”。他们指出了令人痛心的事实：任何行动都不能“直到知道敌攻击已迫在眉睫或已经发生了之前，才被我们的武装部队所采取，另一方面，当发生敌进攻时，时间将会是非常生命攸关的，我们必须尽少耽搁地开始行动”。

马丁和贝林格已经在猜测别人想法上干得相当不错了，除非他们能够实际检查山本、大西和源田还有其他日本人的头脑。因为，甚至正当瓦胡岛的计划者们努力工作于他们的报告时，在日本珍珠港计划的圈子刚在扩大。最后定稿的日期，是1941年3月31日，大约与山本让他的联合舰队参谋人员开始做他的计划的同一天。

马丁和贝林格的报告，使华盛顿感到高兴。“我们完全同意，并表示赞许。”特纳说，“看到在外地重要指挥岗位上的军官们对局势有与陆军部和海军部同样的观点，我们感到满意和高兴。”

马丁—贝林格报告是一个有技巧的几乎令人鼓舞的防御计划的范例，但它与联合海岸前线防御计划——它是该计划的一个附件——一起，都有一个基本的缺陷，珍珠港事件的海军调查法庭，清楚地总结了这一点：

这些计划的有效与否，完全取决于是否能在非常短的时间内，对敌人发动进攻的提前了解。并且，这些计划是以此为前提制定的：由于舰队司令自己也缺少飞机、飞行员和舰上人员，也由于与舰队海上活动有关的需要，他不能把自己舰队的飞机永远给海军基地防卫军官使用。

按照这基本计划的第十八段，肖特将把远程空中侦察的责任转给布洛克的第十四海军军区，自己只保留离岸约 20 英里的侦察任务。这种责任的转换是否聪明，值得怀疑。因为，夏威夷陆军部队负责保护在港中的舰队以及各岛屿的防御，而远程空中侦察是这项使命的一个基本手段。但严酷的现实使他们不得不做出这样的决定，因为肖特和马丁从来都没有得到过比手边的少数几架更多的为进行这种在夏威夷四周大面积飞行所必需的飞机，按照肖特—布洛克协议，当后者的飞机对这项任务不足以应付时，夏威夷空军应使自己的飞机处于这位指挥搜索任务的海军指挥官的战术控制之下。

马丁—贝林格报告中提到，当布洛克接受这庄严的任务时，他“不拥有永远分配给他自己指挥的巡逻飞机……海军在夏威夷地区仅有的巡逻飞机为第二巡逻航空联队的 69 架飞机，这些飞机缺少轮班的飞行员和乘务员，不能正常使用”。不幸的是，第二巡逻航空联队的飞机总数，一直没有达到足够用来进行有意义的各方位的搜索飞行。更重要的是，“给舰队总司令的任务……是使舰队备战……舰队的飞机经常用于对舰队备战的演习区进行巡逻”。

4 月 1 日，正是马丁—贝林格报告日期的第二天，华盛顿的海军情报部紧急通知所有海军军区的指挥官，也包括夏威夷的第十四海军军区。内容如下：

告诫你们的情报部门的人员：鉴于从过去的经验看出，轴心国经常是在星期六、星期日或是目标国的节假日，在某一特殊地点开始采取行动，他们应采取措施，以保证实施适当的值班和预防措施。

这是在预测链上的又一个环节！如果日本冒险尝试，保卫者们可以预期它发生在星期六、星期日或节假日。

当瓦胡岛的军事领导人们正忙于制定应付日本可能进攻的计划时，许多美国人把夏威夷想象为攻不破的堡垒。瓦胡岛四周都被广阔的防护水域所包围，有些军事专家认为，夏威夷北方所谓“空白海区”的大片水域，是敌人最理想也最有可能的来攻之路，但也可以认为，在那个水域很容易暴露并发现敌人。日本有大片洋面接近瓦胡岛，这个不可否认的论点又可用下述简单事实来加以反驳：夏威夷控制了中太平洋的所有海路。再有，一个由远方许多基地组成的屏障保护着瓦胡岛的侧翼，而美国已向这些基地倾入了数以百万美元计的防卫费用。中途岛在西北方 1300 英里，威克岛在西稍偏南方约 2300 英里，在西南方 700 英里处有约翰斯顿岛，它是一块刚刚高出海浪的形状像白色矛头样的陆地，正南方 1000 英里有帕尔米拉岛，还有其他美国和英国领地伸延在这个防护屏障之外，在北面的阿留申群岛——一个设在荷兰港的新的海空基地守卫着北太平洋，正位于日本来美国西海岸最短航线的侧面。

美国海军的主力集中在珍珠港。这里，每当舰队举行重大活动出海时，人们可以看到所有类型的战舰——6 至 8 艘战列舰，2 或 3 艘航空母舰，无数的重型和轻型巡洋舰，成打的驱逐舰、潜艇、扫雷艇和辅助舰船。许多储油罐、干船坞、车间和其他岸上设施，使珍珠港事实上成了一个独立的维护基地。在这里，整个舰队可以靠码头取得燃料和各种供应，以及得到修理。从这个巨大的中太平洋枢纽点出发，舰队可以在接到命令之后立即投入行动，并在任何方向上沉重打击敌人。夏威夷对自己的这些海上保卫者感到骄傲。“如果存在着一支准备对付任何紧急情况的舰队及其舰上官兵的话，”《檀香山广告报》在 1941 年 2 月 1 日自吹自擂道，“那就是山姆大叔的舰队。”

陆军也尽一切努力，去实现这样的吹嘘：珍珠港是“世界上守卫最好的海军基地”。1941 年，瓦胡岛有一支强大的约 2.5 万人的陆军，装备着一切现代化的武器，经常的实战演习使他们强壮和警觉，这些士兵是专门为防守这些岛屿而训练出来的。假如日本人绕过了美国外面的各防御点，或者是成功地通过了与太平洋舰队的交战的话，夏威夷的空军已准备好帮助粉碎任何进攻。部署在希卡姆机场的轰炸机将给敌以有力的一击，同时惠勒机场的以高效飞行中队编队的最新式战斗机，将保证瓦胡岛上空的制空权。当敌人太靠近时或企图登陆时，阵地炮兵已准备好对付他们。所以，肖特可以在 4 月 7 日有理由说：“这里，在夏威夷，我们都生活在一个要塞或一个极大地要塞化了的岛上。”

这就是为什么如此多的美国人以发热的自信颂扬他们这个大洋中间的基地。假如他们可以看到马丁—贝林格报告的话，也定会把它看成是一份虽有价值但又与现实无任何关系的纯学术的地理学或后勤学论文。

第十一章 如何才能最有效地使用空中力量

日本舰载航空兵零式战斗机

1941 年 4 月初的一天，山本在陆奥号——长门号正在大修——上他的座舱里，和自己的两名核心军官关起门来坐在一起。这两人是黑岛龟人海军大佐和渡边安次海军中佐。自从大西第一次把他自己和源田的草案交给山本以来，已过了好几周了，黑岛和渡边已知道了山本想法的大致倾向。特别是黑岛，对这种想法不感到奇怪。在 1940 年中，山本好几次和他讨论了当和美国冲突时日本应采取的策略。他深知作为弱国的日本不能打防御战，它唯一的机会是抓住开战的主动权，首先进攻。

山本在不晚于 1 月时，便要求他的参谋们研究珍珠港计划了。大约在那月中旬，黑岛指示山本的航空参谋佐佐木彰海军中佐，审查三种可能的互相替代的办法。第一种假设美国人警卫得很严，在此情况下，日本人应接近到距目标 350 英里范围内，轰炸美国的航空母舰，同时用战斗机保护轰炸机。第二种办法要求渗透到 200 英里之内，并在进攻中动用日本的全部飞机。第三种是只用轰炸机单程攻击，派出潜艇在附近巡弋，以救起飞机上的人员。

佐佐木当然理解到这个计划是极其冒险的，但他相信如果最坏的情况发生，这也许是日本的唯一出路。佐佐木是江田岛和霞浦的毕业生，从 1931 年开始，在美国当了两年的助理海军武官，调到长门号之前，他是驻中国上海舰队的航空参谋。

3 月末的某个时间，福留让黑岛看了大西—源田草案，紧接着也让渡边看了。福留和黑岛一致认为，如果有可能与美国交战，他们将把这项计划提交给海军军令部，但目前他们应在长门号上再仔细研究它。佐佐木也看了草案。就是那时，文件中关于进行鱼雷攻击的困难的估计，显然使山本信心不足。据报道，他说过："由于水浅的缘故，我们不能利用鱼雷攻击，我们不能指望得到我们希望的战果。因此，我们很可能将会别无选择，只好放弃空中攻击作战。"但山本不是那种容易放弃的人，在他完全探索了各种路径之前，是不会停止冒险的。这样，在这 4 月的一天，他再次提出这个题目，和黑岛、渡边讨论。

黑岛自 1939 年秋，一直跟随山本。他原是炮火射击军官，在海上待了多年，从海军大学毕业，也在那儿教过课，目前他是山本的先任参谋，他的实际任务主要是负责总体计划，他的职务有些相当于金梅尔的索克·麦克莫里斯，但日本海军的高级别参谋称为先任参谋。黑岛的绷紧的面颊骨和苍白的先知式的面孔，给人一副苦行主义者的印象，因此他的同事管他叫"甘地"。

虽然黑岛所处时代的日本推崇一致性，但他却古怪得离奇，甚至他的名字也有点反常——龟人。这对他很适合，因为当他解决一个问题时，就缩进他的壳里。他把自己锁在自己的舱内，拉上帘，双手抱头坐在黑暗中。当他突然有了一个主意时，他就开灯，发疯地乱写一气，把纸丢满地，使劲抽烟。他甚至在舱内吃饭，脏碟子里装满了香烟和烟头，为此同事向他提出抗议，并叫人来清理舱房。

当黑岛由这种与世隔绝的状态出来时，他已把问题的最小细节都想透了，至少他自己有了满意的答案，能够不用察看笔记就向参谋一句一句地口授研究结果。然而，有时他又抓不住实质问题，得出一些远离现实的主意。山本恰恰知道怎样筛选他的计划，簸出其中的谷糠。当有人问山本为什么把这样一位奇怪的军官留在自己的参谋中时，他就回答："除我之外，谁能够用黑岛？"是的，在联合舰队的参谋人员中，再也找不出比黑岛为珍珠港计划工作更刻苦的人了，以及更热心地支持这项计划的人了。事实上，源田认为这位先任参谋比自己还早知道了这项计划。佐佐木也相信，鉴于山本对其参谋人员的完全信任，"不能相信他会在和自己参谋中的这些成员——如像参谋长福留、先任参谋黑岛以及作为航空参谋的我——讨论之前，就会把如此重要的问题拿去和外人商量”。

如果说黑岛有一位密友的话，那就是渡边。这位体魄健壮的人，几乎有 6 英尺高，透出一种豪爽的男子气和简单而世俗的本质，印第安人式的颊骨，给他那富有表情的深褐色眼睛和长满大白牙的宽嘴的长脸一种力量感。他的明朗乐观，冲淡了黑岛的灰暗的忧郁。他有塞满了主意的大脑，快刀斩乱麻地处理完一大堆工作的力量，以及忠于职守的训练。这些品质，使渡边成为一名理想的参谋军官。

山本对渡边格外温柔，像对待自己的儿子一样，两人常在一块儿玩将棋或打扑克。的确，山本把他们下将棋看成是工作的一部分，因为他相信下棋会使头脑清醒，使自己保持机敏。渡边用完全的奉献，来报答司令长官的恩惠。确实，山本的全部参谋人员，在绝对忠诚和排外的自豪上，与金梅尔的参谋人员相似。

山本把珍珠港计划的细节工作托付给黑岛和渡边，自己去做推动性的工作。在战时，联合舰队司令长官有责任也有权力对上级分给自己的任务制定该项任务范围内的作战行动计划，然而在和平时期，因为牵涉到泄密的危险，也因为海军军令部愿意他集中精力于训练上，据认为他是不能做这样的计划的。海军军令部制定年度计划，在紧急情况下，由海军军令部把计划送到联合舰队司令部。

但是，由于在珍珠港攻击行动中时间是绝对重要的——他们必须发动战争，而不是跟在宣战之后——山本不能等着海军之神的磨坊在东京转动。一旦战争宣布了，他就失掉了绝对必要的突然性，这是他的空袭计划中唯一的基本因素。

于是，几天之内，黑岛把山本的参谋人员分成 4 个初步的研究小组：（1）行动及后勤；（2）通信和情报；（3）航行和气象条件；（4）空中和潜艇攻击。这样，知情人的圈子扩大到了通信参谋田雄四郎海军中佐及航海参谋永田茂海军中佐。

有马高泰海军中佐也加入了内部圈子，虽然他是山本军官家族中最年轻的成员之一，由于被任命为潜艇参谋，使他有着一定分量。更由于海军条约签订后对水面舰只限制的结果，日本集中了很大力量对海战的这一领域进行发展，日本海军为自己的潜艇感到自豪，并期望很高。有马没有潜艇服役的经验，他是学鱼雷的，但他愿意并有能力去学习。他在美国上过两年学——一年在约翰·霍普金斯大学，另一年在耶鲁大学。

当首次听到黑岛向自己谈起山本的计划时，有马感觉到悲观的乌云飘过脑海。对珍珠港进行空袭？不可能！他想。但这种怀疑在他头脑里时间不长，他很快就接受了这个计划，并把它看成是保卫和保证大东亚共荣圈的广阔边界安全的唯一出路。在未来的几个月中，有马不知疲倦地工作，保持和第六舰队（潜艇部队）的联络，以及和军令部的联络。

计划中的各种预料不到的因素，从一开始就召唤着佐佐木。在计划的发展阶段，佐佐木与源田密切合作，并且或多或少成为联合舰队与不久将正式成立的第一航空舰队之间的联络人。这对他的个性以及所受过的训练很适合，因为他的使人信服使人愉快的风度，使他容易建立起良好的关系，同时他还能做到不宣布自己的意图。

佐佐木向我们证实，到 1941 年 4 月初，联合舰队的大部分作战参谋知道了珍珠港攻击计划，这也包括了他自己的助理航空参谋井口兼夫海军少佐。佐佐木一直怀疑是黑岛首先向山本建议了这个主意，但黑岛始终否认这一点。

在这初期计划阶段，山本和 3 至 4 名参谋人员谈到了一个有诱惑力的问题：与空袭相关联的占领夏威夷的可能性。大约半数的美国海军在夏威夷，如果他们能把这些都抓了俘虏，由于训练军官需要时间，美国海军的元气就难于恢复。因为以上原因，有人提出了占领的建议。虽然太阳旗在夏威夷上空飘扬的想法，使渡边感兴趣了好几个月，但这个主意一直没有超出闲聊的范围。

这样，到 4 月中旬，山本已把珍珠港计划推到了指挥渠道上，并把它作为参谋研究的被权威认可的题目。因而，其后的发展就合乎逻辑了。

4 月 10 日，日本海军迈出了标志其战略设想革命性转变得十分有力的一步。那天，把第一航空母舰战队（赤城号和加贺号）、第二航空母舰战队（飞龙号和苍龙号）和第四航空母舰战队（龙骧号）合成一个作战单位，组成了第一航空舰队。此外，又为第一航空母舰战队和第二航空母舰战队各分配了 4 艘驱逐舰，分给龙骧号 2 艘驱逐舰。后来，龙骧号于 1941 年夏季调到其他地方去了，因而在珍珠港舞台上没有扮演角色。这也是由于它吨位小，速度相对慢，特别由于它的战斗机都是老式的 96 型，而不是新式的零式战斗机，所以作为第一航空舰队的一个组成部分，它不合要求，把它编入建制中，仅用来支持协同训练。

采取这样的行动之后，日本海军就形成了一个有巨大潜力的空中打击力量的核心，它可以对指定目标一下子派出 200 多架飞机。源田已为这样的航空舰队鼓吹了至少有 5 年，力求把航空母舰集中为一个单位，以获得最大的攻击力，并伴有起保护作用的其他舰只。

尽管个人对海军航空的赞同，山本踌躇了一些时间才批准了第一航空舰队的组建。这是牵涉到身体、思想甚至精神振动的一种先进的概念，一位指挥官不可能在深思熟虑之前就用于自己的部队建制。小泽在 1946 年初，把这项提议向一名首脑人物提出了，当时他正指挥着第一航空母舰战队。服役于日本的两艘最大的航空母舰 4 个月之后，小泽确信，只要把多艘航空母舰置于统一指挥之下，就有可能发动强大的空中攻击。据佐佐木之前的山本的航空参谋佐薙毅海军大佐说，当时联合舰队航空兵中一个热门的问题就是：“如何才能最有效地使用空中力量？”他说：“小泽海军生涯的大部分时间是在海上度过的，从各方面来说，他都是把航空母舰统一成一支打击力量的最强有力的人物。”但小泽遇到了反对，反对他的方案的高级军官之一，是第二航空母舰战队司令长官古贺峰一海军中将，飞龙号和苍龙号属于他统辖。古贺相信战列舰，就像他相信日本一样，他担心把航空母舰从各舰队调走，会使它们失掉空中保护。

小泽两次和山本讨论了自己的主意，两次都被山本否掉了，山本认为时机尚未成熟。但小泽确信，日本海军霸权的关键，在他的这项主意里。小泽和他的上司一样固执与鲁莽，他于 1940 年 4 月向山本正式提交了自己的计划，同时他又采取更深远的步骤，把自己的建议提交给海军军令部和海军省。山本知道小泽越过他的头顶之后，大发雷霆。当然，小泽知道山本发火是因为自己违反了正统的规定，而与这项航空母舰建制计划无关，他的司令长官打心眼里赞成这项计划，并且他们两人仍将是好朋友。

海军于 1940 年夏季和秋季讨论了小泽的计划。最后在 12 月，山本终于同意了，所有其他人也很快都同意了。山本最终回心转意，是因为他看到这种组织形式是为发挥日本航空母舰最大攻击力的唯一途径。随着飞机性能的飞快改进，越来越可能的情况将会是，在像舰队决战这类的最终海战之前，先要打一场决定胜负的空战。当然，航空母舰的集中也为训练工作提供了便利条件。

甚至在第一航空舰队正式成立之前，日本人已实践过大量集中航空母舰。依照源田的理论，他们在 1941 年初，把加贺号、飞龙号和苍龙号合成一个临时作战单位进行训练（赤城号那时在维修）。这个方法，被证明在作战中很有效。但在组织过程中，一些“缺点”也很快表现出来。因为，仅把现有的几个航空母舰战队联合起来，显然给指挥带来了困难，不得不挑选一位临时的司令，航空兵也不得不去熟悉他的战术，两支战队的训练方法也必须一致起来。

这次试验性的集中，强有力地推进了建立永久性的统一的航空母舰指挥的需要。再有，山本越来越集中在向珍珠港发动航空母舰空袭的思想上。这次，司令长官发出了起跑信号“开始”不到 4 个月之后，第一航空舰队便成了现实。源田清楚地理解到，他不能把日本舰队组织的这场革命性变化归功于他自己，或归功于他的王牌飞行小组，这变化“标志着海军战略和战术领域的划时代的进步……”他宽厚地把全部功劳归于山本对空中力量的有远见的相信。

第一航空舰队成立的当天，在日本海军的高层发生了其他一些大的变动。永野修身海军大将当了军令部总长。从 1934 年 3 月 1 日，他已是一位海军大将，他担任过许多重要职务，包括军令部次长、海军大臣和联合舰队司令长官。这样，在海军的最高层，他对海军三个主要部门有个人经验的了解。和山本一样，他曾在哈佛大学学过英语，当过驻华盛顿的海军武官。大家都说他在美国待了 5 年，把纽约看成他的第二故乡。

永野 62 岁了，是海军活动分子中最老的一名军官，他已失去了大部分青年时代的精力和推动力。“他不是一个强有力的人物，也不是把国家引向战争的那种类型的人。”他的一位部门首脑总结道。读了他在不同的高级会议上的发言记录之后，人们得出这样的印象：在 1941 年中，他越来越好战。这或者是由于受陆军的影响，或者由于增长了自信。但他的透彻的慢速的思维，和山本的快速鲜明的智力不能相比，但就是当时的这位将军，作为军令部总长，他对任何作战计划操着生杀大权。

也在 4 月 10 日，山本做了让步，同意他信赖的参谋长福留调到永野的总部任第一部部长。在那个权限范围内，福留领导着海军军令部（并在一定程度上说，也是整个日本海军）的神经中枢，那里的人员始创着、讨论着、完善着并经常审查着各种作战计划。作为对福留的交换，山本得到了伊藤整一海军少将。他有良好的背景，包括在美国学过语言，但头脑有保守倾向。伊藤是典型公关类型，和上下级关系都很好。他登上长门号之后，很快就理所当然地知道了珍珠港方案。从所有资料看，他并不完全赞同这个想法，但因一贯被动地接受上级的决定，因而他并没有对他的司令长官提出异议。

福留把个人对山本想法的精确了解带到了海军军令部。他在东京安顿下来一周，或差不多一周之后，大西拜访了他，并交给他一份自己草案的复件。他告诉这位第一部的新头目，他已把草案向山本作了简介，山本指示他把草案复件交给福留作机密存档，然后他介绍了大致轮廓，两人又简要地讨论了这项计划。福留读了草案之后相信，自从他于 1940 年第一次和山本谈这计划之后，它已有了很大的进步，但还有许多重大问题留待解决。大西一离开，福留就急忙把这份文件锁入自己的保险柜。

山本太正直了，他没有企图把福留作为自己在海军军令部里的奸细。在 4 月末，他派黑岛去东京和福留的第一部的作战课讨论他的计划的可能性。这里是一切海军计划工作的泉水源头，应该由这里提出任何攻击美国太平洋舰队的作战方案，或与此有关的任何其他作战计划。在这个关键的机构里，都是一些聪明的能跟上时代潮流的有成功希望的年轻人，是根据背景、脑力、出身和观点精心挑选来的，目的是使海军保持警觉。

一位极有天赋的军官领导着这个课，富冈定俊海军大佐（男爵）的个人记录表明，他有着坚实的教育和在海上服役的背景。他在欧洲看到了很多东西。他曾在法国学习过，他的有教养的过分讲究的本性，在法兰西的知识界和社交界的气氛里特别时兴。他是一个十足的贵族，透出一种在任何环境中都知道该怎样说和怎样做的那种人的信心和安全感。他同时是一位有头脑并懂得普通情理的人，非常了解自己的工作。

他受到的海军训练，使他内心的责任感更加鲜明，以至于他对日本军舰的整体感变成一种超意识感。但他了解海军的局限，也了解海军的能力，因此他反对过分扩展。他说，让日本盯着自己的目标——东南亚，如果有人在太平洋闲逛，让它是美国好啦。从富冈的办公桌出发的观点，包括比从长门号舰桥上的观点更广阔的场景。“联合舰队能够以纯战术和战略的眼光来研究珍珠港计划。”他解释道，“但军令部必须顾及与陆军、内阁、外务省的关系，以及日本的整个国际环境。”

据富冈说，黑岛 4 月末的拜访，使他和他的一些军官们首次知道了珍珠港计划。一个课的头儿，对一项计划一无所知，而他的一名下属——内田据说早已参与了该项计划，这件事对于习惯于美国武装部队做法的人来说，似乎是不可思议的，但这种情况在日本并不罕见，那里下级军官享有惊人的自由。总之，富冈利用这机会和黑岛讨论了军令部的总的作战计划，计划的主要目标是夺取东南亚及其丰富的资源，绝不能有任何事情干扰主要任务的成功。海军军令部的蓝图，也勾画出了当美国太平洋舰队阻挡日本前进时将要进行的“舰队决战”的修改计划，其中包括当美国舰队横跨太平洋时派出一支可观的潜艇部队去夏威夷水域削弱它。

无论是富冈还是黑岛，都没有被对方的想法打动。然而，黑岛要求把珍珠港方案包括在海军军令部的计划工作中，富冈却认为山本方案存在着一个不可采纳的冒险，日本不可能由南线作战中分出攻击珍珠港的美国太平洋舰队所需要的舰只。再者，因为日本军舰的有限的活动半径，他认为从战术上讲，这方案也是不可能的。他坚定地补充说：“没有一艘日本航空母舰，有在大洋中央再加油的经验。”

富冈本应该在黑岛回联合舰队之后，把山本的计划报告永野，事实上黑岛也是这样估计的。他认为：“按一般观念，永野也应该在那时得到报告。”但富冈不是那类在这种时候就急于向永野报告的人。无论如何，大西和黑岛拜访东京之后，山本的计划已正式提交给海军军令部了，不管领导们喜欢不喜欢它。简而言之，山本这头骆驼已把鼻子伸进了永野的帐篷。

富冈的两位航空专家之一的三代辰吉海军中佐，和他的意见一致。三代是霞浦的毕业生，敏锐，有智慧。他懂得并强烈支持航空母舰舰载的飞行，但他认为山本的计划“完全办不到”。他估计没有海军的航空母舰舰载空中力量的有力支援，陆军的空军太弱，不足以完成东南亚的使命。再者，南线战役还留有大量的计划工作和思考去做，所有的精力应当集中在主要目标上，而不是转到看来不可能执行的攻击计划上。

根据可靠消息来源，不管三代向富冈表示了什么样的意见，他至少在珍珠港作战中的一个方面做了几个月的工作。他于1月初前往海军省，拜访了一位江田岛的同学爱光文雄海军中佐，一位鱼雷权威人士。三代带给爱光一项高级命令——在浅水区空投鱼雷达到100%的成功率。

爱光从他那厚厚的眼镜片后面向自己的这位同学直眨眼，日本已达到70%的有效。爱光是一位有理性的人，他认为满分是不可能的，并坦率地说出自己的看法。但三代继续敦促这一点。最后，爱光问："为什么你非要100%？"

三代飞快地瞟了一下四周，然后压低声音："我需要告诉你一个秘密。"他吐露道："我们需要这种专门的浅水鱼雷，因为海军有一项攻击珍珠港内美国太平洋舰队的计划。这是一项绝对机密。"他强调。

爱光一点不感到吃惊，因为他把日美终将开战看成是注定的。他从事浅水鱼雷研究已有一定时间了，从1939年在佐伯湾举行的一次模拟鱼雷攻击的演习中，他认识到如果在这样浅的水深中使用真正的鱼雷，这些鱼雷会卡在淤泥里。

头脑里装着这样的想法，他自发地对像马尼拉、弗拉迪沃斯托克和珍珠港这样的海港的水深进行了研究，他发现大概平均深度在17到25英尺，为了在这种环境中有效，鱼雷下沉不能超过12英尺。爱光把他的研究和他先前关于鱼雷下沉曲线的经验结合起来，写了一份正式报告，给海军省的航空本部。其后果，是他被分配到联合舰队，一直当一名教官，直到1940年12月，才调到航空本部。当1941年1月三代拜访他时，他正在那里刻苦工作。

三代坚持要全部秘密，这使爱光感到处境困难，因为三代的这位同学必须悄悄地干。但是，这位鱼雷专家一直没有告诉任何人关于珍珠港的使命。作为他们两人商量的结果，他写了一封信给横须贺镇守府航空队的指挥官，以海军大臣的名义指示他改进鱼雷效率到100%。然而，因为爱光讲不出这项命令的任何理由，横须贺镇守府航空队没有优先执行这项任务。

随着帝国海军的3个分支在不同程度上都卷入了珍珠港冒险，人们不禁要问：山本组建第一航空舰队，是为了攻击珍珠港的美国太平洋舰队这个明确的目的吗？答案为"是"和"不是"两个。说"不是"，因为在1940年12月当他推动地球仪开始转动时，没人知道日本和美国将不能用外交解决他们的争端。到1941年4月10日那天，事态也没有发展到毫无希望。除非在绝对必要时，山本也没有任何发动日美战争的打算。说"是"，因为如果形势逼迫他率领联合舰队和金梅尔的舰队开战，山本决定自己必须打出第一击，而没有航空母舰特遣舰队这个核心，他就做不到这一点。

虽然力量并不一定等同于数量，但随着第一航空舰队的组建，日本海军取得了比美国太平洋舰队更大的战略潜力。没有最终发展为一支强大的特遣舰队的第一航空舰队，日本就不能在 1941 年 12 月 7 日发动大规模的空袭。

第十二章 实力和潜力

日本联合舰队第一航空舰队司令官南云忠一

第一航空舰队是海上武力的一个革命性的和潜在的可怕的工具，所以其指挥权不是普通的岗位，人们预计海军省会任命一位真正的航空将军，或至少是一位懂得海军航空的人，但是讲究资历，决定了这个职务落在一位海军中将身上，他就是南云忠一。在他的长期光辉的生涯中，没有任何与空军有关的事。

南云于 1887 年 3 月 25 日出生在本州北部的山形县。他从江田岛毕业时，名列班上前 10 名。他开始在战列舰、巡洋舰和驱逐舰的不同岗位上服过役。二十年代中，他去欧洲和美国旅行。回日本后，他再次到了海上，继而去海军大学任教，在那里得到了令人羡慕的海军大佐的晋升。然后他回到海上，先任轻型巡洋舰那珂号舰长，后任第十一驱逐舰战队司令官。不久，他调到海军军令部两年。虽然，他感谢在军令部的经验，并理解这是对他的能力的赞扬，但总觉得除非在海上，否则不会真正轻松。他的老朋友回忆说，南云从岸上的职务调回他所热爱的海上时，总是十分高兴和愉快。

1934年11月15日，他当上了战列舰山城号的舰长。恰好一年之后，他当上了海军少将，当时他48岁——正是日本海军军官生涯的标准进程。其后的几年，是稳固的上升。他坚持记日记，但非常少。他不是反省型的人，注重行动而不注重言论。但日记中也有些倾向性的闪念，“我将继续要求他们做困难的工作，”他于1936年5月3日关于他的军官和士兵们写道，“并且，我坚定地决心在任何时候接受任何责任。”这里，道出了一位对自己和下级要求很高的至善论主义者的心声。1937年7月15日，他作为第八巡洋舰战队司令发布的对上海的作战命令，给他挣来爱国军人的荣誉：“我在此庄严地宣誓，不惜牺牲自己的生命，参加对中国的战争……我将给中国人真正的炮击，我唯一遗憾的是我将不能出海作战……”

第二次世界大战爆发时，南云是第三战列舰战队司令长官，正在海上。他于1939年11月15日得到了海军中将这个高级军衔。一年之后，他不得不再次上岸，任东京的海军大学校长。任命他为第一航空舰队司令长官的决定下来时，他仍在海军大学工作。

在他的一张当个人事业达到顶峰时的照片中，可见他的形象是辉煌的：穿着海军制服，左手拿着指挥刀，充满自信并镇静自若地坐着。他那像加农炮弹一样的圆头前边有点秃，其余的头发剪成军校生的式样，沉思的前额上有两条皱纹，它们连着十分显眼的眉毛，遮盖着有特征的大眼睛，两眼之间也有两条鲜明的皱纹，加上从他的大鼻子到坚定的嘴的多条线条，告诉人们他容易笑，并同样容易在集中思维时皱眉，高颧骨，结实的下巴和岩石般的颌，完善了有力而又敏感的面部，给人一种已接受了历史不可逆转性的责任的人的感觉。

南云身体强健，外表给人一种他是日本的布尔·哈尔西的印象。他按时髦的角度戴帽，不注意自己的服装，傲慢地挺着胸，走路时使人觉得昂首阔步。他心胸开阔，性格外向，是那种见了朋友大声喊叫欢迎并在别人肩上重重一拍的人。他的心肠可以想象出来是多么好，对自己的下级军官有着深厚的感情。

他用对自己胸膛的一击，接收了新的指挥岗位。“南云是一位老式的军官，是一位鱼雷攻击和大规模作战行动的专家。”他的老朋友、第十一航空舰队司令长官蠓原二四三海军中将解释说，“从背景、受训、经验和兴趣说来，他对日本海军航空兵种中的这个主角，都是整个不适合的。当他成为第一航空舰队司令时，他对航空兵的实力和潜力毫无概念。”

在反思历史时，太容易过分强调南云的不足之处。诚然，他对海军航空是个生手，但在20世纪40年代，全世界还找不出一位海军将军是这方面的专家。一个人达到了如此显赫地位这件事本身，就表明他是一位有各种经验的非常能干的军官。

把南云放到这个指挥岗位上的论资排辈制度，也有其优点，它给军官们一种安全稳定感，使他们认识到一个人的事业不完全受政治。得不得宠或是高层的不能解释的一时怪想所支配。在挑选高级司令官时，它也避免了几乎同等的众多将领中做出任意选择的必要——这种选择总是一件充满陷阱的微妙的事。当然，这种体制也有缺点，它常常在圆孔中楔入方钉，或是奖励平庸而忽略了天才。

具有讽刺意义的是，当论资排辈选中南云引起对他不利的议论时，美国的调查委员会却不让美国海军忘记，它不顾资历而任命了金梅尔当司令官。正如一条嘲讽的俚语所说，没有十全十美的事。日本人不应抱怨南云，在山本向近卫首相许诺的 6 个月中，南云的确“无敌”。在整个第二次世界大战进程中，日本没有其他海军将领能比得上他的记录。

为了弥补南云专业上的这个弱点，海军部派草鹿龙之介海军少将当他的参谋长。这是一个非常好的选择。草鹿虽说不是一位飞行员，但他有着在航空兵中一系列任命的良好履历，其中包括小型航空母舰风翔号和大型航空母舰赤城号的指挥岗位。草鹿那粗壮的稍弯的双腿，支撑着一个宽肩矬胖的身躯，他笑时面带温暖和善意，他的头脑像他的身体一样移动缓慢，有点看得出是故意的。他坚定地专心致志于事实，而轻视幻想。

草鹿同时具备目的性和勇气。据作者所知，他是日本海军中唯一的一位敢于站在山本面前告诉他自己对珍珠港计划的真正想法的人。草鹿是财主家的儿子，有着不是装出来的只有明朗无忧的童年时代才培养得出来的自信。他是佛教中禅宗教派的虔诚信徒，有着很少有人能获得的一种平静的信心和内心的安全感，任何大的周围变动，都不会搅乱他。

在即将到来的年月中，不仅他的经历中的知识，平衡了南云在这个专业方面缺乏经验，而且草鹿的平衡态度也帮助减轻了会困扰南云的许多其他人的担心。不是出于悲观主义，而是出于现实，南云常常看到任何事情的阴暗面。海战是和绝对后果打交道的事，海军将领肩上担着千万人的生命和自己国家空中打击力量的存亡，自然而然地有着责任重大感。他逐渐转向草鹿的坚定的清醒的乐观主义，草鹿成了他的右臂。

南云把大石保海军中佐拉来，做自己的先任参谋，管理其他参谋，监督他们执行所有命令和高效率地完成个人职责。大石是很好的组织者，像钟表一样准时，自 1940 年 10 月以来，一直是第一航空母舰战队的参谋人员。后来，源田说起他时说：“大石原来是搞航海的。他一半保守，一半进步，没有特性。他不是飞行员，也不懂空中力量和它的用途，但他不固执，讲道理。大石尽了自己最大努力去弄懂空战，但是他的整个背景妨碍了他。”如同许多优秀人才一样，源田把自己的天才当作标准，而对不能跟上自己敏捷思维的人缺乏耐心，所以他对同事的判断，绝不会错到宽厚那一边去。但大石的十分严肃的脸，反映出他对工作的责任感，他以极大的热情全力投入新的工作中。

源田在这新组建的单位中担任航空参谋。他对此感到高兴，大堆艰苦的工作等着他去做，并且这里没有传统的习惯势力来束缚他的风格。正如南云的机械工程参谋坂上五郎指出的那样："沉重的负担落在了源田身上，因为他是我们之中唯一懂得航空力量的人。"南云、草鹿和大石，不至于笨到看不到自己在这个领域的缺陷，因此他们依靠源田，听取他作为专家的意见，常同他商量。随着时间流逝，他们越来越信赖他的判断，山本的想法事实上成了源田的整个谋划。

坂上中等身材，说话细声细气，很文雅，几乎像一位日本女人，但他有颗非常好用的讲实际的头脑和在海军机械工程中良好的记录。他把自己说成是"似乎是实际空袭计划工作的局外人"，但他在至关重要的海上加油方面的工作，已使他做出了超过自己职责范围的贡献。在第一航空舰队组成的当天，他就被调进了。

南云的核心参谋圈子，还包括另外两个人——通信参谋小野良二郎海军少佐，他以举重若轻的能力来完成自己的工作，却不显示与众不同的品质；航海参谋筐部音次郎海军少佐，很好地掌握了气象学，但在参谋会议上极少发言。

两位饱经世故的能干的将军级军官，他们的没有特色的副手，三位经验丰富（稍微有点学究气）的专家，再加上一位有闪光才华的大脑，把他们加在一起，就是将注定去攻击珍珠港的特遣舰队的神经中枢。这绝不是一个由天才组成的犯罪集团，虽容易烦恼却实在和善的南云，也绝不是犯罪集团的首领，这恰恰是当时日本海军的一个典型的参谋部门——也许是任何军种的一个典型的参谋部门。

南云及其参谋人员除了统领第一航空舰队外，还直接指挥第一航空母舰战队，它由旗舰赤城号和姊妹舰加贺号组成。这两艘排水量约 2.69 万吨的优良军舰，每艘编制人员为 2000 人。小一点的航空母舰飞龙号和苍龙号，排水量约 2 万吨，组成了第二航空母舰战队，在给人以不可磨灭印象的山口多闻海军少将麾下。他于 1940 年 1 月作为驻中国的第一联合航空队的司令，加入了海军航空兵，并于当年 11 月调到第二航空母舰战队。这样，当他加入南云的指挥班子时，总的说来，也没有海军航空的经验。

在一个中等尺寸的保养很好的身体之上的山口的那张椭圆形的脸上，带着骗人后抱歉的表情。和南云不同，他整齐，精确，穿着讲究，易冲动，无法无天，爱争吵，如果说慎重思考曾减缓了他的火气的话，也从没有人注意到这一点。虽然，他是那种对下级要求很严的斯巴达式训练方法的强烈鼓吹者，但他手下的航空兵们认为他是自有飞机以来最伟大的发明者，并认为他是他们中的一员。他带到新职位上的，是相当广泛的各种各样的海上及陆上的经验背景。他在美国有三次公务，最后一次是华盛顿的海军副武官（1934 年 6 月 -1936 年 8 月），所以对美国很了解。美国名牌大学的影响，在 1941 年的日本海军中很好地体现着。永野和山本在哈佛上过学，有马在耶鲁待过，山口曾是普林斯顿大学的学生。

他和山本很接近，山本对他有巨大的信心，并欣赏他的知识、经验和判断，他们在长门号上长时间地交换想法。司令长官对山口的尊重是如此清楚地表现出来，以至于评论家们把他说成是山本的明显的继承人。

从 1940 年 10 月 15 日，就在第二航空母舰战队的大桥恭三海军中佐，是山口的先任参谋，到 8 月末，他调到第五航空母舰战队任同一职务。代替他任山口参谋职务的是伊藤清六海军中佐。虽说大桥足够能干，但他是搞炮火射击专业的，对航空不懂。他在 1929 年和 1934 年曾去过夏威夷。在后一次去那里时，他设法搞到了珍珠港内美舰的照片和有关美国舰队的情报，回到日本后，他把这些作为报告交给了海军军令部。

和南云相同，山口也有一位第一流的航空参谋铃木荣二郎海军少佐。铃木是源田在江田岛的同班同学，长期以来就是源田的迷恋于海军飞行的门徒之一，已飞行了 2000 小时以上。他与源田差不多是同样类型——瘦长而结实，敢作敢为，有一张明亮的聪敏的脸，口舌伶俐，思维敏捷。只要是山本的命令，不管有多危险和愚蠢，山口和铃木都会十分高兴地立即执行。山本之下的其他人，则无人能这样命令他们两人。

有着在本专业良好记录的石黑进海军少佐，自 1940 年 10 月起一直担任苍龙号上的通信参谋，还有机械工程参谋久马武夫海军少佐，这些就是山口的参谋人员组成。

快到 4 月底时，草鹿在东京福留的办公室拜访了他。在他们谈话时，福留隔桌递过一本名为“珍珠港攻击计划”的小册子，它的内容大部分是美国在瓦胡岛的军事设施的有关情报。草鹿看了这份材料后，向福留说：“这是关于敌情的很精确的情报，但我们不能仅凭这个基础发动战斗行动，因为它不是一份作战计划。”对此，福留回答说：“这正是我要你接着做的。”

福留也把大西—源田草案拿给草鹿看了。他解释说，山本的提议仍处于构思阶段，联合舰队正在做这方面的工作。虽然福留没有表现出任何热心，他还是要求草鹿研究这项计划。草鹿当时怀疑，山本是否从大西那里得到这个主意的，这个想法他一直保留到战后的年代里。草鹿从一开始就认为，这项计划存在着严重困难。他认为，应透彻地对其进行研究，还应为自然而然地将担当这项使命的第一航空舰队，建立一项训练计划。他也认识到，身为第一航空舰队参谋长的自己，肩负着为使之成功的沉重的个人责任。

一回到赤城号上，草鹿就向南云简短汇报了山本这项爆炸性的计谋。而从听到自己的主要使命也许会是攻击珍珠港的美国太平洋舰队那一刻起，南云就持反对态度。起初，他不能相信山本会实际上去干这样的蠢事。把其他所有条件扔在一边不考虑（他可以举出一大堆），南云认为单是不被发现驶到夏威夷途中、海上加油以及按照精确的时间表一分不差地到达目标这件事，就构成了无法克服的障碍。再者，他将使用一件他不熟悉的兵器——海军航空武装来执行这次攻击。南云始终反对这项计划，直到最后一刻，甚至在山本做出不可反驳的决定之后。

草鹿对山本的构思考虑得越深，就越多地抱有和南云同样的疑虑。他又加上自己新的疑虑，即怀疑是否能最终解决海上加油问题。他把整个想法看成是不必要的炫耀日本的雄伟，而不是实在的清晰的海军战略，是公然违反单纯性、集中兵力和目标明确这些军事原则。“日本舰队应像一支战斗中的雄狮，”草鹿争辩说，“它应当集中在最重要和最直接的目标之上。”他指的是征服东南亚，而不应像追踪金苹果诱饵的东方阿塔兰大那样，从主目标移开。

如果有人扎出来过远，让他是金梅尔好啦，让金梅尔率领他的舰队越来越深地进入敌方的水域，当他到达战场时，他的还从未在愤怒中开过一枪而只在最愉快的水域里进行训练的水兵，将会消耗得筋疲力尽。这时，日本的潜艇定会把美国舰队削弱到很久以前的可怜的规模，这才是打击敌人的时机——在他最弱的时候。按日本的说法，应在日本海军的围猎场上。对草鹿来说，远离日本的通信和供应线，到美国太平洋舰队自己的水域和堡垒去引诱它，是无意义的事。

让南云了解这件事之后，草鹿请大西和源田来从事这项计划。于是，通过一条迂回的渠道，珍珠港作战计划又回到了它的出发点——落入了源田的能干的手中。

大石也不喜欢这个主意，这从技术上和心理上都超出了他的专业范畴。他在 5 月底或 6 月初要坂上发誓严守秘密之后，才被允许参与这一计划。大石解释说，若要进行这种进攻，海上加油将是最关键的问题之一。“在北太平洋给第一航空舰队的舰只补充燃料是可能的吗？”他焦急地问道。但坂上在听到这个问题之后，对于这样一个充满了困难的问题不能立即给出答案。这个令人烦恼的答案，一直有待解决。

同样，大石想要知道军舰的装油量和耗油量。对于来回于夏威夷的约 7000 英里的航程，这些是他们必须搞清楚的绝对基本的因素。坂上的任务是计算储油量和油耗，并精确到小数点后最后一位。这是不容易的，因为它将随特遣舰队的速度和海上情况变化而变。

在 4 月的某一时间，山本的航空参谋佐佐木，向在山口的参谋机构中他的对应人和好朋友铃木透露，联合舰队正在考虑夏威夷冒险。铃木立刻抓到了这计划的困难和胆略两方面，他认为其可能性就在于此。

他相信它也许会成功，是因为其突然性因素，也因为它远远地高居于通常战略家的概念之上。但他计算了日本的代价——可能是 3 艘航空母舰，也许是 4 艘。他认为结果将会是，美国陆基飞机和日本的航空母舰飞机损失相当。他算计，如果敌人派出 100 架轰炸机的话，特遣舰队的战斗机和高射火力可以对付约 40 架，这意味着还有 60 架将通过火力封锁，向装甲薄弱的航空母舰施威。这种估计显然是吓人的代价，但日本人原来的计算是：珍珠港作战将使他们损失其特遣舰队约三分之一。

铃木立刻告诉了自己的将军。这是否是山口第一次听到这项计划，我们说不清，因为山本很可能在私下就告诉过他，司令长官喜欢和山口研讨自己的想法，况且这个想法是他最首要的事情。它的艳丽，它的对战斗精神的挑战，它的向死神的调情——所有这一切，也都是山口所沉湎的。山口的先任参谋大桥回忆说，1941 年 4 月，各种各样的谣言，在刚成立的第一航空舰队中流传。大桥很快就怀疑正在进行着什么，但他声称直到 9 月才得到正式的消息。

在和山口谈了之后不久，铃木也把这消息告诉了石黑。在军舰上或在军事岗位上服役过的人，都不会怀疑山本的超级机密，这时已在军官们中间广为人知了。

许多惊人的具有讽刺意义的事态，把珍珠港传奇抬得高出于一次独特的海军作战行动，使之达到伟大的人类戏剧的水平。其中，最自相矛盾的是：迄今分配到第一航空舰队的三位将军中，没有一个是真正的飞行员。在整个联合舰队中，最肯直言不讳并根深蒂固对山本宏大设想的反对，却来自第一航空舰队自身，特别是来自不管山本喜欢与否，他都必须要依靠他们去执行这项计划的两位将军。

第十三章
谨慎的赞同

日本驻美国大使野村吉三郎

1941 年 2 月 12 日，野村向国务卿柯代尔·赫尔递交了任职证明文件。两人握手时，野村看到了一张漂亮的脸，深陷的眼睛，浓黑的眉毛像屋檐一样悬在眼上。赫尔额头很高，头发银白色而渐稀，直鼻，薄唇，短下巴。他的形象气质，给人一种先天就有的下意识的诚实与坦率。

两天之后，赫尔陪着野村去向罗斯福递交国书。总统衷心地欢迎野村，说以后将叫他将军，而不称大使。这是罗斯福胜过别人的细致之处，他能微妙地与别人建立起一种关系，一种远古海上的兄弟关系，他还说他们可以像朋友一样坦率地谈话。

但他强调指出，日本的向南推进引起他的国家的严重关注，还有日本签署了三国条约。他提醒野村，一些偶然事件就会非常容易地激起美国人的愤怒。他建议野村和赫尔一块儿检查过去几年的日美关系，以便确切找出两国在哪些地方分道扬镳，原因何在。他还强调：太平洋对每个人都能提供足够的空间。在结束会见时，他说："打仗，无论是对于我国，还是日本，都没有好处，只有害处。”听了罗斯福的这番话，野村不断点着他那颗大脑袋。他承认，他的主要困难和主要障碍，将会是来自控制着日本的沙文主义的军事集团。

在“流血的星期天”（1941 年 12 月 7 日——译者注）之后，有人说野村早已知道了日本海军的这个卑鄙的秘密计划，情况其实不是这样，在战后的年代里，野村发誓自己一点也不知道山本的计划。有充分的理由可以相信他，因为用军事术语来说，他没有知道的必要。当他从横滨起航时，日本海军若把还处于概念阶段的计划告诉他，是得不到任何好处的。另外，野村本人的性格和人品，也会使海军不告诉他。假如他已知道了他将不得不参加的骗局的话，他会不会接受去华盛顿的任命，都是值得怀疑的。即使他的爱国主义战胜了他良心的自责，一旦知道了这个阴谋，将会像乌云笼罩着一样，使他和赫尔及其他人的谈话变得暗淡。而且，如果野村知道在日本正在酝酿着这样的计划，他可能会在疏忽时或无意中泄出它。再有，知道了珍珠港计谋，会使他处于心理上不利的状态，除非他相信自己的使命，否则他就不会自信地代表日本。最后一点，东京在华盛顿的最有利之处，在于野村的显而易见的诚实和衷心，他对阴谋的不知情把他变成了最好的烟幕。

赫尔和野村于 3 月 8 日在赫尔的官邸举行了首次正式会谈，这次会谈建立起他们关系中应遵守的常规。通常，为了避免让公众知道，都是由野村在晚上去赫尔的住所。他们可以开诚布公甚至不客气地谈话，但两人都尊重对方，从来没有高嗓门嚷过。

虽然国务卿还保留了一些山民传统的对“皮货商”的疑心，但总的说来，野村给赫尔的印象颇佳。赫尔出生地田纳西州山区的开发者们，使后代充满了对祖国强烈的爱，并信奉着一种岩石般的原教旨主义的教义。从 1871 年 10 月 22 日出生的那天起，赫尔养成了一种信条——黑就是黑，白就是白，没有灰色的模棱两可的东西介于其间。

在西班牙与美国战争期间，赫尔是一名志愿兵的上尉，去了古巴。1903 年，他当上了一名落后地区的巡回法官。4 年之后，他 35 岁时进了众议院，后来又当上参议员。他在为祖国服务的事业中头发变白了。他于 1933 年担任国务卿，成了罗斯福的首席行政管理。但直到 1941 年，他还没有牢固掌握国务院，赫尔的副手、副国务卿索姆奈 · 威尔斯是位敏捷的有野心的凭冲动行事的人，喜欢直接向总统汇报和请示，这使赫尔非常恼火。这也有罗斯福的一部分过错，他突然产生一个想法时，常喜欢跳过正常的办事渠道。这是一种有时使他的部长们处于尴尬之中的习惯。

赫尔说话声音尖细刺耳，有点发音不清，缺少语调变化，但他会用那优美的富有表现力的手势来加强语气。和他对抗的人，一般都会后悔，因为这位由落后地区成长起来的国务活动家，对此既不会忘记，也不会原谅。

国务卿对日本及其大东亚共荣圈不抱幻想，于是在 3 月 8 日，他用适当的外交语言通知野村：美国人民得到的，都是德国和日本要统治附近大陆和海洋的消息，这使他们感到厌恶，只要这两个国家不放弃侵略扩张政策，这个态度将占主导地位。当野村指出若美国继续禁运将迫使日本采取行动时，赫尔反驳道，责任将在日本身上。在后来的几个月中，赫尔—野村对话的内容变化很大，但首次会谈为后来的谈话设立了模式。他们都在疲劳地耐心地以一种不可抗拒的力量，为各自不可动摇的目标而碰撞。

3 月 12 日，特纳将军应邀去日本大使馆拜晤了野村。野村突然开始讨论海军事务，和日本新闻界的意见相反，他认为美国太平洋舰队在夏威夷的存在，特别是和英国的舰队相结合，形成了对太平洋事务稳定的影响，如果许多美国的驱逐舰和其他轻型舰只调到大西洋去帮助英国人的话，这支舰队就会减弱力量。特纳相信日本大使是“完全诚挚的”，并且认为他将利用他的影响，去反对日本军队进一步的侵略行动。

从 3 月 27 日到 4 月 4 日之间，几位国际舞台上完全不同的角色在柏林会晤。松冈在取道苏联回日本之前，和希特勒及其外长乔奇姆・冯・里宾特洛甫举行了几次会晤。里宾特洛甫催促日本进攻新加坡，在急于挑起日本和英国争端的迫切心情下，他尽了一切努力，除了没有把巴巴洛沙作战计划拿给松冈看——那是三个月之后进攻苏联的计划。虽然松冈自称是进攻新加坡的热心者，但他避免了许诺。

希特勒向松冈许下了以下的承诺，从而使自己更加孤立：“……如果日本与美国发生冲突，德国将立即采取必要的步骤。美国首先和谁发生冲突，不管它是德国还是日本，都会没有什么不同……”得到这样的保证之后，松冈加速赶往莫斯科，在他身后留下了一大堆关于他对三国条约忠诚的议论。在天皇和近卫的同意下，他于 4 月 13 日在莫斯科和苏联签订了互不侵犯条约。松冈对自己所取得的成就感到高兴，他认为他已改善了日本和美、英对抗时的地位。

近卫同样感到高兴，他认为这条约会带来和平，也许会带来最终和蒋介石解决争端，而且把日本从俄国的威胁下解脱出来，即便暂时的也好。格鲁注意到，东京新闻界对待这个条约的态度是“谨慎的赞同，而不是热心”。格鲁还干巴巴地加上：“有迹象表明，他们还感觉不到北方邻居会同意日本南进的信心。”

与此同时，在华盛顿的外交场合发生了一些不寻常的事件。4 月 9 日，国务院收到由两位天主教牧师交来的一份提议。这两个人是马里诺尔教会的院长詹姆斯・E・华尔士主教和该教会前驻日本神职人员詹姆斯·M·德劳特神父。虽然松冈对他俩成功的可能性抱怀疑态度，但还是授权他们向罗斯福总统报告自己对取得与美国谅解的愿望。这两人和另一名与美国女人结婚的日本商人井川忠雄一起，写出了这份提议。

两位牧师到达美国后，得到了邮政部长富兰克·C·沃克——一位显赫的天主教门外汉——的帮助，他把他俩引见给总统。尽管两位传教士告诉的事，和松冈及许多日本官方领导人向全世界宣布的截然不同，罗斯福和赫尔还是一致认为，他们“付不起错过避免太平洋战争的任何机会的代价”。

在 3 月 8 日的那次会见中，赫尔通知野村，虽然他欣赏寻求“为达到更好的相互理解而做出自己各自贡献”的“有责任心的可爱的和能干的平民”的努力，但他只能和野村或通过野村来打交道，因为他是“日本正当的全权大使……”

赫尔这样做是聪明的。显然，华尔士、德劳特和他们的日本朋友搞出来的又长又含糊的提议，对于认真考虑问题的美国人来说是难以理解的。当国务卿及其远东事务专家们研究了这份有趣的提议之后，他们实际上是失望的。正如赫尔后来解释的那样：“它所能够给予的，比我们最初预期的要少得多。它的大多数条款，都是热心的日本帝国主义分子所想要的。”

事实上，这份提议是如此对日本有利，以至于它无疑会给日本人一种关于美国在准备答应日本条款时会走多远的十分荒谬的想法。华尔士主教于 1 月 23 日准备的第二份提议，按美国的标准衡量，比第一份更合理一些。这份文件被岩畔毫雄大佐全面修改了。他作为中国事务专家，于 3 月底抵达华盛顿，奉命参加了这项工作。在整个那一年中，这种业余的外交笼罩着日美关系。日本人在这件事开始时，似乎显然不知道两位牧师是自发地在做这件事，日本人猜想，至少华盛顿间接地参与了。

赫尔在 4 月 13 日向野村提出了真正的谈判基础。他要求日本保证放弃武力征服政策，接受四项很快将变成非常著名的或臭名昭著的原则——这取决于你站在太平洋哪一边来看。四项原则是：

（1）相互尊重并尊重所有国家的领土完整和主权。

（2）支持不干涉其他国家内部事物的原则。

（3）支持平等包括商业机会均等的原则。

（4）除了用和平方式改变现状之外，不破坏太平洋地区现状。

赫尔向野村保证，美国将考虑日本在这个框架内提出的任何事情。赫尔从未透彻懂得日本人的心理状态，始终对日本人的意图抱怀疑态度，但他认为日本政府“应当放弃武力和侵略政策，接受国际关系的和平进程，它没有理由反对这合乎情理的四点……”

野村把华尔士—德劳特提议草案转给了自己的政府。但不幸的是，他没有讲清楚：赫尔建议把它提交给日本政府，仅仅是为了东京如果愿意的话，可以授权野村把它作为开始对话的基础。由于某种原因，野村在 5 月 8 日之前没有把四原则告诉东京，也许是野村没有真正理解赫尔的意思。4 月 13 日，他们讨论的内容又长又复杂，又没有翻译在场来使野村理解全部意思的微细之处。也许野村认为，华尔士—德劳特的使命来自于日本，因而东京知道其背景。总之，不论什么原因，野村没有把全部事实讲清楚，这一点是他当大使时最严重的错误。作为这种误解的结果，东京在几个月中不适当地继续强调这项提议草案，未能认识到四原则的重要性。

从这些错综复杂的讨论和整个世界形势中爆炸性的事件来看，人们很容易理解，对于美国的“魔术”破译码者来说，即便是一颗陨石，也不会比日本外务省 5 月 5 日给野村的电信有更大的打击力。电报内容为：“据完全可靠的消息来源，似乎几乎可以确定地认为，美国政府正在阅读你的密码电讯。请告诉我，你是否对上述情况有任何猜疑。”这“完全可靠的消息来源”指的是日本驻柏林大使大岛浩。他通知松冈说，前一天晚上，曾在东京谈判过三国条约的海因里奇·施达梅尔顺便来拜访他，转来由德国谍报人员搞来的这份情报。日本人对待这份德国人的恩惠非常认真，因为他们知道，德国人一直在截听和破译日本的密码通讯。

这个霹雳，对谁的冲击更大？对野村的大使馆，还是对美国陆海军的情报部门？这是很难判断的。这里包含着两层意思：大使馆里有了漏洞，并且他自己有了怀疑，也没有向东京报告。这种含义，正是对野村太阳穴的打击。作为前海军军令部情报部的头儿，他比大多数外交人员都更清楚地知道，为什么和怎样保护自己国家的秘密。再者，他不可能不想到，因为赫尔—野村会谈没有按照松冈专门定下的路子走，一向对自己感到不快的松冈，将不会厌恶抓住这个迫使自己就范的机会。野村立刻答复说，他的使馆采取了最严密的预防措施来保护电码密码及其他文件，他要求东京发回任何也许已被发现了的机密的具体例子和细节。

我们可以想象得出，美国的情报专家们突然拿到有关这方面情况的日本电讯时的紧迫心情。为了不让日本觉察出美国的破译码者们，正在越过他们外交官的肩膀看到他们的电讯，美国人已被困扰到了荒唐的地步。为了保护这个消息来源，他们已严重地违反了“需要知道”这条原则。现在，这个来源有可能会化为泡影，解开紫码是一件令人生畏的困难工作，他们并不想重新经历那整个过程，特别是因为当时极端微妙的国际形势，需要几乎是每小时的情况。

在这种情况下，美国情报部门在尽力堵住一切可以想象得出的漏洞时，几乎到了可笑的程度，陆军情报部甚至把总统从有权收到紫码电信原件的名单上勾掉了。做出这个决定，有以下几个因素：第一，国务院在 3 月丢失了一份备忘录；第二，德国给东京的告诫和随之而来的加强保安；第三，陆军情报部对瓦特森将军关于保密工作的看法缺乏信任，原因是这年初春布莱顿上校在瓦特森将军的废纸篓里，找到了一份给白宫的备忘录；第四，陆军情报部有这种感觉：备忘录和电信这件事，毫无例外地属于国务院的事，应由国务院把适当的内容转送白宫，而不是直接送达。然而，海军并不准备把白宫排除在外，继续发送。不过，正像我们看到的那样，当时海军仍然是负责汇总紫码材料，只是很少量地筛选出有必要向高层领导发送的截听到的材料。因为，赫尔和其他人一直不断在透彻地向罗斯福汇报情况，所以若说总统漏掉了外交方面的什么情况的话，是令人难以相信的。况且，陆军情报部于 11 月又再次向白宫递送材料。

5 月 20 日的事本应当对日本是一个决定性的事实。当时，野村向东京证实道：“美国正在读我的一些密码电信，尽管我没有发现哪些电信被他们读过。”

“至于我是如何得到这个消息的，我将通过信使或其他安全的办法告诉你。”野村宁愿用其他办法来报告这条情报的来源本身，就是一个令人不安的暗示：紫码也许已被破译了。这种事情的最轻微的示意，本该使日本情报部门换一个新的密码系统，但是随着时光流逝，“魔术”的截听者们以不相信的感谢的诧异的心情发现，原来的密码仍在继续使用。

日本人简直不相信美国人能有这样的智力，也不相信美国人知道了如何破译他们的这个超级密码。日本人在 1941 年受德国惊吓之后，没有改变外交密码这件事，对美国来说就是一个极妙的运气。有可能情况是这样的：假若对德国告诫的实际证实，不是来自松冈不喜欢的野村，而是别人的话，外务省也许已着手修改紫码系统了。这位大使对松冈也不感到十分愉快。松冈对野村要求清楚指示的请求，给予含糊其词模棱两可的回答，对野村来说，简直是一个沉重不堪的十字架。

在通常情况下，外务大臣和一位大使之间的个人冲突，只能产生对后者的惩戒或撤职。但松冈早已是在借来的时光中度日的了。追踪在这决定命运的一年中日本所有的政治动向，和在东京与华盛顿之间的全部外交信息，已超过了本书的规模。然而，珍珠港事件并不是发生在真空里，因此我们必须时时停下来注意一下政治动向。

作为对华尔士—德劳特草案和赫尔四原则回答的日本拖延很久的提议的正确译文，在 5 月 12 日才到了美国人手里。这份文件坚定了日本站在轴心的立场，并且删去了从前关于罗斯福和近卫会谈的建议。它关于欧洲局势的提议，对美国能否继续援助英国而又不使这一行动被认为是侵略性的措施，留下了重大的疑问。它也建议美国和日本共同加速恢复欧洲的和平。1941 年春，过早的和平将使希特勒统治欧洲大陆。日本再一次向美国提出要求：要美国以停止援助为要挟，敦促蒋介石和日本谈判一个解决办法。它还平淡无味地提出，要和美国共同保证菲律宾的独立。

这份文件，使早已存在的误解更加复杂化了，日本人认为他们提出了反提议，美国人则认为这是日本首次提出的提议。日本用最初的提议草案为比较基础，过高地估计了美国做出让步的愿望，因而自然而然地把后来的提议认为是美国立场的强硬化。

第十四章

世界最强的堡垒

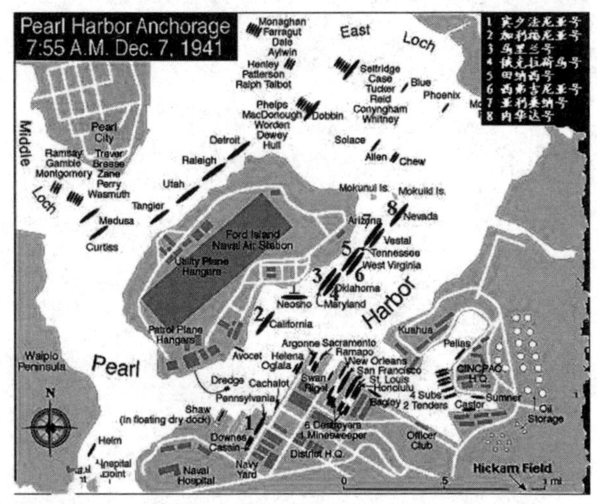

1941 年 12 月 7 日前珍珠港内美军战舰布列图

在新英格兰进行了短暂的旅行之后，斯廷森于 1941 年 4 月 21 日回到华盛顿。他打电话给诺克斯，要他告诉自己最新消息。诺克斯建议斯廷森读读刚收到的关于远东的一些颇令人吃惊的电报。斯廷森马上要人把文件送来，有趣地发现显然在进行着一些谈判，是关于美国和日本之间的交往的，对这些他毫无所知。这位陆军部长对谈判的无知，表明了在内阁里惊人的缺乏配合。

第二天早晨，当赫尔、斯廷森和诺克斯在国务院碰头时，情况就有些被矫正了，赫尔向自己的同事们介绍了处理日本问题的情况。斯廷森用明显的兴趣记录下：“这是处于颇有点独特的位置——能够得到他们给东京关于这个问题的报告和他们对这个问题的意见，并且看到日本人是怎样迂回地和挖空心思地试图把我们引入困境。”会议之后，斯廷森就赶到白宫去赴 11 点的约会。总统同他讨论起海军形势，告诉他“相对于必须保卫的领地，陆军的部署是多么薄弱”。

斯廷森立刻明白了这种提示。第二天（4 月 23 日）上午，他找到了马歇尔。当他告诉这位陆军将军总统提出为了夏威夷各岛屿的防御有必要把舰队留在那里的观点时，马歇尔表明了强烈的不同意见。马歇尔反驳道："靠我们的重型轰炸机和性能良好的新型驱逐机，地面武装可以建立起使日本鬼子不敢进攻夏威夷的防御……"当天下午，斯廷森把这个意见转告罗斯福。因此，总统让斯廷森第二天中午再来白宫，并带来有关夏威夷防御情况的文件，又要求斯廷森叫诺克斯一块来，以便带来这方面的海军的情况。

4 月 24 日中午的会议，是以关于大西洋巡逻的冗长的讨论开始的，很快又掺杂上罗斯福关于"我们在现有大西洋舰队的规模和数量上的困难……"的讨论。这正好是斯廷森想要的开头。他说他在为这次会议做准备时，发现马歇尔认为不管军舰留不留在夏威夷，那里是攻不破的，为防止日本人进攻，那里的地面防卫力量和空中防卫力量加起来是绰绰有余的，并且那里的空中防卫力量很容易从美国大陆得到增强，于是在他交给总统的一份备忘录中，包含着这些观点。

斯廷森留给罗斯福的这份文件，清楚地显示出签署它的马歇尔及其周围人的想法，它也有助于搞清楚珍珠港的情况。因为，讨论的两个主题——削减太平洋舰队和各岛屿的防御，不能截然分开。备忘录开始强有力的论述，符合当时流行的意见：

瓦胡岛，由于它的堡垒化，它的军营和它的特殊地理，据信是世界最强的堡垒。为了攻陷瓦胡岛，敌人必须把一支远征军运过重洋，这支部队要能够针对掌握着 127 门固定海岸防卫炮、211 具高射武器和用于滩头防御的 3000 多件火炮及自动武器的大约 3.5 万人的部队，发动强行登陆。没有空中优势，这任务是不可能完成的。

完全对，但日本人并没有计划占领瓦胡岛。山本当前对夏威夷群岛唯一的兴趣，是金梅尔的太平洋舰队。当然，若没有空中优势，他将不会企图进行他的大胆的攻击，源田的计划正是要求立刻摧毁美国空军。备忘录继续写道：

空中防御。有着适当的空中防御，敌人的航空母舰、海军护航舰只和运兵船，将在大约 750 英里的距离开始处于我们空军的打击之下。这种打击，将随距离缩短而不断增强。当距目标 200 英里内时，敌部队将遭到由我们最现代化的驱逐机支持的所有类型轰炸机的打击。

这是一种理想化的图画书概念，与当时的现实毫无关系。瓦胡岛没有能够飞出750英里的巡逻机，即便有的话，也没人敢保证这些飞机能够发现快速而来空袭的敌人。肖特也没有足够的轰炸机，使敌人在这样的范围内受到有效的空中打击。这里，也有着一个缄默的提前得到警报的假设——很早就知道敌人要来，并知道从什么方向来。马歇尔的文件继续详述他的论点：

夏威夷的空中防御力量。把目前正在进展的航空装置计算在内，夏威夷将受到[①]35架我们最现代的飞行堡垒B—17、35架中程轰炸机、13架轻型轰炸机、150架驱逐机（其中105架是我们最现代化的型号）的防卫。此外，夏威夷还能得到大陆飞来的重型轰炸机的增强。由于有这样可用的武力，对瓦胡岛的大规模进攻，被认为是不实际的。

有着马歇尔那样内心诚实的人，绝不会故意给总统和斯廷森一种假象。但是，当第一枚日本的鱼雷撞上金梅尔的战舰时，肖特却没有35架B-17，他只有12架，其中仅6架有作战能力。

再有，很难想象在真正的紧急情况下，肖特还有时间从大陆定购20或30架B-17，就像它们是那么多篓鲜蛋一样。即便能做到这高度成问题的一点（按要求搞到这些飞机），它们也仍需飞越长距离到夏威夷，着陆后将需要检查维修、加油和武装。并且——最后一点，但绝不是最不重要的一点——如何使休息过的熟练的机组人员站在这些飞机旁边，准备好了起飞。

陆军似乎把B-17看成是能治百病的魔术师，却不知它虽然性能良好，并不是设计用于对付海上军舰的。谁也不知道，对于山本的战舰它将表现如何？因而，在一定程度上，陆军把夏威夷的防御寄托在一种未经证明的前提上。

马歇尔在备忘录的结尾写道：“按照常规，敌人的破坏活动预计在一段有限的时间内造成巨大损害。考虑到这一点，为了确保有力的控制，在我们可能卷入远东战事之前，建立对各岛的军事控制，是非常合乎需要的。”

这位参谋长，把在夏威夷敌人广泛的破坏活动看成是不可争论的事实，这就转而表明他预计到两种情况：一种是一般性的预先警告，例如正式宣战，在这种情况下，

①这里，马歇尔亲手加上星号，并在该页下面写了这样一段注释：“由于5月20日进行了一次从大陆到夏威夷的大规模飞行，如果情况紧急时，可以立即派出许多这种类型的飞机。”

居住在夏威夷的成千上万的日本人，将跳出来采取行动，或者是东京与当地的日本弟兄配合进攻。事实上，山本的意图中，不可能有更进一步的东西。人们很难设想，有着不喜欢“军事控制”传统的美国，会仅仅根据“我们有可能卷入远东”这一点，而把一大块领土置于正常法律之外。

在这个阶段，马歇尔的注意力是集中在大西洋方面的。逻辑上也应该这样，在“欧洲第一”政策的基础上，华盛顿已决定拯救英国和打败希特勒。德国的U型潜艇，正在击沉英国船只，美国很快将进行护航。于是自然而然，陆军部和海军部应把主要注意力放到大西洋现存的危险上，而不是太平洋潜在的危机。

马歇尔和如此多的其他人都没能看到，山本在保护日本进入东南亚的侧翼上是下了大决心的。为了做到这一点，他准备冒着极大的危险攻击金梅尔的舰队。当然，谁也不能指望这位参谋长（指马歇尔——译者注）有超人的洞察力。然而，在他的备忘录中，有一个千方百计解决当前刻不容缓问题的轻重缓急，比起说明在日本人进攻的当天肖特能够怎样做，马歇尔更喜欢向总统解释美国在未来将做些什么。

总统的军事顾问帕·瓦特森，在这份备忘录顶上写下：“现代飞机已完全改变了防御方面的形势。”他写的绝不是真理，源田或马丁可以告诉他，空军本质上是进攻武器，而不是马其诺防线。

当5月12日与海军联合进行岛上有史以来最大的战斗演习时，肖特头脑里的很大部分是被这样的看法占据着，即飞机是用于防御的武器。这里，包括一支攻击“敌人”在数百英里远海上的航空母舰的强大的防御轰炸机武装。演习的权威们说，正当假设骚扰夏威夷各岛的航空母舰之一在派出甲板上的飞机时，防御轰炸机向这些虚构的航空母舰俯冲。我们在这里看到的是，陆军轰炸机十全十美表演的理想化了的场面——在派出飞机的关键时刻，发现并打击敌人。

在演习的早期阶段，为了增强夏威夷的空军，21架B-17由本土咆哮着飞到瓦胡岛。向肖特提供飞行堡垒的决定是经过一番讨论之后才做出的，因为还没有过一下子把大量重型轰炸机由西海岸飞到夏威夷的历史。然而，给夏威夷的防御加入真正的力量的需要，对比于这种飞行中的冒险，使天平向前倾斜。

演习在第二周结尾时，达到了非常了不起的高潮。5月24日早晨，时机到来了——一个巨大的钳形攻势，与有着陆军新到的飞行堡垒的打击力量的地面部队的强大火力相结合，包围并消灭了敌入侵部队。

肖特在5月29日给马歇尔写了一封关于他的演习的热情洋溢的信，他把这次演习描述成三个阶段。第一阶段由空军的行动组成。在此阶段，美国武装力量“在250英里外的海上发现并轰炸载有飞机的航空母舰”。到这里为止，美国人的预计和日本人的计划走的是一条道。“海军充分配合……”他报告说，“我相信我们比任何以前的演习都更多地学到了陆军的空军、海军的空军和高射火力协同作战。”

第二阶段，肖特陈述道：“由完成我们的计划和包括建成机场工事化的地面的组织工作所组成……整个部队夜以继日地勤奋地干着这些工作。”

第三阶段，“专门的演习”以“打退严重的进攻开始”。肖特认为这种进攻仅在下述情况下才有可能：“或是我们的舰队不在这里，或是非常弱。我们的空军被歼灭了，或是非常弱。”

肖特设想的情景是，在毁灭性的海军轰炸之后，顽固的日军部队一波又一波地进攻滩头阵地，敌人将面对肖特同样顽强和勇敢的部队的狙击。因此，他把训练重点放在使士兵尽职的基础上，强调在战斗中是没有时间去参考军人手册和回忆军事条令的，每个人都不得不自动做出反应。一旦敌人登陆，肖特也会尽到一个步兵战士的职责。假设这种情况真的发生，他本人也一定会干得很好。

他全力以赴模拟了一次精心构思的对各岛的进攻，但他有些奇怪的想法：“形势发展到我们的重型炮全被摧毁了，因而港口守御部队在这次演习的最后阶段，使用了3英尺和5英尺的二级武器，这些武器平常是因人手不够而不被使用的……”这里有一种牛仔—印弟安人的思想方法，才能想出重炮被毁而使用轻型炮。“相似地，空军人员也因自己的飞机全部被摧毁，而可以加以利用，把他们用于反敌特破坏活动，并最终用来防守一小段滩头阵地……”

理所当然，肖特在这场军事演习中是针对模拟的入侵来保卫瓦胡岛，他不得不为此设想某些假定的情况，其中有他的大部分空军被摧毁了，正像他向马歇尔表明的那样。但是，我们有这样的印象：肖特把这种灾难看成是一些长在树林下的矮树丛，应把它们尽快地清理掉，以便能进行真正的地面作战——战斗就应该在地面来打。

更为严重的是，肖特令人吃惊地表现出不明白自己在瓦胡岛的基本使命。我们若想在肖特于1941年进行的军事演习中，找出一点点目的在于保护金梅尔的舰队的迹象，都是白费劲儿。相反，他把演习放在这样的假设基础上：舰队在海上待着，或者舰队是如此毫无希望的弱小，以至于敌人不用害怕舰队，可放心进攻瓦胡岛。

几乎同样令人不安的是，肖特明显地不懂也不信赖空军。他在下述假定条件下是完全正确的：若日本人企图夺取夏威夷，只有在各岛的美国航空联队都被干掉之后，他们才会来攻。但是，他的概念是不经过重大的战斗就把空军丢掉了，因此空军人员可当作一般士兵使用。我们感觉，他甚至有点欢迎这种对他的地面部队的增加，他自己的心思和兴趣以及被人公认的技能，都是在地面部队方面。他的按这种路线训练空军人员的计划，在夏威夷激起了一场痛苦的争论，几乎破坏了建设陆军航空部队的艰苦细致的工作的良好愿望。

把肖特思想上的这两个盲点结合起来看，我们就会理解，为什么他就不能想到，日本人实际发动的这种攻击类型，是完全基于自身的空中攻击，目标是摧毁美国太平洋舰队，没有把日本兵的靴子——更别提太阳旗——踏上夏威夷土地的丝毫打算。肖特把开始的空袭，看成是在夺取和占领各岛特别是瓦胡岛这个主要企图之前的削弱性作战，当然整个战斗将会和广泛的敌特破坏活动相配合。这又再次假设：或是敌人预先让东京的特洛伊木马开始活动，或是日本和本地第五纵队之间的充分的战术联络。

这就是德国方式——内部的反叛，空中闪电战，地面战斗，占领。的确，希特勒的这个设计蓝图是如此成功，以至于把当时自由世界的首脑们关于战争的其他概念都赶出了头脑，但这不是日本的方式。日本并不需要从柏林得到如何打仗的指教——特别是以海军航空兵开始的战争，德国人对这样的战争既没打过，也不懂得。

肖特的工作一直很好，他在这件工作上也干得很刻苦，只是他缺乏有创造性的想象力。珍珠港攻击，对他是一次严重打击，这次实际发生的战斗本身的特性，把他赖以生活和工作的所有军事信条的支柱都打碎了。并且，正如我们前面所指出的那样，肖特没有搞懂他的真正使命：保护金梅尔的舰队。当珍珠港事件的实际场面来到我们面前时，在无情的聚光灯的耀眼的照射之下，这个悲剧的特性将非常清楚地展现在我们面前。

第十五章 大西洋上的危机

美国太平洋舰队航空母舰约克城号

5 月 18 日，星期天晚上，波克·史密斯盲目地环顾着瓦亚莱高尔夫乡村俱乐部餐厅的四周，模糊地意识到一位受欢迎的表演者罗·哈蒂正在努力表演她的喜剧节目。但对史密斯来说，她当晚一点也不逗乐，他机械地为之鼓掌，勉强露出笑容。他偶尔呷一口那杯无味的咖啡，感觉像一只病蛤。

他暗暗地扫了一眼他的客人肯特·休伊特海军少将夫妇，忧郁地想到，这位第八巡洋舰分舰队司令将有很长一段时间见不到夫人了。休伊特刚把他的旗舰由轻巡洋舰费城号换成了萨文纳号，因为他相信前者将离开火奴鲁鲁去马莱岛的海军船坞进行长时间的大修。史密斯知道情况，其实不是这样。

费城号舰长的妻子范斯·D·查普林太太高兴地说，她已在那个船坞租了一所房子，她的 4 个女儿，可以和他俩住在一起。史密斯善良的心感到极度不安，年轻的约翰·布利斯柯·派依又怎么办呢？他是派依将军的二儿子——一位良好的形态优美的小伙子，他的未婚妻正在来火奴鲁鲁的路上。无论是史密斯，还是他的参谋们，都不能告诉这位小伙子，他的婚事不得不向后拖。甚至当他知道了这个严酷的现实之后，也不能打电报表示抱歉，因为这样做会破坏无线电沉默。

史密斯又伤心地想到了战列舰新墨西哥号，它的舰长绰号为“塞子”的罗伯特·G·柯曼是史密斯的同班同学，他的可爱的妻子玛莉正慢慢地死于癌症。在很多个星期里，“塞子”将得不到她的病情的消息。

是什么事情搅乱了这平和的海军团体？它是由饱经风霜的将军们直到靴子上还带着阿纳波利斯光泽的年轻人，如此紧密地编织而成的。

德国的U型潜艇，在其企图切断英国和新世界之间的生命线的努力中，一月一月地变得更加大胆，到1941年3月中旬，击沉商船的区域已超越了冰岛，几乎到北纬40度。在加拿大护航舰队折回点和英国的护航区之间，有一个危险的空白区。罗斯福于3月11日签署了援助英国的国会1776号决议案，即租借法。可是，如果德国的狼群把只要抵达大西洋中央的商船都击沉的话，租借法又有何用呢？

斯廷森和诺克斯两人都曾敦促使用海军给商船队护航，从而保证供应品的运输。从技术上说，斯廷森本人与海军事务无关，但他对舰队特别感兴趣，因为他认为这是美国能够用来进行有效打击的现已准备好的唯一武器。他也感到将被驱使去保卫英国的生存，斯廷森相信如果德国的海底舰队成功地封锁英国迫其屈服，这不仅将使美国面临死亡的危险，而且随着英国的陷落，整个西方世界的道德和法律都将面临死亡的危险。

到1940年12月29日，他坚定了这样的信念：“我们不能永远站在看着其他国家打仗而愚弄别人的立场上。”他采取实际步骤检验每一项法律障碍，向诺克斯告诫说，任何禁止总统动用海军舰只护航的限制，都是明显违反宪法的。

1941年3月24日，诺克斯向斯廷森简单介绍了他和总统就海军的戒备状态和所处地位进行的一系列会谈的内容。两位部长都同意：“危机将很快到来，护航是唯一的解决办法，应该立刻开始。”第二天，斯廷森、诺克斯、马歇尔、斯塔克和一组英国军官会见，大家都同意这样的看法，英国不能够“以目前它本身的海军力量，担负起全部护航任务……”

这种形势，使总统自己陷于矛盾之中——一方面，作为国务活动家，罗斯福理解到若是英国陷落，美国将生活在（如果可以称之为生活的话）纳粹匕首抵喉的状态中；另一方面，作为政治家，罗斯福曾对选民许下了应坚守的诺言，并且有一大堆心怀敌意的孤立主义者，正等着向他可能会犯的任何判断错误发动攻击。

在白宫于4月10日召开的一次会议上，他以典型的文雅解决了这个矛盾。会议的参加者有他的私人顾问哈里·霍普金斯，还有被斯廷森夫人起绰号为“正四”的四人小组，他们是赫尔、斯廷森、诺克斯和财政部长亨利·摩根索。关于这次会议，斯廷森刻画了这样的情景留给后人：

我们摊开一张地图，在非洲的最西突出部位和巴西的最东突出部位之间画了一条线，我们发现两大洲之间的中线约在25度经线上。把它向北投影，就把格陵兰的大部分划入了西半球。它穿过格陵兰东部直达斯科斯比湾附近的海岸，斯科斯比湾是格陵兰东部实际上唯一的也是最主要的一个登陆地点，远在北极圈以北。

因此，总统计划美国应当在这条中线以西的大西洋上巡逻，直到我们的兵力能够顾及之处。英国将向西伸延他们的巡逻范围，直到这条线的西侧，这样他们将到达我们的区域内。使用巡逻飞机和巡逻舰只，我们就能巡查和追踪护航船队，并把我们能够发现的任何德国袭击者和德国潜艇的消息通知他们，以便使他们有机会逃脱。也通知英国军舰，这样他们能抓到袭击者。比这更进一步，我们将防御格陵兰的主要部分……如果德国人在那里登陆，我们就把他们赶走。

这个方针给大西洋舰队压上了重担，并使美国面临如何用一个洋的海军来对付两个大洋的问题。从1月29日到3月27日，在华盛顿一直进行着美国陆海军代表与联合王国总参谋部代表之间的对话。一篇记录了这些对话的3月27日的报告，概括了“若美国被迫诉诸战争”应采取的战略。它得出了下面这些意义深远的结论：

（a）由于德国是轴心列强中起主导作用的成员，大西洋和欧洲地区被认为是决定性的舞台。美国的主要军事努力应使用在这个舞台上，美军在其他舞台上的行动，将以促进这个主要努力的方式来进行。

（d）……如果日本参战，远东的军事战略将取守势。美国不打算加强其在远东目前的军事力量，但将以这样的方式进攻性地使用太平洋舰队，即经精确计算地削弱日本的经济实力，并用把日本军事力量从马来西亚引开的做法，来支援马来屏障的防卫……

金梅尔的理解是这样的：美国计划不但不再增加太平洋的军力，事实上是要削弱它。在4月，大西洋舰队司令恩斯特·J·金海军中将重组了那支舰队，将其部署在纳拉甘塞特海湾，事实上已经踏出了战争之足。若不是从太平洋的话，又从哪儿去得到足够的战舰，来完成大西洋使命呢？

斯塔克在 4 月 4 日的一封信的附件中，向金梅尔透露了这条消息。在信的附加说明中，他对太平洋的局势暗示了一线光明，但对大西洋却涂上了暗淡的色彩：“至少在表面上，日本的局势稍微轻松一点，但无论我们之中的哪一个，都不能确切地知道东方真正（斯塔克用斜体字）计划干什么。我和野村将军有过几次长时间谈话，除非我被完全愚弄了，他真心地希望防止日本与美国的危机……”

斯塔克告诉金梅尔，他为总统准备的关于护航的备忘录与金梅尔有直接的关系。“显然大西洋的形势是严重的，”他解释道，“……若是没有我们给予有效的支援，我不相信英国能熬过这一年。如果那样的话……”斯塔克的信的核心是在附加说明的最后一页，他列出了为保证大西洋护航船队的安全期望的要求。这里，除了其他征调之外，还包括战列舰爱达荷号、新墨西哥号和密西西比号，一艘航空母舰——最好是列克星敦号以及 12 艘驱逐舰。他又提到：“这种把舰只调往大西洋对日本产生的可能的影响，是可以想象的。但如果我们要想在大西洋发挥作用的话，就必须这样做。”

斯塔克在 4 月 7 日又追加了一封密信，他再次讲到大西洋的形势，通知金梅尔调出他的一些舰只——

> 这些舰只的调动，必须在尽可能保密的情况下完成。为了促进保密性，决定不一下子把全部舰只调走，而是分几批进行调动，每批调离之间相距大约两周时间。海军作战部长将用密电指示你每批舰只离开夏威夷的最终日期……
>
> ……请你指示大西洋分遣舰队的所有舰只，在离开夏威夷之后，直到抵达汉普顿水路之前，除非紧急情况之外，保持无线电沉默……

金梅尔只有一周稍多点的时间来仔细考虑这个令人厌恶的前景。4 月初发生的几个事件使总统及其强烈倾向于大西洋的顾问们踌躇了一下。4 月 13 日，苏一日互不侵犯条约的签署，也许彻底地消除了日本向南扩张的犹豫。还有，寻救遭 U 型潜艇攻击的幸存者的美国驱逐舰尼布拉克号，对纳粹的一艘潜艇进行了深水轰炸，因而给孤立主义者们提供了足够的攻击的口实。与此相应，第二号半球防御计划于 4 月 15 日生效，它要求美国军舰只是跟踪轴心国的军舰和广播它们的位置，而不要用武力把它们赶出西半球水域。到这时，中线已由 25 度移到了 26 度。

4 月 19 日，斯塔克通知金梅尔，自己早先的提议不再适用，罗斯福已决定“不想在这特殊的时刻，给人以严重削弱太平洋武力的印象”。因此，总统把调动缩减到一艘航空母舰和一支驱逐舰分舰队。

按照这个命令，金梅尔在 4 月 20 日和 21 日派出了最初的舰只——约克城号和 4 艘驱逐舰，在 26 日又派出了另一艘驱逐舰。金梅尔当然不喜欢削弱太平洋舰队，但他以一位好水兵的姿态接受了它。他把自己的顾虑，仅限于在 4 月 22 日向斯塔克正式指出：“由这里的部队派出一艘航空母舰或任何轻型舰只的效果，将影响到计划中的作战行动（使战斗力的减少，等同于派出部队的战斗力）……”

但这才是开始。总统的倾向大西洋的顾问们，重新开始了他们的逆转护航形势和为此从太平洋调出军舰的呼吁。这一派的想法，从自己的立场出发，有大量理由，已做出了大西洋优先的决定，太平洋必须不得已地接受老二的地位。其实，即便用全部军力，太平洋舰队也不能保卫菲律宾，而夏威夷的防御则是肖特的空中及地面部队的职责。马歇尔特别坚持认为：如像 B-17 一类的新型重型轰炸机，将增强美国的防御姿态，还有 21 架飞行堡垒，将很快加入夏威夷保卫者的行列。

总统要求斯廷森和诺克斯向英国通告调动舰队这件事。4 月 25 日，在斯塔克的指示下，特纳给 V·H·丹克沃尔兹海军少将写信，后者是参加华盛顿联合参谋会议的联合王国陆海军代表团的一名成员。特纳询问：“……此时美国若从太平洋向大西洋调去 3 艘战列舰、4 艘轻巡洋舰和两支驱逐舰中队，是否可取？”在当时的情况下，英国怎么会反对呢？于是，在没有等到正式答复之前。斯塔克于 4 月 26 日警告金梅尔：“在精神上，对从您的舰队大量派去大西洋做好准备……”4 月 28 日，丹克沃尔兹回复特纳的询问，转告了英国总参谋长的意见：“提议中的调动……将是有利的。”他们对“由此而产生的……太平洋舰队力量的削弱，不会不适当地鼓励日本”而感到满意。

因赫尔拖延调动舰只，事情犹豫了几天。“马歇尔、斯塔克将军、诺克斯部长和我，都一致感到舰队应立即调整。”斯廷森怒冲冲地在日记中写道。于是，他和诺克斯决定在 5 月 5 日和赫尔摊牌。这天下午 3 时，在赫尔的办公室里，斯廷森和诺克斯完全一致地对付赫尔推理基础的每一个论点。国务卿“仍抱着他希望中的用这样或那样的办法防止日本人进入新加坡的论述、虚构和其他的一些论点，并且他为了这个目的，要求把舰队留在那里……”正如斯廷森所见（他的看法既敏锐，又合乎推理），赫尔的立场的结果是使舰队在太平洋中立化，“在那里大家都知道，我们不打算主动地用它来反对日本人，使它处于主要作战舞台的真正功能之外”。经过大量争论之后，赫尔似乎是让步了，但非常不情愿。

到了第二天，斯廷森和诺克斯论点的影响显然又消失了。在白宫的一次会议上，赫尔坚定地又站在他自己原来的立场上。更有甚者，使斯廷森“完全吃惊的是，斯塔克转变了立场，在这个问题上走中间路线，只赞成调动……3 艘大舰。当然，这是至关重要的”。斯廷森又抱怨地写道：“因为总统对这个问题一直有点畏缩。”

大约在 5 月 8 日，诺克斯转给总统一份当天来自于丹克沃尔滋的备忘录，它转达了温斯顿·丘吉尔内阁的一封信。信中说，澳大利亚和新西兰的权威人士同意这样的观点：“美国海军在大西洋或是进入大西洋的任何显眼的行动，将有可能比把目前庞大的美国舰队保留在夏威夷更能阻止日本进行战争。”这种有点非凡的意见，是以德日这两个轴心主要伙伴之间的合作关系会更加紧密为前提的。然而，日本海军并不按照希特勒的笛声跳舞，比起美国对支撑英国的关心来，日本对服务于德国利益的关心要远远小得多。

做决定的日期好像是 5 月 13 日。斯廷森先用给霍恩贝克一些说教性的工作把他支开，霍恩贝克是阻止把舰队调往大西洋的顽固分子之一，斯廷森然后来到了国务院，在那里与赫尔、诺克斯、马歇尔和斯塔克会面。赫尔告诉大家，总统“现已准备命令第一批 3 艘大舰及其附属各舰船通过运河”。他们讨论了应紧接着派出多少军舰的问题。斯廷森极力主张全部海军力量放在大西洋，斯塔克踌躇不决，与以前相比他的立场非常软弱，诺克斯一言不发，赫尔仍然相信他还有机会在与日本鬼子谈判中赢得某些东西。

斯塔克不是像斯廷森认为的那样软弱。承受斯廷森还有在一定程度上诺克斯倾泻而出的争论言词的洪流，毕竟需要一定的坚韧精神，他决不会不考虑太平洋。

斯廷森在 5 月 15 日读了一批来自陆军情报部的电报和信函之后，感到对国务院和日本之间近来谈判的条款有点震惊。我们必须承认，华尔士—德劳特提议也足以使一位前国务卿吃惊。这些高层的讨论是远在金梅尔职权范围之上的，他只知道不管是在华盛顿或是在东京，事态无论朝哪个方向发展，国家都希望他保持警惕——与一支大大缩减了的舰队一起保持警惕。5 月 19 日，由夏威夷大规模调出军舰的行动开始了，直到 22 日午夜，调动都是在极端秘密中进行的。当新墨西哥号越来越远地离开夏威夷时，我们不难想象，告别濒于死亡的妻子，是怎样在折磨着科曼舰长。

在 24 日，斯塔克通告金梅尔，他的麻烦暂时消失了。“现时（斯塔克加的斜体字）除了与亚速尔分遣舰队有关的辅助船只之外，也许还有今后彩虹 5 号计划所需的 4 艘重巡洋舰，我不会考虑调任何舰只去大西洋。但是，我不是最终的‘这场戏的老板’。”

太对了！在夏天接踵而来的劫掠使金梅尔失去了 3 艘油轮、3 艘运输船以及许多辅助船只——总共 16 艘。总之，金梅尔失掉了其太平洋舰队的大约四分之一：战列舰密西西比号、爱达荷号和新墨西哥号，航空母舰约克城号，以及 10 艘辅助船。这比日本人在珍珠港击毁的还多。

这是多么无价的讽刺！山本对执行自己计划所期待的最好战果，也许是削去美国太平洋舰队的五分之一到四分之一，甚至在他的珍珠港作战计划还没有定型之前，美国政府已助人为乐地把这个比例派到了大西洋！不可避免地会提出这样的问题：山本对这情况知道吗？如果知道的话，他为什么又要沿着自己定好的路子走呢？的确，调查攻击珍珠港的两院联合委员会，在总结所得到的大量证据时，恰恰提出了这一点："如果日本人真的知道太平洋舰队的弱点的话，他们也一定知道它对日本想要在远东干的任何事情，都不会形成一个可怕的制止因素。"调查者们因而建议："间谍在攻击珍珠港中所起的作用，也许已被夸大到了与真实情况不成比例的程度。"

东京的情报部门足够清楚地了解发生着什么，尽管严格保密，舰船的调动不是没被注意到。总统在 5 月 27 日的壁炉边的谈话中，实际上向全国通告了这个情况。从所宣布的大西洋军事力量的加强中，不用费劲就可以推断出那些舰船是从哪儿调来的。

吉川一直在报告珍珠港的战列舰舰名。在他 5 月 23 日之后的报告中，爱达荷号、密西西比号和新墨西哥号从名单上消失了。5 月 26 日，他报告还剩下 7 艘轻巡洋舰，而不是 12 日报告的 10 艘。是的，日本海军对美国太平洋舰队的精确力量有很清楚的概念，由吉川的报告不断追踪各艘军舰，不过是任何一个合格的文书都能胜任的简单的作图表工作。再有，如果说地球上有什么东西是容易被看见的话。那它一定是通过巴拿马运河的航空母舰或战列舰。日本在巴拿马运河区也有一套向东京报告美国舰船航行的能干的领事馆机构。

然而，山本不能接受这样的想法：这种情况会继续下去不变。眼下，美国给大西洋以优先考虑，但鉴于世界形势的易变，这可能会迅速改变。只要罗斯福突然产生这个想法，在任何时候他都可以把军舰再调回太平洋。日本人的战争计划已发展到如此宏大和如此大的冒险性，以至于山本确信，他担负不起自己的东侧翼不受保护的代价。因此，若相信美国太平洋舰队每日力量的变化会对他的想法产生这样或那样的影响，是不现实的。

这就把我们引到了十分关键的问题：缩小了的太平洋舰队，仍然是对日本的阻遏因素吗？或者，向大西洋调动怂恿了日本人的进攻？实际上，太平洋舰队在任何情况下——全部力量、一半力量或四分之一力量——都不是对日本的阻遏因素。不管罗斯福把自己的舰队部署在哪里，日本都要执行它的发展大东亚共荣圈的政策，日本外交政策的制定不依赖于华盛顿。

华盛顿的领导，在一开始就从一个虚假的前提出发：美国太平洋舰队在夏威夷起到对日本刹车的作用。恰然相反，这支舰队越强，山本就越想对其进行突然打击，以消除它对日本在南亚侧翼的威胁。

当然，注意力放在大西洋是保持英国不沉，并且只要不用战争，尽一切努力抑制德国威胁的国家政策之不可避免的推理。金梅尔对此无能为力。因为在美国，有着根深蒂固的军事服从于政治的哲学体系，海军战略等待着国务院和行政部门产生。山本或是日本海军军令部，却没有这种麻烦束缚手脚。在东京，军队抓着国家政策的缰绳，驱赶着日本的战争之马，去军队愿去之处。

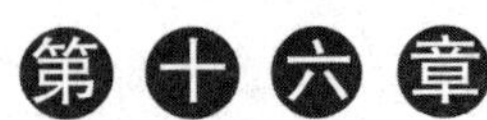

第十六章 死神的亲吻

日本大和号战列舰

朝着福特岛潜艇基地的舰队总部大楼里的金梅尔设在二楼上的办公室，是他本人的象征，大小有 18×17 英尺，令人不可思议地整洁与空荡，摆设和家具极少，一点也不装模作样，在距房间西北角不远处有一张普通的办公桌。舰队中流传着这样的说法——你可以在漆黑之中倒退着走进金梅尔的房间，并且能够在精确指定的地方找到任何一本书、一张椅子或是一支铅笔。甚至在当上美国舰队司令之前，金梅尔就告诉过斯塔克，他计划把自己的指挥部移到岸上。在他接过指挥权的当天，他就把索克·麦克莫利斯的作战计划办公室设在潜艇基地，在那里有足够的地方摊开地图工作。但金梅尔很快就发现，由此而产生的在宾夕法尼亚号和岸上办公室之间频繁的往来，影响了舰队的训练。另外，宾夕法尼亚号上总部的大量通信对保密是有害的。因而，他决定在岸上更有效地指挥舰队。金梅尔知道，这将是对传统做法的决裂，可能会给他招来许多批评，可是仔细权衡了所有利弊，在他接过舰队约 6 周之后，他把行李搬进了设在潜艇基地的办公室里。

金梅尔在进行这种移动时，使自己表现得比山本更有远见，也更现实。虽然宾夕法尼亚号仍是他在演习和作战时的总指挥部，这条战舰由于卸掉了行政事务的包袱，更易于投入战斗了。与此相反，山本把长门号一直拴在日本的港口内，当6.37万吨的大和号编入现役时，他把自己的旗舰移到了大和号上。其结果是，建成的这艘迄今为止最大的战舰在他的指挥下，一直未参加过实际作战，只起浮动旅馆和办公楼的作用。

最使金梅尔焦虑的问题是，他缺少实力来完成期待他完成的巨大的工作。5月26日，在他被调走的舰船刚从地平线消失后不久，他发给斯塔克一份11页的充满了攻击意见、理由充分、文笔很好的备忘录。如果说因命运的奇怪安排，金梅尔写的所有其他文件都被毁掉了的话，未来的历史学家只从这一份文件就可以重新勾画出金梅尔的特点和思想状态。

他的第一个举措，触及稳定“人员”这个巨大的难题。这是因为麻烦在于：航行局计划利用现在各舰队经过训练的人员来掌握新建造的船只，72%的人员来自太平洋舰队，28%的人员来自大西洋舰队。换句话说，华盛顿把太平洋舰队不仅作为舰船，而且也是训练有经验的人员的基地。金梅尔强烈抗议道：“除非按照最近调整过的各舰队的相对力量重新调整这些数字，否则太平洋舰队将被严重地夺去有经验的人员……”

“航空”则是他第二次发火的靶子。几乎它的所有方面都不能使金梅尔满意。无论是有经验的飞行员，还是分配到的飞机的数量与质量，它们的武器系统和配件都不让金梅尔感到高兴。他接着用舷炮齐射来攻击他急需的“物资”问题。“我们为改正这些不足的能力，”他尖锐地指出，“受到两个因素的限制，一是对大不列颠的援助，二是陆军迅速地扩大……由于现在表现出的形势发展，海军也许会被命令与良好装备的敌对力量主动作战，但却得不到像英国和陆军所需要的那样多的生命攸关的必需品……”显然，金梅尔没有低估日本人。他用另一种齐射，开始了他关于“作战”这一节：

随着近来派出许多最现代化和最有效力的分遣舰队，留下来完成可能会被分配的任务的舰队是否足够与适合，就值得怀疑了。

在太平洋，我们潜在的敌人离我们很远，很难够着……并且还有一个防御系统……那就要求进行针对敌陆基飞机保护的敌陆上阵地，进行由我海上武装力量支持的登陆作战。这是一种最难克服的对立物……它也要求轻型舰只和航空母舰的优势，而这些我们在太平洋又是令人遗憾的不足。我们目前的力量是在战列舰方面——只有在我们克服了上述不足之后，这种优势才能起作用。

这里，是一位这样的人在讲话，他理解海军航空武装的价值，并且不把战列舰作为最终的武器加以依赖。甚至，他已估计到了日本海军军令部中实际的想法："直到被我们占据了近到足以威胁他们最重大的利益，或是他们认为对日本有利之前，日本人是不会暴露自己的主力舰队的……"他指出，按目前的作战计划，太平洋舰队已被无可非议地"在轻型舰只和航空母舰方面如此地削弱，以至于它的用于决定性进攻作战的能力，严重地残缺了……"理解下述这一点是至关重要的：当金梅尔和其他美国高层人物谈到进攻作战计划或舰队采取进攻性行动时，它们仅在早已宣战的情况下才真正意味着这一点。负责任的美国政府或军队的成员，谁都没有想过要用首先进攻日本来开始太平洋战争。在这个意义上，金梅尔对被剥夺了进攻的工具感到愤怒。

在他对锚泊地的担心的背后，有着相同的心理。"珍珠港舰队基地的防卫，是一件令人非常关心的事。"他力主海军向陆军施加压力，使其按优先顺序增加军需物资供应。更有甚者：

基地司令可调用的海军兵力，少到不存在的程度。舰队基地是休息、娱乐和补给的场所，因此必须在舰队停港时以及进出港时，向舰队提供独立于舰队各部队之外的保护。若舰队的一部分必须在其停港时用于其自身的防御，那么它用于进攻作战行动的自由度，将大大地被减少了……

金梅尔接着轰炸了"国家政策"。这位舰队司令在这部分的结尾写道：

……我们的国家政策和为贯彻它们的外交以及军事行动，不是充分协调的。今天，任何政策都不会比用来支持它的武力更好。虽然这一点在原则上被承认了，但在实践上却明显地被忽略。我们去年夏天，把舰队留在夏威夷作为一种外交姿态，但几乎同时又派出多艘重巡洋舰去大西洋……

他提出一个解决办法："政府的外交部门应该告诉军事部门希望产生什么样的效果，军事部门对可用的手段以及完成目的方式的判断，应有决定性的分量。"然后，金梅尔又把眼光瞄准棘手的问题——“情报”：

司令官……按规定，不被告知政策……这已反映在目前事态和海军调动中，结果就不能估计对他的舰队可能会产生的影响。他甚至不能确切地知道他自己可用什么样的兵力，并且对严重影响他执行分配到的任务的能力的事情，没有发言权……

大家都认识到，有时无论是外交的还是军事的，国际事务的迅速演变，也许甚至连军事权威本身对这些事务都缺乏了解，这就会妨碍提供及时的情报。目前局势，确实是对显著的事态发展相当敏感的……

金梅尔已把自己的手伸到了十分紧要的一点，华盛顿做不到把它自己都不知道的事告诉他。他建议因为“距离和时间的关系”，他应“在概括性的政策和目标的指导之下，而不是无条件的指示之下”。这有点可笑。因此，当灾难到来时，他将会以华盛顿事实上没有给他“无条件的指示”为理由，而一味抱怨。

最后，金梅尔朝“公众意见”开了几枪。按他的认识，“……现在我们的人民精神和道义上的准备，正如报纸和杂志所反映的那样，是完全错误的。在没有得到或仅得到公众半心半意支持的情况下，进入战争注定要失败”。

在华盛顿，缺少金梅尔期待和希望的这种有决断的领导状态，继续在折磨着斯廷森的思想。他在 5 月 23 日评述道：“总统明显表现出正在等待两边某位不负责任的舰长的偶然开火，作为他进入战争的时刻。”这种等着别人来解救罗斯福脱出困境的状态，困扰着这位极端严谨的陆军部长，他认为总统“应考虑在事态表面之下深刻的原则问题……”

在斯廷森位于华盛顿伍德莱的家的场地上，赫尔忧郁地打着一个槌球。他看起来非常不满意，并且像往常一样悲观，所以他给斯廷森帮不了忙。那天晚上，诺克斯加入了进来，他们一齐再检查了一遍预定第二天晚上总统讲演的修改稿。总统讲话的这一稿，使斯廷林感到高兴，因为它表明他的上司打算宣布舰队向大西洋调动。

罗斯福在他 5 月 27 日的壁炉边谈话中，宣布了“无限制的紧急状态”。对一般公众来说，总统的讲演无疑听起来足够硬，但他的很多顾问们感到有点降低调子。相对斯廷森和赫尔、诺克斯已看过的那份措辞强硬的讲稿，总统软化了口气。斯廷森说：“感谢上帝，他没能使已上路的舰队停下来。”他在日记中写道：“最后的让步，是在赫尔的训谕下做出的……”

到这时，斯塔克已认为可以了，他反对那种不断催促罗斯福把更多的兵力从太平洋虹吸到大西洋去。为了保证金梅尔理解全局，也可能是为自己多一个强有力的支持者，他把美国舰队司令召到华盛顿来。金梅尔对有机会在那里面对面地与海军领导们磋商高兴得不得了，于是他带着麦克莫利斯向大陆驶去。6 月 13 日，诺克斯设午宴招待斯塔克、金梅尔和大西洋舰队司令。其间，大西洋舰队司令长篇赘述了他的舰队在大西洋的活动。稍后，金梅尔和海军作战部长进行了长时间和睦的谈话。他自由地讨论了自己面临的所有困难，包括他 5 月 26 日备忘录的基本内容。

金梅尔也向斯塔克谈了珍珠港的薄弱环节，舰船、储油和修理设施的拥挤会招来攻击，特别是从空中来的攻击。还有，单一的出入水道（所有的舰船都得用它），使舰船暴露在潜艇攻击之下，并总是存在着被封锁的危险。“当舰队停在港中，受到空袭或其他方式的袭击时，”他强调说，“至少需要 3 小时才能完成出港。”考虑了各种情况之后，他相信“唯一理想的答案，是当发生攻击时舰队不在珍珠港内”。

然而，他并没有建议舰队返回西海岸。第一，他接受了罗斯福命令式的决定。第二，他从进攻性作战的角度来考虑问题。如果祖国召唤金梅尔率领海军去和日本作战，他打算驶向前方去迎击山本，绝不拖延。对于对日进攻性作战来说，他认为离东京越近越好。他对珍珠港的反对是战术性的，而斯廷森的反对则几乎完全是逻辑性的。

金梅尔这次旅行的高潮，是在斯塔克的建议下他所要求并获准的与总统的约见。他们的会见地点在白宫，时间是 6 月 9 日 14 点 25 分到 15 点 50 分。他们的思想交锋是短暂的，而且次数很少，虽然双方谈话相当平和，这位将军并不喜欢总统。金梅尔是位爽直的人，他有点不信任过度的魅力。再有，总统像阵雨一样地连声说“是，是”和“对”，金梅尔不喜欢别人未加思考就表示同意。

罗斯福向金梅尔吐露，赫尔和其他一些人，正和某些日本人（未说出身份）及其他有关人士（也未说明是谁）为寻求一个“数百年的”和平的太平洋，进行着非正式会谈。显然，罗斯福指的是对华尔士—德劳特提议的讨论。金梅尔仔细听了之后，得出这样的印象：“包含了大量的如意算盘。”

罗斯福问金梅尔，对再从太平洋舰队减去 3 艘战列舰怎么考虑。总统又说，诺克斯告诉他：“6 艘战列舰就可以袭击日本并同时保卫夏威夷。”罗斯福继续说道：“贝蒂（斯塔克）认为 3 艘战列舰足以保卫夏威夷，他提议另外 3 艘可以进行许多袭击任务。”

这时，金梅尔忍不住嚷道：“发疯了！”总统插话表示赞同：“我也觉得那种说法是愚蠢的。我告诉了诺克斯，那是愚蠢的。”金梅尔宣称，比他自己更高的权威将会解决这个问题，但自己确信这样的进一步削减，将是邀请日本来打仗。

“完全正确。”罗斯福说。

由于日本在太平洋的战列舰比美国多，谈了一会儿之后，金梅尔向总统要北卡罗来纳号和华盛顿号。他指出：“我在太平洋用于进攻作战的能力，已被近来的派出舰只大大地减弱了，增加这些战列舰将有助于恢复平衡。”

金梅尔告别时，带着这种坚定的印象：总统没有再由太平洋调出更多战列舰的意图。这对于这位将军来说是个巨大的宽慰，因为他相信“为了对日本产生威慑效应这个设想的目的，把舰队部署在那里（珍珠港），然后又把强大的分舰队分散到大西洋去，从而显而易见地削弱那里的舰队，绝不是在维护一个一贯的政策”。

虽然他们又讨论了其他事情，但总统在避开一些题目上，表现出特殊的才能。到讨论结束时，这位将军总算使总统清楚地注意到了珍洙港目前的情况，即防卫安排、储油、航空发展的需求、缺少巡逻飞机和雷达等问题。他也和总统讨论了珍珠港作为舰队基地的薄弱之处，正如他和斯塔克讨论的那样。看来，金梅尔对自己当天的工作非常满意，微笑着告别了白宫。

正因为金梅尔访问首都的主要原因是他认为得不到足够的情报，所以不幸的是，海军部的人没有利用他对华盛顿访问的机会向他简要介绍“魔术”的情况。仔细读一下他 5 月 26 日的备忘录，就会排除掉特纳宣称的那种错觉：金梅尔早已得到“魔术”的所有情报。其实，金梅尔在这个问题上的权力，不会牵涉到任何通信保密规则。

斯塔克显然相信，当他实际上每周给金梅尔写一封内容包括许多从“魔术”收集来的情报的长信时，他已完成了对金梅尔的义务。但是，华盛顿的注意力完全在日本外相和野村之间的通讯联络上，以至于冷落了这同一位外相和他的火奴鲁鲁领事馆之间的通讯，而后者又有着金梅尔以及肖特有权得到的如此多的线索。

金梅尔也许已达到了把剩余舰队留在太平洋的目的。但是，斯廷森有这样的印象：金梅尔舰队的另外四分之一立刻会被调出。后来，罗斯福使他确信，他“一定误解了……从来都没有考虑再调另外的战列舰……”在这点上，总统不太坦率，他曾就这个问题问过金梅尔的意见。

由于所有这些矛盾的倾向，毫无疑问，尽管在华盛顿取得了胜利，金梅尔仍然没有失去这样的担心：某一天，有一只手会伸出来，抢走他更多的军舰。单单失掉约克城号，就已使他的航空母舰力量失去三分之一，随着调走巡洋舰和驱逐舰，太平洋舰队的机动性也大大地失去了。燃料短缺不停地重压着金梅尔，并决定了他对分遣舰队的使用方式，削去 3 艘油轮，把舰队比以往更紧地拴在了珍珠港。燃料问题是如此严重，以至于大家对调出舰队去大西洋是否造成后果表示怀疑。因为，合乎逻辑的情况是这样的："不管舰队的力量如何，它都不能在距离火奴鲁鲁 2500 英里以外的海上作战。"

在企图使大家都高兴并避免批评时，总统采取了漫无目标的做法。他没有走到使大西洋方面完全满意那样远，同时把太平洋舰队减弱到了当亚洲爆发战争时没有能力执行进攻使命的程度。金梅尔的一些参谋不得不有这样的感觉：华盛顿把他们看成是可以损失的。当带着给密西西比号、爱达荷号和新墨西哥号的秘密命令的驱逐舰驶离宾夕法尼亚号时，史密斯看着德兰尼冷酷无情地说道："死神的亲吻！"

第十七章 日本的外交政策不会变

希特勒会见日本外相松冈洋右

当金梅尔在圣迭戈休息时，德国于6月22日进攻苏联，这对他头脑的平静正有好处。这个事件，再次使大西洋局势一下子得到明显的缓解，罗斯福的顾问们再次请求他抓住这个黄金机会全力帮助英国。斯廷森在23日和马歇尔以及陆军作战计划部的人员举行了一次长时间会议之后，起草了一份备忘录，把它带给了总统。它表达了这种信念：

……在最少1个月，也许最多3个月的时期内，德国将全力投入打败俄国之中……随着纳粹野心和背信弃义的这次最终的表现，您领导着直接朝向赢得北大西洋战争并保卫我们南大西洋半球的大门敞开了……

24日，斯塔克拜访了罗斯福。在诺克斯同意下，他力促总统抓住这个心理上的机会，立即宣布开始护航，大规模地保护西大西洋。斯塔克承认，这种行动“将无疑使我们卷入战争”，但他之所以接受这个主意，是因为他认为“在我们参战上的每一天拖延，都是危险的，拖延过久，则对英国的生存也许是致命的”。他还说：“只有在战争时的心理状态，才能够使事情加速到它们本来就应该的那样快……”无奈罗斯福拒绝被卷入这种恐慌信念的漩涡，不相信俄国将会在最多3个月之内走法国的路。

因此，当金梅尔于6月26日在珍珠港举行记者招待会时，他能够衷心地说：“我认为，我们现在进行的努力越大，避免战争的可能就越大。即使我们已进入战争，我们退出战争的机会，无疑也会越好。”

苏德开战，使日本左右为难，它向轴心做了保证，而同时又和苏联签订了互不侵犯条约，它应选择哪一条路？日本政府不知道。虽然在联席恳谈会[①]的定期讨论中，常提到这种开战的前景，但奇怪的是，关于德国可能进攻苏联，近卫的内阁没有提前制定出有关对策。

有一个对自己处境毫不在乎的日本人，他就是松冈。不顾自己亲自谈判成的日苏互不侵犯条约，也没有和内阁商量，他设法得到了天皇的召见。在皇宫里，他提出这样的建议：“……既然德苏之战已起，日本也必须与德国合作进攻苏联。为此，现时最好抑制南线的行动。日本迟早将会在那里作战，日本将最终与苏、美、英同时作战。”近卫告诉我们，“天皇非常吃惊”，大概他本人也感到吃惊。

同时揪住熊、狮子和鹰（指苏联、英国和美国——译者注），并顺便到印度支那和荷属东印度去旅行，再加上纠缠在龙（指中国——译者注）的尾巴上，这种前景，不可能对一个有理智的人有吸引力。

正当日本在十字路口徘徊时，野村在6月29日给外相一份他观察到的美国态度的十分出色的总结：“美国不希望进行两条战线的战争，因而不用说，它希望太平洋和平。但正如您所知道的那样，它正在急速地为和平也许成为不可能的时刻做准备……”他警告说，若是美国停止谈判，将引起连锁反应，“断绝经济关系，然后是我们南进，最终是我们和英国及美国的冲突（野村用斜体字加重语气）”。他奉劝东京想出一些办法，来实现日美的和解。但外务省对野村这一聪明的非常合理的警告不予理睬，决定命运的国策早已在制定之中。

天皇在7月2日亲自主持了一次在东京举行的最重要的会议，它是通向悲剧的战争之

①当时，日本政府和军队的代表之间经常召开联席恳谈会，有时几乎每天都开。成员包括首相、外相、陆相和海相，还有根据需要召来的其他官员。陆海军的总长和次长们、陆军军务局的头头们，以及主要内阁各省长官，作为恳谈会的秘书参加。这些会议，保证政府和军队互相了解对方的想法，协调各自的目标。其中，军队占很大便宜，因为陆相和海相既是内阁成员，又是负责的军官。

路上的一个重要里程碑。会议发出的文件，没有排除最终与苏联交战的可能性，但它重点集中在“如何南进”上。它的基本点是：政府已决心主宰东亚，为此发誓赢得在中国的战争，占领东南亚，并且如果德国打垮俄国的话——目前似乎是可能的——进攻苏联。

一些附在正式决定上的解释，比基本文件要清楚得多。例如：

2.……帝国政府将继续进行与南方区域有关的一切必要的外交谈判，同时也执行各种也许必要的其他计划。如果外交谈判破裂，也将把与英美作战的准备工作延续下去。首先应继续进行有关法属印度支那和泰国的既定计划，目的是加强我们在南方疆域的地位。

在执行前述条款列出的计划时，我们不要受到卷入与英美开战这种可能性的阻碍。

这里白纸黑字写着，日本是如此强烈地想要东南亚的财富，以至于为了得到这些财富，它将和任何强国或强国的联盟战斗。这是一个按适应各种偶然事件设计的计划，它将为适应现实的需要，在这里退，在那里进。它也显示出最终导致轴心国垮台的一个主要弱点：包含着如此之多的野心，必然使德国和日本把兵力分散在没有可能顾及的广大区域里。

在 7 月 2 日御前会议之后。外务省向华盛顿、莫斯科和柏林的大使（后者又转给罗马）发出了第 1390 号通知。这个通知，把实际政策的词句大大地降低了调子，例如它并没有特别提到对英美的战争准备。

斯塔克看到，所有迹象指向规划好的进攻俄国。他在 7 月 3 日发给金梅尔一份一级机密的密电，说明他对日本意图的估计。他又在一封给金梅尔的信中，更坚定了密电中的意见。在信的“又及”中写道：“目前对我们来说，似乎是……虽然德国已说服日本在下个月之内进攻苏联，任何人都猜不到，只有时间能告诉我们形势的进展。”

陆军部的一封电信使肖特跟上了形势，其内容重复了斯塔克给金梅尔电信的内容，即日本已决定了今后的政策。它似乎是这样的：

如果当西伯利亚的兵力大大减弱时，并且德国在欧洲对苏俄将要取得决定性胜利时，日本可能会入侵俄国沿海省份。日本当前在南线的行动，将限于在印度支那夺取和发展海、陆、空军基地，虽然针对英国和荷兰的进军不能被完全排除掉……

肖特后来作证时说，这是“收到的陆军部唯一的一份对日本可能采取的行动做出确切估计的电信”。

尽管外务省尽力避免让野村知道东京巫婆的大锅里确切的是些什么货色，他还是闻出了一点点令人不快的气味。他于 7 月 3 日向松冈警告说：“……如果您这是决心对南方区域使用武力，那么就没有调整日美关系的余地……（野村用斜体字加强语气）”这对松冈完全合适。随着御前会议的结束，他可以把注意力转向华盛顿对日本 5 月 12 日提案的修改方案，这是赫尔在 6 月 21 日交给野村的。这份照会，重申了美国在国际关系以及“中国事变”、菲律宾和太平洋的政治形势方面的基本原则。随着照会，赫尔还提出了一个“口头声明”，其中有些颇为自负的言辞。

在大约松冈正在仔细考虑赫尔声明时，他无意地给了华盛顿用怀疑的眼光来看待他的理由。7 月 5 日，斯廷森从马歇尔那里得到了一个非常令人感兴趣的新闻，它是由可靠的渠道来的，是关于松冈在东京告诉里宾特洛甫的一些话，说他们是多么巧妙地愚弄了美国人，使其把舰队留在了太平洋。斯廷森在日记中写道：“这是我在证明国务院近来的努力毫无益处上的最后一根稻草。”

这个想法刚好有足够的理由，可供在美国内阁里进行仔细考虑。这一点特别正确，因为从有利的观点来看，似乎日本能给希特勒的最好的帮助，就是把美国太平洋舰队拴在太平洋，从而使大西洋海路事实上免除美国的干预。

这份电信，使斯廷森像是收到了老天送来的弹药一样，可用在他为争取把金梅尔舰队的主力转移到大西洋去的争执中。他总是相信，美国舰队作为一种华盛顿并不打算使用的威慑力量，留在夏威夷水域是一种浪费。现在，他有了过硬的证据表明，美国的这种政策实际上是在帮日本的大忙。

于是在当天上午 11 点钟，斯廷森去白宫向罗斯福炫耀他的这个意外收获。总统同意这“标志着我们在太平洋祈求和平的努力的终结”。但在 7 月 8 日，诺克斯来到陆军部告诉斯廷森，说他“在企图使更多的舰只转移上失败了”。令斯廷森作呕的是，罗斯福“在舰队和整个太平洋问题上，又走回去了，显然赫尔又腐蚀了他……”

按另一种意见，赫尔对松冈产生了影响。虽然赫尔的“口头声明”在外交通信来说是一剂猛药，但这位国务卿不打算点燃以第二届近卫内阁垮台为终结的引信。不料松冈对声明耿耿于怀，7 月 14 日，完全违反了近卫和内阁的意愿，松冈电告野村他对赫尔声明的反对。

结局是，7 月 16 日整个近卫内阁的辞职。7 月 17 日在东京，天皇的内大臣木户幸一侯爵召集枢密院——活着的前首相们——选一名新首相。仅仅经过一小时的讨论，会议一致推荐近卫当他本人的继任。当晚 17 时 25 分整，天皇授权近卫组织新内阁。

首相只进行了一项重要变动：他的工商大臣丰田贞次郎海军大将代替松冈任外相。于是，正如近卫告诉我们的那样："外相这个重要的岗位，为一位海军代表占据着，海军对美国问题最关心，因而对这个问题取得了有力的发言权……"在后来的日子里，近卫指责野村既不理解也没有向美国转达"这个非常明显的政治变化"的意义。然而，新外相更急忙告诉柏林、罗马和南京（指汪精卫伪政权——译者注）："日本的外交政策不会变，它将继续忠于三国条约。"

松冈失去他在外交舞台上的地位，不是因为他反美，而是因为他是令人讨厌的，他藐视近卫的权威，他与德国进行未经授权的会谈，他已失掉了天皇的信任。再有，他在联席恳谈会上的发言，使人严重怀疑他的精神的稳定性。不管与美国的关系如何，近卫都一定要换掉他，赫尔仅仅扣动了早已装填了火药并打开保险的扳机。事实上。在7月17日，赫尔在没有引起大惊小怪的情况下，撤回了他的"口头声明"。

若是野村看到7月14日在广州的日本陆军军官发给东京的一份重要的长电的话，出于他对日美关系的深切关心，他也许会愤怒得发狂：

1.……最近的总动员令，表明日本为结束英美阻挠其自然地扩张和不屈不挠地贯彻这一方针的不可挽回的决心。如有可能的话，在轴心国的支持下就干，必要时就独自干……

2.……我们将尽最大努力，用和平方式占领法属印度支那。但如果遭到抵抗，我们将用武力粉碎这种抵抗，占领那个国家，建立军事秩序。占领法属印度支那之后，日程表上的下一步，将是给荷属东印度群岛送去最后通牒。海军将在夺取新加坡中发挥主要作用……我们将一下子彻底粉碎英美任何计划中的抵抗我们的能力。

虽然这份电信没有特别指明进攻美国的领地，但它清晰地提供了日本宏大的战争计划的证据。在这种东京和华盛顿之外的其他地方的电信中，日本人从他们的伪装下走了出来，露出了他们侵略的真面目。由于国务院通过"魔术"得到了这些情报，而野村却没有，所以美国比日本自己的大使对日本的真实意图，有着清楚得多的概念。

华盛顿不能把这种事态的爆发看成是纯粹的恐吓，只用耸肩表示蔑视。在日本是军队定调子，政府按军队的笛声跳舞。因而，国务院必须认真看待这一截获的信息。很容易理解，为什么手里有这样的情报的赫尔，没有表现出对日本安抚的态度，以及为什么野村有一种为自相矛盾的目的而工作的受挫的感觉。

毫无疑问，野村真心想要日美之间的和平。也许，东京的新政府也是这样想的，但日本政府不理解野村清楚的事，与美国的和睦关系，完全不符合日本扩张主义的外交政策和它对三国条约的依附。

7 月 21 日，日本和法国的维希政府签订了一项初步协议，使日本在印度支那攫取了大量特权，包括占据具有战略意义的飞机场，使用西贡的金兰湾作为日本海军基地。野村知道，美国领导人不会允许日本在国际大棋盘上没有与之相对应的移动的情况下，移入印度支那，并且留在那里。

第十八章
似乎他超出了受惩罚

日本驻美各领事馆烧毁从日本发来的所有电报

温暖的 5 月，使吉川的间谍活动进入了新的阶段——和琴城户一起去茅伊岛进行侦察性的旅行。与在瓦胡岛每日的活动相比，他对茅伊岛进行了迅速的察看。他的兴趣集中在拉海纳，东京经常为缺少那里的情报而指责领事。当他向上级有信心地说拉海纳已不再作为基地时，仍对上级为什么对拉海纳如此关心感到奇怪。在这件事上，吉川和海军情报部的目标有点矛盾，远不是担心金梅尔把舰队基地设在拉海纳，源田及其第一航空舰队的飞行员们真心希望金梅尔这样做，因为拉海纳为空中活动提供了无限的机动性，并且不存在因水浅而带来的鱼雷问题，任何在那里沉没的军舰。都会沉得相当深，美国人绝不能像在珍珠港那样把它救起来。

5 月的另一个好天，一清早，忠实的三上开车载着吉川和琴城户，去瓦胡岛东侧的堪尼奥赫观察那里的海军航空站。当他们慢慢驶过时，吉川向琴城户说：这个航空站所有的飞机库似乎已建成了。这一年中，吉川到堪尼奥赫去了好几次，每次都看到许多水上飞机像海鸥一样停在港内闪光的水面上。在堪尼奥赫，他不得不冒险使用望远镜，因为他不能开近到可以不用望远镜而由车里看清细节的地方。

但是，他可以乘商船旅游，这就能够抵近到使训练有素的观察者有足够好的观察点。于是在某个星期天，吉川邀请了领事馆的两位女士去乘船。他透过船的玻璃船底仔细地检测水深。他曾听到过这样的谣言：美国海军因珍珠港水道狭窄而对它不满意，正在考虑把堪尼奥赫作为辅助锚地。但他看到这里的水对大型军舰来说未免太浅，也没有看到支持这个论点的海军工程。

到这时，吉川的情报表明了他的间谍活动的质量有了坚实的进步。到 5 月 12 日，他不仅报告了各战列舰的舰名，也看出了犹他号是一艘靶船。当然，他的报告并非总是精确的，期望一点错误都没有则要求过高，因为他一直是用裸眼来观察珍珠港，而且还隔着一段距离。

和吉川在一个办公室的同事见他经常缺席，认为他是一个懒惰的“吊儿郎当的人”，他们不赞成他不遵守通常的行为准则。“大家一致认为他有特权。他经常喝醉，在他的房间里常有女人过夜，他迟到或根本不来上班。当他高兴时，他竟然敢侮慢总领事。总而言之，他的行为似乎超出了受惩罚……”不过，这些盯着他的同事们，很快就得出了这样的结论：“森村”不是他表面上的那个人。有人推测他也许是一名海军军官，但是关否定了这一点，他说他知道“日本海军军官的行为应该是怎样的，而森村的行为完全不像一位军官……”在喜多的同意下，吉川有点把自己的形象培养成一个追求女人的醉鬼，其目的是为了使人对他的真正任务不产生怀疑。他把这称之为“波比（欧洲大侦探名——译者注）式的装假”。

这年夏初，领事馆宣布开始一项重大的烧毁文件的计划。领事馆一般不把文件保存 10 年以上，因此每年都销毁大批积压下来的文件。从日本来的电报，如果可能的话都被烧掉，在任何情况下不会超过一周。但在这个特殊的夏天里，每天都在烧文件，所有的职员都来帮忙，并被告知不得议论这件事。在这些日子里，他们可按月领到额外的奖金。

大约同时在美国和夏威夷发生的一些事件，也许使日本人处于警惕状态，并引发了火奴鲁鲁领事馆的这次大规模销毁文件计划。美国着手进行有些过头的清理外国间谍的工作。在 5 月，联邦调查局通知国务院，它已发现了一个名叫立花止的海军少佐的间谍活动，并问国务院对逮捕他的态度。赫尔的国务院在 5 月 27 日同意了。

立花有点沉默寡言，不太容易放弃自己的立场，对自己承担的工作高度负责。他上过江田岛学校，和源田同班。他也经过通常的岸上及海上的训练，也是从海军大学毕业。在经过 1938 年的海上服役之后，他于次年 6 月带着主要是间谍的使命来到美国。他的任务是，尽他所能发现美国海军的一切情报，特别是有关技术进步方面的。

立花有秘密工作的本能，却没有这方面的训练和经验。日本在战前年代，没有情报工作的学校，也没有在其他学校中开设这方面的专门课程，而日本的情报部门又严重缺少人力和资金。他是一个他自认为战前干得成功的暂时代用的间谍的例子。因为，美国直到最后，一直在和平时代的轨道上运行，特别是对通讯和其他类似的事情，没有任何限制。

有一段时间，立花把洛杉矶作为主要活动基地，工作得很顺利。他是日本的不通过领事馆或使馆渠道工作的"在外面的间谍"之一。在 1941 年春，他试图对金梅尔的总部做工作，从而获取美国太平洋舰队的情报——这是火奴鲁鲁的领事馆不敢做的一项工作。不幸的是，他在珍珠港的接头人搞了几次骗局，美国在夏威夷和西海岸的海军情报部门设了一个陷阱，联邦调查局来触动陷阱，立花就被捕了。

野村为他向赫尔求情。国务卿仔细地对待这个案件，出于对野村的尊重，也因为与日本的对话正处于紧要时刻，决定撤销对立花的起诉，但条件是这位间谍立即离开美国，永远不再回来。6 月 18 日，日本特命全权公使若杉和国务院远东司司长马克斯维尔·哈米尔顿处理了这件麻烦。结果令人满意，立花返回他自己的祖国，于 1941 年 7 月加入日本海军军令部第三部（负责情报工作）。他暂时离开我们的故事，但将在 1941 年秋再次和我们碰面，那时他将直接参与珍珠港冒险。

如果立花为之增光的第三部，决定要采用一种饰章和一句座右铭的话，那么最好的选择可能是基普林的这句话——"去，并且找到。"由全世界每一个可获取的来源搜集来的每一件点滴的情报，都要通过这个像漏斗一样的机构。在这个时期，第三部的大部分注意力集中在美国，特别把重点放在太平洋舰队的兵力和部署、它的武器系统和建设计划，以及——最重要的是——建造航空母舰的现状和与海军航空武装有关的任何事情。除了指派的间谍和海军武官的报告外，其正常的情报来源还包括美国的图书、杂志、报纸、政府文件与报告和无线电广播。

足够令人奇怪的是，从 1940 年 10 月到 1942 年 6 月，在第三部当领导的前田稔海军少将，只对美国进行过三次短期访问，不能被当成是有关美国问题的专家。前田长着平滑的眉毛，袋状眼，嘴唇上有一撮髭，他聪明，谨慎，嘴很严。

他有一个非常能干的助手小川贯玺大佐，是 1940 年秋天直接由驻华盛顿助理海军武官的岗位调到第三部来的。小川中等身高，像他的上司一样，表现出一种留髭的人特有的神态。他不强迫别人接受自己的意见，给人似乎半睡眠的印象，使人不禁想起爱莉丝漫游神奇王国故事中的睡鼠。他以前也在第三部干过几次，透彻地懂得间谍活动，能够不翻阅任何参考材料，就写出一本有关美国情况的权威性的书。

正当日本大使馆和国务院安排立花的前途时，德国人感到了美国不高兴的分量。6 月 16 日，国务院命令所有 24 个德国领事馆以及一些其他在美代理机构，在不迟于 7 月 10 日全部关闭，理由是“不适当的和不正当的性质的活动”。作为事后才想起来的主意，国务院于 6 月 21 日又关闭了意大利的各领事馆。然后，在该月末，联邦调查局逮捕了 29 个被指控为德国从事间谍活动的人。

这些行动，都没有使日本感到严重的不方便。由于各种原因，国务院宁愿日本的各领事馆都开着。根据一个说法，美国雇了“整个一伙盗窃老手集团”潜入日本在纽约领事馆，他们对日本的文件材料进行拍照，并小心地放回原处。这个领事馆提供了如此之好的情报来源，以至于陆军情报部门请求国务院保留它。然后，随着“魔术”截获的电讯提供了日本对事情处理的详尽的描述，日本的领事馆开着比关闭也许更有价值。正当希特勒在大西洋酝酿着如此大的风暴时，无论是罗斯福，还是赫尔，都不想在太平洋引起麻烦。

美国的这种清理内部的工作，无疑造成喜多和奥田许多焦虑的时刻。平常无忧无虑的喜多，不能接受火奴鲁鲁领事馆被关闭的前景。假如华盛顿在 1941 年秋初就关闭了所有日本领事馆的话，这必定是对日本整个情报系统可怕的打击，特别是对急需有关美国最新权威性情报的前田的第三部。

特别是，若锁上火奴鲁鲁努阿努大街 1742 号的大门，华盛顿也许会切断日本有关太平洋舰队的情报的主要来源。那么，日本就不得不依赖其他搜集有关金梅尔的舰队和瓦胡岛军事设施情报的方法。诚然，他们在夏威夷有一个隐藏的间谍，他拿着像王子一样的高薪，几年没有活动。是专门为这种最坏情况做准备的，但我们将会看到，他的确不是第三部理想的人。他可能会被抓到，或更糟糕的情况，有被变成双重间谍的可能性。

我们能够想象，若美国关闭了日本各领事馆的话，日本海军军令部会对局势如何考虑。永野的参谋人员会因太冒险为理由，反对山本的计划。直到最后一分钟，他们都不会不问这位海军大将，是否能确切地保证在某日到来时，美国太平洋舰队在珍珠港或至少在夏威夷附近的水域。在这种情况下，东京也许会拒绝给山本出发的命令。

山本也可能打另外的主意。他敢仅在能碰上美国太平洋舰队。或在珍珠港找到它这种很小的机遇的基础上，把日本海军空中武装的精华，由本土基地派到几千英里外去吗？日本没有可以浪费在没有明确日标的漫无目的的巡航的燃油，南线战役急需航空母舰及其飞机。

考虑到各种可能的情况，若是关闭了喜多的领事馆，攻击珍珠港的美国太平洋舰队的整个想法，将会由真实王国回到幻想的阴影中，而山本刚把它由那里努力提升上来。

这样，火奴鲁鲁的领事馆仍然开着。但它不得不担心另一个间接的威胁，火奴鲁鲁的新闻媒介充满了有关间谍活动、第五纵队、反美破坏活动和外国代理人这一类的字眼。5 月 7 日，《火奴鲁鲁星报》告诉它的读者：应联邦调查局的要求，火奴鲁鲁警察局已“成立了由 1 名中尉和 4 名官员组成的侦探局，于 1941 年 1 月 1 日生效”。这样，从元旦开始，联邦调查局、海军军区情报办公室和陆军的反情报部门，在这种有关间谍的工作中，有了一支同盟军——警长威廉·A·加布里埃尔森及其手下。

为追踪日本在夏威夷的间谍及其破坏活动的机构，充满热情的希弗斯紧紧监视着火奴鲁鲁由总领事任命的 234 名领事馆的代理人。至少是从 1940 年 4 月起，他就一直促使埃德加·胡佛的总部就这件事采取行动。他认为这些人是“确确实实的潜在危险的根源”，他也许已拉开了一张长弓。“鸟次任”[①]是在夏威夷早就有的一个机构，最初设立这个机构是为了处理许多缺乏为自己在这块异乡土地上谋生的日本移民的个人事务的。这些代理人是在尽义务，他们只在很少数的情况下才从领事馆得到报酬。然而，几乎每个人在他的“鸟次任”职责之外，都“从事”着一些亲日的活动。

在 1941 年夏初，在和火奴鲁鲁的美国执行检察官安古斯·泰勒协商之后，联邦调查局的希弗斯召开了一次会议，出席的有梅菲尔德、马斯顿（当时肖特的情报处长）和他的助手、贝克内尔（他比马斯顿有着与希弗斯更密切的关系）。希弗斯告诉各位军官：上级要求他提供关于日本领事馆代理人的直到目前的所有情报，并且他打算向首席检察官报告“他个人对于是否应对他们起诉的意见”。他建议他的同事们就此事与各自的上级协商，虽然他预计不会有反对。因为这件事是“纯粹的处理罪犯的手段……”

他们第二天又开会，来比较各自与上级谈话的笔记。梅菲尔德和布洛克谈过了之后说：“将军完全赞成对这些领事的代理人起诉……”代表肖特的马斯顿表示反对，解释道：因各种原因，那位将军想要还没有察觉我们意图的“鸟次任”继续活动下去。

①本手稿的一名日本读者声称：鸟次任这个词，在日语中没有任何意义。但在珍珠港事件与火奴鲁鲁有关的文件中，却经常出现这个词。

似乎有点不好理解的是，对防止日本破坏分子的颠覆活动全神贯注到了发狂程度的肖特，反而是为日本领事代理人的利益来进行干涉的人。但读一下他于 1941 年 7 月 22 日发给陆军部的电报，就会看出他想法的一些线索。

我们目前正在开展一场反宣传运动，目的是用许诺更好的对待，来鼓励夏威夷的日本居民的忠诚……运动的成功，将会促进团结，并大大地减少我们防御问题的难度……我相信不超过 10%的在夏威夷的没有登记的领事馆代理人，意识到他们违反了我们的法律。我进一步相信，这时的起诉将会不适当地引起全体日本居民的恐慌，伤害我们目前为得到日本居民忠诚的运动成功。

肖特电报中，有一点像铃一样的响——“不适当地使……居民恐慌”。当事态在 11 月末不可抗拒地发展到高潮时，我们还会遇到这种想法。

斯廷森同意肖特的观点，7 月 25 日，他也写信向泰勒做这样的建议，这就正式在陆军中对这事做了结论。但联邦调查局却不这样。希弗斯后来收到由华盛顿的总部发来的指示：“对所有的日本领事的代理人进行完全彻底的调查……”希弗斯理解到，他不得不和“一个非常严密的集团”打交道，并且他相信肖特犯了一个“判断的错误”，所以他爽快地遵从了指示。他分配 5 个人去搞这项调查，调查结果表明全是些亲日活动，但没有他赖以行动的依据。

与陆地上这条反间谍网平行，海军对以距离珍珠港约 12 英里的凯瓦罗盆地为基地的日本渔船队感到担心。那些队员可能会从事积极的间谍活动，也可能是搞破坏的潜在的根源。其中，有些船很大，装有无线电设备，完全能够在海上进行长时间航行。其他的小船在岸边捕鱼，还有一些在港里和河湾处捕捞小鱼，作为大船捕鱼用的诱饵。正如贝克内尔说的那样：“这些船的操作者们了解这片水域的每一个地方的水深、海底的性质，最要紧的是，他们总是在现场观察任何军事行动。在 1938 年、1939 年两年和 1940 年的部分时间里，这些小船曾进入过珍珠港……”

海军也为这样的可能深感不安：一些狂热的渔船船长，也许会故意把船沉在珍珠港的水道上。所以，任何敢于进入距珍珠港 3 英里之内的渔船，都会冒被驱逐舰拖入火奴鲁鲁、并把船员抓走的危险。

从 1941 年 7 月 9 日的一份专门的视察报告来看，陆军也非常关心夏威夷对那持续的梦魇——颠覆活动的反应。报告说，这次视察的原因之一，是“出于最近宣布的无限紧急状态，而要求采取附加措施的需要”。但是，对岛上的备战情况，人们在该报告中却找不到任何有关资料。相反的是，它仅限于一处军事设施——希卡姆机场，它是肖特的轰炸机基地。其中最后一项引起深深的不安。税察员 H.S. 伯韦尔上校以明显的痛心报告说："……对于为防止计划中的和受命进行的阴谋破坏活动，需要立即进行积极的准备这件事，这里占主流的思想认识是不够的，这种态度也与有关的负责军官所说的政策不符。因而，也必项以不适当来报告。"伯丰尔严肃地继续写道：

……少数几名由内部军事人员或平民雇员组成的大胆、残忍和有智慧的破坏分子，能够在任何预定的夜晚，使希卡姆机场或与之差不多规模的军事基地陷于瘫痪……

应视为当然的是，德国已经为夏威夷准备了一项与它一贯做法相类似的破坏行动计划，虽然也许尚未发现该计划的存在……

看到在所有的人中，肖特以不重视破坏活动而被起诉，是有点不公正的。至少，他在这点上对日本人感到担心，而不是对德国人！报告写道："因此，希卡姆机场作为海军可以得到由大陆来的 B-17 型轰炸机迅速增强的要塞终端，其日益增长的重要性……以及认为只要当舰队离开时，希卡姆机场便需有探照灯充分照明这种想法，都是从防止破坏活动的观点，不能完全被理解的。"这里，又是那个给予错误指导的概念：如果金梅尔的舰队驶出海，瓦胡岛就有危险。

伯韦尔的报告继续写道："……这样一系列的事件，显然也许会迫使敌对力量做出烧毁希卡姆机场的决定，或是德国间谍单独干，或是和支持三国条约的日本间谍合起来干……"这位视察员因此建议，用来保护希卡姆机场远程轰炸机的"附加安全措施"，应得到优先考虑。"这种估计是基于以下事实，即敌对力量首先使自己的空军处于准备状态，用各种方法来摧毁我国空军的准备状态。"完全正确！然而，破坏活动不是摧毁美国空军准备状态的唯一方法。

在提出这份报告 5 天之后……7 月 14 日，肖特发给马歇尔一份尝试性的常设军事行动步骤，提出了三种警戒方式：第一种方式是全面的，"要求占据机场的阵地"；第二种方式，只让指挥机构处于警戒状态，不要求像第一种那样大的行动；第三种方式，包括针对破坏活动的防范。然而，当珍珠港事件之日到来时，肖特已把这些警戒状态的顺序倒过来了。伯韦尔上校的报告对这个行动起了多大的作用（如果有的话），是谁也猜不到的。肖特把警戒方式顺序倒转，再一次表明了他对破坏活动的忧虑。

这个忧虑如此死死地抓住肖特，谁又能指责他呢？近年来，希特勒已把在敌方从事破坏活动提高到一种精湛的艺术境界。当前，在阴郁的燃烧着仇恨的欧洲的每一个角落，它又起来困扰希特勒本人及其将军们。肖特一踏上瓦胡岛就染上这种病症。不单是他，斯廷森和马歇尔也分享着这种意识到的危险。于是，肖特把自己许多的思考、计划和努力，放在这种对幻想的追逐上。

吉川用一种高高在上的眼光来看待当地的日本人。他和关都认为，虽然夏威夷因有大量的日本居民应该是进行间谍活动最容易的地方，但本地日本人的教育水平的低下，抵销了这种在民族上的有利之处。吉川声称“鸟次任”对这项工作没有用处，他把夏威夷的绝大多数日本人看成“仅仅是废物”。

他自己的工作不是要求天才，而是要求细致的观察、精确的记录、经常保持警惕和不规律的作息时间，一切都与一种不熟悉的文化和源源不断地遇见新面孔这种背景打交道。联邦调查局的阴影令人不安地笼罩着他，虽然他对同事隐瞒着这种不安。他特别担心美国情报人员把窃听装置装在领事馆内——他不知道电话是怎样被彻底地窃听——和他经常去的餐馆。

希弗斯在喜多下班的时间，拜访过领事馆几次。吉川永远也忘记不了这样的情景：这位联邦调查局的头子坐在那里，与喜多亲切地谈话，态度谦虚，而总领事则以他自己最好的风度露齿微笑着。每个人都十分清楚对方的动机，他们以互相尊重对手而又相互战斗的老式职业网球选手的心境，不时开对方的玩笑。“去吧，喜多先生。”希弗斯有一次半开玩笑地说：“周游全岛，尽你所能去看看吧。”

“哦，不。”喜多像生丝一样圆滑地回答：“那样你会跟踪我，并追捕我。”

非常奇怪的是，虽然在后来的日子里，吉川经常谈到他对联邦调查局的恐惧，但他从来都没有提到陆军、海军以及警察部门的情报机关。也许，他用“FBI”这个缩写作为一个泛指的名称，包括所有美国的情报机构和法制机构。也可能，在他复杂头脑的迷宫深处某个地方，他把“FBI”和日本罪恶的“特高”（思想警察）画了等号，后者有着任意逮捕和审讯被怀疑者而不受诸如证据、拘票或人身保护令之类限制的令人不快的习惯。

在整个这段时间，吉川无法知道他的情报是否真正适合东京的需要，他一点也不知道策划中的攻击珍珠港。但这位海军人员的思想，是按对他的情报的战斗应用的通常方向来进行的。他有一次对关说：“夏威夷是能够看到日美战争的好地方。”

吉川向琴城户解释道：

……日本的政策，是在外国维持两套间谍系统——一套由领事馆进行，另一套则独立于领事馆之外，并完全不被其所知……领事馆只能从事不会损害外交和领事关系的间谍活动（如像从报纸搜集情况、从非限制区的有利地点观察舰只的移动，以及从公路上观察飞机场的海滩等）。而另一个领事馆之外的间谍组织，则进行"非法的间谍活动（如像偷越限制区域及收买机密情报等）"。

吉川认为，在夏威夷"一定有一个这样的系统"在"直接来自东京的指示下"工作，但他不知道它是如何运转的。

在瓦胡岛搞情报的条件是独一无二的，因为这个巨大的基地几乎像金鱼盆一样地明摆在那里。一般说来，军事情报工作的问题是穿透敌人的机密，探明敌人在干什么、想什么和计划什么，敌人最先进的武器是什么，以及敌人在各种情况下怎样使用这些武器。所有这些，都要求非法的间谍活动去获取。

可是，日本在夏威夷的情报工作的问题却不像这样。日本最需要了解美国舰队是否在珍珠港，以及军舰怎样受到保护，日本也需要关于海军和陆军在夏威夷的军事设施的情报，特别是美国空中力量的部署和兵力。这显然是比侦察舰队困难得多的任务，然而并不要求非法间谍活动。总的说来，日本海军的情报部门受限于资金、人员和组织机构的短缺，没有很高的棒球比赛的平均水平。但在瓦胡岛的棒球赛中，日本人却打了冠军。因为，他们能够容易地不受惩罚地看到对手的投球和其他迹象，还因为棒球场是按夏威夷的地理和政治因素建造的——这给他们很大的便宜。

第十九章

我们要的是干将

山本五十六制定偷袭珍珠港作战计划

日本洋溢在旗帜的海洋中，这一天是 5 月 27 日——海军节，对马大海战纪念日。在 1941 年的这个星期二，海军颇有可以自吹自擂的不寻常的东西：四国岛西南海岸的宿毛湾里，第一和第二航空战队各约 60 架飞机，进行了鱼雷和其他轰炸技术的精彩表演。

用词从未困惑过的海军发言人平出英夫海军大佐，那天晚上在东京 JOAK 无线电广播电台的一场显示口才的战斗中，发挥了自己的最高水平。他声称：

……海军航空部队，现在约有 4000 架飞机，经常进行特殊的战斗训练……

因此，可以坚定地相信，海军目前已做好了充分准备，等待着时机……在一瞬间，粉碎任何敢于向日本挑战的人。

天皇陛下的海军航空部队……现在正制定使任何国家立即灭亡的策略。

如果听到了山本对这一点的评论的话，人们将会打很大的折扣。不仅山本不喜欢这种夸大的言辞，而且平出的有些话是如此惬意地接近实情，以至于无意中违反了保密原则。

到 5 月底，南云的飞行员们早已艰苦训练了这个月中的大部分时间。南云发了一份有关训练工作的冗长的文件，该文件虽然未标明日期，但显然是在草鹿向他做了有关珍珠港计划的简略说明之后不久。这份文件，确定 1941 年 7 月初，作为这支新组建的部队达到相当于帝国海军任何其他部队基本训练标准的最后日期。到 8 月底，第一航空舰队应达到作为一支部队准备好战斗的“作战能力”。在那之后，战斗力还将进一步提高。

南云强调诸如对敌空军基地进行突然大规模空袭、摧毁敌航空母舰、在战斗中调动第一航空舰队的航空母舰，以及与陆基飞机和潜艇部队的配合等项目。为了贯彻这个战略，第一航空舰队应集中在以下这样的战术训练上，例如用不同类型的飞机进行协同攻击、夜间鱼雷攻击、大规模编队的空战、夜间战斗机技术、使用全部空中力量的重复进攻、改进防空及防潜措施以及规避鱼雷的方法等等。

这个程序使源田高兴，并且向草鹿提供了一生中最大的挑战，后者正沉溺于佛教徒的冥思苦想之中。突然，他想起了他在孩童时学的剑术中的一招，按这个招数，应首先逼近敌人，把剑举到他头顶上，然后向下凶狠地一击，再回到原来的位置。草鹿决心把这一招作为第一航空舰队的战术的模型。

在草鹿的紧密配合下，源田处理一切与飞行有关的计划，同时也参与同一般海军作战有关的研究和训练计划的制定。源田知道负这么多责任的后果，“当一个人制定计划时，”他缅怀地说，“就会倾向于陷入一种感到自己变得伟大，并成为整个进程的指挥者的幻觉。”这种态度，应拼写成“非常有害”。另一方面，源田不打算当一个不动脑筋提出建议的马马虎虎的纸上工作者。他心里牢记着南云的一句话：“没有人们团结一致的工作，攻击珍珠港是不可能的。”他还记着一名鱼雷参谋的一句爽快的话：“我们要的是干将！”对源田来说，这些通过长期经验提炼出来的宝贵的原则，就像是把电扇扇叶连在一起的“铆钉”一样。

与此同时，源田在 6 月初使第一航空母舰战队开始了直接目的在于贯彻山本计划的最初的空投鱼雷训练。他计划把鱼雷的实践作为训练的第一部分，因为他相信这是最难做到十全十美的。

日本四个大岛中，最南部的九州岛被选中作为训练场所。在它的东南部的海岸，有一个有明湾，联合舰队的军舰常在那里停泊。由此向正西穿过一片陆地，鹿儿岛海湾远远地深入内地，成了一个非常优良的港口。只需一点点想象力，就可看出它与珍珠港的相似。把想象力再加大一点，海湾西北面的鹿儿岛城，就成了珍珠港的船坞。若把对面的一座高出海面约 4000 英尺的一座名叫樱岛的休眠火山想象成福特岛，就会引起抗议了。虽然它们的位置大致相似，但后者平坦得像一张饼。

在这个有点唤起夏威夷感觉的亚热带场所，第一航空母舰战队的鱼雷手们开始了他们的特殊训练。整个夏天和秋天，有如此之多的飞机，呼啸着越过鹿儿岛，搞得这座城市似乎是在冒险的门槛上摇摆。

在这里，我们又找到在珍珠港事件前的日子里，日本人和美国人想法之间的另一个奇怪的相互交叉点。6 月 13 日，正当源田的鱼雷手们要去解决他们的问题时，斯塔克的副手罗亚尔・E・英格索尔海军少将发了一份备忘录给所有海军军区的指挥官们，也把复印件送给了金梅尔。这份文件提醒收件人说，过去认为至少需要 75 英尺的水深才能进行成功的空投鱼雷攻击，现在看来——

……近来的进展表明：美国和英国的鱼雷可以从高度为 300 英尺的飞机上投下。在某些情况下，最初的入水深度大大小于 75 英尺，并且能非常好地运行……任何大舰或其他有价值的船，如果被这样的水深所围，且水域里有足够的宽度来发展攻击，鱼雷有足够的运行时间来打开引信，在这种情况下，就不能认为可以安全地避免这类攻击。

虽然不能假定可以提供防止鱼雷飞机攻击安全的海军舰船停泊的最小水深，但可以设想，水深是任何进行这类攻击的武装力量要考虑的因素之一。在相对深一些的水域里，攻击更可能发生。

金梅尔对这份备忘录进行了认真的考虑，但他仍不相信空投鱼雷能在珍珠港运行，这里的水深太浅——平均约 40 英尺。

在这个特殊的时刻，源田不得不同意金梅尔的看法，却没有因此而放弃他的有极强破坏力的鱼雷撞上金梅尔军舰侧舷的这种远见。日本人正要解决与此战术有关的许多问题，以使这次战役成为源田梦寐以求的成功。

自 1933 年以来，日本在刚刚超过 300 英尺的高度上和在相对高的速度下空投鱼雷的技术方面处于领先地位。然而，在这种情况下投放的鱼雷，扎入水中深度为 100 到 300 英尺，然后猛然向上反弹，有时会蹦出水面。这和游戏的海豚相似，而不像致命的鲨鱼，这是由失效的水平舵引起的。另一方面，有些鱼雷又在太深的水中运行，少数鱼雷在目标舰船的底下通过。为了克服这些不足之处，日本人试着降低鱼雷运行速度，但这样做会减少冲击力。因而，他们必须把鱼雷运行深度减到尽可能小，才能使这种空投鱼雷成为海军作战中真正有效的武器。

1939 年，日本人在鱼雷上装了一个大木鳍起稳定作用，当鱼雷落到水面时，它会破裂。在横须贺海军基地进行的实验中，又加上一片木板，成一定角度支撑木鳍，效果喜人。到 1940 年 2 月时，这种实验已把鱼雷的最初扎入水深降到了大约 60 英尺或更少。当飞行高度低于 100 英尺、飞行速度低于 150 节时，70%的鱼雷可在大约 40 英尺深处运行。这些实验，又使其他一些缺点暴露出来，需要对鱼雷本身进行进一步的改进。

1941 年 1 月，海军军令部的三代要爱光为彻底解决鱼雷问题，把这项工作交给了横须贺。他也做了这样的安排：海军军令部组成一个以航空研究部长为主席的委员会，以促进这种研究和实验。因为，研究者们不能控制鱼雷的轴向旋转，横须贺的实验没有取得很好的进步。在这些实验进行的同时，源田和他的飞行员们开始了鱼雷最大下沉 10 米（约 33 英尺）的实验。

飞行员中，没有一个人知道源田要求这种看起来不可能的武艺，是因为珍珠港的水浅。他们尝试了一次实验飞行，使用两架飞机，每架载一枚鱼雷，在仅 40 英尺的革命性高度飞行。在这次实验中，一枚鱼雷沉到希望的深度，运行得很好，另一枚则下沉深得很多。这几乎是一次成功，但“几乎”绝不能使源田满意。

最初，实验得到这样的线索：鱼雷下沉深度和飞行高度成正比，即 40 英尺高度等于 40 英尺下沉深度。但进一步实验表明，实际上不存在这种关系。而且，在实验中又出现了另外一个问题——机动性。珍珠港有很多障碍，在最好的情况下，鱼雷飞机也很难机动。训练的环境远不够理想，鱼雷手不得不在当飞机穿过鹿儿岛湾四周突出的烟囱和建筑物扑向目标时，从危险的低空练习浅水投放技术。再有，他们还必须学会如何攻击可能由防鱼雷网保护的战列舰。源田的无畏的飞行员们禁不住奇怪，为什么让他们练习这种复杂的古怪动作。

高空轰炸使源田头痛的问题，几乎和鱼雷战术的问题一样多。日本海军高空轰炸的记录如此可怜，以至于早在 1941 年 3 月（甚至在第一航空舰队组建之前），源田简直要将其放弃了。海军估计，在水面战斗中，重炮击中 12 到 16 次就能击沉一艘军舰，若使用高空轰炸，为了保证得到这样的效果，要求 6 艘赤城号级的航空母舰的全部打击力量，但用鱼雷武装的 6 架飞机，可以轻而易举地击沉 10 艘以上的巨舰。第一航空母舰战队因此建议：“航空母舰的攻击部队应放弃高空轰炸，集中于鱼雷和俯冲轰炸的训练上。”但无论是联合舰队还是东京的实权人物都不同意，因为他们正在叫人专门研究这项技术。

实验进展到如果从约 1 万英尺到 1.2 万英尺高度投弹的话，为摧毁一艘战列舰，必须要用最小 800 公斤（几乎 1 吨）重的炸弹，而对航空母舰则要用 500 公斤的炸弹。但是，所需用的特种钢的短缺妨碍了这种炸弹的生产。进一步研究表明，长门号级战列舰用的 40 厘米（16 吋）口径的炮弹，可以被改成 800 公斤型炸弹，对此已做了相应的安排。

日本海军想使用美国海军使用的相似质量的装甲钢板来进行实验。在 1941 年初，在霞浦东南的鹿儿岛炸弹实验场，设置了一块 20 平方米的德国钢板，由横须贺的航空队调来技术好的飞行员，对用炮弹改装成的炸弹进行实验。实验表明，在原来的外形时，这些炸弹只能对钢板造成比打个坑稍大一点的损伤，若削去它的肩部使之成为足够好的流线型，就可取得有效的结果。实验进一步表明，要求最小 1.2 万英尺的投弹高度。

在吴海军基地的龟加首火力试验场进行的其他实验，决定了诸如新型炸弹的装药量、穿透力和引信时间等因素。取名为型号 99-No.80—3 的炸弹，是一种装药 228 公斤总重 769.9 公斤的巨型炸弹。正当一切似乎进展顺利时，生产却遇到了麻烦，直到 1941 年 9 月中旬，仅有 150 枚炸弹从装配线上出来。

随着 4 月 10 日第一航空舰队的成立，赤城号得到了一名新的飞行员——横须贺的轰炸课程的毕业生古川和泉中尉。这位漂亮的年轻人是轰炸专家中的一名中心人物，源田最喜欢的人。古川表现出巨大的能量、推动力和想象力，他虽然是一名严厉的师傅，但他有着不吝啬地把自己最好的技能传给别人的愿望。虽然他带着思想上某种深深的决心，加入了赤城号上南云的戴皮毛飞行帽的飞行员的队伍，当他来到九州时，他一点也不知道训练工作将把他引向何方。

古川得到高空轰炸机群的指挥权后，在 20 天之内，他已创造出事实上的奇迹。接近 4 月底，当赤城号破浪向九州前进时，他的人以很早就降级为靶舰的战舰摄津号为目标进行了实习。那时以及后来的一段时间，高空轰炸机采用 9 机编队，3 架在前，另 6 架也 3 架一组，紧随其后，左右对称。所有的飞机都是等距离的，这就产生了一种倒 V 型飞行队形。

在赤城号的飞行队第一次从约 1 万英尺高空攻击摄津号的试验中，9 枚炸弹中有 4 枚直接命中。源田听到这个消息后，认为这是又一次幸运之神在起作用。当天的第二、第三批试验，产生了每次 3 到 5 枚的命中率。更有甚者，从横须贺来的报告通知源田，同日在那里进行的实验，已产生了不次于古川的结果。

当古川结束实验返回时，源田猛扑向他，“我奇怪怎么解释这样的结果？”他问道。

“最重要的因素是飞行员。”古川解释道，“在过去，轰炸是由投弹手操作的，飞行员仅仅是一名司机，按这种方式，不能指望好的轰炸结果。我们发现，驾驶飞机在轰炸中是一个重要因素。”

古川的记录，不仅恢复了海军对高空轰炸的信心，而且还给未来带来巨大的希望。如果鱼雷的技术问题不能解决，日本人将不得不依靠俯冲轰炸来执行计划中的攻击珍珠港，但这种方法不能摧毁大型军舰。只要高空轰炸继续在凄凉的10%或更低的命中率上，他们就不能指望达到使美国太平洋舰队瘫痪6个月这个主要目标。如果高空轰炸程序能产生像赤城号飞行队这样的结果的话，事态发展将会完全不同了。

日本在高空轰炸上没有好成绩的另一个主要原因，是缺少在任何方面都接近美国拥有的诺尔登式轰炸瞄准具那样有效的仪器。日本人使用的是一种改进了的德国博伊柯式轰炸瞄准具，其精度在很大程度上取决于飞行员和投弹手的技术。正因为如此，横须贺的航空队希望用从海军各单位挑选来的人员，训练成熟练的投弹手，为每人配备一名飞行员，组成永久性的搭档，以期获得更好的结果。这种双人搭档需要一起训练，直到能像一个人一样协调。第一航空舰队很快也采用了这个方法，把一支经过这种专门训练的飞行队分配到领头的高空轰炸机群中。每个飞行队都形成能够同时丢下使靶子淹没的弹雨的编队，他们希望这样加强后的火力将会产生结果。

源田把命中率的这种大幅度提高，归功于不仅仅是古川的鼓舞斗志的领导才能，而且还有某个专门小组的工作。这个小组，由两位快乐、热情的下级军官组成，他们是渡边明和阿曾弥之助。这是非常勤奋的一对，在后来的轰炸竞赛中，他们总是取得第一。飞行员渡边惊人地表演了古川的训条：一名飞行员不仅是一名司机，他应亲自检查自己的飞机，而不是只把这个任务留给地勤人员；他精确地知道应怎样调整他的仪器，诅咒任何动了他的仪器的人；他也准确地研究飞机由于燃料消耗所产生的平衡和稳定性的变化。由这样细致的方法，产生了几乎是瞬间的对飞行条件的精细的调整，使渡边和阿曾达到了初期的33%的命中率。如果这个数字不给你留下印象的话，你必须记住就在那之前，10%一直是日本高空轰炸能够获得的最好结果。

在这个早期阶段，日本海军也对战斗机进行了严格的训练，特别是解决在通信上存在的问题。1941年以前，日本海军从未派出飞机到离基地或航空母舰100英里以外的地区，无线电联系也只能在这样的距离上起作用。现在，他们计划针对距离航空母舰 250 到 300 英里的目标派出零式战斗机，这样的距离令他们不得不使用莫尔斯电码。因而，在整个夏季，海军通信人员必须用这方面的技能来训练飞行员。

1941 年 6 月中旬，联合舰队参谋部的大西、佐佐木和源田拜访了海军军令部作战课。在那里，他们和三代、佐薙毅海军中佐、神重德海军中佐以及其他人交换了意见。神是一位非常聪明的注重实际的军官，他负责战争准备和作战计划。敏捷和机灵的佐薙，曾在美国当过助理海军武官，为研究航空去过英格兰、法国、德国和意大利。

这个代表团为把珍珠港计划被采纳为日本总体战略的一部分，进行了强有力的宣传。不管他们如何热情，神仅告诉他们，将审察山本的提议。然而，富冈那边将继续研究同时对几国的作战行动，他们制定的计划没有结合针对夏威夷的军事行动，认为这样做太冒险。但是，他们还是讨论了珍珠港计划的某些战术问题。佐佐木和内田认为战列舰应为主要的攻击目标，源田和神则坚持航空母舰和陆基飞机必须最优先。开完会之后，富冈把大西给山本写的报告交给了源田，源田把它带回了赤城号，再也没有给别人看过。

6 月初，源田向南云建议，所有高空轰炸机的领队都去鹿儿岛海军机场，进行渡边和阿曾那样的训练。于是，第一航空舰队的 16 名高空轰炸机领队，开始在古川指导之下，进行强化训练。源田希望，在鹿儿岛，他们将养成一种强烈的竞争精神，互相竞赛会提高他们的命中率。

山本比源田更清楚，如果日本进入战争，集体主义是一种作为无形因素的非常强的力量。他也要求他的人完全和自己的工作融为一体，能够因长期实践很容易一起工作。为此，在 7 月末，他派黑岛去东京，让他尽力阻止迫在眉睫的人员大轮换。这种周期性轮换，搅扰着联合舰队。

在一定程度上，是山本自己造成的这个问题。两年流动值勤制度，是在他的迫切要求下，于 1939 年秋建立的。这就意味着大约从 1941 年 8 月初起，联合舰队将开始大规模人事调动，直到 9 月某个时间才结束。因为至少要一个月才能使新来的人员适应环境，而同时又要加速进行战争准备，所以舰队在拟定为 10 月末的敌对行动开始前，可能没准备好。

在东京，黑岛向海军省人事局局长中原义正海军少将呈交了山本关于不要再进行主要人事调动的请求。凭自己一贯对山本的信仰和热情，黑岛陈述道：在下级军官中的广泛的变动，会打断正在进行的加强训练和战术研究，同是也必定会因打乱组织好了的战斗编组而损害效率。但中原藐视黑岛的担心，“你不要期待近期会爆发战争。”他说。黑岛感到吃惊和愤怒，严厉地回答：“对日本海上安全负责的我们，不能在你的解释中找到安全的答案！”

黑岛感到中原是典型的办公桌上的故意妨碍者。其实，不管中原在正式场合怎么说，他都不会向黑岛发火，或跟他进行无结果的争论。他必须按照由多样化的经验和训练而带来的长期效益来考虑问题，舰队必须有着足以吸收战斗伤亡并能不降低战斗效率继续作战的灵活性。他也必须强调，指挥官们不要对一批军官如此习惯，以至于把自己的参谋人员当成了拐杖。基于在几个月之内牵涉到的一切都会走向正轨，他坚持照样进行调动。

因而，中原安抚黑岛：“如果最坏的情况发生，你会有大量的时间来训练新手的。”但他同意尽量不调动下级人员（中下级军官和征募的人员），除非绝对需要。“请准备一份不调动人员的名单。”他指示说。虽然黑岛远不满意，还是同意了这个意见，急忙赶回了长门号。

黑岛向山本报告时，山本不时用不赞同的咕哝来打断他的话。山本对海军省没有立即允准他的要求感到不快，但他尽量达观地接受了这个决定，命令所有单位都准备必要的名单。中原很守信，他的人事局在第一航空舰队的空勤人员和第六舰队的潜艇人员最低限度的调动过程中进行了合作，而第六舰队现在似乎也要参加到珍珠港计划中去。

第二十章

一大堆潜在的炸药

美国海军作战部部长哈罗德·斯塔克

当 1941 年 7 月 23 日野村和斯塔克共进午餐时，这位大使脸上带着越来越成为习惯的忧虑的表情。斯塔克同情地看着自己的朋友，他和许多美国海军军官一样喜欢野村。这一次，野村用了很长的时间来谈“他的国家对于印度支那的大米和矿物的需要”，他要求斯塔克安排一次他和总统的会面。斯塔克欣然同意这样做，因为他希望不要发展到公开的破裂，但他不能肯定不存在这种公开破裂的可能性，并且他也不愿意欺骗自己，说日美关系不是在恶化。他认为，除非美国切断日本的石油供应，日本现时应该满足于他们在南方赢得的桂冠的。

这位海军作战部长一直反对经济制裁日本。他知道，远东已填满了“一大堆潜在的炸药”，美国无力进行两洋战争。此外，他对任何形式的分散拯救英国打败希特勒这件主要工作的注意力，感到不满。然而，陆军情报部采取了有些对立的立场。在 7 月 25 日给马歇尔的一份备忘录中，迈尔斯写道：

对日有效的经济制裁……按我们部门的意见，将不会迫使日本采取其反正不计划采取的任何以侵略行动作为方式的步骤。当有利的时机出现时，这些经济制裁也不会加速日本对我宣战……相反，采取这样的政策，我们将能为英国和我们自己保存这些军需品……若我们把这些军需品送入日本人手中，则比把它们浪费掉更糟糕。

在7月23日午餐之后，野村告别了斯塔克，去和索姆奈·威尔斯进行不像这样愉快的会面。后者作为赫尔的第二把手，当赫尔不在时负责谈判，赫尔因为已经有病，在西弗吉尼亚的白色硫矿温泉疗养一个月了。在他俩分手时，威尔斯说，他确信赫尔会希望回来后，再次与大使先生会谈。但他又说，他必须按赫尔国务卿的要求告诉野村："赫尔看不到继续会谈的任何基础……"

罗斯福于7月24日7点会见了野村、斯塔克和威尔斯。在这次会见中，总统提出一项动议，他也许已向日本许诺其可以取得印度支那的大米和矿物。他提议，若日本同意不占领印度支那，或是虽然开始这样做了，却撤退出来，他可以尽一切可能使印度支那中立化。他并不抱有提议被接受的希望，但至少再一次做了为避免日本向南太平洋扩张的努力。野村可能透过糖衣尝到了这药片的味道，他向东京通告说："我得到了这样的印象：在最近的将来，将会加强经济压力……"

日本海军军令部、海军省和陆军参谋部之间的联络官，海军中佐小野田舍二郎相信：随着日本进入印度支那，日本就越过了它的大分界线。"在那之后，"他说，"就没有回头的余地。我仍抱着一线希望，但那只是我自己的妄想而已。"

进入印度支那，使珍珠港行动的策划增加了新的考虑。"到此之前，海军军令部已计划使用航空母舰舰载飞机入侵南部区域，"三代解释说，"这就是为什么海军军令部对珍珠港作战如此冷淡的原因。这种作战要用航空母舰，我们认为南方需要这些母舰。但是，在占领印度支那和在那里建立陆基飞机系统之后，在南线作战使用航空母舰的问题就不这样迫切了。"但是，南方仍需要彻底开发。

挺进印度支那，也作为伴随陆军护航船队的第二航空母舰战队的试验场。山口抓住这2000英里航行的机会来进行实战演习。由飞龙号和苍龙号的整齐的飞行甲板上喷射出飞机，使这两艘航空母舰看起来像是正在喷发的钢铁喷泉。当他的飞机在这支庞大舰队上空翱翔时，山口使他的炮手们处于戒备状态，使维修队伍时刻准备好。山口训练措施的严厉有时使新分来的军官不安，但他们很快就理解这些措施在效率和士气上的价值。

山口的通信与情报参谋石黑一直特别忙，他很清楚这次护航不是在秘密中航行的，他的在飞龙号上的无线电员截收到从香港至伦敦的电讯。“香港的英国人，有关于我们这支特遣舰队的出色的情报，”他回忆说，“表明他们追寻到我们的航线，并报告了舰船的型号。”

这次巡航，给石黑上了几次重要的课。首先是保持在海上无线电绝对沉默的必要性。他对于英国人没有破译日本海军最机密的电码这一点颇有信心，但他知道他们可以通过对方向和信号的关系作图，来追踪船舰的移动。因此，不仅将来的特遣舰队要保持无线电沉默，而且在日本本土上的其他部门也应为对付不论哪个外国正在监听的电耳，发出假电讯。日本海军还必须改进本身截听外国电讯的技术。

当飞龙号和苍龙号驶回日本时，第一航空母舰战队向南驶到九州和冲绳之间，去会合山口的舰队。在这个海域，这 4 艘航空母舰进行了战斗演习。第二航空母舰战队派出俯冲、高空和鱼雷轰炸机，在战斗机掩护下去攻击赤城号和加贺号，然后又反过来进行演习。这些演习的一个主要目的，是看一下战斗机是否飞出 200 英里之外，还能保持与母舰的莫尔斯通讯，结果是肯定的。

既然日本已进入了印度支那，罗斯福决定明确表示美国的不满。在 7 月 24 日（同一天的下午将尽时，他和野村举行了会谈）的内阁会议上，他获得了立即冻结日本和中国双方在美财产的同意。蒋介石一直在要求冻结中国的财产，但总统没有准备采取比这更进一步的措施。

斯塔克和马歇尔于 7 月 25 日给金梅尔和肖特发了电报，除其他事情外，还通知这即将到来的冻结。他们又加上这样的话：“海军作战部长和陆军参谋长，预见不到日本立即使用武力的敌对行动。但是，让你们得到这个消息，是为了针对可能的极端事件，采取适当的预防措施。”这样，华盛顿警告夏威夷，说和日本存在潜在的麻烦，但同时又不完全相信军事行动的危险，从而建立了一种华盛顿一直遵循到珍珠港事件前夕的思维模式。

那天晚上 8 点，纽约州海德公园的夏季白宫，在新闻发布会上发布了一项声明：总统已签署一项第二天生效的执行命令，冻结日本财产。随着罗斯福的这项决定的宣布，野村开始对未来感到忧虑。他相信：“一旦冻结开始，距完全断绝外交关系的路程，就不远了。”他也认为，日本现在将会进入马来亚和荷属东印度群岛，这就会产生非常紧张的关系，也许断交，但不会立刻开战，因为美国议会通过宣战需要一段时间。

总统的行动，使日本这条堂皇的大船从船头到船尾发生了振动。“也许我们的这项命令对日本人的感情触动最深之处，在于至少美国已向日本表明，它不再是虚张声势了！”商务参赞富兰克·S·威廉斯，在一份卓越的总结报告中说：“……我相信，很大一部分有思考力的日本人将认识到，与美国和英国进行全面战争，对他们的国家会是一种自杀。”

虽然官方的日本《时代与广告报》起初没有发表社论，但从它某次重印却表现出有点恐慌。《京都报》把冻结说成是“宣布经济战争……”陆军的喉舌《国民报》则施放烟幕：“我们一定有一个全面考虑的措施，来成功地对付由此引起的任何事态发展。只做一件事，就可以实现这项措施。”

没人比格鲁对这个爆炸性的形势更感到担心。所以，当他 7 月 27 日收到一封威尔斯转达罗斯福的使印度支那中立化的提议时，他急切地抓住了这个机会，虽然是星期日，他还是要求立即会见丰田。他们在上午 11 点 30 分会见了，让格鲁感到吃惊的是，丰田说他还没从驻华盛顿的日本大使馆接到这样提议。然而，野村的日记清楚地揭露：他于 7 月 24 日晚 8 点发出一封电讯给东京，通告了罗斯福的提议，接着在 29 日又电告了该提议的详细情况。事实上，在 24 日，日本早已开始了部队的行动。

27 日晚上与丰田会见之后，最初的热情消退，格鲁对日本接受这个提出的解决办法变得悲观起来。他用这样的反思来安慰自己：“不管日本接受与否，总统这一步把美国摆在了从历史的观点不受指责的位置……如果日本人不利用这个机会，他们自己在历史上的位置将不值得羡慕。”

但日本一点都不顾虑后代人的看法。作为证据，请看 7 月 30 日飞翔在中国重庆上空的日本海军飞机的编队。突然，一名飞行员朝着美国使馆区飞去，并瞄准停在附近的美国炮艇图图伊拉号投下一枚炸弹。“靠上帝的怜悯，炸弹偏离了图图伊拉号约 8 码。”格鲁记录道：“虽然这条船受了伤，另一枚炸弹危险地落到我国使馆附近，只是靠奇迹，才逃脱这场灾难。”目击的美国人一致认为，这次攻击是故意的。

外务大臣做了道歉。日本有责任心的海军军官紧张得要命，这正好是他们担心会把日本猛然推向与美国进行还没准备好的战争的那种偶然事件，而且，它来的时机太糟了——恰恰是罗斯福刚提出印度支那中立化的提议，并正当他在断绝向日本运送石油问题上犹豫未决之时。

在华盛顿，威尔斯于 7 月 30 日 11 点 45 分按罗斯福的命令召见野村，交给他一份口气强硬的照会。野村尽了极大的努力，把事件说成仅仅是一件恼人的事，但他许诺把照会报告给自己的政府。当天，他就撕下他那不动感情的假面具，向东京报告了。的确，人们得到这样的印象：野村吉三郎在他六十多年的生涯中，很少这样激动过。

今天，从他们面部严厉的表情中，我知道他们当真了。并且，我能看出如果我们的答复不能满足他们的要求的话，他们将采取某些激烈的步骤……想一想吧！公众中流行的要求冻结日本资金的呼声正在平息下去，而现在这件事一定得发生。我必须告诉您，它一定会发生在一个最不适当的时刻……

阁下，在现在这种形势下，我需要向您指出：按我的意见，必须不要有一分钟的犹豫，来采取某些安抚措施……

使野村大大感到放松的是，美国接受了日本及时的道歉，这就正式了结了这件事。

但是，不是占星术者也能预测下一步美国的行动。日本对美国禁运最感脆弱的是石油。总统一直在抗拒着停止供油的压力，以免完全切断供油将引发日本入侵荷属东印度群岛，从而把欧战扩大到亚洲，使打败希特勒更加困难。现在，到 8 月 1 日，经过长期认真的讨论之后，罗斯福突然实行了对高辛烷汽油和原油的禁运。

这就使日本非常吃紧，因为它不可能用生产合成汽油、开采萨哈林岛北部石油或是由伊朗和秘鲁购买的方法，来满足其日益增长的对燃料的需求。日本估计，海军将在两年之内瘫痪，重要的工业部门将在一年之内瘫痪。根据富冈的计算，日本的储存只够两年中战斗需要的 75%。此外，舰队一贯估计自己需要储存 50 万吨油才能进行全力以赴的大海战。除了这些冷酷数字外，日本海军在和平时期每月要用 30 万吨油。更有甚者，这些估计没有包括因油轮沉没或储油起火的损失而留的余地。

美国并不希望使日本窒息，有头脑的美国人都认识到，通过生产渠道流动的日本人民的许多良好品质，可以是整个亚洲的力量和福音。另一方面，美国不打算在欧洲反对德国扩张的同时，在亚洲鼓励日本的扩张。

日本是用自己的南进行动招来美国的禁运的。日本不考虑退却一下，同时寻求用和平手段来获取石油，这是当时背景下日本的典型做法。通过罗斯福提出的使法属印度支那中立化，不久再使泰国中立化，与美国潜在的和解的路仍开放着。日本没有接受它，这又是为什么？

要找到答案是极端困难的，但我们不妨冒失地提出几点因素。日本的整个国家政策——内部经济、中国事务、大东亚共荣圈、南部的战略——是如此不可分割地连在一起，以至于日本担心放弃任何一点，都会断裂整个链条而无法修复。拿日本政策的试金石来说吧，也就是“中国事变”，它于 1941 年 7 月已进入第五个年头。威廉斯在他的值得称赞的报告里，谈到了这个问题。

> 日本陆军的权威人士，特别是少壮派军官们，很早以前就得出了这样坚定的结论：作为未来国家支配力量的他们的前途，完全取决于征服中国或是使中国事变有一个成功解决的办法。如果做不到这一点的话，对陆军来说，最好是去和一个主要强国作战……

然而，以一种微妙的东方的方式，中国已对自己的折磨者进行了报复。它像长城一样站在日本和民主国家之间，站在日本的武力和日本鼓吹的和平、繁荣的“明显的天命”之间。

另一个棘手的问题，是日本与轴心的结盟。日本人坚持轴心形成了他们对外政策的基石，因而美国在和东京打交道时，不得不根据三国条约来考虑任何问题。这个条约带来了不可逾越的障碍。美国政府最想干的事，就是不受干扰地集中力量对英国和苏联予以援助，从而消灭希特勒及其全部势力，但希特勒是日本的盟友。

总之，日本已把自己绑到了扩张政策的战车上。它决心获取南方的领土和财富，若有可能，不经过新的大冲突，但必要时不惜冲突也要达到这个目的。东京想要美国不打折扣地全部接受其大东亚计划。

没人敢确定地说，若是美国不冻结日本的财产和不实行石油禁运的话，日本就会接受现状。历史的证据表明将不是这样。它的政府控制的新闻在铸造向南扩张的思想时，声势是如此之大，时间是如此之久，以至于我们对于在街上碰见的日本人，都相信向南扩张不仅是可行的、而且是日本的权利这一点，就不会感到奇怪了。这个主题，主宰了 1941 年的联席恳谈会。在 7 月 2 日，日本的决策者们做出了南进这个重要的决定，虽然他们明知冒着与美英开战的危险。

美国能够对此只提出正式外交抗议，而让他们放手干吗？早已向轴心国的首都提交了一个接着一个的抗议，都不起作用，华盛顿只实行轻微的经济制裁，就行了吗？罗斯福在 1940 年早已这样做了，但对日本的扩张政策毫无作用。到 1941 年夏季，这样的行动更没有任何意义。

在天平的另一端，美国能够联合英、中、俄、荷共同对日吗？这个想法，对美国人的感情来说，不仅是厌恶的，而且是不实际的，美国还没有做好向日本挑战的军事准备。正如斯塔克及其顾问们清楚知道的那样，金梅尔的太平洋舰队远不如山本的联合舰队。

再有，陆军和海军，需要外交能够赢得的每一小时的时间。因为长时间以来，被认为是守不住的菲律宾，一下子似乎成了南方防御的关键。7 月 26 日，总统发布军事命令，把菲律宾的武装力量并入美国军队。因此，陆军部在那个岛上设立了一个新的司令部——美国陆军远东部队司令部，同时召回前参谋长道格拉斯·麦克阿瑟，以陆军少将的军衔就任那里的司令。他作为英联邦政府的顾问，早已在那里。在麦克阿瑟把他的部队训练好之前，陆军部和海军部想要更多的时间。

所以，当这条替代的办法正在研究时，很难设想罗斯福这个时刻还能采取什么别的路子。经济制裁是一剂很强的药，这是合法的，国际舞台上公认的。禁运不是一个想把日本引入战争的恶意的企图，而是设计用来使日本能停下来，让它再看一下，听一下。

麻烦在于，日本人不习惯按实事求是的需要思考和行动，他们认为他们自己是被上天选中的种族，注定是统治者和领导者。他们极端骄傲和敏感，对于任何真正的或想象的怠慢反应强烈。罗斯福的石油禁运给了那个国家的心理一记疼痛的巴掌。美国采取这个行动，事实上已到了所有替代办法的极限，没有任何余地，只有断交，紧接着就可能是宣战。这个事件进程，野村早已向东京特别指出过。不用怀疑，从日本人的观点来看，他们越来越认为如果日本不屈服的话，意味着美国紧跟着禁运，将采取最后的行动。作为人类，日本人是真正容易受惊的。作为日本人，他们对挑战的回答不是投降，而是更加好战。

禁运，使海军军令部再次仔细考虑珍珠港计划。“禁运加强之后，存油越来越少了。因而，必须做出一些与珍珠港作战有关的决定。”富冈回忆说，“如果我们拖到 1942 年的话，我们将对这次作战的成功丧失信心。”但是，对美国取得完全胜利的可能性，没有包括在这些考虑之内。

日本人没有用从一个逻辑点到下一个逻辑点这样的方式，来考虑整个对美作战问题。如果华盛顿错误估计了日本的反应，东京也以同样的错误回报了。一方面，日本梦想与他们的太平洋大对手妥协和平，另一方面，山本正在策划一次足以把美国激怒到如此剧烈程度的军事行动，以至于除了无条件投降之外，任何条件都不能使那个国家的愤怒得到平息。

第二十一章
一条狡猾的装睡的龙

德意日三国在柏林签订《三国轴心协定》

当金梅尔读着斯塔克 1941 年 7 月 25 日的来信时，这位海军作战部长的话在他眼前跳舞："你也许会被命令派一艘载有飞机的航空母舰，去一个俄国在亚洲的港口，我不知道你是否愿这样做。但总统告诉我做这样的准备，我要你有这样的思想准备。"

这样的思想准备没有也行。在和参谋们讨论这个问题后，金梅尔于 7 月 30 日给斯塔克干脆的回答："是否向俄国提供飞机，超出我的权限，但我十分清楚地意识到，我们自己在飞机上的短缺。向地球上任何可能会发生与轴心强国作战的角落提供飞机，完全是美国的一种承诺。"

这位将军喊得最响的反对理由，是基于他确信任何这类行动将会超出克制地激怒日本人。"我不怀疑，这类行动如果被发现的话（十分有可能），将等于日美战争的开始。"他不妥协地声称，"如果我们打算在开始这场战争上采取主动，我能想出为得到始发优势而更有效的方式……"

“简而言之，”金梅尔继续说，“我衷心地确信，在目前日美关系紧张的状态下，用航空母舰运送飞机去亚洲的俄国港口，就是招来战争。如果我们已决定要打，更积极得多的办法是，采取直接的进攻行动。”金梅尔知道，鉴于美国海军目前的无准备状态，斯塔克一直在尽全力避免和日本打仗，所以他尽量在斯塔克的担心上，而不是在舰队的危险上做文章。“如果为了政治上的考虑，决定迫使日本开第一枪，”他又说，“让我们选择一种对我们更有利的方式吧。采取上述行动，确定无疑地要惊动日本不惜敌意地使用炸弹、鱼雷和大炮，而不可能把日本恫吓到沉默或无所作为。”

当然，金梅尔是在沉溺于嘲讽，是在纸面上玩弄幽默，正像山本后来发现的那样。金梅尔对美国将会发动战争的相信程度，还比不上山本对他能在白宫口授和平条件[①]的相信程度。

虽然德苏战争已整个改变了欧洲的政治形势，但美国海军还没有修改给金梅尔的指示。所以，在7月26日，他向斯塔克提出了一些中肯的要求，包括“为了适应国际形势的变化，请不断地把国务院的政策和决定以及在政策和决定上的变化通知司令官的重要性”。他提醒斯塔克，太平洋舰队还没有收到——

对于俄国参战美国态度的官方情报，特别是如果当我们成为积极的参战者时，在太平洋区域对美国和俄国之间合作（如有可能的话）的态度。目前的计划没有包括俄国，也没有为合作行动提供共同使用基地、联合通讯系统和类似事情的计划。新形势为我们开放了为相互支持而充分利用每一个机会的多种可能性。

然后，金梅尔问：如果日本进攻苏联滨海地区，英国是否会对日宣战？如果英国宣战的话，是否“我们提供荷属东印度群岛或新加坡受攻击时所尝试过的那种支持”？是否“正在准备联合行动、互相支援的计划或其他措施”？另一方面，如果在日本入侵苏联之后，英国不对日宣战，美国的态度又是什么？如果英国对日宣战，而美国不宣战，什么是美国对于“日本的航运、太平洋水域的巡逻、商船的袭击者”的立场？金梅尔指出：

……俄国形势似乎提供了一个加强远东特别是关岛和菲律宾的防御的机会。可以肯定，不论战事向何处发展，日本的注意力将部分地从中国和南方冒险中分散出来，者分兵进攻俄国，或者必须准备对付俄国对它的进攻。可以想象得到，德国在东方战

①参阅第二章。

线成功愈大，俄国就将愈被赶向亚洲，其结果是对日本在该区域的“新秩序”增加了危险……

然后，他详述了面对这样的紧急情况，技术上需要优先考虑的问题。

日本会对苏联采取什么做法这个问题，是如此与其在南方的行动纠缠在一起，以至于没人能够理出一条清楚的线。但斯塔克尽了自己最大的努力。“的确，在我们阵营中，对于印度支那被占领不会感到高兴。”他在 7 月 31 日通知金梅尔：“我想，在这里，可以比较保险地谈一下对总形势的意见：日本将不会进入荷属东印度群岛。相反，我们感觉到苏联滨海地区现在一定是日本的目标。特纳认为日本将在 8 月份向那里进攻，他也许是对的，他经常是对的。”在这里，他是绝对错了，但可以被理解。

斯塔克不需要和他的作战计划部长的意见一致。“我的看法是这样的，虽然日本最终会去西伯利亚，但它将推迟到印度支那和泰国的形势多少合它的意，同时苏德冲突有些眉目之时，它也可能先集中解决‘中国事变’。”

斯塔克也不能从罗斯福那儿探出具体政策来。“对于一些我特别指明的问题……我只得到他的一笑，或是‘贝悌，请不要问我这个’。”斯塔克在一封给宾夕法尼亚号上的绰号叫“萨维”的查尔斯·库克上校的信里写道（该信的复印件也发给了金梅尔）。“政策似乎是某种从来都不固定的东西，总是流动和变化。”斯塔克带着不是他本性的怨恨咆哮着说：“请上帝作证，如果有人想要干我这个工作，我会立刻交给他，我曾不止一次这样提出过……”

不仅英国人的脾气紧张到了激动的程度，自从希特勒进攻俄国以来，德日之间的关系也带有尖刻的味道。鉴于希特勒疯狂的种族主义，结盟总是有点不自然。在 7 月 26 日，美国得到了一个错综复杂的暗示：轴心间的蜜月也许正在消退。泰国首相对美国大使说，德国武官曾警告他不要跟日本“走得太远”，因为“你不能相信日本”。那位武官又不祥地说：德国将“在赢得欧洲战争之后，和日本算账”。

7 月 31 日，外务省给驻德大使大岛发了一份重要的长电，显然打算火上浇油。一份作为情报的复件也发给了野村。这份电报含有以下重要的段落：

日本和受英国与美国保护的第三国之间的商业和经济关系，正在逐步变得如此紧张，以至于我们不能再忍受下去。因此，我们帝国为了拯救自身的命运，必须采取措施，来保证得到南洋的原材料。我们帝国必须立刻采取步骤，打碎在英美这条狡猾的装睡的龙的指导和参与下，正在编织的日益增强的封锁线。这就是为什么我们决心在法属印度支那取得军事基地，和用部队占领那片领土的原因……

这是一份非常确实的消息（“魔术”得到的），尽管做了大量相反的保证，日本打算使用法属印度支那作为进一步征服的跳板。

毋庸置疑，丰田的外务省不动声色地自我揭露道：“俄德战争给了我们一次解决北方问题的极好机会。事实上，我们正在进行利用这个机会的准备。我们将不仅做准备，而且还必须很好地选择时机。”这样，日本企图用某种在含混的将来支持反对苏联的许诺，来安抚自己的伙伴。

“我知道，对于我们与美国谈判，德国人是有些不满的。”这份揭露性的电报承认，“但我们希望不惜任何代价不让美国参战，同时我们希望解决中国事变……让人们去否认这样的事实吧：作为一种结果，我们已给美国留下了关于日本帝国决心的深远意义的不可磨灭的印象，并且已对美国猛然投入对德冲突起了抑制作用。”人们将一定会出高价，买一张当赫尔读到这段译文时脸部表情的真实的快照。

这份电报，用一种过分得近于虚伪的保证来做结尾：“我们帝国将采取的一切措施，将基于使三国条约成功的决心上……”像这种用早已过期的密码坦白表明思想感情的电报（它本该锁在信使的手提箱里），使美国清楚地知道了日本的真实意图。

所以，对于通过“魔术”得到用东京自己的话显露出来的日本在处理国际事务中越来越含混的观点，罗斯福的内阁部长们需要时间加以澄清，我们不能过多责备。

日本外务省 7 月 31 日发往柏林的电报在 8 月 4 日才译出，可能是夹在 8 日斯廷森在赫尔病愈后第一次和他见面时带给他的一批文件中。斯廷森说，那次他带去了“最近的一批‘魔术’的材料……它们给出了最近日本外交政策两重性的例子”。斯廷森发现国务卿还没有读过这些电报，特意拿给他看。我们对斯廷森做了这样的记录，不会感到奇怪：“他已下决心认为，美国已到了任何可能的与日本和解的尽头了。他预计，除了采取坚定的政策强迫日本之外，我们与它再也没有什么好谈的了。”这正像日本人自己的一句有说服力的谚语所说的：“被愚弄三次之后，甚至兔子也会咬人。”

野村预计会有麻烦，因此要求增加使馆力量。8 月 4 日，他向东京报告了美国公众对政府的强硬政策支持的强烈程度。他然后提议：

因为如果我在这个时候犯错误的话，我将没有原谅自己的借口，还因为我微薄的能力有限，所以我希望您会乐于安排某位充分了解国内国外形势的老资格外交家（例如来栖大使）尽早赴美，与我合作……（野村用斜体字，把这整段话加重了语气）

这是野村的一个非常明智的举动！和来栖三郎或政府同样信任的某个其他人连在一起，野村可以减少对自己的指责，使艰巨的工作落到它们本来应该落的地方。来栖作为驻德国大使，签署过三国条约。他和一位美国人结了婚，会说一口标准地道的英语，因而他不可能误解美国人的话。他在两个阵营里各有一只脚，似乎能够哪边风硬朝哪边摆。

与此同时，近卫有了一个突然的灵感：既然希特勒和张伯伦都会晤过了，为什么不改变关于和罗斯福举行个人会谈的看法？作为一名完全的贵族，近卫喜欢在君子对君子的基础上来解决国家事务。他在8月4日简略地向东条陆相和及川海相谈了这个计划，海相同意，东条则表示异议，认为这种会面会使德国人不高兴。但是，东条在仔细思考之后，又写信给近卫，表示陆军也同意，条件是近卫支持日本的基本原则，并同意在罗斯福不妥协的情况下与美国开战。“你不能因怕会晤失败而让步，”他在信的结尾写道，“相反，你应该准备在对美战争中承担领导责任。”这种措辞，非常清楚地揭露出1941年夏季，是谁在日本发号施令。

第二天，东京交给野村一套新的提议。它是如此不能被接受，故而不用奇怪当野村在8月6日把新的提议交给赫尔时，赫尔脸上带着显而易见的冷淡。他说：“只要日本人不停止用武力征服的行动，就没有达成相互理解的余地。”同时，“只要日本政府把美国的行动称之为‘包围’政策，就不能从日本指望什么。”

8月7日，外务省对野村下达了关于提议中的近卫—罗斯福会谈的指示。这份电报显然与野村在同一天写的美国对日态度的一个卓越的估计错过了。他在那份报告中向上级提出警告说：“毫无疑问，美国准备根据日本推进的方向采取剧烈的行动。”这也包括了朝北推进，因为华盛顿已“突然和苏联建立了非常密切的关系”。

恰巧在同一天，罗斯福和包括马歇尔、斯塔克、阿诺德和威尔斯在内的一大帮顾问一起，到纽芬兰的阿根提去等候温斯顿·丘吉尔。这位首相，正乘坐威尔士亲王号从英国越洋而来，参加一次与近卫提议完全不同的最高级会晤。

日本本能地意识到罗斯福和丘吉尔的威胁。威尔斯和英国外交副大臣亚历山大·卡多根爵士讨论了英国准备的“对日本政府通知草案”。丘吉尔在试图获得这个联合声明时，没有比打算激怒日本开战更进一步的任何意图。相反，他相信“由美国、英国、多米尼加和可能是苏联参加的这样一个声明，将一定会制止日本”。

没人能指责丘吉尔缺乏想象力，但他从来不曾想过，日本会主动选择对美开战。罗斯福也同样“强烈感到每一个努力都会阻止与日本之间战争的爆发”。他和丘吉尔讨论了日本 8 月 6 日的提议，丘吉尔认为这个提议“根本不能被接受”。

野村不是近卫的一名热心的崇拜者，他认为首相“软弱和没有经验，犯了许多错误……在外交上像青草一样的嫩……绝不是一流的政治家”，但他仍相信近卫是“真心实意地”要和罗斯福会面。野村认为，近卫“被整个形势吓住了，打算做点什么来解决问题和防止战争”。野村觉得这样的想法没有意义。他清楚，在这件事上，就像在松冈事件中一样，形势的发展已不取决于个人的作用。

斯廷森浏览了“魔术”破译的日本提议的译文之后，把它看作是“日本两面性的又一个例子”。他记录道：

现在，他们试图召开一次……近卫和罗斯福总统之间的最引人注目的有关和平进程的会议。而与此同时，他们又和他们在全世界各地的大使进行商议，向大使们表明，这只是一种纯粹的欺骗。实际上，他们早已对通过印度支那和泰国南进的政策下了决心。

斯廷森的这段话是完全正确的。在东京，内田在他 8 月 8 日的日记中，简短地写道：“因为俄德之间的战事在 7 月份没有很大进展，俄国的抵抗是有力的，所以日本不能在 1941 年开始在西伯利亚对俄作战。”第二天，帝国大本营陆军部决定丢掉在 1941 年向北作战的打算，集中于南线，同意在朝鲜和满洲保留 16 个师，继续中国的战事，加速进行暂定为 11 月底的对美英作战的准备。

8 月 10 日，一位与这些好战情绪意见完全一致的人作为山本的第五位也是最后一位参谋长，加入了联合舰队司令部。此人就是宇垣缠海军少将，51 岁。据很了解他的富冈说，他是“日本最优秀的军官之一，还是日本海军战略方面公认的权威”。原来，伊藤将很快被调去当永野的军令部次长，但山本提出要求派一名新的助手，他不仅非常能干（这是不需说的），而且要对东京的海军最高机关谙熟，宇垣完全符合这两个条件。

“宇垣英俊，按日本标准长得很高，非常聪明，稍有秃顶，是一位有口才的演说家。”渡边说，“他的本性是强有力的，并且好斗，满脑子激情和主意。他有极好的记忆力，又是一位仔细的严谨的人……”随着时间的推移，宇垣成为珍珠港计划最坚定的鼓吹者之一。

在这些暖和的 8 月的日子里，夏威夷也面临着本身独特遇到的许多问题。当肖特于 12 日在夏威夷大学的一次关于食品生产的会议上发言时，他尽力阐述了自己的意见。“作为这里陆军的司令官，请允许我说：对这些岛屿的攻击不是没有可能，而且在某些情况下是很有可能发生的。”肖特的话有一定的分量，因为他曾与当地的头面人物紧密合作过，他并不是作为平民机构的代表说这番话的。

“我不是恐慌主义者，”他衷心地继续说，“我是现实主义者，我注重事实。但是，在所有对当前政治和经济形势的估计都指向一个方向时，就必须考虑到可能性了。让我向你们有把握地说，为保卫夏威夷做准备的时机已经来临，那就是现在。”

然而，非常关心战备工作的肖特，又允许在他管辖下的某些不明智的松懈举动。例如，在 8 月 6 日，惠勒机场邀请公众到禁止拍照的禁区盖拉达去参观。不用说，日本领事馆的“森村正”也接受了这一大方的邀请。他在惠勒机场自由自在地到处乱逛，看到所有值得看的东西。他看见了 P-40 型飞机的飞行表演，注意到它们飞得非常快，飞行员的“战斗技术很熟练”。他也搜集到诸如飞机库数目和跑道的方向、长度及宽度、还有 3 架飞机立刻升空的事实。回到领事馆之后，他写下了自己的印象，但直到很久之后才把这次访问告诉喜多。

在华盛顿，赫尔、斯廷森和诺克斯于 12 日恢复了他们的非正式的军事委员会会议。“我们现在又回到了同样的基础——祈求和平已经结束——并且，赫尔用他那善于分析的头脑，正向海军提出探询性的问题：在他一直处理的那些事情陷入僵局、必须使用武力的情况下，海军下一步怎么做？”斯廷森在他的日记中写道。

甚至当他们辩论时，金梅尔仍在向斯塔克恳求人员的稳定性，正像山本向中原恳求的那样。他特别要求战列舰和巡洋舰的舰长和主任参谋，应在一个岗位上最低限度干两年。他告诉斯塔克：“考虑到人事的巨大变化和军官缺乏固定性，现在舰队的射击已经算不错了。当然，我们曾强调了战斗规范高于一切。”

在国会山，议会以微弱多数把招募某些有特殊能力的人服兵役的法令期限延长到 18 个月，参议院的表决结果是 45 票对 30 票，众议院则以 203 票对 202 票勉强通过。因此，无怪乎野村不能说服其外务大臣，相信美国人要动真格了。演说和吹牛是廉价的，但当把它提到立宪机构进行实实在在的表决时，议会只差一点就把这草案凿沉，这才感到放心。

没有任何新闻可以向议员们证明，他们这种自满是有道理的。在场景的背后，已开始出现令人不安的征兆：日本这只虎正在收缩肌肉，准备另一次猛扑。8 月 14 日，海军作战部告诫金梅尔和其他主要将领：“日本人正在从全世界航线上撤回去，定期的航行取消了，除了中国和日本海域的大多数船只，全部向日本本土驶去。”

在 8 月 14 日和 15 日，日本陆军参谋本部正埋头于预演南方作战的图上演习，海军军令部从富冈的课派去四位代表，即内田、三代、华顶海军少佐（公爵）和山本佑二海军中佐。

美国陆军情报部于 8 月 16 日向马歇尔提交了一份备忘录，它对日本的立场估计得非常准确：

a. 坚持三国条约。

b. 不管全世界形势的其他变化，建立大东亚共荣圈（在日本的统治和支配之下）。

c. 解决中国事件。

d. 为了经济和战略的安全，向南扩张。

但是，这份报告估计日本在贯彻这个政策时，将“采取一切可用的手段，避免美国参战”。陆军情报部进一步敏锐地说道：

形势的巨大危险，在于经常被证明了这样的事实：日本的陆海军权威人士不是在他们政府的完全控制之下。去年，我们已看到德国军队在遵守他们政府避免和美国发生任何可能的武装冲突的命令上，所表现出来的守纪律和自我克制。不幸的是，我们不能从日本军队期待这种自我克制和约束……

同一天，野村在和赫尔举行了另一次会谈之后，向东京发回一份长电。“今天，日美关系已达到了在任何时刻任何事情都可能发生冲突的阶段，并且随着日本下一步的动向，有可能突然恶化。”写完上面的话，他又加上以下这段精确的判断：

……美国在参加欧战上还没有定下足够的决心，总统本人也在犹豫。但是，美国人民在远东采取强硬路线方面，却是意见一致的……

我听到，他们开始认为我已被我的国家愚弄了，传闻他（罗斯福）与我会见是一件异常的事……

当野村初来华盛顿时，格鲁希望他将会真诚地忠实地报告回美国人民的真正的声音[①]。野村所做的正是这样。他也和珍珠港事件中如此多的其他人一样犯了不少错误，但这些错误起源于犯错误者自身的良好愿望。野村犯的，主要是关心外交事务交错的历史学家感兴趣的错误，它们是否影响了最后的结果是值得怀疑的。明摆着的事实是，除了美国妥协于日本的各种要求，野村的使命无论如何都不会意味着成功。

①参见第一章。

第二十二章

在准确性上有预见

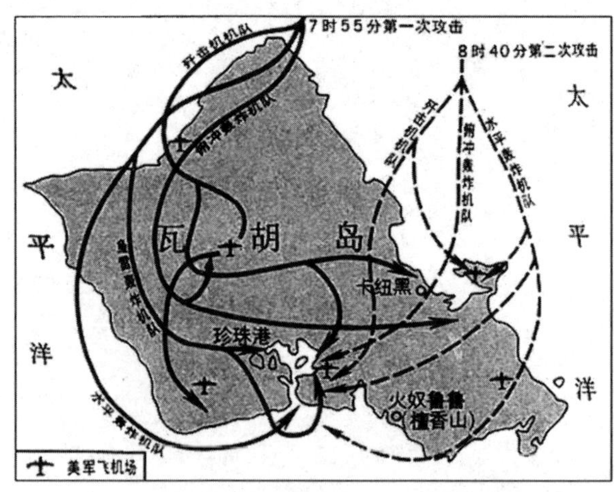

日本计划偷袭珍珠港示意图

当精力高度集中时，黑岛通常用瘦长的手指抓搔他那高高的秃头顶，似乎怕任何难以捉摸的想法逃脱一样。在 8 月初的这个潮湿的一天，他产生了一个非常实际的想法：海军应把一年一度的图上演习提前在 9 月份举行，而不用等到 11 月底或 12 月初。首要的是，演习应包括在一间只许有关人员进入的特殊房间中，对珍珠港计划进行研究。

山本用不着说服，甚至在仲夏终结之前，他已开始担心过去定下的日期也许对于举行图上演习太晚了。如果他等到那时才来解决所有在这次演习中不可避免会出现的问题，冬天的冰雾将笼罩日本和太平洋，严重地阻碍军事行动。他也认识到，因为在印度支那陆基飞机的存在，多多少少减轻了南方作战中对航空母舰舰载飞机的需要，这是再次把珍珠港计划提交给海军军令部讨论的合乎逻辑的时机。

事情是这样发生的，在同一时间，海军军令部要求联合舰队派人去东京，陆军参谋本部和海军军令部正在准备与美英开战时的计划。这就给了山本双重机会。“由于美日关系变得更糟了，”他沉思着对黑岛说，“更有必要研究珍珠港计划，并敦促海军军令部接受它。”

山本认为，现有的海军军令部计划对于与美、英、中、荷作战，特别是与美国作战不适当，在年度图上演习中，把南部战略和他的珍珠港作战方案一起研究，将给永野及其机构中的人们一次把攻击珍珠港纳入总体计划而重新考虑的机会，也为夏威夷空中攻击部队提供一个预见他们的使命和牵涉到的问题的机会。这样，山本再次把黑岛派往东京，去对这些高层人物发挥他作为说客的能力。

黑岛于 8 月 7 日到达海军军令部，讨论“珍珠港空袭和对菲律宾与俄国作战的问题”。他带着山本的鱼雷和潜艇参谋有马。黑岛和富冈的作战课进行了长时间认真的讨论，他解释说，自从禁运之后，山本更加决心要给美国太平洋舰队一次突然的先发制人的打击。

他要求海军军令部同意在 9 月份举行年度图上演习，这样可以给山本大量的时间，来研究任何可能会出现的问题。他也要求富冈在海军大学安排房间和设备，其中包括专门的房间来安排珍珠港作战的图上演习。他进一步要求富冈的办公室提供所有关于美国太平洋舰队、美国飞机数量和进行任何真实的图上演习所需要的必要情报。富冈同意把这次桌上的演习提前。相应地，海军军令部把 9 月的第二周定下来做这件事。

但是，把山本的珍珠港计划并入日本的总体战略却是另一回事。富冈再次把在初春给黑岛看过的概要拿出来炫耀——紧接在潜艇对美国舰队进行消耗战之后的歼灭性大海战。黑岛仔细读了，但他仍然认为这是“过时的，并且不适合了”。然后，他抓住这机会，来阐明联合舰队的立场。

“因为美国和日本之间的形势变得严重起来，陆军和海军达成协议是必不可少的。”他说，“联合舰队正在考虑的最重要的事，是一项在战争一爆发就打垮美国舰队的计划。因此，联合舰队强烈要求海军军令部更加认真地研究攻击珍珠港这个问题。”

这时，两人都平静下来，再次审察各自的观点。富冈用电脑式的无情的逻辑，简述了海军军令部的反对意见。

富冈说，这次作战的成功取决于出其不意，但他看不到怎样才能保守秘密。越过太平洋航行如此之远的这样一支大舰队，可以想象得到，难免在途中遇见敌船、敌机或中立国家的船只。甚至，假如美国没有用上述方式发现这个阴谋，他们极有可能因为通过空中侦察这样的预防措施，而在实际攻击之前发现它。在这种情况下，日本将会失去始发性，并蒙受重大损失。还有，在攻击日之前，也许会在别处爆发战斗，从而使瓦胡岛的美国人处于戒备状态。

大多数舰只需要在途中加油，这项技术有待完善。这项计划很有可能因供油问题而在海上失败。富冈强调，即使日本真正抵达目标所在地区，他们也没有任何把握在港内找到金梅尔的舰队，同时他们也没有足够的侦察部队来搜寻敌人。此外，在海上的美国太平洋舰队有可能在陆基飞机配合下，发现并攻击特遣舰队。还有一个无法估计的天气问题，它可能会迫使南云取消空袭。“但即使在这种情况下，”富冈说，“也不可能把战争开始时间向后拖。”随着敌对行动的开始，瓦胡岛和太平洋舰队将会立即按战时编制。

甚至，如果一切都顺利到攻击的时刻，富冈也期待不到由空袭本身达到的足够的成就。他再次列举了妨碍成功的因素，并把它们和毫无疑问的冒险对比：珍珠港的水浅和缺乏机动空间；可能会有的防鱼雷网；高空轰炸的可怜的命中率和无效的俯冲轰炸；最后一点，由于陆基空中力量对于南方作战本来就不够，其飞行距离又太短，日本不能真正由那里分出航空母舰来。

“总而言之，”富冈的结论是，“这个夏威夷作战计划是投机性的，没有成功的机会。一旦失利，我们也许会失去现在像虎崽一样的舰队……并且……我们也许不仅在南方作战中会跌跤，也有可能当与美国的关系正处于紧张状态时，我们的特遣舰队在前进途中即被发现。这样，就会成为谈判中的一个决定性因素。”对于山本的主要论据——需要在日本部队南进时阻挡美国太平洋舰队对侧翼的进攻——富冈指出：美国人说不定会采取另外的做法，即进攻马绍尔群岛，这不会是对他们无益的行动。从长远的观点考虑问题，只有当敌人向西来时……我们能够容易地截击他们。富冈甚至考虑到，航空舰队被流星雨击沉这样极端的可能性，然后结束了他的辩论。

黑岛则描述了情景的另一面。富冈提出的论据中，没有一点是他不准备驳斥的，虽然这样做在他更靠热情而不是靠讲理。他承认保守秘密是压倒一切的重要，但他又说：“因为将会有适当的保密措施，所以用不着如此担心。”他承认这项计划包含了“各种各样的不可预测的因素”，因而是“一次冒险的作战”，但他强调“战争总是包含着冒险，我们不能又打仗，又怕冒险”。

黑岛坚持认为，虽然入侵东南亚有航空母舰也许比没有更顺利，但仍然“在有陆基飞行力量和陆军的航空兵时，不是太困难的作战……”他强调说：“我们应把南方作战作为整个对美作战的一部分来考虑，而不要把它当成一次独立的作战行动。”正因为如此，联合舰队必须“首先对控制着夏威夷海域的美国太平洋舰队，打出致命的一击……如果我们让敌舰队占领马绍尔群岛，并允许他们准备许多水上飞机的话，我们再重新夺回这些岛屿将是困难的。同时，南太平洋地区将被他们一个接着一个地拿走。”

双方各自提出进一步的论据之后，这场辩论扯平了，双方都同意在考虑对方意见的前提下，再重新审察各自的计划。从旁观者的角度看来，富冈似乎占了这场辩论的上风。但是，黑岛有着一张强有力的还没有甩出来的王牌：自己宣布辞职，山本也宣布辞职。富冈对这一点非常清楚。

即使是这样，海军军令部在8月7日有另一次机会来使山本计划夭折，黑岛给了军令部一次很好地把这个问题直接交给永野，并保证得到他否决的机会。但是，尽管军令部对山本这种冒险行动持反对态度，它并没有这样做。

在长门号上，山本在继续认真考虑攻击珍珠港。的确，在8月10日，当他的旗舰停泊在佐伯湾时，他把自己的计划告诉了他在江田岛的同班同学吉田善吾海军大将。吉田是日本另一位著名的海军将领，在山本之前，他是联合舰队司令长官，接着又当过连续三届内阁中的海军大臣，现在他是最高军事枢密院的成员。这是由一些经过挑选的不参与作战的将军组成的顾问小组。吉田来长门号，是为了与他的这位好友讨论总的政治和军事形势问题。

“日本必须在开战之际，给美国海军致命的一击，”山本说，“这是它能成功地打出任何合理前途的唯一出路。攻击珍珠港对于使日本能腾出一只手来用于南方作战，是非常必需的。”接着，他对日本与美国冲突似乎将成为具体的现实这一点，表示忧虑。他悲伤地说：“我不得不感到，东京的权威们认为战争不可避免。”像往常一样，山本强调了他的计划的绝对机密。

这是吉田第一次听到这个大胆的计划。作为一名旧军事学派的为人谨慎注重实际的将军，他用这样的提问表示了自己的反应：“怎么可能把目前这种舰队活动半径下的特遣舰队，送到离日本这么远的地方去呢？”

山本知道，吉田已发现了最主要的难点之一。“特遣舰队将在海上加油，”他回答，“目前正在进行海上加油的训练，其成功的前景是乐观的。”

随着吉田加入珍珠港问题兄弟会，知情人的圈子在继续扩大，并将越来越大。

这时，再次出现了一些奇怪的情况，它似乎使人联想起在华盛顿和东京、瓦胡岛和日本之间流动的那股意识流。正当日本海军在改进攻击金梅尔舰队的手段与技术、山本争取提前举行旨在首先发动珍珠港攻击的图上演习之时，夏威夷的空军部队也准备着一项认真的研究，目的在于防止日本这类的军事行动。

7 月 10 日，指挥着希卡姆机场第五轰炸机大队的 6 英尺高的得克萨斯州人威廉·E·法邢上校，刚完成了对第十八轰炸机联队的调查。调查报告分析了“轰炸机飞行在瓦胡岛防御中的使命”，并在某种程度上像马丁—贝林格报告那样，有着惊人的预见性。7 月 17 日，当法邢签名的墨迹还没有全干时，陆军部要夏威夷准备一份夏威夷空军情况的研究报告。因为法邢已钻研了这个问题，而且又是一名有经验的飞行员，马丁把这项要求转交给他去做。

上校起劲地干了起来。他的后勤参谋埃尔莫·罗斯少校和他的作战参谋 L·C·科丁顿上尉在协助他。他们主要依靠法邢原来的调查，并收集了有关瓦胡岛对他们有用的所有材料，发挥想象力地干了大约一个月。结果，他们提交了一份多达一万多个单词的详细的透彻的报告。

这份题为“在瓦胡岛防御中轰炸机飞行部署计划”的报告，直到 8 月 20 日才到了华盛顿。马丁通过肖特，把它作为一封题为“夏威夷空军情况研究”的信的附件，送给阿诺德的总部。在那封信的最后一段中，马丁同意这样的意见：加强夏威夷的空军力量，“可以不需要海军的支持，而确保夏威夷各岛绝对的防御，因而给海军完全的行动自由”。

法邢报告（为了简短这样称呼它）开头写道：

本计划的关键，在于为以下各点做好准备：第一，每天的白天对夏威夷地区实行完全彻底的搜索；第二，为打击作为搜索结果所发现的目标，准备召之可用的攻击力量；第三，如果发现的目标是一艘航空母舰，要在当它驶到瓦胡岛外能派出飞机进行攻击的前一天，就对它进行打击。

假如马丁能完成这些的话。这将会是很好的计划。

报告重述了陆军的使命：“保卫瓦胡岛的海军基地。”它进一步指出：“为了执行自己的使命。舰队必须有行动自由，而不负有保卫自己基地的责任。”

三个“设想”有着不寻常的兴趣。“夏威夷空军主要与在敌人航空母舰接近到能派出其轰炸机对瓦胡岛进行袭击之前，在附近水域摧毁它们有关。”在这里，报告承认了空军的基本信条：一旦飞机到达了攻击距离，只要攻击者愿意付出代价，就能造成足以抵过其代价的伤害。因此，夏威夷空军希望在敌机起飞之前就粉碎这种企图。

法邢和他的参谋进一步设想：“在敌人得到控制交通海路之前，他们不会冒险进攻夏威夷各岛。随着敌舰队接近这些岛屿，可以预期会有水面舰只、潜艇以及航空母舰舰载飞机的袭击。”正如在他们以前，其他人做过的一样，他们从这里开始出了差错。他们工作的基本依据是：在战争开始之后，攻击才会到来，美国太平洋舰队将不会在附近阻止航道，再有就是攻击主要的目标是各岛屿，等等。

然而，当他们深入到战术问题时，他们的勾画变得更加有把握了。他们的第三个设想是这样开始的：“我们的最有可能的敌人，也许会对瓦胡岛动用最大的 6 艘航空母舰。”切中要害！因为整个美国海军才能掌握仅仅 6 艘航空母舰，需要有想象力上大胆的飞跃才能勾画出日本在渡洋袭击夏威夷时派出 6 艘航空母舰。实际上，法邢—罗斯—科丁顿的有创造性的战略，远远地走在日本思想的前头。第一航空舰队不得不努力奋斗，才得到允许使用实际参战的 6 艘。

标题为“讨论”的报告的第四段，毫无遗漏地涉及夏威夷计划中轰炸机问题的所有细节，并含有几项有重大历史影响的问题。例如，在“搜索”这个题目下，我们找到了这种精确的和令人不舒服的论述：“在夏威夷区域彻底搜索敌水面舰只，特别是航空母舰的唯一方法……就是提供足够数量的飞机来进行 360 度方位、100% 覆盖率的每天白天所有时间的搜索。”没人会和这种论断的良好意义争论，但我们可以想象得到，马丁对这一点沉思地摇动他那灰白头发的情景。这些飞机从哪里来？即便是有足够的飞机，空中搜索也会受到人为的因素、云层遮盖和能见度的影响。

第四段第二部分，有着一些在猜测日本人意图上的异常成功的尝试：“敌人应对为其航空母舰的接近获得最大程度的黑暗掩护极感兴趣……因而，清晨攻击对敌人来说，是最好的行动方案（法邢用斜体字加重语气）。”

报告接着做了一些聪明的估计：“敌人将更多关心的是发动成功的攻击，而不是攻击之后如何逃脱。他们将仔细考虑这次冒险的代价，将有可能进行下定决心的攻击。并且如果攻击成功的话，他们将愿意接受由此造成的损失。”无论是山本还是源田，都不能比这更好地表达出这一决心了。

法邢强调，敌人“将不会有进行攻击的无限的接近之路”，同时“必定避开普通航线而不受侦察”。这个因素在选择特遣舰队去夏威夷的路线时，赫然显现，日本情报人员确实想努力造成一幅精心制作的掩蔽幕，来保证把被发现的机会减少到最小。法邢及其军官们估计：“看来，敌人最有可能到来的路线，是沿瓦胡岛从 O 度到 180 度的半圆……”换句话说，日本人将会从西方驶来，在从南到北的任何地方攻击。

“基于可能会出现的最坏情况，即使用 6 艘航空母舰，并且每艘由不同路径同时朝瓦胡岛驶来，”报告推断，“将要求使用 36 架 B-17 的一支攻击部队，来摧毁这 6

艘航空母舰，或使它们失去战斗力。”没有一个南云的参谋有丝毫的打算分散这6艘航空母舰，去控制瓦胡岛的6个方向，这样将会分散特遣舰队的力量，把几乎所有的问题都增大6倍，并且公然违反了源田主义，6艘航空母舰将形成一个整体而来。然而，也要为法邢假定的分散而来说几句话。把航空母舰集中在一起，日本人就冒着像在中途岛发生的那样，被发现一艘等于所有都被发现的风险。但源田及其飞行员们愿意冒险碰运气，以期达到集中空中力量。

法邢和他的助手们在题为“建议”的第六节，真正走上了正轨。首先，他们要求“陆军部立即分配给夏威夷空军180架B-17D型或其他有相同甚至更好性能的四引擎轰炸机和36架远程携带鱼雷的中型轰炸机……”对1941年来说，这是一个惊人的订单。

为了支持这一点，报告宣称：

> 瓦胡岛上地面和空中部队存在的唯一目的，是保卫作为远离本土的海军基地的瓦胡岛。最好的防御是，一支攻击性的良好组织的进攻力量……我们已经在欧洲清楚地看到了依赖被动防御措施的谬误……我们必须在敌人能够采取行动摧毁我们之前，侦察到敌人并歼灭之。

在这里，这些计划者们再一次按照已经宣战来思考。

> 据说，并且也是一种公认的说法，夏威夷是世界上最强的远离本土的海军基地，因而能够承受预料不到的攻击和企图的入侵。基于这种信念的计划是天生脆弱的，倾向于创造一种虚假的安全感，结果是对进攻行动的无准备状态。

这些现代的保罗·里维尔斯又敲响了另一个警钟：“由于美国生活和工作在无限制的全国紧急状态之下，日本的南进行动和全世界都处于动乱中，我们必须为随时可来的某日做准备。”他们用一个紧急呼吁来结尾：

> 我们相信，180架四引擎飞机和36架远程鱼雷机的一支武装力量，与这个外沿阵地的重要性比较，是一支不大的武装力量。政府可用不足一艘现代化战列舰的代价来提供这样一支武装力量。我们还相信，甚至在损失本土其他部队时，也应尽快使这支武装力量能够投入使用。

陆军珍珠港事件委员会把法邢的努力结果说成是“在准确性上有预见，而在分析敌人意图上不可思议[①]”。它正是这两方面都有。假如它能够实现的话，那就有可能从海军的肩上卸下一个从未指派给海军的沉重负担。360 度的搜索也许很可能发现南云的特遣舰队，从而改写历史。不幸的是，不管法邢的报告如何的有“预见”，甚至“不可思议”，但它是不切合实际的。据阿诺德说，整个美国陆军在 8 月份才仅有 109 架 B—17。并且，这些飞机主要承担着本土的防御，同时还要关照英国和菲律宾。

法邢报告的主要缺陷在于，它损害了瓦胡岛上达成的一切互相服务的协议，还有，它只是在纸面上看起来是如此完美，它以在敌企图攻击之前战争已开始，因而使陆军和海军有时间进入战时状态为先决条件。马歇尔已陷入过这同一陷阱，肖特及其所进行的演习也是如此。

我们注意到，在有关攻击和防御珍珠港美国太平洋舰队问题上，美国和日本之间各自计划工作的基本不同点。从理论上说，美国的计划已是完善的了。它们是非常清楚的，有远见的，几乎是有灵感的，并显示对于日本将在 12 月 7 日使用的战术的坚实理解，但这些研究缺乏物质基础，因为它们的实现取决于美国不够数量的飞机。

它们也缺乏那种只有真正相信才能产生的心理的原动力。事实是，不论瓦胡岛的保卫者们怎样经常地写出他们受日本攻击的可能性，但他们认为这是不可能的。这也包括了法邢本人。“我不认为他们会这样做，我不认为他们有这样做的能力。”他后来作证时说。

相反，日本的计划似乎是异想天开的，不能采纳的，几乎是自杀性的，并证明富冈向黑岛提出的所有的反对理由都是正当的。但是，特遣舰队却执行了它。因为，诸如山本、源田和其他一些人，用他们有力的信念给它注入了生命。他们依靠不仅现有的而且将很快有的飞机和军舰，并且不管在哪里缺乏武器和技术，他们就在哪里创造它们。他们的胜利，是精神胜过物质的胜利。是的，甚至是精神胜过才智的胜利。

①这个陆军委员会把马丁-贝林格报告和法邢报告搞混了。虽然他们提的是后者，并为称赞而引用它，但他们真正指的是前者。许多书已使这个错误永久化了。

目前的态度和计划

日本帝国大本营讨论何时对美开战

正当法邢及其助手们在写他们那有预见的报告时，肖特再次本末倒置，为了与7月14日的标准作战规定保持一致，这位将军开始了一项旨在把夏威夷空军征召人员作为步兵训练的为期6周至两个月的训练计划。马歇尔在秋末问他这样做的理由。他于10月14日做了回答，阐述了他的想法：

我们的暂行标准作战规定发布之时，这里的飞行联队有7229人，而用于实际上需要有的飞机和机构所有战斗岗位加上额外的需要，只需3885人，这就在演习中多出了3344人没有分配工作。我这样分配的一个主要原因，是在演习中给这些人一些事做。另一个原因，我相信任何敌人严重的地面进攻，只能在消灭了我们的空中力量之后才会到来，我们的飞机被毁并不意味着所有这些人都丧失了作战能力，很有可能仍然保存下几千人。若是当步兵被分派去保卫机场时，让这些人坐在那里无事可干，则似乎是不可取的……

肖特最后讽刺地写道："假若不希望训练飞行联队的人员来保卫他们自身和机场的最后的防卫的话，我将很愿意得到这样的指教。"

这封信，使我们活灵活现地回忆起 1941 年 5 月肖特的演习①。如果肖特真的相信敌人在打垮夏威夷空军之前不会企图入侵，这位将军就应该使用他的地面部队来加强最初的防线——夏威夷空军，而不应该倒过来。

我们得出这样的印象：肖特和他的地面参谋军官们相信飞行人员不飞时，就会像蝙蝠那样挂在自己的脚后跟上。肖特把这些人说成"多余"是不明智的，特别是因为他为得到更多的人员已斗争了很久。由于陆军各飞行联队都严重缺少训练过的人员，我们对华盛顿没有立即命令肖特调出这些空军人员到陆军部队，可以"给这些人一些事做"感到奇怪。如果肖特不知道怎样使用这些人，有一大堆司令官知道怎么使用他们。

当哈波·阿诺德得知此事时，他向马丁指出的恰恰是这一点。"似乎是，"他在 9 月 25 日的一封信中说，

我们过高地估计了对夏威夷空军的要求。显然，除非有多余的飞行联队和有关的部队，夏威夷空军在它的空军战斗任务之外，不可能再执行上面提到的任务。

由于我们在空军里如此缺少受过训练的军官和人员，除非在最不寻常的情况下，把这些人员用于飞行联队之外的岗位，是不合需要的。

肖特的有问题的训练，在夏威夷空军中引起轩然大波。一般说来，马丁的军官们相信是菲利浦斯上校提出的这个行动，并把它兜售给了肖特。不消说，这个计划提高不了空军人员的士气。

7 月末，马丁得到了他自己挑选的新参谋长、绰号"吉米"的詹姆士·A·莫利森中校。他是一位能干的飞行员和热情外向的人，虽然每日被一大堆问题所困扰，但他还是轻松地微笑着，愿意和所有的人合作。矮胖友善的"吉米"也是坚定而又讲实际的人，他是一级一级升上来的，热爱飞行联队，并从下至上地熟悉它。

他在瓦胡岛很快就了解到，相互服务的关系在 1941 年一直努力地改善着，但仍存

① 参见第十四章。

留一些错误的情绪，他决心尽一切努力来永远结束这种不健康的无益的浪费精力。因为，菲利蒲斯在 11 月 1 日前还不是参谋长，他直接和他衷心敬佩的海斯上校配合工作。他发现马丁急切地甚至是决心讨好自己的上级，肖特则喜欢被讨好。所以，地面部队和空军部队的关系，在步兵训练问题出现矛盾之前，一直是平稳的。这使莫利森感到不快。

他认识到马丁的空军人员是多么需要进行本专业的训练。例如，新调来的战斗机飞行员只有 200 至 300 小时的飞行时间，所有这些飞行员都受到了良好的标准飞行训练，但都没有进行过射击训练，有些人还没有开过一次火，以至他们不知道战斗所需的要素。与此形成对比的是，南云的许多飞行员有接近几千小时的空战记录，许多都是在中国上空的战斗中获得的。

因此，莫利森看到马丁的飞行员把宝贵的时间用来执行给兵营站岗和其他地面任务时，感到忧虑。这种情况，使他不可避免地有这样的推论，即上层人物不懂得飞行联队人员的职责。

在东京上空闪耀着另一种实在的和比喻性的热浪。8 月 18 日，在外务省的办公室里，丰田和格鲁那专心致志的脸上都淌着汗，他们已边谈边记地干了整一个小时了。这时，丰田丢掉了礼节，命人拿来冷饮和湿毛巾，俩人都脱下外衣，卷起袖子。

丰田沿着那条日本的真实意图和美国的误解之间充满荆棘的道路，一个细节一个细节地迂回前进。这种啰唆的企图，是希望举行近卫和罗斯福面对面的会谈，建议将火奴鲁鲁作为会谈的地点。这项建议点燃了格鲁早就有的热情，他请求国务院对此给予“非常虔诚的考虑”。他满怀希望地宣称：“从近卫亲王和罗斯福总统之间的会谈可能得到的好处，是无法计算的。”他还把这次机会和“总统最近和丘吉尔首相在海上的会晤……”做了比较。

在急于架桥联结那道把他忠心为之服务的国家和他十分喜爱的日本分隔开的裂隙的时候，格鲁没能考虑到：大西洋宪章会议是发生在两个关系真诚到不能更真诚地步的国家首脑之间。在他们各自的全球目标上没有根本分歧，虽然每个人都适当地敏锐地意识到对自己国家所负的责任。另一方面，在近卫和罗斯福的目标之间，有着一个巨大深渊。因此，当 8 月 17 日野村和赫尔、罗斯福会见时，总统很仔细地大声地给了野村一个警告性的声明。它在本质上宣称：日本的言行不一。现在，美国方面“除了坦率之外，做任何事都没有用”。这份文件的结论是：

……如果日本政府在遵循一条对邻国用武力或用武力威胁来建立军事支配的政策再

前进一步的话，美国政府将被迫立刻采取认为对保卫美国的合法权益必要的一切步骤。

野村要是认为这太强硬，他应该在赫尔给罗斯福－丘吉尔丰富有力的语言加上普通意识的冰包装之前，看一下在阿根提形成的原始文件。

野村在向罗斯福保证了自己国家真心实意之后，探询总统和近卫会见及恢复日本入侵印度支那时中断的对话的可能性。罗斯福先回答了后一项，读了另一份文件，内容是如果日本同意停止其扩张主义行动，美国将考虑恢复对话。但文件要求日本政府“对其目前态度和计划提供一个比已经提供的更清楚的说明……”

不管这两个文件的语调如何，罗斯福精神极好，并对日本大使很诚恳。他颇喜欢与近卫举行个人会见这个想法，甚至建议了一个可能的日期——大约 10 月 15 日。

斯塔克从阿根提回到他的设在海军总部的办公室时，发现他的信箱内塞满了信件。他把眼镜在鼻子上架牢后，就精神饱满地开始处理一大堆信件。他在急于让金梅尔跟上形势发展的心情支配下，于 22 日没等最后定稿，就发出了一份长长的草稿。“我很容易理解您希望随时了解到国务院的政策和决定，”他让金梅尔确信，“这一点，我们正在努力做。如果您没有得到像您认为应该得到的那样多的情报，那么答案可能在于，您头脑里最关心哪些特别情报，我们还不够明确。”这就是在这一年中一直在困扰金梅尔的老一套。但斯塔克的确解脱了这位将军的一个不安：他将不会向俄国运送飞机，这些飞机将由冰岛飞去。

当罗斯福在 8 月 28 日与赫尔和野村会面时，他仍然没有反对与近卫会见这项提议，但在这件事上，他和近卫是在不同的波长上运转的。近卫像一位欧洲的独裁者那样来考虑事物，他企盼和罗斯福在一个想象中的象牙塔中会面，并决定所有重大问题，而把次要的细节问题留给赫尔和野村去推敲。就算罗斯福把自己的才能估计得很高，就算有很大一部分美国选民保证支持他，他可以做的事还是有限度。在和任何外国首脑会晤时，他代表的不仅仅是他自己，因而必须在固定的框架内来做事。近卫从未很好理解美国政治生活中这一简单事实。

乍一看这项计划，也许不错，但它充满了悲惨的可能性。事实上，总统也许不能由它脱身，即使他从近卫那里得到了一切，也不会对东京的形势起作用。其唯一结果，是近卫政府的垮台，甚至可能会是这位贵族的自杀。如果罗斯福输了，最好的结果是，他使他的政府变成另一个慕尼黑的形象。在这种情况下，他将失去美国人民的信任。

从 8 月中旬开始，在帝国大本营进行了多次重要的陆军—海军讨论会。迄今为止，陆军认识到与美国的战争主要是海军的事，因而在有关美国的决策上接受海军的意见。此外，陆军还没有能够制定出一个它完全有信心的对美作战计划。8 月 15 日，帝国大本营的海军部用一份按下列决定制定的计划，使陆军吃了一惊：

1. 截至 10 月 15 日前，完成对英、美的战争准备。
2. 8 月和 9 月再分别征用船只 30 万吨。
3. 9 月 20 日实施陆海军作战协定。
4. 9 月上旬从中国抽调陆战队 3 个大队。
5. 预定 9 月中旬以后，再征用船只 50 万吨。

这当然不是一份作战计划，而是一份意向声明。根据内田的笔记，在 7 月间，一份“详细的对美作战计划”已经完成了。此外，内田在 7 月底，就认为日本应预计到 10 月 15 日时爆发战争。然而，海军 8 月 15 日的声明，是珍珠港事件的另一个里程碑。因为日本海军在这里首次向海军之外承认它将认真考虑对美作战问题。海军在提出这份文件时，心照不宣地承担了这种战争的领导责任。

但是，日本人对这份日程表的辩论，暴露出一定的意见分歧。基本上，海军的立场是这样的：让海军来准备这场战争，若战争到来，海军早就准备好了，若不战，海军也不会损失什么。这个大纲包含了这样的意思：在 10 月中旬之前，是战是和定不下来，也不是不管谈判结果如何，海军都一定要去打。陆军担心海军在最后一分钟撤出，因而倾向于立即做出决定，以便当外交努力不能满足日本的要求时就开战，争取在此基础上，在军事和外交两条轨道上同时加快步伐。

陆军有着比海军更尖锐的人员和后勤上的问题。基本上，后者调动早已具备的人员和舰船就行了，陆军则必须动员、组织、武装和输送人员去即将出现的战场。显然，这对大街上的日本人的生活触动太深，没有坚定的国家政策就不能进行。

海军军令部单独干了起来。8 月 19 日，源田、佐佐木和第十一航空舰队的先任参谋高桥千隼大佐在作战课碰头，讨论总体作战。这一阶段，包括南方战略和攻击珍珠港计划。第二天，内田记下这些文字：“为了完成南方作战，陆军需要 5 个师，海军必须加速战争的开端。”显然，内田的意思是再增加 5 个师，单单 5 个师是不能进行庞大的南方战役的。

他于 23 日参加在陆军参谋本部举行的图上演习。他是唯一的海军代表，并在事先向参加海军作战的人作了简要介绍。他的听众，包括东条和陆军军务局长武藤章陆军少将。武藤和他在海军中地位对等的冈敬纯海军少将（他领导着海军部的海军军务局），在某些方面是军队的幕后操纵者，任何其他政府部门要和陆军和海军打交道，都必须分别通过武藤和冈。两人都是十分重要的联席恳谈会的成员，参与了所有日本的外交、陆军或海军中值得调查的事。

企图阐明各自对与美战争的观点，陆军军务局和海军军务局的首脑们，在 8 月 27 日和 28 日召开了两天会议。冈的发言，强烈反对立即做出开战的决定，他劝告说，即使和华盛顿的谈判破裂，日本在行动之前也要先仔细掂量一下欧洲事态的分量。一位陆军发言人提议，应把国家政策草案的用词从“决心开战”改成“在战争的决心之下”。冈对这种无益而琐细的差别不感兴趣，拒绝这种改词。这件事情拖到了第二天，显然是经过一夜的睡眠才变得成熟了，冈终于同意这样的词句——“在不惜一战的决心之下”。

服部告诉我们：“至于什么时候（如果会的话）开战，早已在陆军和海军的最高指挥部之间达成了一项协议，日期应该定于 11 月初……”但是，在发动实际战斗之前，陆军必须在印度支那集中空军的重兵，并在南中国海集中运输力量，陆军仍坚持认为没有作战的决心，就不能开始如此大规模的调动兵力。显然，他们不能在当日本谈判和平解决时进行全力的准备，两个军种都同意这些准备措施应在 10 月初开始，剩下来的全部工作就是说服政府决心开战。根据过去的表现，上层人物中没人不相信当军队挥响了鞭子时，内阁和近卫会跳着钻过圈子。

一种很强的战斗精神

日本航空母舰赤城号飞行队长渊田美津雄

“老队长回来了！”渊田美津雄少佐在 8 月 25 日还没来得及把他的军帽挂在他在鹿儿岛的宿舍里之前，这句话就在赤城号上的飞行员中传开了。他在几天前接到任命，他将作为一名联合训练总指挥负责第一航空舰队飞行员的全部训练工作，并在他们编队飞行时指挥他们。

渊田对自己将负多大的责任还不知道，源田的长臂已伸进了海军部，把渊田拉出来担任空袭珍珠港的指挥官。这样一支攻击力量的头儿，必须既是飞行指挥，又是参谋军官，能理解年轻的飞行员们，能和他们一起干，同时也能理解上司，并与之合得来，他必须把熟练的技术和鼓舞士气的领导才能结合在一起，把好斗性与无限的耐心结合在一起。源田十分了解渊田，他们的友谊可以回溯到在江田岛同学的日子。虽然这个岗位还有其他两名候选人，但源田知道自己的这位朋友才是最合适的人。

渊田的整个 39 年的生涯，似乎不可避免地导向这个岗位。他于 1902 年 12 月 2

日在历史上有名的奈良郡大声哭喊着来到人间。后来，他笑着指出那年是虎年。按日本的说法，老虎是运气、力量和权威的象征。根据东方的传统，虎年生的人是敏感的，有勇气和固执的。西方人也许会考虑到，按照黄道十二宫的说法，他是生在人马宫下，人马宫是灵魂和肉体融为一体，永远瞄准着那些星星的牛头人身的射手——聪明、暴躁、无畏和直言。

在1921年8月26日，他进入了海军官校的预备班。在二年级时，他和源田成为好朋友，并同时得了传染病。在1927年12月，渊田进入霞浦，1941年当上山口的飞行参谋的铃木也一起去了，源田是迟一年才进去的。

飞行训练，使渊田对天空和海洋的热爱成了不可分离的婚姻关系。1933年11月1日，他进入横须贺航空队，进行特种高空轰炸训练。1935年10月，他又回到那里，当这项技术的教官。然后在1936年12月1日，他双喜临门——晋升为少佐，并被选送去海军大学深造。在那里，他再次和铃木同班，比源田低一年级。渊田成为鼓吹空中力量潜在优势的一小批热心的飞行员的领头人。

1939年，他来到赤城号当飞行队长。在一次海上演习中，他在这艘航空母舰上遇见了山本。这位司令官的精力充沛的个性，以及他那被公认对航空的兴趣，赢得了渊田愿热情地终生献身于他。两人谈论了海军飞行武装，特别是渊田擅长的夜间轰炸技术。

接着，渊田调到小型航空母舰龙骧号上，任第三航空母舰战队的航空参谋。当他接到让他调回赤城号的命令时，他已努力积累了大约3000小时的飞行时间，其中有些是在中国的空战中得来的。他已经不仅仅是一名技术熟练的有献身精神的飞行员，而且还有着丰富的复杂的个性。他认为自己是一个不感情用事的不说废话的人，然而他有点神秘。他固执己见，但又知道何时何地做出让步。

在这段时期，渊田过分地崇拜希特勒，并尽力使自己的样子像他，留着牙刷似的胡子，养成具有穿透性的目光。但这些修饰都无法掩盖他那令人愉快的有点恶作剧的褐色的眼睛，和他那温暖的经常露出牙齿的微笑。他有一种仁慈的本性，可怜弱者，不愿伤害别人。

“渊田有一种很强的战斗精神——这是他最好的品质。”源田说，“他也是一名能够理解任何给定情况，并迅速做出反应的天才的领导，他不仅是我们最好的飞行领导人，还是一名优秀的参谋——肯合作，头脑清晰。攻击珍珠港的成功，取决于这次攻击的飞行领导人的个性与能力。”这就是为什么渊田被选中担任这项工作的原因。

对渊田来说，同他的全体伙伴从他深爱的赤城号回到鹿儿岛，就像是回家一样。

他为自己能够是革命性的第一航空舰队的一部分而骄傲和激动，他遗憾没有来得及和源田说上一句问候的话。但在以后的几周内，他一直处于兴奋状态。他必须熟悉航空母舰及其飞行人员，整理好一份很大的训练计划，和自己机构中各种关键人物谈话。在新同事中，渊田早已和村田大尉十分熟悉，很欣赏他的勇气。

村田这个动人的年轻人驶过其生命的海洋，在他的桅顶充满了冒险，而在他的航迹上却跟随着笑声。因为他总是心善，所以绰号叫“佛爷”。他有飞行员的典型体型——身材不高，结实，清瘦，像四脚蛇一样的敏捷。到了1941年夏季时，他在中国流的血已多过他身上还在流动着的血液。

在他作为一名高空轰炸机飞行员初到中国的日子里，他转而去驾驶鱼雷机，很快被人承认是（按源田的说法）“日本海军鱼雷老A”。“他会在任何时间，驾驶他的轰炸机，去任何地方。”源田回忆说，“村田不知道害怕，他像在零度气候下的岩石一样的镇静和冷静，从不紧张，在最坏的情况下也总是微笑。”

的确，村田是每名指挥官都梦想的那种领导人——既是火花塞又是镇静剂。在他那时有的嬉笑和顽皮的幽默之下，不可能再有紧张关系和不和。他的欢乐感使整个生活成了供人享受的玩笑，因而他是帝国海军飞行员中的英雄这个事实，使他感到是最滑稽的事。

村田比渊田稍早一些，来到赤城号当鱼雷机飞行队长，他是在8月末那段似乎正收集飞鹰的时期里，由横须贺来到新岗位的。几天之内，一些日本的王牌飞行员（不仅是他们各自的领域中最好的，而且都具有领导才能）开始出现在第一航空舰队里。

在这些人中，渊田和英俊的江草少佐“很接近”，江草是在渊田返回赤城号的同一天——8月25日加入第一航空舰队的。江草在一开始时，并没有表现出一个海军军官很大的才干和前途，但是一旦他抓住飞机的操纵杆，丑小鸭就变成了鹰。“江草在空战战术上十分突出，似乎对在战斗中任何情况下该做的动作，有一种本能的精确的掌握。”源田说。32岁的江草来到新岗位时，已有8年的飞行经历，和在中国上空得来的第一手实战经验。

渊田认为江草在纯粹的勇敢上超过村田，后者因不在乎而能成为英雄，而江草用睁大的眼睛和清醒的头脑进入危险。“他从不知道‘放弃’这个词，他也绝不抱怨。”渊田回忆说。江草热爱生活和他的朋友几乎到了过度的程度，对别人是如此的坦率和大方，以至于他本人经常处于破产状态，渊田不得不经常塞给他足够的日元，帮他渡过困难到下次发薪时。源田选择江草当一名训练时期的高级教官，因为“他是全日本第一号俯冲轰炸机飞行员”。

在 1941 年上半年，因海军把俯冲轰炸机的型号从 96 型换成了 99 型，日本的俯冲轰炸水平稍低于 1935 年以来的平均 45％的命中率。但当飞行员逐渐习惯了新机型之后，平均命中率又上升到了 50％甚至 60%。这样，与有麻烦的高空轰炸和鱼雷轰炸训练进程相比，江草的日子好过些。他的主要关心，是以这种较轻型的轰炸机，保证得到最精确的结果。然而，即使是用俯冲轰炸，要命中移动的靶子也不是轻而易举的事。江草和他的人员集中在不间断的训练上。

海军把保密的缰绳抓得如此之紧，以至渊田、村田和江草都还不知道珍珠港计划，再过一个多月他们也不会知道。在佐伯负责第一和第二航空母舰战队的战斗机训练工作的板谷茂少佐也不知道。他于 4 月 1 日调到赤城号，那是在第一航空舰队刚成立不久。他曾是源田的一名学生，因源田认为他是海军中最优秀的战斗机飞行员之一，才把他选来当战斗机飞行员的领导。板谷带来了自己 9 年的海军航空飞行经验。

他稍有些孤独，宁愿以书为伴，而不大与人交往。他非常敏感，渊田和他谈话时仔细考虑每一句话，以免不当心冒犯了他。但板谷热心学习世界事物，他毕业于江田岛时在班上名列前茅。朋友们了解他，是坚韧的有耐力的工作的奴隶，具有对各种问题进行勤奋精细思考而磨炼出来的光泽。他肌肉发达，神经健全，用精确的计算和冷静的自信飞行。

他和他的人集中训练掩护轰炸机，保护航空母舰和射击拖着的靶子。他们在掌握零式飞机中实践着编队空战，以增强技术不太熟练的飞行员的信心。他们强调协同作战，2 架对 3 架，然后 3 对 6，再后是 6 对 9。于是，日渐一日，板谷的战斗机散布在九州的上空，进行诸如把干扰之敌清除出天空、从航空母舰飞行甲板上起飞和降落、像大黄蜂似地集中攻击目标等常规技术训练。他们没有他们的其他同事所面临的后勤和轰炸精度等问题。这种每日训练的目的，是使人和飞机完美地结合，直到每名战斗机飞行员熟悉并懂得自己的飞机，能够像职业赛马骑手驾驭其赛马一样操纵自己的飞机。

日本海军不需去设计和实验战斗机的新装备，致命的零式飞机是他们海军航空武装的骄傲和欢乐。它每小时可飞 300 英里，像燕子一样的灵活。在中国，它围着敌机绕圈飞，用它那两挺机枪和两门 20 毫米机关炮，把中国的飞机从空中击落。虽然，零式已在大陆上显示其性能快一年了，日本人仍设法对它的优良性能相对保密。

但是，零式飞机的生产缓慢。第一航空舰队无论如何都不能有把握得到用于保护特遣舰队的全部零式飞机，更不用说为进行攻击的轰炸机护航和炮轰瓦胡岛的各机场，从而把美国飞机钉在地面上了。日本到 1941 年 10 月，将会有幸得到 150 架这种致命的飞机——不够供应第一和第十一航空舰队。这样，两个舰队都不可能得到足够的战时飞机和机组人员的补充。这是海军军令部反对珍珠港冒险的另一个原因：它会使早已被分散的不足进一步分散。此外，20 毫米机关炮，甚至比零式飞机更短缺——因而在训练初期阶段，每架飞机只装一门这种炮，而不是设计的两门。

指导通讯训练的工作，落到了山口的参谋石黑身上。因为石黑负责所有战斗机飞行队，而不仅仅是第二航空母舰战队中的战斗机飞行队的通讯训练，所以石黑和板谷的飞行员们紧密配合工作。山口把手下人的训练搞得如此紧张，经常每天干 12 个小时，以至于在周末时，这些飞行员疲劳得只想睡觉。

前面已经提到，渊田的同班同学、山口的航空参谋铃木在 1941 年春告诉山口之后不久，又告诉了石黑关于正在考虑攻击珍珠港的事。[①]这是在第一航空舰队中不通过正常渠道传播山本计划这种奇怪方式的又一个例子。除了石黑之外，所有的飞行领导人都不知道他们进行这种训练的目的，石黑有相对特殊的职能知道这件事，并已知道有一个多月了。当然。石黑在通讯保密工作上的责任，使得有足够理由让他了解最根本的情况。此外，山口的参谋人员是一个紧密结合的小组，强烈地忠于山口，并互相信任。

在这段时期，不单是关键的飞行员加入了第一航空舰队，新的航空母舰翔鹤号按最初的计划应在秋初建成，它的姊妹舰瑞鹤号应在冬天建成。这两艘航空母舰不仅是姊妹，而且是孪生，每艘的排水量都为 2.98 万吨。比赤城号少大约 4000 吨，但比赤城号长出恰恰一米，长度都为 820.20 英尺，它们的航行速度比赤城号要快 3.2 节，它们真正的优势在于它们可载飞机的数量。

随着太平洋紧张局势的加剧，海军军令部决定：不管这些航空母舰是否会用来攻击珍珠港，其建造必须加快。因此，在 8 月 8 日，翔鹤号离开了横须贺的海军船坞。并接受了它的飞机。这些由 12 架战斗机、18 架俯冲轰炸机和 18 架鱼雷轰炸机组成的单位，早已进行过岸上训练。这艘航空母舰与保护它的驱逐舰一起，成为 1941 年 9 月 1 日正式成立的临时性的第五航空母舰战队。有一小段时间，载有 21 架飞机的由商船改成的春日丸号航空母舰加入了翔鹤号的队伍。但当瑞鹤号在 1941 年 9 月 25 日建成后，这两艘姊妹舰加上它们的护航舰只，成了永久性的第五航空母舰战队。

这个舰队迎接由第二遣华舰队调来的原忠一海军少将当司令。原和南云以及山口一起，组成了注定要参加攻击珍珠港的航空母舰战队司令官的三巨头——他们三人

①参见第十二章。

中，没有一个人是合格的空军将领，原和南云相似，是鱼雷专家。

和他的两个同事的自我意识的摆架子相反，原给人一种容易与人相处的印象，虽然他也是一位有决断的人。朋友们给他取了绰号叫“金刚”，因为他那摔跤手的肩膀、长臂和能绞死人的大手，看起来容易把别人的脑袋像拔瓶塞一样地从脖子上揪掉。他因身体很重，像鸭子一样蹒跚而行，但他的脂肪到颈部为止。同事们认为，他思路敏捷，并有首创性。但是，把日本海军将领分类为狮子和老虎的源田这样说到原：“他看起来很粗壮，却没有老虎的心。”

关于自己什么时候第一次听到珍珠港计划，原的记忆搞混了。但是，他的先任参谋说，山本 9 月初在长门号上亲自向他们两人做了简单的介绍。他的先任参谋不是别人，正是大桥，他曾任山口的先任参谋，于 9 月 1 日调至第五航空母舰战队。大桥在 1939 年去中国跟原干过，这也是选中他的原因之一。“金刚”对海军航空一无所知，因此在这个领域的大部分计划和准备工作，他都依靠大桥。大桥的回忆表明原知道这件事的合理的日期。很难相信山本在不预先给原吹吹风的情况下，就把第五航空母舰战队交给他。当然，大桥早已知道这件事了。

原认为第五航空母舰战队是事后才想起来的主意，自己是珍珠港计划的后到的普通人。他对自己的部队非常骄傲，认为翔鹤号和瑞鹤号是航空母舰中最好的。他十分忧虑对美作战的前途，但他相信，一旦山本下决心用攻击珍珠港的美国太平洋舰队来开始对美作战，计划就会被执行到它合乎逻辑的终点。

原在 9 月 1 日也得到了一位航空参谋——三重野少佐，他比源田和渊田晚一年从江田岛毕业。经过常规的炮火射击和鱼雷训练之后，三重野在潜艇上待了一年，然后转到海军航空上。他是一位能干的军官，在若宫号上和加贺号上服过役，加入原的参谋部门之前，在龙骧号和赤城号上当过飞行队长。事实上，在这段时间，非常多的飞行军官或是加入了第一航空舰队，或是在第一航空舰队内部调换位置。

于是到夏末时，珍珠港猜字游戏的新的部分都开始就位了。随着飞行总队长渊田的到来，训练工作将会很快上升到一个新的高度。在九州集中的裕仁的“天空的野鹰”中的某些人，预感到将会有大事发生，少数人想到，一定在准备着某种不寻常的事，虽然他们不知道是什么。不管将会怎么样，他们都愿意接受最后的决定：胜利或者死亡。

第二十五章 决心开战

裕仁天皇在东京检阅日本军队

山本那硕大的深深的眼睛，沉思地注视着第六舰队（潜艇）司令清水光美海军中将。清水是一位英俊、镇静并给人以尊严感的人，他那仁慈的笑容和友善的眼神显示出一种对待下级宽和的态度，整个海军认为他是一名品质纯正和精通职业的军官。

“在目前条件下，我认为战争不可避免。”山本清醒地说。然后，他发出这样的妙语：“如果战争到来，我相信我没有别的选择，只有在开战时攻击珍珠港，以使实力的天平摆向对我们有利的一边。”

清水十分清楚山本会有大胆的首创性的想法，但是，若不是听到这个难以置信的想法直接来自这匹老马之口的话，他绝不会相信。“我知道这个作战是一场赌博，”山本似乎已看到清水的心思，继续说，“但我绝对相信，这是唯一能用来对付目前形势的办法。这是封死美国舰队最有效的办法，因为这是他们最预料不到的。”接着，山本向清水说明他在这个场面中的精确地位：“我希望你作为先头部队的指挥官，指挥我们的潜艇部队。”

山本这样的信任与看重，深深地激动了清水。他想，这是一个很高的要求，特别是因为自己不是学潜艇专业的。然而，即使当这种对经验的担忧掠过清水的脑海时，他还是让冷静和自信占了上风。他想到从自己的参谋长到士兵，所有的下级都是潜艇战的老手，自己是在许多能干的高级别的潜艇军官之前被授予这个光荣任命的，所以他诚心诚意地回答山本：“我将尽自己最大的努力，来实现您的期望。”

这样，在 7 月 29 日上午的这次会议上，山本确立了珍珠港计划的主要 3 位人物——他自己，联合舰队司令长官，憎恨他必须发动的战争；南云，航空母舰特遣舰队司令，一名军舰鱼雷专家；清水，潜艇舰队司令，一名在这个专业上连 5 分钟的个人经验都没有的人。

从这一刻起，开始了两种攻击形式——空中和水下——的结合。第一航空舰队的参谋们，知道了潜艇要参加时感到忧惧，水下作战给珍珠港计划增加了一个新的困难，并且这是个有争议的空间。无论是源田，还是大西的方案，都没有包括使用潜艇。使用水下支队，会带来过早暴露而招致破坏整个事业的风险，飞行员们想象不出来，如何才能做到使水下支队完成值得冒上述风险的成就。

在当时。比起空袭来，美国太平洋舰队更多地预计和准备对付潜艇的攻击。金梅尔认为，水下攻击将会是战争开始时日本人最有可能采取的行动，只要一条拖在潜望镜后面的破碎的水带被发现，南云的特遣舰队就有可能直接驶进一个双重陷阱中，美国因而不仅能突然抓住第一航空舰队，而且也会抓住整个日本帝国。

不管有怎样好的构思和无瑕指责的准备，对珍珠港的一次空袭仍然有着如此多的无法估计的问题，以至于即使没有意外事件提前惊动了敌人，也没有人能保证空袭的成功。“这项空袭计划是一个新发展，在一开始就是冒险的。”清水的参谋长三户寿海军少将解释说。和清水不同，三户从第一次世界大战以来一直在潜艇上，因而事实上成了在水下的生物。三户说：“没人知道是否会成功，推测很多。但是，潜艇作战是基于较长时期的计划的，它被认为是稳妥的，并且在一定程度上更可靠。希望在于，若空袭不成功，美国舰队出来的情况下，潜艇对其进行歼灭性打击。换句话说，潜艇是双重保险。”因为整个计划是一场如此可怕的赌博，为什么要对加上一点点新的冒险争吵不休？攻击的目的，是对敌造成最大的伤害，而不是对日本的最小的冒险。因此，为何不加强进攻中的每一个潜在的薄弱环节？

简而言之，因为现在的珍珠港计划已不再只是山本眼中的一线闪光，而是一个肯定的可能性，所以日本海军就不能使自己认为空军不需要其他军种的援助就可以完成它。的确，根据珍珠港事件之后的山本的作战指挥来看，非常明显的是，他比他以前的同事们所期望的要高，更有点按照常规办事。

夏威夷作战（山本计划将被这样称呼）为一种秘密武器——袖珍潜艇——提供了实验的机会。这种侏儒重约 46 吨，携带两枚鱼雷和两名乘员，尺寸约为 78×6 英尺。在水下最大速度为 19 节，但在全速下只能运行大约 50 分钟。当运行于 4 节时，它可以达到约 100 英里的半径。这种袖珍潜艇，必定是对速度、距离和一名优秀的航海者的考验，如果他有幽闭恐惧症的倾向的话，祖先亡灵就会怜悯他了。因为，这小艇即使对两个人来说也太窄小，乍看起来像是日本人具有的小巧的缩影——一个机械盆景。

然而，在 8 月底 9 月初时，珍珠港计划中，并没有包括使用袖珍潜艇。那时，山本设想的海底战的组成是，清水的第六舰队从事与原来消耗作战精神相一致的全力以赴的作战活动，这在本质上属于传统的做法。

当罗斯福于 9 月 1 日劳动节在海德公园发表强硬的广播演说时，他脑子里考虑的主要是世界各海洋上的形势。他宣称，美国具有“一支强大的海军，一支正在得到加强的海军……”他许诺说，美国人民将“尽自己的全力，粉碎希特勒及其纳粹军队”。

罗斯福在他的整个演说中，都没有发展到涉及“日本”这个词，但仍然引起了东京各报的一阵谩骂。“如果美国借口海上自由而打算阻挡日本前进，那么日本将毫不犹豫地冲破这个阻挡。”《每日新闻》叫嚣道。9 月 3 日的《日本时代与广告报》说：“罗斯福总统在他上一次的炉边谈话中，也始终没有提到日本，但随之而来的是冻结的命令。日本采取观望态度，等着瞧这次新的不提预兆着什么，不提本身，可以理解为并不意味着没有准备。”

在美国，这一点并没有被忽视。野村对此毫不怀疑，有许多难办的事等着他去做。而且有一段时期，甚至外相也承认对提议中的罗斯福—近卫会谈感到为难。“由于公众已不可挽回地知道了首相的建议，怀疑非官方会谈正在进行的那一伙人已开始喊叫，并挥舞三国条约的旗帜。”东京在 9 月 3 日告诫野村，说政府希望“在安排好之前，对此事保密”。野村的上级还要求他“尽快为在大约 9 月中旬开会进行一切安排，最好尽快发表一个非常简单的声明……”

外相有充分的理由要求加快安排，首相已命令在 9 月 3 日召开一次联席恳谈会，研究“帝国国策实施要领”，它是帝国大本营讨论的结果。经过长时间关于修辞的争吵之后，讨论了 7 个小时的结果是一个有历史意义的决定，内阁于 4 日通过了它。该文件由一套“最低要求事项”和“可以许诺的限度”所组成，在文字冗长的前言后面，射出了这样的话：

一、帝国为确保自存自卫，在不惜对美（英、荷）一战的决心之下，大致以10月下旬为期，完成战争准备。

二、帝国在进行前项准备的同时，对美、英应尽一切外交手段，力求贯彻帝国的要求……

三、前项外交谈判，如果在10月上旬仍不能实现我方要求时，立即决心对美（英、荷）开战。

对南方以外的其他施策，根据既定国策执行，特别要努力防止美苏结成对日联合战线。

“最低要求事项”包含这样一些要求：不干涉日本解决“中国事变”，关闭缅甸公路，不再给蒋政权以政治、经济或军事援助。在中国问题上，日本的袖子里藏着一张王牌：

以上条款，不应妨碍帝国处理中国事变的一贯主张，特别要坚持按日华新近商定的帝国军队驻扎方案。但不妨明确表示，事变解决后，除了为解决中国事变而派去中国的军队外，其他军队原则上准备撤退……

我们怀疑日本在中国除了有用于上述目的的军队之外，还会有什么别的军队。“最低要求事项”进一步坚持：美国和英国不应采取“可能会威胁我们帝国在远东的防御”的行动，也不应“超过目前兵力，增加他们在远东的兵力……”日本将不接受“终结日本和法属印度支那之间特殊关系……”的要求。更有甚者，这两个所指的国家，要在“获得我们帝国所需物资上给予合作”。

如果这些要求得到满足，日本许诺不利用印度支那作为针对“中国之外的邻近区域”军事行动的基地。这里，日本漂亮地重申遵守他们与苏联签订的互不侵犯条约，如果苏联同样遵守的话。日本将“在远东建立了公正的和平之后”，从法属印度支那撤出军队，并“保证菲律宾各岛的中立”。如果美国参加欧战，“日本对三国条约的解释和依此采取的行动”，将会“由日本独立自主来决定”。然而，日本的领导人们宣称：“上述各项，并不改变我们对三国条约的义务。”

这些条款重弹老调，是华尔士－德劳特提议的主旋律的变奏，也是野村早已交给赫尔的提议的增强。因此，很难相信日本的外交及军事领导者们期待任何充分行使主权的国家会自愿接受这样的一揽子交易。这份文件除了战争之外，没有留下任何可行的办法。然而，虽然近卫和丰田都在尽力安排一次与罗斯福的最高级会晤，表面上都在设法和平解决日美问题，但他们两人都不反对采取这份文件。他们也许按他们的方式是认真的，但冷酷的事实是，当日本陆海军拿日本的命运玩着俄国的轮盘赌时，他们却坐在后面看着。

陆军甚至不用等待联席会议的批准，更不用提内阁和天皇了。内田在他的私人日记里一段有关 9 月 3 日会议的简短描写中提到："陆军的动员预计将于 9 月中旬开始。"海军也没有浪费时间，在同一天，内田正忙于参加在海军军令部作战课旨在审查南方作战战略的桌上演习。内田没有写出这次演习的详细情况，但这无关紧要，重要的是，海军军令部早已把南方作战发展到自己总部的图上演习阶段了。

根据 9 月初的盖洛普民意测验，美国人民对日采取强硬态度的愿意程度，自 7 月份以来明显地增加。7 月，51%的人表示愿意冒与日开战的危险。9 月，有 70%的人说，他们愿意"采取步骤不让日本变得更强，即使这意味着冒战争之险"。当然，这调查结果可能更反映了美国人对日本强占印度支那的愤怒，而不是把日本当成可能之敌而减少了对它的看重。

对夏威夷的不可攻破和美国海军力量的信心，仍占着主流。"日本进攻夏威夷，是世界上最不可能发生的事，只有百分之一成功的机会。除了有比其他飘扬着美国旗的地方更强有力的防御之外，夏威夷还受到距离的保护。"记者克拉克·比奇在 9 月 6 日向读者保证说。

"日本舰队没有从近处出发的基地，"他继续写道，"它将不得不从如此远的地方而来，以至美国的巡逻将在它到达之前很早就发现它。"

"总之，"比奇结束道，"美国海军官兵将没有比在珍珠港外看到日本舰队更高兴的了。在那里，他们将与之较量。"

也许在某个地方，人们可能会找到一两名希望与日本打仗的美国海军官兵，他们必定或是恃强欺弱的学生，或是精神病患者，但绝不会是斯塔克或者金梅尔。这位海军作战部长想要集中兵力于大西洋，而金梅尔知道，无论是在珍珠港或是在其他地方，他的太平洋舰队无论如何都不能和山本十足的军力较量。

第二十六章
缘何世上起风波

日本首相近卫文麿

没人看到过这样的场面：一名海军大将和一名陆军大将像学童一样地忐忑不安，再加上一位发怒的日本天皇，你就有了难以忘记的印象。为了画完这幅图画，还需加上那位“胆怯的松鼠”——近卫站立在一边，正像在危机时刻总会表现出来的那样，他又企图装出刚刚侥幸过了关的样子。

背景是这样的——在9月5日16点30分，近卫把3日召开的联席会议达成的决定草案呈送天皇，他希望在第二天御前会议之前，非正式地与他的陛下讨论一下。这给了天皇一点点宝贵的时间，在和日本领导者们开会之前，对它进行研究和思考。

即便是这样，裕仁还是迅速地读懂了这份文件的内容，并表示自己不喜欢它。他向近卫指出：草案“把战争准备放在第一位，而把外交谈判放在第二位”，这样就使“战争优先于外交活动”。他告诉首相说，他将在即将到来的御前会上质问陆海军的总长们。这是没有先例的行动。裕仁用这样的做法，把指责落到了最高司令官肩上，而不是陆军大臣和海军大臣身上。

这个建议使近卫感到不安，他建议天皇召见两位总长进行私下听证，而不是在会上质问，裕仁同意了。

假若近卫是一位真正的和平爱好者的话，他就应该抓住这个机会，使永野和其在陆军中的对等人物陆军大将杉山元为难，召集仍留在内阁中支持缓和的人到天皇身边。在近卫的复杂的外表后面，是日本几百年的习惯势力，所以他也许真得被天皇要在御前会议上采取主动训话这个想法吓坏了。不管动机如何，近卫迅速行动来挽救军队的面子。这一立场是基于这种无法逃避的现实：在那个时代，任何一位日本的首相都要容忍军队——特别是陆军，才能坐在那个位置上。

永野和杉山急忙去皇宫。在那里，他们遇见了等待他们的近卫，3 人在 18 点面见天皇。裕仁告诉这两位军官，他希望重点放在外交活动上，而不是一味准备战争。杉山和永野立刻向他保证：这份日本国策实施要领，提出了“挽救局势的最大外交努力，而战争准备是仅作为应付这种外交努力失败的目的考虑的”。

裕仁不相信为准备战争定下了确定截止日期的一份计划，能真正给外交优先的考虑。他把那深不可测的目光转向杉山，接着向他提出一些尖锐的特殊的问题，内容关于南线作战日程安排，登陆作战的困难程度，舰船的损失，胜利的前景等等。

他也问杉山：在日美开战的情况下，可能要打多久。这位陆军大将估计，南太平洋作战“可以在大约 3 个月内解决”。这时，裕仁血涌脸上，他用不寻常的语调大声质问杉山：“在中国事变开始时，你作为陆军大臣，要求我批准派军队去那里，当时你说事变将在短时间内解决。但 4 年多之后的今天，它解决了吗？你是否打算再次对我说同样的话？”

杉山惶恐地开始详细解释道，中国广大的内地阻碍了作战按预定计划完成。这一点，只能使天皇更加愤怒，他再次提高嗓门说：“如果说中国的内地广阔，那么太平洋就是无边的。”然后，他问这位狼狈的参谋总长：“你有什么信心说‘3 个月’？”杉山完全不知所措，低着头无法回答。

永野对他的倒霉的同事感到同情，赶紧插话。他告诉裕仁：“日本像一位重病的病人……如果不动手术，就会有逐渐死亡的危险。动一次手术，尽管也许非常危险，仍将提供救活性命的一些希望……陆军参谋本部赞成把希望放在用外交谈判来解决，但……在失败的情况下，则将进行一次决定性的手术。”这个生病的比喻，并没有使裕仁高兴，他不理会这个比喻，又回到了争论的主要点上：是否他们两个都赞成给外交以优先？两位总长做了肯定的回答。

近卫完全同意两位总长的意见。他说，日本应通过外交“寻求和平解决”，“直到最后一刻”，国家“只有当战争绝对不可避免时，才诉诸武力”。

当晚的经历，深深地刺激着永野的意识。“我从未见过陛下这样责备我们，他脸也红了，嗓门也大了。”他告诉了福留。

同一天，在华盛顿当地时间9月4日，野村于9点在赫尔家里与其讨论提议中的最高级会谈。他们谈了通常的话题，但这次野村注意到对方的态度大大强硬了。赫尔对这种主意——它闻起来有“又一次慕尼黑”的味道——从不喜欢，而且国务院越仔细考虑就越不喜欢它。日本坚持要匆忙召开一次这样的会谈，将使会谈的结果留下日本可以随自己意愿解释的余地。赫尔对近卫是否会接受美国所满意的任何条款表示怀疑，对如果他接受了，日本军队是否会允许执行，也是怀疑的。

此外，这次会谈将会使中国人受到打击，三国条约的存在，也是可怕的障碍，美国不能在不接受希特勒的左手的同时，接受日本的右手。再者，假如近卫带回一项东京与美国的协议的话，军队很可能会推翻他，换上另一名他们喜欢的首相。尽管国务院不信任近卫，但他看来，像是比任何可能的一位日本军队所满意的继任要好一些。

9月6日，星期六早晨，东京苏醒在挂着浓云的低空之下，北风扫过屋顶，留下一片粗大的雨点。那天上午，裕仁召集自己的顾问们来开御前会议。在这位尊严之躯面前，进行不可妥协的选择：和与战。近卫、永野、杉山、丰田和企划院总裁铃木贞一陆军中将，一个接一个地发表了个人的观点。他们的意见一致，所有人都敷衍了事地强调了外交谈判，但都认为日本必须为战争做准备，越快越好。真正的问题，不是我们该不该打仗？而是我们什么时候打？

在这样一些人的发言中，有些不可思议的东西：他们都不缺少智力，但却计划着几乎立刻和美、英、荷开战，甚至准备当雪在春天融化之时，还要和苏联作战。而在同时，正如他们默认的那样，在中国的筋疲力尽的战争，仍在吞噬着日本的人力和物力。

最后，才轮到原嘉道男爵就此问题，论述他代表陛下准备的发言。作为枢密院议长，原在日本政界地位很高，他观点温和，分担着天皇在和与战这个生命攸关的问题上的焦虑。

“我很高兴地注意到首相决心和罗斯福举行私人会晤，并尽力达成双方观点上的一致意见。”他在开头优雅地说道。但在强调“用强有力的外交手段打破僵局”之后，便转到问题的关键上。“我粗略地看了提议案，得到这样的印象：强调了战争，而给外交第二位的考虑。但我理解到，战争准备是为应付外交失败所产生的后果而做的。”他然后问道，“如果这样理解——目前正进行着一切外交上的努力来挽救局势，而只有当外交手段失败时才诉诸战争，可以这样理解吗？”

每个人都清楚原是代表天皇说话的，因此他们既不能躲开，也不能绕过这个问题。杉山准备回答，但及川抢了话。他向原保证说，这里没有矛盾，在任何情况下，开战都需要天皇批准。

对这一点，陆军和海军总长都没有发表意见。原显然认为他们的沉默就表示同意，松了一口气，并用反复强调“以外交手段来挽救局势”结束了他的讲话。

在正常情况下，御前会议应该到此结束，但天皇显然不像原那样认为杉山和永野必定和及川意见一致，因为他们没有表态，也不可能希望他们一夜之间会有这么大的转变。

于是，天皇“突然开口”。裕仁以前从未在御前会议上发过言，他的顾问们就是听到镰仓的大佛突然开口说话，也不会比这更感到震惊的了。裕仁同意原的意见，然后“对还没有见到最高军事指挥者回答，表示遗憾”。

没等别人答话，他伸手在口袋里摸出一张纸。全体与会者都焦急地等待着他下一步的行动。陛下大声读了一首短诗，题目是《四海》，是他的祖父、伟大的明治天皇写的：

四海本来皆兄弟，缘何世上起风波。

陛下告诉大家，他曾“一遍又一遍地”读过这首诗。他解释说，他止“尽力把明治天皇关于国际和平的理想引入现在”。裕仁的顾问们，都在他面前无言地不安地坐着。“每一位在场的人都充满了敬畏，”近卫记录道，“整个大厅里非常安静。”

最后，永野打破了这绷紧的沉默。他用一种煞费苦心的道歉的语调陈述道，他“看到天皇对最高军事指挥者不悦，感到十分惶恐”。他解释说，在及川发言之后他没有说话，是因为“他有这样的印象：海军大臣既代表政府，又代表了最高军事指挥者”，但他“向天皇保证，最高军事指挥的领导们肯定同意海军大臣的回答”。他又说，他们也“意识到外交的重要性，仅当没有其他出路时，才鼓吹依赖战争”。

杉山同意永野的话。但这些解释是否使天皇感到满意，是值得高度怀疑的。因为，正如近卫记下的那样，会议是“在从未有过的紧张气氛中”结束。

作为三届日本首相的近卫，对他国家近来的许多政策负有很大的责任。当他离开御前会议时，他必定会感觉自己像是一个巫师的学徒，用魔法驱使一把扫帚去赶水，但忘记了让它停下来的咒语。除了和罗斯福会面之外，他不能找到办法在自己被淹死之前把扫帚停下来。为了加快安排进程，他决定和格鲁私下会见。

因为知道自己和那位大使都是处于不间断的监视之下，近卫安排在一个两人都认识的朋友伊藤男爵家见面。近卫带着自己的机要秘书牛场友彦，而格鲁带了大使馆的一秘尤金·H·杜曼。杜曼日语说得很流利，并喜欢日本。

近卫和格鲁谈了大约3小时。他宣称，他“确定地并衷心地”接受在许多个月之前，收到了赫尔四原则作为两国恢复正常关系的基础，他承认自己对造成目前这样不愉快局面的责任，并因同样的原因，相信只有他自己才能修复这局面。然而，他对于能把“观点上的多样化”协调到使他们两个国家“互相满意”表示信心。特别是因为日本的海陆军领导人，不仅已“同意了他的提议”，而且也“在建议中的会谈中被代表着”。

近卫继续向格鲁介绍道：陆军大臣和海军大臣，已“表示完全同意他向美国的提议”，并且“从在华盛顿举行的非正式会谈开始以来，他已得到了陆军和海军中负责人的强有力的支持”。当然，这不意味着东条和及川已同意对美国广泛的让步。我们必须记住在1941年中，多次提交给国务院的近卫政府提议的本质。

近卫说出了将陪他去的人的名单——至少包括3位知道珍珠港阴谋的军官。并且许诺：只要他和罗斯福达成了一项协议，他将尽快把它传回东京，“天皇将立刻发布一项补充命令，让所有敌对行动停下来”。格鲁和杜曼带着这样的信念——他们刚和“一位无可怀疑的真诚的人”打了交道——回到了大使馆。但正如格鲁如此恰当地解释的那样，真诚是由“急迫的需要产生出来的”，并且一定会焊接到日本的利益上去。

格鲁绝不幼稚，他知道得很清楚：近卫“被强加了担负日本在国际历史上留有记录的强盗行径的一些最不光彩的角色”。但是，如他在前后非常不一致的作证中承认的那样，他也相信这位首相“看到了凶兆，理解到日本正处在深渊的边缘，并且想若有可能的话去倒转车头”。

人们也许会问：假若近卫真心想要与美国和平和恢复友好关系的话，为什么他不命令在陆军中进行一次清洗，把那些不负责任分子清除出去？不幸的是，即便他想这样做，他也做不到。一个简单的装置使日本政府处于陆军的控制之下。按规定，陆军大臣必须是一位现役陆军大将，首相无权决定其人选，陆军教育总监、现任陆军大臣和陆军参谋总长三人一起，才能做出人选决定。

3人小组只要拒绝提名陆军大臣，就可以阻止任何首相组阁，只要重新任命原来的陆军大臣，就可以使现政府垮台。这些将军也任命他们自己的继任，这样他们就形成了自我永存的三执政。并且，如果任何首相胆子大到越过这最高三巨头任命陆军大臣，他们就会用从现任名单里撤走首相的支持者的办法，打败他的王牌。这样，除非得到陆军的容许，谁也不能当日本首相。一旦他接受了首相职务，他就得按照陆军的调子跳舞，或是被陆军搞掉。

到夏末时，日本对希特勒在欧洲总胜利的希望减小了。日本没有利用这机会急于进攻苏联这件事实本身，证明了日本对德国能在 1941 年征服苏联抱怀疑态度。鉴于这种相对的悲观主义，近卫这时有一个极好的丢掉灾难性的与轴心结盟的机会，但这并不容易。的确，一些有远见的日本军官，特别是海军中的，对三国条约感到悔恨。例如，山本便会很高兴将其埋葬，并在其坟墓上面跳舞。但除了极个别人之外，陆军坚定地支持轴心，对近卫要倒退的立场绝不会不管。因为这样做等于承认陆军的政策是个错误，将会减弱陆军的特权。

再有，近卫怎能保证在日本，人民会支持他去进行最高级会晤？多年来，政府控制的新闻界一直在大声吹着扩张主义的喇叭和像雷鸣似地擂动着轴心的战鼓，近卫曾三次领导着喷出这种宣传和制定了这种征服的格式的政府。所以，很难理解他怎么会期待着，在他和罗斯福之间召开一次富有成果的会晤。

在华盛顿，野村没有放弃希望。9 月 15 日，他给丰田发了一份明智的电报，企图使他的上司理解，为什么没有初步的一致意见就不能举行提议中的会谈。他强调说：罗斯福已告诉他，“如果我和赫尔都不能把事情定下来，不管是谁来进行会谈，都不能解决问题”。他也警告说，美国政府将会拒绝在日本和中国之间进行调停，“除非条款是公正的”。然后，他写下了这个重要的观点：

> 鉴于美国的特点和总统的地位，几乎没有可能把对三国条约的解释交给“领袖们”，在会议上根据某种政治观点定下来。换句话说，如果双方的意见在预备会议上不一致，就不会有“领袖们的会议”。

格鲁心里明白，这样的会议提供的机会是极其微小的，但他的心情是要抓住救命稻草。他在 9 月 22 日给罗斯福写了一封私信，这信到 10 月中旬才到总统手里。该信表达了这样的感情：

> 求得解决的另一种出路，目前只是大大增加了战争的可能性，虽然我们定会在最后打赢。我对看到贫困的日本减弱到三等国的地位，是否合乎我们的利益表示疑问。因此，我最真诚地希望我们能达成协议，甚至如果我们必须对日本现政府在履行协议上的能力和持久的良好的忠诚采取信任（至少在一定程度上）的话。

格鲁知道他在一匹难测实力的赛马身上押上了赌注。正如他在后来作证时说的："世界上没人可以证明，即便是近卫和总统会见了，并且即便他能给出一个令人满意的保证，他就一定会回去之后执行，那是完全在军队控制之下的一个政府。"但直到赛马结果公布在牌子上之前，这位大使是不会撕掉他的赌票的。

也许后代会站出来为格鲁和野村这样的和平使者说好话的，当时当地日本的武装力量，正把他们的战争准备推向高潮。

第二十七章 一次认真的研究

从出发地到目的地

1941年9月初的某日，第一航空舰队的高级参谋人员聚集在赤城号上草鹿的座舱中。最后一个人到齐之后，草鹿以他那惯有的简练方式说："在与美国开战的情况下，山本计划袭击珍珠港的美国舰队，第一航空舰队的任务是执行这次作战。"虽然每个出席者都注意听着，但这个消息，对他们其中某些人并不新奇。然而，这一宣布毕竟标志着南云的作战参谋们首次被集体告知关于山本的冒险计划。

草鹿简短地回顾了这个计划的概况，然后强调为保证做到出其不备而尽可能严格保密的必要性。"你们现在要集中你们全部的智慧，"他继续说道，"开始对所有牵涉到的问题进行一次认真研究——飞行训练、通信、情报、航海、气候条件、海上加油、去夏威夷的海路等等。你们面临着艰巨的任务，要求你们尽最大努力。"

草鹿指定源田为研究小组组长，把飞行训练、攻击的技术问题、出发时间和地点以及去夏威夷的海路分配给源田，作为他个人负责研究的问题。"你还将负责协调所有其他人的工作，直接向我报告。”草鹿命令他。

先任参谋大石协助源田在其他人全部集中于各自的专门问题时，维持他以前和南云及草鹿的联系。小野负责解决诸如在途中的舰舰信号通讯、由本土接收电讯、无线电沉默等这样一些通讯问题。笸部处理航海和气候预报（要考虑距离问题）、航行日程表、海洋条件、特遣舰队的组成等等。坂上负责燃油供应和海上加油这个难题——各种舰船的装油量、耗油量和耗油速率、特遣舰队航速、作战半径、所需油轮数目和实际海上加油的操作规程。

草鹿也把自己的注意力转向海上加油，这是这次使命能否完成的一个关键问题。他这样做，是因为他在这方面早已有了些经验，也因为在他的优先顺序表上，这个问题排在第二位，仅次于保密问题。

从这次会议之后，山本的计划离开了概念阶段，作为一项潜在的战争计划隐现出来。也是从这一时刻起，南云的参谋们感觉到了方向，有了对使命的理解。草鹿认为这一点如此重要，以至于他违反了传统做法，把这项秘密透露给了会计长和医官。这位参谋长相信，第一航空舰队最终会需要他们的技术，并且他们将能够在各自的领域，防止任何可能的泄密。

研究小组在草鹿简短指示之后，立即开始了争分夺秒的工作。小组的报告将形成第一航空舰队作战计划的基础，提交给不久将举行的图上演习，作为讨论的依据。各小组成员干得非常好，在几天之内，他们就为草鹿准备好了一份报告。

源田把自己绝大部分精力用于准备一份从日本去夏威夷的路线的研究报告，日本人必须选一条把被美军发现的危险减到最低限度的路线。甚至，连南云和草鹿，自从听到珍珠港计划之后，就一直深深地为这个问题担心。源田必须在春夏两季，对各种可能的去夏威夷的路线进行沉思。

在开始这项为草鹿进行的参谋性研究很久之前，源田思想上早已考虑好了特遣舰队应走什么路线，但他没有决定权。作为一名优秀的参谋军官，他必须对全部可能性进行广泛的研究，无一不漏地和不抱偏见地提出每一种可能的有利和不利因素。于是，他搞了一份参谋性研究，提出三条路线——南线、中线和北线，供草鹿评价和南云决定。

源田为南线建议了两个预期的出发地点——九洲北边的佐伯港和内海的柱岛港。从这两个港口中的任何一个出发，特遣舰队将分散地驶向其集结点——马绍尔群岛的沃杰环礁。源田之所以选中沃杰环礁，是因为它提供了在这个托管地中离珍珠港相对近些的停泊处，因为能在大约距目标一半路程的地方加油。在必要的情况下，航空母舰不需要从油船加油，也可以完成整个航行。

源田考虑了两条可能的由沃杰环礁到夏威夷的路线。第一条，他称之为“直接路线”，从马绍尔群岛向东北方向驶出，在约翰斯顿岛东南面越过该岛，然后向北直驶到珍珠港以南约 200 或 250 英里的发动攻击地。这条路线，有几个有利因素：最小的燃料问题、比较平静的海面以及接近日本基地，后一点在紧急情况下，可提供重要的安全保险系数。但源田也看到这条路线的不利之处：首先，充满阳光的天空不能为特遣舰队提供掩护。甚至更加危险的是，金梅尔的舰队利用夏威夷西南海域进行训练，只有靠不可思议的好运气，日本人才能既躲开巡逻，又躲开美国人的演习。

源田的从沃杰环礁至珍珠港的第二条路线，让特遣舰队沿着南面的毫兰岛、贝克岛和菲尼克斯群岛和北面的金曼礁、巴美拉岛和圣诞岛之间的路线航行。在圣诞岛东南约 400 英里处，南云应使舰队向北转，到达夏威夷的冒纳罗亚山东南约 600 英里时，再向西北航行到达瓦胡岛东南约 200 英里处，然后发起攻击。

源田判断，这条替代路线，有第一条路线的全部不利因素，此外还有海上加油问题。另外，如果美国人发现了日本舰队，南云将落入陷阱——金梅尔的舰队将切断他回马绍尔群岛的退路，在他前面将有肖特的防御力量，在他的右侧是美国人主宰的大洋。

这条路线，只有一点好处值得提出：美国海军会把日本人从瓦胡岛东南来进攻夏威夷，看成是像地狱的冰雹一样遥远的可能性。

接着，他转向注意中线，把横须贺和再次把柱岛港选为出发点。经过适当的研究和思考之后，源田选中东京东南约 700 英里的父岛作为集合点。这是远不理想的场地，其水道不能容纳整个特遣舰队，并且它还特别有利于美国潜艇的监视。

源田在理论上从那里把南云的舰队向东北方向派到中途岛以北约 500 英里处，由中途岛他让特遣舰队改为偏南的航线，直到抵达“极端危险地带”——瓦胡岛北面大约 750 英里处。从那里，南云将朝正南前进，到达攻击距离时派出飞机。

源田在这条中线上，发现了几个有利因素。说实在的，它在南线的暴露危险和北线的海上风暴之间，提供了一条愉快的中间缓冲路线。但除了这些之外，麻烦很多：不适合的集结地点，美国在中途岛区域的潜艇、水面舰只和飞机巡逻的危险，夏威夷各岛像链子一样位于航线的北侧。源田不可能推荐这条路线，当把它拿来讨论时，任何其他人也不会同意。

源田从一开始就倾向于北线。虽然选择最终的集结地点是个难题，但任何内海的基地，都可作为出发点。他有一大堆可能的选择，却没有一个使他完全满意。经过一定的研究之后，源田和大石一致认为，从保密角度出发，曾经提出的集结地点中没有一个是合适的。

源田把集结地点问题暂时搁置起来，着手确定一条通过北太平洋的路线，它能提供可以忍受的气象条件，同时还有极好的隐藏的机会。在美国或加拿大和日本或苏联之间穿梭往返的绝大多数商船，都是在比源田提议的路线更北的航线上。因而，这个位置提供了最小的被发现的可能性。

源田又一次提出了两种可供选择的方案。第一个方案，由北海道沿北纬 42 度向正东出发，一旦到达瓦胡岛正北约 1000 英里处时，特遣舰队将转向正南目标区域前进。第二个方案，有点颇费心机，南云的舰队先沿着第一方案的路线航行到瓦胡岛正北处，然后向东南驶到珍珠港东北 800 或 900 英里处，从那里突然转向，朝西南直奔珍珠港。

这一方案之所以吸引源田，有许多原因。他是在这样的前提下制定方案的：瓦胡岛外的空中及水面巡逻极少注意东北面，向东面大的迂回很可能躲过被瓦胡岛发现，也不会被由美国西海岸派出的巡逻发现。

这条路线的弱点，在于被在美国西海岸和夏威夷之间航行的商业飞机和商船发现的可能性。源田最终会丢掉这条路线而赞成一条较简单的路线，但当时他相信，如果日本接受他的使夏威夷作战成为包括登陆的全面作战的建议，特遣舰队就应该走这条由东北方接近的路线。

南云的航海参谋管部也对这个问题进行了研究，还有山本参谋班子中的渡边。每个人都调查了诸如气象、能见度、海洋条件和北太平洋商船航线等问题。

源田把报告拿给草鹿，这位参谋长同意北线。草鹿充分理解在恶劣的海上条件、特别是海上加油这项可怕的任务方面，北线天生的各种问题，但他判断，对于最终的出其不备的考虑来说，这些问题相比之下较轻。

珍珠港以北海域的寒冷而又有暴风雨的恶劣气象（通常在秋末和冬季有所缓和），给日本人两个显著的有利因素：它减少了被发现的机会，它还使美国海军的巡逻更加困难。感谢吉川从火奴鲁鲁发来的报告，日本海军了解到美国的巡逻“在珍珠港以北海域最弱”。然而，草鹿预计美国人进行瓦胡岛四周全方位的巡逻，因此要解决的问题是“钻过巡逻线，发动突然袭击”。

源田现在不得不进行一项十分艰巨的任务——把自己的选择兜售给南云。这位将军和他在选择路线上从一开始就有分歧。南云特别不喜欢北线，在北太平洋晚秋预计会有颠簸的海面和恶劣的气候下，他的油轮怎么能给舰队加油呢？怎样能使各舰只正常行驶保持编队队形，并把特遣舰队保持成一个战斗的整体呢？他想象到自己的驱逐舰在山一样高的涌浪里可怕地打滚，他甚至也许会不得不让它们返航，从而使自己失去宝贵的反潜艇力量的保护。

但是，源田继续用传播福音的热情，向南云劝说接受北线，努力让他的司令官相信：在敌人毫无戒备下抓到他的最好的机会，是从预料不到的方向接近他。“如果您认为北线不好，”他争辩说，“那么您必须记住，美国的将军们也会这样想。”

他对抱怀疑态度的南云说了许多鼓励的话，用一些历史上有名的战例来提醒他。在这些例子中，随机应变的指挥官靠出其不备打垮了占很大优势的敌人。他尽力使南云确信：聪明的计划和强化训练，可以克服北线的不利因素——源田欣然承认的缺陷。

在这一点上，南云和源田之间存在着分歧。对后者来说，出其不备是压倒一切的因素，日本必须使一切事情都从属于为达到出其不备的绝对需要。而在南云一边，他实际上已勾销了能够做到出其不备的任何可能性，他坚信不管走哪条路线，美国的巡逻都会发现特遣舰队。因此，南云宁愿选一条能使第一航空舰队在良好条件下到达目标区域，并能发挥最大限度的攻击力的路线，故而他顽固地坚持较短的南线。照他看来，南线的平静的海面和日本设在马绍尔群岛的军事基地，不仅仅是补偿了这条路线的危险。

正当第一舰队的参谋们为此争吵不休时，源田得到了一位受欢迎的得力助手——助理航空参谋、敏锐灵活的吉冈忠一海军少佐。吉冈是南云的亲戚，有着日本最有经验和最能干的飞行员之一的名声。他不是好争的人，渊田相信他比起当飞行员来，更适合于当参谋。但当他 32 岁来到赤城号时，他早已在飞行记录上有了几千小时的飞行时间，许多是在中国和缅甸公路上空得来的。吉冈在日本海军中是个奇特的音符，他是基督徒——终生的卫理公会教友，他的 5 个孩子定期去日主学校。

在制定计划和面临强化训练的这个艰苦的苛求的时期，吉冈成了源田的密友。因为在南云所有的参谋中，只有他们两人真正懂得海军航空的意义和潜力。他不久就看出，虽然源田是草鹿和南云依赖的人，但这两位将军简直有点害怕源田的一些想法，认为它们过于激进。

当 9 月初源田告诉吉冈关于夏威夷作战时，他并不特别感到惊奇，只是对“日本真正打算和美国开战”感到震惊。他没有立即分享源田对珍珠港计划的热情，“这个计划在纸面上看也许好，在图上演习中也许会给人留下深刻的印象，但是，在敏锐的敌人面前执行这样一次作战，就完全是另一回事了。”他在战后回忆道。

9 月初，在第一航空舰队中，发生了一些其他的人事变动。其中，源田和特别是渊田（他正努力进行着训练工作，但仍不了解真相）感兴趣的是，岛崎茂克于 9 月 10

日调到瑞鹤号任飞行队长。

岛崎是日本专业面最广的飞行员之一，所有各种类型的轰炸机——俯冲、高空和鱼雷轰炸机——的专家。“一位有钢铁神经的人，从不失望和激动。”源田说起他，称他是“海军大将东乡型的，典型的东方英雄类型”。虽然他没有渊田聪明，但也差不多。只要他一旦起飞，他自身的血液似乎也在飞机里流动，在战火下他发挥得最好。

尽管有时谈话不连贯，这位大块头有很好的幽默感和天生的领导才能，并且是一位坚定的注重实际类型的人。渊田非常喜欢这位新来的助手，在随之而来的日子里越来越依靠他。

9 月的人事调换，甚至触动了山本本人。在宇垣之前任联合舰队参谋长的伊藤，调往东京担任永野的军令部次长。很少有一位海军少将被选到这样一个重要的岗位上去，永野专门指定他当自己的副手。福留把伊藤定义为“一位坚定的人，自始至终的行动者和深沉的思考者，他被认为是有远大前程的优秀军官。他只缺一样东西——好斗性和战斗精神”。这样，在 9 月 1 日之后，山本的两个前参谋长——福留和伊藤，两人都知道珍珠港计划——在永野手下占据着关键职位。

不管在海军军令部和联合舰队之间存在的分歧是什么（有很多，而且是重大的），局势发展的洪流，正把这两个机构拉得比以前更接近了，使之共同面临战争的大漩涡。8 月 15 日，海军省发布命令，准备应付任何可能的冲突，把 10 月定为完成准备的目标日期。联合舰队在 8 月底一接到这个命令之后，就立即中断了在中国进行的训练和军事行动，并且指示各部门在大约一个月内快速做好准备。9 月 1 日，山本的司令部发布了“完全战时建制”的命令。此外，在 8 月或 9 月初的某个时候，海军军令部命令建造一个瓦胡岛的模型，这可能是应联合舰队的要求而建的。

因而，不管永野的机构正式表态多么不同意山本的计划，它还是在诸如提前举行图上演习和为夏威夷作战准备训练条件等实际事情上，继续与联合舰队合作。所有这些活动，都是在 9 月 6 日御前会议和当晚近卫和格鲁在他们具有历史意义的晚餐会上会见之前发生的。

第二十八章 图上演习

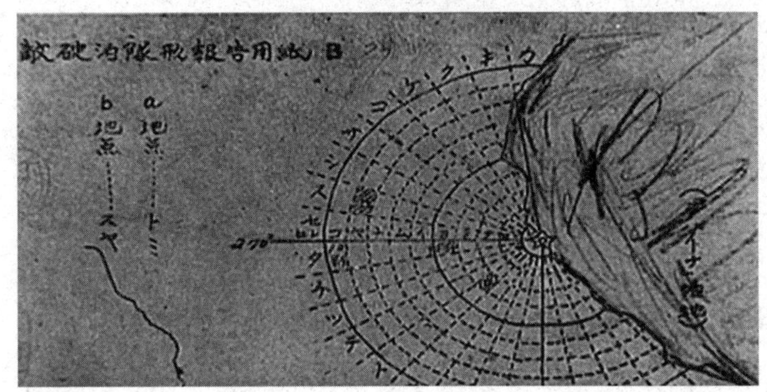

日本为此次行动做充分部署

9 月 11 日大约 9 点，很多大型高级轿车和其他车辆，堆在帝国海军大学的大铁门入口处。饱经风霜的将军们和有抱负的参谋军官们，同样急切地盼望着这一年一度在东京的聚会。每个人都期待享受与老朋友重温友谊，同时总是有许多饮宴和喧闹。整个日本海军的大多数头脑敏捷者，都来参加这些重要的图上演习，少数陆军军官作为联络人员也来出席。

山本及其联合舰队的军官们，在东翼的一间隔离的房间里，这里严格限制除非特别邀请的一切人员入内。我们将把它称之为秘密房间。在这里，第一航空舰队预演攻击珍珠港的计划。

图上演习的第一天，参加者们是用从 9 点到 13 点的演习前讨论开始的。第二天是星期五 9 月 12 日，投入了认真的排满钟点的工作（每天从 8 点至 17 点），一直到下一个星期二（16 日）。山本主持按联合舰队作战计划进行的模拟演习。为了模仿战时条件，他把他的舰队分成多支按不同作战需要设置的特遣分舰队，各队又进一步分成代表日本和代表美、英的蓝红两军。通常由各舰队的参谋长担任蓝军指挥，宇垣总领蓝军各部队，而第一舰队司令高须四郎海军中将指挥红军各部队。

蓝军将进行尽可能忠实于联合舰队作战计划的作战，红军则按其指挥官提前呈交的计划作战。在演习过程中，演习裁判们（伊藤是裁判的头儿）为了使演习尽可能真实，并向蓝军指挥官们隐瞒红军的计划，与红军合作变换战斗条件。在很多情况下，之所以选择这些军官代表红军，是因为他们对所指的国家有特殊的了解。

图上演习提出了大量的问题：如何夺取对菲律宾、马来亚和荷属东印度群岛的控制，对付部署在这些区域里的敌舰队，同时又保持对西太平洋的控制权。这些演习的独特之处在于，它把日本的内部防线从马里亚纳群岛（在它附近，传统的日本战略期待着舰队决战）向东远远推到了马绍尔群岛。同时，日本人不得不防备从夏威夷出来的美国海军，对他们暴露出来的侧翼进行伤害性的突击。

除非把它和日本的主要战争计划联系在一起，没人能理解珍珠港冒险。富冈和他的作战课的军官们，对这个问题仔细思考了一年之后，断定如果当日本开战，它应当迅速并且有效地抢占南方富裕的胸部。当他及其手下到达海军大学各自的岗位时，他们早已知道了各个舰队将起的作用。因为从 9 月 3 日至 5 日，他们在东京的办公室里，已对这些问题进行了桌上的模拟预演习。

图上演习，遵循着实际南方作战预定走的同样路线。舰队司令官、各舰队的组成和规模、出发地点、集合区域、战略目标和登陆滩头，都和实际完全一样。南方作战指挥的将军们和海军大学的成员们，围着大桌子弯着腰，专心致志地看着高桥伊望海军中将的第三舰队，模拟分配给它的进攻菲律宾、婆罗洲和塞里伯斯岛的任务。

当第三舰队在演习中运动时，以台湾为基地的第十一航空舰队，用一系列出其不意的轰炸，攻击麦克阿瑟设在克拉克和尼柯尔斯机场的空军部队。与高桥和原的作战相协调，近藤信竹海军中将率领他的由战列舰、巡洋舰和驱逐舰组成的第二舰队，由佩斯卡多尔斯的马科出来，同时由南中国海的海南岛驶出了平田海军中将麾下的南遣舰队，一支庞大的混合型的海军纵队。佯装出朝着曼谷，这两支入侵舰队在近藤的指挥下驶向马来亚，分三路对该半岛过一半处的辛哥拉、帕塔尼和哥打巴鲁进行了入侵。由这些战略点出发，日军部队沿着从林覆盖的陆地向南推进，直取英国在远东的关键阵地——新加坡。随着其陷落，大英帝国在东南亚的支柱将被敲掉，英国到澳大利亚的通路被斩断，通往荷属东印度群岛的大门敞开了。

当帝国海军的军舰，在想象中驶过南中国海时，以印度支那陆地为基地的海军少将松永贞的第二十二航空队，在空中搜寻着敌机和敌舰。由印度支那出击的各军种很好地协同入侵部队，也同时在距东京 2500 多英里的英属婆罗洲的米里和文莱湾登陆。

海军还没有制定出详细的入侵荷属东印度群岛的计划，然而它已定下了战略的大体轮廓。日本人计划强行穿过马卡萨尔海峡，夺取婆罗洲东部的打拉根和巴里克帕班，在西里伯斯岛上占领关键阵地，征服巴厘，然后集中兵力，对爪哇发起最后的冲击。

在日本海军的这一盘雄伟的棋中，其他日本部队将驶往吉尔伯特群岛、关岛和威克岛。井上成美海军中将的第四舰队占领后两个岛，将把美国阻挡在日本水域之外，并在日本固有的基地之外又增加了更多的几艘不沉的航空母舰。最重要的是，这样做可以使联合舰队在进行舰队决战中处于极有利的地位，如果美国海军决定满足日本方面这个愿望的话。

大西特别强调为了成功地执行南方作战，需要更多的飞机。派空军去爪哇一线的计划安排，在零式飞机上远远落后于形势需要，在陆基飞机上落后的程度稍轻一些。因此，大多数参加者都表示了要把所有日本的航空母舰用于南方作战的意见，南方作战决定帝国存亡。

山本在看完南方作战在预演中顺利进行到合乎逻辑的结果之后，集中精力到他的珍珠港计划上来。他把宇垣、黑岛、渡边、佐佐木和有马带到秘密房间，日期是星期二，9 月 16 日。

30 多名精选出来的军官，拥挤着朝向房间的中央，专心注视着散放着一些纸的长条桌子，墙上挂着太平洋地图，清楚地标明瓦胡岛和珍珠港是攻击目标。山本俯身桌上控制着进程，他亲自挑选了这些允许进入秘密房间的军官，只挑那些最终将会进入他的珍珠港作战的人，或是帮助策划它，或是去执行它。

南云仍被他的疑虑所折磨。他带去了他的第一航空舰队的大部分参谋人员——草鹿、大石、源田、吉冈和坂上。从第二航空母舰战队，来了它的粗暴的司令官山口和包括铃木在内的几位参谋。

在秘密房间里，还有一位夏威夷冒险的新加入者——三川军一海军中将，他将率领由第三战列舰战队和第八巡洋舰战队组成的珍珠港支援部队。他中等身高，像他所指挥的军舰一样结实和强壮。三川轻松体面地渡过了他的 53 年的人生，他信奉集中力量的宗旨，自然而然他认为同时进行攻击美舰队和南方作战的这个计划，超出了日本海军的能力，也有损于两个作战的成功。

另一位新加入者——第一驱逐舰中队司令、海军少将大森仙太郎也在场。他看起来像刚从沃特·迪士尼画板上逃出来的小精灵一样，滑稽可爱和有些害羞，但他是一位十足的水兵。当了解到珍珠港计划时，大森最大的担心是“怎么把他的驱逐舰一直带到瓦胡岛，并带回来”。三川和大森两人都坚持认为，他们是在这次图上演习中第一次听说山本的这个计划的。

出席的还有第六舰队的主要军官——英俊而尊严的清水，他的足智多谋的参谋长三户和他的先任参谋松村翠中佐。松村曾在这种沉默的服役中度过了几乎 15 年，是 9 月 5 日加入第六舰队的。

海军军令部派来的代表，有福留和富冈及其助手三代和佐。后者是珍珠港作战演习的主裁判。当然，专门负责有关与美作战的内田也参加了。相应地，情报部部长前田及其机灵的负责美国事务的助手小川也来了。永野和伊藤的缺席很显眼，虽然被邀请了，但他们一直没在秘密房间中露面。

不是所有的军官来了，就立刻赞成珍珠港冒险计划的。海军军令部的代表们，仍然高度怀疑山本的计划，他们出席珍珠港演习，不是作为参加者，而是观察者——像是做生意的，必须由推销员向他们推销。山本在自己的联合舰队里也有一些强行推销要做，主要是对看到巨大困难等待着他的特遣舰队的南云和草鹿。草鹿的现实的头脑，在他相信这项任务没有建设性的目的之外，还发现了许多阻碍其成功的障碍。

但是，山本有许多强有力的支持者。“所有山本的参谋们都非常忠于他，崇拜他，并迫切执行他的计划。”佐佐木说。一位好挖苦的人，也许会说，他们要不就不得不服从他，要不就很快被调走。但总的来说，山本宁愿赢得参谋们的尊重和感情，而不是要求非本意的义务性的忠诚。山本也能指望他的老朋友山口以及山口忠实的飞行参谋铃木。源田将会用强大和坚定的信念，来表明对山本教义的真正的忠实。

甚至在这时，当试验性的珍珠港计划已发展到能够形成高水平的桌上演习的基础时，仍有一系列问题迫切需要估计。从所有这些可能的问题中，这次图上演习只处理两个，即：这次作战技术可行吗？能做到保密吗？当然，这次在地图室里的演习，不可能把这些问题解决到无可挑剔的地步，图上演习的参加者们只能希望估计一下可能性。

在模拟攻击开始之前，必须解决一个问题：特遣舰队应选哪条路线？这引发了秘密房间里的第一次公开辩论。南云坚持南线，山口、佐佐木和源田不妥协地坚持认为，北线将提供去目的地较短和较安全的路线。在相反意见的这种压力之下，南云不情愿地放弃了自己的意见，他对北线持续不断的抱怨，形成了整个图上演习伴奏中不可缺少的小音阶的键。

围绕着空中侦察问题，出现了另一个意见上的分歧。山口想要在去夏威夷的途中有一个全方位的广范围的空中巡逻系统，搜索敌舰、敌机或是外国商船，对可能的被发现进行提前警告，能给特遣舰队时间来准备应付每一个可以想象得到的意外情况，甚至改变航向。

这个建议立即遭到源田的反对。“那太危险，”他宣称，“坏天气可以使巡逻者失去和母舰的联系。当他们油耗尽时，可能会导致海上失事，敌人可能会看到残骸。或者某个惊慌失措的飞行员，会打破无线电沉默，从而暴露特遣舰队的存在。敌人可能会在距航空母舰上百英里处发现巡逻的飞机，结果是破坏了秘密。空中侦察将在一开始就给这次使命带来最严重的损害。”

懂得最后一分钟的点滴情报价值的山口，和把其战术计划基于保密的源田，就这个问题展开了激烈的争论。南云没有发表意见。每一方的论点都有有利之处，但也包含有与有利等量的危险之处。最后，源田说服了山口，同意不进行途中的空中巡逻。

解决了这些问题之后，演习按提议的 11 月 16 日作为 x 日开始了。首先出动的是清水的潜艇舰队，理论上 10 月 14 日离开日本，20 日到达沃杰环礁。他们应在 28 日和 30 日之间离开沃杰，并在 11 月 15 日时在距离瓦胡岛 300 英里距离上，将其包围。

与此同时，南云的特遣舰队向北开到北海道东海岸的厚岸湾集合地点。这个遥远的小海湾，位置足够靠北，因而可以减轻燃料供应问题，并能为防止美国潜艇侦察提供一些保护。“在图上演习及以后的时期里，我们一致努力严密保守了集结地点这个秘密。”源田解释说，“因为假如把这个泄漏出去，原来日本已有的严重的劣势，将变得使日本不能承受了。”

这次试验性的特遣舰队，由第一和第二航空母舰战队、两艘战列舰、3 艘巡洋舰加上驱逐舰和油轮组成。在这次图上演习中，没有潜艇陪伴着这支庞大的舰队。南云让舰队以大约 12 节的速度向东，当接近目标区时逐渐转向东南方，进行两次海上加油——11 月 8 日和 11 月 13 日。在 12 日，分配用来提防捕鱼船的各舰，进入了特遣舰队前、后、左、右各自的位置。

在 14 日，南云收到消息说，红军舰队 11 日时还在珍珠港内。从这时起，开始看到愈来愈多的美国人活动的迹象。11 月 14 日，夏威夷的防御部队进行了 400 英里半径的日出前、白天和日落后的空中侦察。同一天，“美国人”在夏威夷南面发现了像是一艘潜艇的东西。在 16 日——x 日前一天，红军看到了可能是从水下潜艇漏出来的油迹，因而把他们的搜索圈扩大到 600 英里。那天傍晚，一架巡逻飞机发现了特遣舰队，但在它发完报告之前，日本人击落了它。

这个事件，显然是发生在南云的舰队刚刚开始以 24 节的高速向瓦胡岛前进时。大约在这时，清水的潜艇报告说有 10 艘敌驱逐舰朝着南云方向前进。南云临危不惧地继续前进，直抵瓦胡岛北面大约 200 英里处。在那里，他调转航空母舰朝着迎风的方向，派出他的第一攻击波。

蓝军的攻击舰队预计有重大的抵抗，并遭遇到了。在自己单独房间里行动的红军，是在小川指挥之下。他在 30 年代看过至少一次美国人进行的这类攻击珍珠港的演习。在指挥瓦胡岛上红军的陆海军的山口文次郎海军大佐的有力支持下，小川建起了一个优良的侦察网幕。被蓝军击落的那架侦察机已设法发回警报。虽然第一攻击波不受干扰地被派出了，但在瓦胡岛上空，它遇到了小川的一大批截击飞机，使得第一攻击波的飞机在去目标途中忙于战斗，而不能有效地对目标进行轰炸。与此同时，舰炮和海岸炮向进攻的飞机射出了火舌，像猎人在埋伏着打野鸭子一样地，把它们击落。

正当这一切进行时，南云的第二攻击波比第一攻击波约迟一个多小时轰鸣而至珍珠港，但它的运气也不会更好。小川的拦截飞机在受到山口的地面部队射出的弹雨威胁中穿进穿出。南云派出飞机的一半，勉强回到了自己的母舰，只给珍珠港的军舰和瓦胡岛的军事设施造成轻微的损失。小川和山口的表现使大家形象地看到如果美国人得到及时的攻击警报的话，日本人能够指望得到什么。

蓝军舔干了他们的纸上的伤口，吸取了他们的教训——红军空中巡逻的效率加上特遣舰队到达现场的时机不好，企图躲开第一个不利，并改进第二个攻击方案。日本人在第二轮试验演习中，安排特遣舰队在攻击前一天大约日落时，抵达瓦胡岛以北约 450 英里处。他们估计红军的空中侦察不会由瓦胡岛的任何方向超出 600 英里海面，这就给进攻者有了一点安全的余地。根据他们的计算，日落时美国的侦察机正在由最外点返航的途中。这样，特遣舰队将会在自己和来自瓦胡岛的美国侦察员的搜索的眼睛之间有数百英里。

当然，他们知道，不论蓝军从哪个方向去珍珠港，都待在安全带中（特别是在白天）完全是一种计谋。但是，计划者们知道，根据吉川提供的情报，防御者只在 180 度的半径上进行有效的巡逻，他们巡逻的主要是基地南部和西南部区域，因而使与瓦胡岛生命攸关的北方海路的巡逻，处于不适当状态。

考虑到这些条件，南云在第二次实验中走更北边的航线。他向东驶抵瓦胡岛正北约 450 英里处，并且是在日落时到达。特遣舰队现在是在最危险的位置和时刻，假设在攻击前夕天黑之前某个眼尖的美国侦察机飞行员发现了它，后果将不堪设想。

鉴于第一次被放弃的进攻企图，计划者们脑子里对这种被发现的情景非常清楚。

在南云的舰队完成向南到攻击地的高速航行很早以前，美国舰队的军舰和飞机将以压倒的多数蜂拥向北驶来，迎头打击入侵者。在接着而来的混战之中，日本可能会在一个小时之内失去其航空母舰空中攻击力量的绝大部分，使整个战争计划无法执行。因此，必须有令人苦恼地仔细对时间和距离的计算。

安全到达预定的地点后，南云开始了他的高速朝南航行。从这时开始，他一直走好运。这份计划没有留下机械故障，大的调整航向的余地，甚至也没有考虑到海上风暴。如果特遣舰队能够到达这个拂晓目标而不被发现，天平将摆向有利于他的一边，因为这时美国空中巡逻还没有起飞。因此，如果南云的第一攻击波在敌人侦察机起飞之前朝南飞得足够远的话，攻击就会是出敌不备。在这种情况下，攻击成功的机会是非常高的。

在这第二次模拟进攻中，一切顺利，入侵者没有遇见空中或水面的侦察，蓝军迅速取得了完全的制空权。当南云的轰炸机扑向港内的红军舰队时，他做到了他所能希望的最大的出敌不备。估计敌人遭到的损失计有：3 艘战列舰被击沉，1 艘战列舰被重创，航空母舰列克星敦号和约克城号被击沉，航空母舰萨拉托加号被重创，3 艘巡洋舰被击沉，另 3 艘损失掉一半的战斗力。瓦胡岛的红军空军力量实际上陷于瘫痪，包括被击落 50 架战斗机和被摧毁在地面上的 80 架。

蓝军受到轻微损失并逃脱了。红军的飞机最后发现了南云的舰队，炸沉了一艘航空母舰，使另一艘失掉一半的战斗力。作为回报，蓝军又击落了 50 架红军的飞机。然后，日本舰队逃回日本本土，并且得到了神风及时的天助，它在舰队刚刚离开夏威夷水域时到来，而不给舰队造成严重的伤害。

当时，迅速撤离构成了南云战略的基本点。在秘密房间中，没有讨论重复攻击珍珠港的题目，虽然源田和佐佐木在这次演习前后经常谈论这种可能性。完全与此相反——许多计划者都强调如何迅速安全地撤回日本宝贵的航空母舰这个想法。

在图上演习期间，也没有进行过对占领夏威夷的企图的认真讨论。然而，这个想法是错综复杂的。在这次演习一个多月之前，黑岛曾就这个问题和山本、宇垣和渡边交换过看法。这种前景感染了渡边，但宇垣认为在执行空袭时没有辅以两栖攻击，将会有许多问题。山本表示同意，很快地肯定了黑岛的提议：夏威夷作战不应包括入侵计划。渡边赞成一次全面作战，并在这次图上演习中，就此问题单独进行过一些研究，但是他没有受到鼓励。黑岛断然拒绝考虑这个问题。当渡边向山本说到这个问题时，这位司令官打断了他的话。“占领夏威夷根本不是现在山本战略设想的一部分。”渡边回忆起当时的情景。

这次图上演习，也没有解决分给南云的攻击部队多少航空母舰这个使人烦恼的问题。源田相信，为了保证获得最佳战果，所有可用的航空母舰和飞机都用起来也不嫌多。但海军军令部拒绝把航空母舰从南方作战调光，3 艘——最多 4 艘——必定足够一次对夏威夷的可能的攻击使用。

三川对只接收两艘战列舰表示抗议。他争辩道：如果在去瓦胡岛途中碰到美国水面舰队，比睿号和雾岛号不能进行成功的作战。因此，他要增加两艘重型军舰，最好是金刚号和榛名号。但高桥始终坚持为其第三舰队要这两艘性能优良的军舰，因为南方作战有优先权，所以他得到了它们。

这次在秘密房间里的图上演习，和潜艇护航以及侦察问题一起，就这样结束了，留下航空母舰和战列舰的参加数目悬而未决。在本章开始时提到的许多技术上的问题，仍留待解决。其中最紧要的是海上加油问题，成为后来参谋们研究的主题。

这次夏威夷作战的预演，只进行了一天——9 月 16 日。第二天上午，参加者们又回到秘密房间，对蓝军战术进行分析，听取各种报告，会议一直进行到下午，没人对是否应该执行攻击珍珠港进行辩论。出席者们听取了大石对蓝军行动的描述，以及小川对红军行动的描述，然后佐作为主裁判，解释了攻击的战果和他的裁决。

接着，进行了一般的讨论。草鹿问及“敌人空中巡逻的准确半径和敌人舰队的位置以及珍珠港内总的形势”，他要求再增加一个 16 艘的驱逐舰中队，最好是第四、第十六和第十八驱逐舰战队，建议把第六舰队置于特遣舰队的指挥之下，又建议提高零式飞机 280 节的速度极限。在 17 日的讨论会后，参加者们共进晚餐，来结束夏威夷作战的模拟演习。整个图上演习，则于 9 月 20 日 17 点 30 分正式结束。

第二十九章

时间已经不多了

1941 年 10 月 30 日珍珠港全景

南云仍然远不满意。实际上，在秘密房间里进行的第二次模拟攻击的成功，加重了而不是减轻了他的担心。这次图上演习，给迄今为止抽象的概念带来了现实的外观，现在他真正想象到并理解到了这个计划的全部影响。南云可以用很多普通浅显的道理来支持他对珍珠港计划的悲观看法。他可能会指出——也许他已经这样做了——可靠的战备以在可以得到最好的取胜机会的时间和地点作战为首要因素。他也可能会极力主张，指挥官有责任在任何特定条件下预见到最坏的情况，并做相应的准备。

他特别反对采取北线。“在图上演习中没有海上风暴，所以我们能走北线。但当我们真正去夏威夷时，情况就不同了。”他无可争辩地争论道。在演习中，他不止一次地向山本表示：如果有一件事出了差错，就会在作战中出现可怕的损失和极其严重的后果。当他有一次这样做时，山本用手友好地搂着他的宽肩说：“别担心，我会负全责的。”

南云不是胆小。如果命令他去执行这次冒险的话，他将不遗余力地去干，但他坦白地被他面前的前景吓住了。对山本来说，在地图上指挥作战和把重大的责任担在自己肩上，当然没问题，因他是在祖国水域的长门号上，但南云将要扎进老鹰的巢里去，山本不可能把沉舰浮起来，恢复被毁的飞机和使死人复活。南云明显的悲观，使得福留和他逗笑说："如果您死在这次战斗中，将为纪念您建一个专门的神社。"

尽管小川一直对攻击珍珠港感兴趣，对其可行性的怀疑同样折磨着他。他从情报方面的角度提出了许多令人不安的问题，所有关于美国港口布置、防御设施和舰队调动的必要的情报，都能有效地收集、估价和分发吗？诚然，海军情报部门有一个坚实的来自吉川的方便的情报核心，但小川简直不敢相信，美国人不会追踪这股情报流，找到其源头，并堵住它。即便日本的专门间谍能够不受阻碍地工作，海军军令部能够在攻击当天得到关于珍珠港的完整的情报吗？它能及时地把这情报转发给在北太平洋某处的南云，使这个情报起作用吗？

在当时，无人能够回答。也无人敢保证说：这份计划在最后一分钟之前，不会落入警觉的敌特之手。为了防止美国得到哪怕是一点点有关这次提议中的攻击暗示，日本人用密网眼的筛子来对所有日文的以及外文的报纸和无线电广播过筛。他们也对在日本的美、英军事人员进行经常的监视。正像南云告诉清水的反映他们所有人想法的话："若此次作战不能保守秘密，则将失败。"

在演习结束的当天，福留就向永野和伊藤报告了自己关于这项计划的考虑过了的意见。"这是一次惊人的冒险。"他从一开始就这样认为，并且在秘密房间里也没看到任何使他改变想法的迹象。"在这种大胆的作战中，不仅有一切固有的一般困难，而且还有许多未知因素。若特遣舰队受到严重损失，例如沉了几艘航空母舰，舰队的打击力量将被极大地削弱，而且南方作战也将处于严重受损之中。我们必须问我们自己：'这么大的一个计划，保得住密吗？'若是不能，它就没有成功的机会，其结果很可能是灾难性的。"

然后停顿了一下，让听众消化这个不愉快的想法，福留接着说："我们军舰有限的活动半径和必须进行海上加油，提出了更多的其他困难。我们也不敢保证对情报工作的要求能够完成。这里的问题……"他解释道，"在于维持一个连续不断的精确的关于美国舰队所有时间在哪里的情报流。并且在攻击的那一天，它们舰队的主体应在珍珠港里，或是在附近，而这是不可预知的。"

他的上司注意听着这种坦率的悲观估计。福留说完后，永野说："在开战的情况下，我不倾向于发动像山本提议的那样冒险的作战。我认为海军最后应限制自己的计划，而集中在夺取南方区域上。”伊藤没有说话，虽然随着时间的进展，他对珍珠港作战采取了否定的观点。

作战课完全衷心地同意上述否定意见。“当图上演习结束时，我的手下强烈反对攻击夏威夷。”富冈说，“第一，这个设想完全不符合我们以前的想法和计划。第二，正如大家都同意的，它是一个极端错综复杂的计划。第三，日本的命运是如此完全地取决于它的舰队，以至于我们不能经受我们认为在这种不可取的冒险中所固有的震惊的损失。第四，我们认为南方作战如此重要，所以不能让任何其他事来妨碍它的成功。”

三代大体上同意富冈的意见，又加上一些他自己的反对理由：“我们确信，如果很大一部分飞机分配给珍珠港作战的话，就没有足够数量的飞机留下来，在南方成功地作战。航空母舰也必须用在南方，因为在马来亚和菲律宾同时进行登陆作战要求提供保护。”

如果南云的特遣舰队的确想办法到达了攻击夏威夷的地点，谁又能担保结果抵得上花费如此多的人力、时间和燃料的远征呢？因此，“图上演习”没有在整个海军中得到广泛的确认。对原来说，它似乎是不真实和混乱的。“在整个那段时间里，我像是坠入迷雾中。”他向一个同事坦白道。也不是第一航空舰队的所有参谋都满意，草鹿认为整个“图上演习”太理论化，“结果过于依赖演习裁判的不同个性了”，他说。

对吉冈来说，这次演习是日本人喜好目光短浅、自我陶醉的思想方法的缩影。他看到演习裁判们低估美国人的实力，不公正地做出有利于蓝军的决定，他们甚至把1架零式飞机和3架敌机画等号。作为一名有经验的飞行员，吉冈对这种愚蠢感到愤怒。但当他试图指出这些地方时，他得到的是使他心痛的尖锐的训诫。

吉冈多次看到，当红军威胁要打乱蓝军按计划的行动时，红军的行动被人为地限制了。还有老天允许的一些事情，如像奇迹般地刮起的大风暴，在第二次成功的模拟攻击之后及时挽救了南云的特遣舰队，只使它受到象征性的损伤，而不是全军覆灭。吉冈慈善地断定：鉴于严重的国际局势和明显的开战前景，演习裁判们尽力避免任何可能造成日本不利的焦虑心情。的确，低估敌人的倾向是日本在第二次世界大战前的图上演习中的一大特点，只是在中途岛遭到惨败之后，才使这种不现实的实践中止。

然而，这次演习却是为了一个重大的目的。“这次图上演习像一把尖刀一样，把1941年切成了两半。”源田说：“它结束之后，日本海军的所有部门都用从来没有过的干劲加快了工作，因为时间已经不多了。”

如果日本计划开战，它就必须快点打，或是干脆不打，已经只留下了仅够18个月作战用的燃油，并且储油每天都在减少。一般说来，日本的领导者们一致认为，他们如果再等 6 个月，也许就会不再想打，而承认自己失败。时间和气候并肩前进，第一航空舰队不可能 10 月份时做好打仗的准备，也许在 11 月份能达到作战能力，但不是最好的战斗状态，超过 12 月日本又等不起，到隆冬时，北太平洋的条件将不允许越洋作战。气候也决定着日本的南方作战计划。雨季开始于 10 月，并越来越强地持续两个月。毫无疑问，陆军想要最迟在 10 月底开始让球转动。

还有，与苏联打仗的可能性，也是日本军事计划者们的动机之一。因为在西伯利亚作战，只有等春天雪融之后才有可能，最高战略家们坚持南方作战必须于 1942 年 3 月底结束。只要日本的安排要求开战后 120 天之内征服南方区域，战争就必须在不迟于 1941 年 12 月 1 日开始。

也许是为了使所有有关人员都尽量发完脾气，然后取得一致或者是更加分歧，福留和宇垣于 9 月 24 日在海军军令部作战课召开了一次高度保密的会议，对珍珠港计划进行开诚布公的讨论。永野、山本、南云或下一级的指挥官都没有出席。作战课的几名成员加强了福留的支持力量。除宇垣之外，黑岛和佐佐木代表着联合舰队。按他们所负的官方职责，这些人都是当然的出席者，但他们是精心选出来的完全支持山本计划的人。当时，宇垣并不过于热心，只是有着一个参谋长对其司令官的牢不可破的忠诚的信念，佐佐木同意在海军航空力量上的源田方式，黑岛则从未想过反对山本，不管事情是怎么不合自己的意愿。

南云派去了草鹿、大石和源田，他依靠草鹿提出所有反对这个疯狂设想的论点，并靠大石来支持草鹿，他不可能不让源田参加讨论珍珠港的会议。这样，他有一个坚定的投赞成票的和两个投反对票的。

这次会议开了大半天。主持人福留开始了讨论发言。他采取稍微中立的立场，像个合适的调停人，既不说支持，也不说反对山本计划的话。草鹿不这样，“从战术上看，这次攻击也许会成功，”他陈述道，“但在战略上，成功的机会有限。”换句话说，虽然这次攻击可能会使日本得到暂时的优势，草鹿怀疑它不能带来任何长期的优势。他也提出，即使是战术上的胜利，也取决于保守秘密。敌人很可能在特遣舰队从日本到夏威夷漫长的航行中，在任何一点发现并攻击它。

草鹿进一步对东京能否采取任何使华盛顿从政治上放松警惕的外交步骤表示怀疑。他再次强调了南线作战为主和为支持这巨大战役的对空军的紧急需要。“我不能同意这个冒险的珍珠港计划。”他宣称。然后，他豁达地说：“当然，如果接到命令，第一航空舰队将毫无怨言地去执行。”

富冈完全同意草鹿的意见，并详细谈了这个计划所固有的危险。他坚持他对从生命攸关的向南推进中分兵出来的反对。作战课的神重德紧跟着自己的这位领导，用他那锐利的分析头脑列举了攻击夏威夷的正面和反面因素。正面因素有，一次突然袭击也许会成功，因为美国人很难保持对所有方向的 24 小时空中巡逻，假设攻击做到了出敌不备，敌人将不再处于发动反击的地位，因而特遣舰队也许得以在相对小的损失情况下逃脱。但是，神在反面因素里，加上了惊人的统计：海上加油提出了可怕的问题，单单轰炸不可能对敌舰造成最大程度的损伤，美国人能够在珍珠港的浅水中把被击沉的军舰救起来，在一个适度短的时期内修复它们到能重新使用，并且被发现的危险是不能被忽视的。

源田向这些非空军人员解释了高空和鱼雷轰炸机是双重目的的飞机，能根据任务互相变换。把它们全部作为鱼雷机使用，他希望击沉 8 艘美国战列舰。此外，54 架俯冲轰炸机可以集中攻击航空母舰，并击沉其 3 艘，余下的俯冲轰炸机则攻击瓦胡岛的空军基地，消灭美国空军力量。如果日本人发现美国太平洋舰队在拉海纳的话，这种对战列舰的完全用鱼雷机的攻击将会最有效，不仅拉海纳为袭击者提供了很大的机动空间，而沉在拉海纳深水里的军舰将一去不复还。正因为如此，希望在进攻时发现至少部分金梅尔的舰队在茅伊港。

源田的直觉极力主张全鱼雷机战术，但他知道到目前为止，鱼雷机的结果还不满意，南云的飞行员和投弹手们正在尽一切努力来改进这项技术。他们的最好结果将会满足需要吗？源田不得不面对不能满足需要的可能性。因此，他向同事们提出了一条替代的计划：把鱼雷机转换成高空轰炸机，执行全高空轰炸攻击加俯冲轰炸。他估计这种方法的最大战果，是大约 5 艘大舰——2 或 3 艘战列舰和 3 艘航空母舰。

虽然这样的损失也会给敌人造成可观的初始打击，但源田从未想过这种第二号的最好战果。他只看到一个答案：鱼雷轰炸是绝对必须的。他认识到存在的困难是真实的和巨大的，但他相信深入细致的研究和刻苦的训练将会克服这些困难。

接着，是大石发言。他和南云、草鹿的观点完全一致，他只限制在谈水面问题上。“如果敌人的侦察不超过 300 英里，选一条航线不难。”他说，“但如果他们出来 400 英里或更多，那就困难了。”他对于驱逐舰的海上加油特别忧虑，它要到达夏威夷需要多次海上加油，而大型军舰只需一次就够了。“在北方的恶劣海上条件下航行和海上加油本身，将如此地复杂和困难，以至于作战可能不会成功。”他悲观地宣称。

佐佐木曾对特遣舰队在途中被敌人发现的可能性，进行过长期和彻底的研究。“如果我们走南线，我想就该放弃这次作战。”他说。他性急地下了自己的结论：

"我们可以永远谈论出敌不备的攻击，但我们应该下决心去这样做。"

会议然后转而讨论 x 日的日期。用这个术语，这些军官们并不是指在某一个特定的日子帝国将宣战，从而南云的特遣舰队将离开日本直奔珍珠港。在 x 日，南云的舰队应早已在瓦胡岛以北约 200 英里的阵地，准备好派出飞机了。

"把 x 日定在 11 月 20 日左右是合适的，"福留告诉大家，"我们早已失去了在战略上出敌不备的机会。"他说："像德国陆军进行的那种进攻，已不再可能。我们只能尽力做到战术上的出敌不备。"所以，他认为尽快地确保南方区域和"准备与苏联的最终冲突"，是绝对必要的。

x 日的决定，取决于第一航空舰队的作战准备状态，草鹿清楚自己舰队中所有未解决好的问题。"单从训练工作本身来看，11 月 20 日太早了。"他坦率地说。

这个发言使宇垣吃惊。在图上演习结束后不久，联合舰队的参谋部一致同意暂定 11 月 21 日——星期五为攻击日。但山本经过再思考之后，和他的参谋们又倾向于在星期日早晨发动攻击，因星期日会有最大数量的美国军舰停在港中。这样的话，x 日既不是在图上演习中使用的 11 月 16 日，也不是星期天 23 日。如果他们不得不把 x 日推迟到 12 月中旬，宇垣推理道，"从总体战略的观点来看，在战争爆发的瞬间进行对珍珠港出敌不备的攻击"，对日本来说就更加重要了。

黑岛直到会议结束时才发言。最后，对反对意见感到完全厌恶，他发言了，强烈敦促为了保证南方作战的成功而采纳山本的计划。福留做了最后的正式的结论："从政治观点，美国将很可能把其太平洋舰队留在珍珠港。但总是有这种可能性：舰队将返回其本土做战斗准备。"他简短总结了攻击夏威夷所牵扯到的主要的问题，并许诺："这些问题将得到军令部的认真研究，以便于尽快做出最后决定。"当会议结束后，在一片拖拉椅子声和谈话的嗡嗡声中，黑岛讥讽地对源田说："光说不练。"

黑岛回到长门号上，向山本详细报告会议情况。他说完后，山本大发雷霆地喊起来："是谁召开了这次愚蠢的会议？在这些胡说八道后面是什么意思？是否有人认为没有预先使美国舰队瘫痪，我们就能进行南方作战？作为联合舰队的司令长官，我将对自己的计划负全责！"

第三十章

但是，太平洋怎么办

美国总统罗斯福此刻更关注欧洲战场

9 月 11 日，当罗斯福面对全国广播网的麦克风时，他对 9 月 4 日发生在冰岛西南约 175 英里处的德国潜艇攻击美国驱逐舰奇尔尼号的事件怒火冲天，而且不在乎别人知道自己发火。毫无疑问，这位复杂的人物热爱他祖国的舰队，对美国海军的打击是对他的致命打击。总统愤怒地大声宣称："从现在起，如果德国或意大利的战舰进入美国防御力量必须保卫的水域，他们将自食后果。我作为美国陆海军总司令下的命令，是立即执行这一政策。"

虽然，无人怀疑他已事实上在大西洋宣战，只是没有指明而已，但对总统这项具有历史意义的声明的反映是不同的。奇尔尼号事件和罗斯福的这个大胆的讲演，使全国的注意力集中到了和希特勒摊牌上面。美国各报的头版新闻，都是关于大西洋战场、北非作战和在俄国进行的巨大战斗的消息，对比之下，只有少数几篇有关日本和太平洋的自鸣得意的文章及社论，羞怯地出现在次要版面上。正当日本海军进行着为向美、英、中、荷四国发动劫掠性进攻而做准备的模拟演习之际，美国不论官方和民间都贬低了远东战争的威胁。

当然，华盛顿的许多人认识到，他们必须处理全球问题，因此他们不能也不会忽略太平洋，但当时的注意力集中在菲律宾，而不是在夏威夷。正如我们已看到的，到1941年夏末时，一些因素使得陆军和海军重新审察长期以来一直认定的前提：菲律宾守不住。这样做的一个原因是，希特勒在进攻苏联上的大失误，战争的这个新阶段不仅减轻了西欧的压力，而且也使亚洲的日本摆脱了束缚。

再者，重新任命麦克阿瑟为美国远东陆军司令，是华盛顿能动地解决菲律宾防御问题的信号。麦克阿瑟是最后一位仅仅为了承担已经输掉比赛的冠军角色而重新穿上制服的人。

首先，集中表现在性能优良切实可用的远程轰炸机B—17上的1941年军事航空技术的提高，给一切军事计划增加了一维新的空间。一支庞大的这种机群，可以封锁南中国海。因其远航能力，B−17能够轻而易举地飞过日本的前沿阵地。

斯廷森对这种飞行堡垒的热情是无边的。9月12日，他看到在康斯坦丁·欧曼斯基大使和两位来访问的苏联空军高级将领的强烈要求下，被这件事的浪漫色彩引起兴趣的罗斯福许诺给苏联代表团5架飞行堡垒，作为让德国看到的某种象征飞回去，他感到厌恶。

这位陆军部长心痛自己的损失，因为5架轰炸机对苏联的胜利起不了什么作用，但对菲律宾就至关重要了。斯廷森不仅爱他的B−17，而且作为前菲律宾高级专员也对那里特别关心。他向内阁解释了自己的想法，罗斯福显出悔悟之色，但事情已经做了。它显示出个人做主的结果——罗斯福接见了这些人，并且在没有和空军或陆军参谋长或斯廷森事先就这件事协商，就做出了许诺。罗斯福的失去自制以及不经协商就慷慨赠予的习惯，可能是由于内阁对罗斯福—近卫会晤表现冷淡所致。

对待菲律宾防御的新的主动办法，并未引起政策上多大的变化，而只是一种承认现状。“政策”意即故意的选择，美国绝不是把菲律宾从缺乏关心上一笔勾销，而是在后勤供应上没有能力支持这点。无论当时还是后来，许多人认为，对于保护这个英联邦的最近活跃起来的姿态，代表了一种愿望而不是真正的评价，正在大量运往菲律宾的物资应该去夏威夷。

然而，马歇尔相信，大约在3月底，夏威夷的保卫者们“已按照对他们的要求做好了适当的准备……我们已按我们认为是可能装备的给他们装备了，按我们认为必须指示的，指示了驻守夏威夷的部队。我们现在正在努力满足麦克阿瑟将军的紧急要求”。

正发生一个方向上的大转变，再次要求重新考虑金梅尔的使命和处境。在春季派大约四分之一太平洋舰队的兵力去大西洋的决定的一部分根据，是可用飞行堡垒来防御夏威夷[①]，但现在这些飞机要去菲律宾，只给瓦胡岛留下象征性的数量。无怪罗斯福9月11日的广播讲话立即促使金梅尔在第二天就给斯塔克写信，要求澄清，并提出了他自己的几条新的设想：

我们全体以极大的兴趣收听了总统的讲话。根据讲话内容和我们有复印件的对我们的命令，大西洋的形势比较清楚，但是，太平洋怎么办？

这种不明确，再加上目前关于美日建立友好关系的谣传和总统讲演中没有特别提到太平洋，使我们对远在这里的我们的形势有些疑惑不定。具体的问题是：

（a）对除大西洋和西南太平洋区域之外的区域，应发出什么样的开火的命令？

（b）同一方面的问题，但更特指与日本有关，是在珍珠港外和附近海域碰到潜艇怎么办？正如您所知道的，我们目前的命令是追踪所有遇到的潜艇，但不轰炸它，除非……在防卫海区。我们现在应该不用等待受到攻击就轰炸遇到的潜艇吗？

把这些恼人的问题扔给斯塔克后，金梅尔向自己的主要问题发起了进攻——在世界形势中，他自己指挥的部队所处的地位。

总统讲话中对大西洋的强调，也引起了可能会进一步削弱这里舰队的疑问。一支强大的太平洋舰队，无疑是对日本的一个威慑力量，一支弱小的舰队也许会引来日本人。我不能不做出这样的结论：维持远在这里的现状，几乎完全是这支舰队实力的问题，它绝不能被减弱。并且，在实际开战的情况下，如果我们要采取大胆的进攻行动的话，它还必须被加强。

这里，金梅尔再一次十分清楚地表明，他不认为他的舰队是分配去保卫夏威夷各岛或任何其他地方，除非这种保卫是来自在海上胜利的自然结果。对金梅尔来说，太平洋舰队是一旦与日本开战，他将主动发起的“大胆进攻行动”的工具。因此，他要求对他的舰队特别给予关注和增强，建议战列舰北卡罗来纳号和华盛顿号调回太平

---

①参见第十四章。

洋，“这将对日本有极大的影响，并将消除任何所有（金梅尔用斜体字）我们的考虑都在大西洋上的印象……”

在这点上，金梅尔的逻辑完全离了谱，因为战列舰作为威慑力量的日子（如果有的话）早已过去了。日本不顾地狱、海上风暴或是美国的战舰，已决定入侵南方地区。实际上，在珍珠港再增加两艘战列舰，只能引起像源田这种热情的飞行员在期待中咂嘴。

这位美国舰队司令在信的结尾，再次呼吁不要忘记他的区域：“在我们在这里能够保持足够对付日本舰队的兵力之前，我们在太平洋是不安全的——太平洋仍是世界形势的一个重要部分……”

新闻界没有表现出同意金梅尔关心的问题的迹象。按火奴鲁鲁报纸的说法，日本人正在“表现出明显的谨慎，因为他们的陆军和海军把脖子伸长到了危险的脆弱的长度，特别是海军”。德国在苏联的如山样的麻烦，给出足够的证据表明：“比起希特勒正处于顶峰的 1940 年来，太平洋的和平现在不大可能被破坏。”美国本土也是乐观看法，《大西洋宪章报》声称：“没人会怀疑英美目前在远东的部队，能轻易粉碎日本的海军……”

这种自满的态度无疑引起金梅尔的不安。9 月 18 日，星期四，他在火奴鲁鲁皇家夏威夷饭店举行的一次商会午餐会上发表了讲话。他的听众，有像地方政府首脑约瑟夫・B・波银戴克斯特这样的大人物，还有肖特和马丁、派依和哈尔西。稍稍客套了几句之后，金梅尔通过 KGBM 无线电广播电台，发出了激烈的言论。

“我的工作不是制定国家政策，而是使我们的舰队、特别是太平洋舰队达到最有效率的状态。”这样阐明了他的责任之后，金梅尔强调：“甚至比起大陆的美国同胞来，夏威夷人将更本能地对即将到来的战争感到担心。由于他们所处的地理位置，他们更可能会暴露在战争的直接伤害中。”

他指责“夏威夷一直过着轻松的生活”，并且“有些不愿意面对目前的现实”。他让听众对他的海军的想法有一个粗略的了解：“以本地为基地的我们太平洋舰队，不是在这里仅仅为了帮助守卫这个外沿阵地……如果战争不幸地强加给我们，舰队的责任是在重要的海域里击退敌人……但是，舰队迟早总会返回某个基地去补充燃料和物资，进行修理和大的休整。”

这位美国舰队司令，然后提出了重大的警告：“我所指挥的将士们知道我不能容忍做事不彻底，他们知道我不会把愿望当成行动的，他们期望我说话直截了当。让我对你们也同样地直截了当吧！”说完这些之后，他告诉夏威夷人，他们没尽到并躲避了他们的责任，他们“对与目前紧张局势有关的重大事情，采取了含糊的态度……”

对一位当时的军人来说，无疑需要很大的勇气和坚信，才能对在美丽轻松的夏威夷上一群显赫的领导人说这样一番话。金梅尔又转而谈间谍和颠覆活动：“你们之中的每一个人，都必须警惕不要直接或间接地帮助间谍。”同时，他又如他总是正直的那样，警告不要陷入“政治迫害”和人人都“不适当地怀疑”自己的邻居这种危险之中。

金梅尔用呼吁团结和做出牺牲结束了讲话：“我们在平时共同做的准备愈多，我们在战时共同的牺牲愈少。”

有一个阴影笼罩着金梅尔的这些勇敢贴切的话，当那预料不到的事件发生时，没有来得及起锚的不是夏威夷的平民。金梅尔直到死那天也不明白，为什么在他的案子中，他的同胞们不能“把愿望当成行动”。

罗斯福在格里尔讲话的9月11日当天，在迈尔斯送给马歇尔的一份备忘录中，贯穿了一种真正乐观的情绪。裕仁天皇已取得日本陆军总司令部的直接指挥权，并为此公开向内阁致谢。用一种急切心情抓到美国可能会避免卷入太平洋纠纷的一点点迹象，美国陆军情报部乐观地加上自己的看法：“由于已阻止了军人对稳健派的大规模清除，在天皇的行动中似乎不会发生重大事件。很可能是，日本将会寻找一条走出它在历史上最大危机的和平之路，并寻求按反轴心的方向重新调整外交政策的方法。”

在美国全国上下，盛行着对天皇这一行动的推测。实际上，每个人都认为他在承担个人对陆军控制的这一行动中，做了一件勇敢的事。但它的全部意义何在呢？《檀香山广告报》对这一行动一点都不信任：“裕仁取得日本陆军控制权这件事本身……说明不了任何事情。只有陆军相信政策和策略是好的，它才会受控制，否则则不然。天皇至高无上的神话，将会像空军优于海上武装的神话一样突然消失。”

如果说夏威夷防御体系中，有人因日本的这次组织变动（它发生在东京海军大学里举行的图上演习开始的同一天）而放松警惕的话，在当时官方的来往文件中却找不到这种证据。我们发现肖特于12日向陆军部乞求抗轰炸的飞机修理设施：“它对夏威夷空军在对瓦胡岛的进攻发生时保持作战能力，是至关重要的。”

空袭这个主题，也困扰着斯塔克的办公室。作为证据，请看一封9月16日发给负责军械的军官的信。海军作战部长要求研究“一种较轻质的反鱼雷网……它能作为临时器材，在港内快速设置和收起，并且它将能对从飞机上投放的鱼雷起到良好的——如果不是十全十美的话——阻止作用”。

在瓦胡岛，马丁仍在为应付潜在的日本攻击使美国部队做准备。在9月20日，他送给肖特一份及时的备忘录，其中含有联合举行从11月17日至11月22日演习的建议。演习将“继续到敌人的航空母舰舰载飞机攻击了瓦胡岛，并从理论上消灭了在这里现有的空军、海军和海军陆战队各部队……”这种最不使人愉快的前景，表明了马丁的想法里若日本人发起对瓦胡岛连续进攻时可能会发生的事。他建议的演习日期非常令人迷惑，因为星期日——11月16日——和另一个星期日——11月23日——恰恰是当时日本人正在考虑的发动他们出其不意攻击的日子。

马丁考虑了双重目的。第一，看看自己的轰炸机部队是否能在指定的外海域发现并摧毁敌人；第二，看看扮演日本角色的美国航空母舰是否能成功地偷偷地到达目标。他计划进行整体规模的演习，使用新的临时的防空雷达警报装置。和东京的模拟演习截然不同，马丁不想让自己的部队有轻松的事情。作为证据，请看他的备忘录的最后一段：

7. 我们极力主张，不要对此次演习的任何一部分进行“装罐”或采取固定模式。我们主张，驶向瓦胡岛的航空母舰使用在实战条件下能够使用的所有隐蔽入侵的战术……用于反击航空母舰的部队，将由所有的具有达到目标航程的轰炸机和巡逻机组成。

正当马丁计划着他的演习时，在华盛顿，斯塔克用惨淡的目光注视着国际舞台。在22日，他给马尼拉的哈特写了封长信，同时给了金梅尔一份复印件。信中说：“只要牵涉到大西洋，我们都全力（如果不是实际上的话）以赴……”在这点上，他写了3页纸。然后，又怀疑地说道：“赫尔先生还没有放弃与日本达成一项满意地解决分歧的希望。按我的判断，这种解决的机会很小。野村将军正在努力劝说他的政府，虽然他似乎取得一些（斯塔克用斜体字）效果，我仍是不轻信的。”

但在最高的政府一级里，注意力仍然集中在大西洋，没人比罗斯福和斯廷森更清楚那个区域的重要性，以及美国实际上与德国开战迫在眉睫。但是，他们两个对待未来的态度不同。斯廷森作为被任命的而不是被选举的官员，不像罗斯福那样关心公众意见，而罗斯福对选民的脉搏总是敏感的。斯廷森想让美国参战，他不是嗜血的人，无奈目前这种含糊不清的形势冒犯了他的正直，他宁愿他的国家承认当前的现实，停止在词义上搪塞，他也相信“进入明确的战争状态，将大大地促进生产，改变人民的精神状态……”

斯塔克于9月23日回答了金梅尔9月12日提出的问题中的一些问题：

目前的命令，即排除在防卫海区之内不轰炸可疑潜艇，是适当的。如果确证（我重复确证）表明：日本潜艇实际进入或临近了美国的领域，那么针对这些潜艇采取强硬的警告和战争行动的威胁，将似乎是我们下一步的行动。请随时让我们了解情况。

除了在彩虹5号计划中规定的之外，我们没有进一步削减太平洋舰队的打算……太平洋现存的力量，是所有能拿出来给你的舰队的力量。新的建造工程要在明年才可能感觉得到。

斯塔克然后概括了预计从1941年12月底到1942年初增强英国人的计划："这些……应使日本人南进的行动更加困难，假如日本到那时还没有开始行动的话，它应使日本人在行动之前再三考虑。"最后这句话，含有这个问题痛苦的核心，定于12月底对英国援助的增强，不能阻止日本军队在12月初的进军。

斯塔克毁灭了金梅尔要求得到北卡罗来纳号和华盛顿号的企求。这两艘军舰当时还没有建成，而且对它们的需要程度，"在大西洋比在太平洋大得多"。他又抱有希望地说："我相信，即便比起整个日本舰队来要弱得多，太平洋舰队多半能有效地成功地作战。日本舰队只能在克服巨大困难的情况下，方可集中在一个地区。"斯塔克会很快发现，这潜在的敌人将会怎样快，并怎样有能力同时集中在几个地区。

这位海军作战部长常常在信的又及中，写下他的一些最令人感兴趣的想法。在给金梅尔的这封信的又及中，他写道：

在写这封信中间，我曾停下来和赫尔先生谈过一次话，他要我对谈话内容极端保密。我可以以这样的说法来总结：与日本的对话，实际上已陷入了死胡同（斯塔克用斜体字）。依我看，在日本和中国达成某种协议——目前看来是如何的遥远——之前，我们绝不能在远东解决和平……

写到这里，斯塔克仍未发出这封信。在9月29日，他又加上了第二段又及：

今天上午，野村将军来看我，我们谈了大约一小时。他通常是在开始感到智穷力竭时来看我。在接近尾声时，没有更多的办法了……无结果的对话不能永远继续下去。如果对话失败，看来局势只可能更紧张。我和赫尔先生又谈了一次，我想他将会再进行一次努力……如果有什么重要情况的话，我当然会急于让你知道的。

目前对野村的压力，已完全足以使他发狂了，更不用说这种压力已涉及他的朋友关系了。在 26 日，他收到丰田的一封电报，表明他的上司怀疑他篡改了东京的指示："……我很容易看出，在有关谈判的事情上，您的尊贵的观点不是不经常地与我的不一致……这是一件非常认真的事情，我一直在谨慎地小心地处理。因此，我希望再次告诫您，不要在没有首先和我商议之前，添加或去掉一丁点您个人的想法……"

外务省不满足于只把野村派去执行一项实际上不可能的使命，现在还要把他急忙赶入一条外交上的窄路，似乎是害怕他也许会不管外务省的努力而成功一样。正当灵活性是最紧要的时候，丰田却把它从野村手中拿走。

三国条约的第一个周年纪念日，对近卫和丰田不祥地隐现出来。近卫非常想要两边的最好结果——回到和美国的有益的经济关系，并维持与轴心的牢固的联系。丰田则对他认为野村表现出来的对周年纪念的"缺乏关心"感到烦恼。格鲁对此表示了理所当然的吃惊：丰田"没有向日本驻华盛顿大使转达他本人对这一点的关心。"可能的情况是，由于自身对三国条约的厌恶，野村低估了在日本的倾向轴心的感情。8 月 28 日，他告诉过赫尔：在日本和轴心的关系上不存在着困难，由于日本人把与轴心结盟看成仅仅是名义上的，不能想象出他的人民会为了德国的缘故，而准备和美国打仗。

卍字旗和法西斯的阴影笼罩着丰田，他于 9 月 28 日给野村的电报渗出了紧迫感。电报中说，他已通告格鲁："我希望再次强调，缔结三国条约的第一个周年纪念日是个转折点，并且这次更严重……因为最近几天以来，一个旨在加强轴心的运动正在进行之中，而且公众的心理正在朝这方面转。"他又急忙加上："这并不完全意味着现政府的权力在衰退，也不意味着反美的宣传增强了他们的地位。"如果不是，他的意思是什么？也许丰田本人也说不清他当时的想法。

9 月 29 日，井口发了一份长电给外务省美国局局长寺崎太郎，说明了他对讨论中的进展的看法。德劳特神父曾告诫过他："日本政府圈子感到，美国绝没有理由不接受最近的提议。事实是，她之所以没有这样做，一定是由于来自某些华盛顿的干扰，如华尔士电报。"

很难理解华尔士主教怎么可能看到日本的提议，并对华盛顿没有急忙表示接受感到不解呢？或是他的日本朋友们对他不那么坦率，或是像法国人说的那样，他天真得使人担心。了解自己业务的井口，直截了当地说："绝不可能是美国人有任何从已达成的立场后退的打算。"

甚至丰田在其 9 月 28 日给野村的电报中，也承认"一名显赫的海军大将和一名显赫的陆军大将"出现在随员名单中，"使美国人怀疑有敌意的军人在我们头顶上举着鞭子”。但他又说：“然而，近卫首相和现政府的整体性，必须百分之百地可靠。美国大使一定早已向他的政府通告了近卫公爵的可信赖性。”

格鲁的确已做到这点。但这种估计，和近卫的实际之间，还差着几千英里呢。赫尔及其顾问们，早已对这位首相的“可信赖性”形成了他们自己的看法。

第三十一章
重大的和不祥的变化

美国海军和陆军情报部门都不相信珍珠港将被攻击

当 1941 年夏季立花止海军少佐被山姆大叔有力的皮靴踢回日本之后[①]，他在海军军令部情报课里找到了职务。他在东京 9 月举行的模拟演习期间，进入了珍珠港密谋，当时小川向他简单介绍了情况。小川和立花两人都认识到，基于大海战概念的海军情报工作，需要全新的调整，才能满足山本战略的要求。

从仔细研究当地报纸以及来自火奴鲁鲁领事馆的情报，显出了一种活动模式：美国舰队在星期一或星期二离港，在星期六或星期日返回。通过监听美国军舰和舰载飞机的无线电信号，日本人得出结论：敌人舰队通常在距珍珠港 45 分钟飞行距离的地方活动。

但是，为了成功地攻击金梅尔的舰队，日本人需要它们什么时候在港内的精确的

①参见第十八章。

情报。“关键在于，”立花回忆道，“至少提前两周精确地预测在预定的攻击日美国舰队是否在港，发现珍珠港四周巡逻的情况，让攻击珍珠港的空军机组人员熟悉夏威夷地区的地形和美国军舰的形状，以及迅速建立起能够提供及时情报的稳定的和后备的情报渠道。”

因而，在9月24日应海军情报机关的要求，日本外相给火奴鲁鲁领事馆发了一份迄今为止最重要的电报。第八十三号“绝密”电报清楚地反映了一种新的意向：

望你处今后尽可能按下列要求，发来关于舰艇的报告：

1. 珍珠港水域大致可分为5个小水域（但你处不妨尽可能作简要报告）：

A水域———指福特岛和海军工厂之间的水域；

B水域———指靠近福特岛南部与西部的水域，即与A水域相反的一侧；

C水域———指东海湾；

D水域———指中部海湾；

E水域———指西海湾及通过海湾的各航道。

2. 关于战列舰及航空母舰，希望首先报告停泊中的，其次报告系留于码头和浮标上的，以及正在进入船坞的（简单标出舰艇型号和种类，如有两艘军舰并列停靠在同一码头时，尽可能将其详情注明）。

事实上，这份电报把珍珠港分成了无形的格子，吉川及其助手们能够在格子上标明每一艘军舰的具体停泊位置。在此之前，东京主要对美国舰队的运动感兴趣。现在，海军也要关于军舰准确位置的精确情报。这封电报成为有名的“炸弹弹着点标示图”。我们为了方便起见，将用这个名称来指它。

由于众多的原因，美国陆军部在10月9日才译出这份电报。当它到达情报部鲁福斯·C·布莱顿上校之手时，引起了他的注意，正像它本该的那样。日本人还没有在其他地方建立相当于格子的系统来报告军舰在港与否和位置。

布莱顿认为：“日本人对火奴鲁鲁的港口表现出了不寻常的兴趣。”但他的上司迈尔斯将军却看不出有什么值得大惊小怪的。迈尔斯把这封电报看成是有关美国舰队行动的日本正常电讯的一部分，也许这类情报可以向日本人提供金梅尔打算什么时候率领舰队出海的线索，甚至东京想要知道当两艘和多艘军舰并排停靠在一个码头上时，也许意味着至少里面的军舰不能很快出来……像外面的军舰一样……迈尔斯认为，这份电报最多意味着，日本人打算对这些军舰进行潜艇攻击。

总之，对这些主要与舰队有关的电报的评估，是海军情报办公室的主要责任。布莱顿及其远东科总是比迈尔斯更高地估计与日本开战的可能性。他们认为他们面临的魔鬼是大魔鬼，这对他们说来是自然而然的了。

布莱顿把这份电报按手续送给斯廷森、马歇尔和作战计划部的头儿——陆军准将赖纳德·T·吉路。电报在这些高层人物中，也没有激起一点点兴趣。布莱顿仍被这份电报的罪恶的重要性所困扰，几次和海军情报部门中他的同行讨论了这件事。他们把它解释成或者是“用字母或数字代替整个句子”的“一种减少无线电通讯量的手段”，或者是“对像在珍珠港中的这类军舰进行破坏活动的一个计划”。有的人认为，它可能是一个用潜艇或飞机进攻的计划。但是，海军界的朋友们向布莱顿保证：“在多数情况下，当有紧急情况出现时，舰队将不在那里。所以，对日本领事馆来说，这是一种时间和精力的浪费。”

即使认为夏威夷处于迫在眉睫的危险之中，布莱顿也没有权向夏威夷陆军部队提出警告。虽然他确信与日之战不可避免，但他认为日本“自行其是地故意进攻一个美国的军事基地”是不合乎逻辑的。

有两副手铐束缚着布莱顿的手：情报部的职能是侦探，不能向海外驻军发出会引起不经作战部批准的战术反响的情报，并且不准发出任何基于“魔术”的情报，因为海军不信任陆军的情报网。有时，布莱顿试图过摆脱束缚，但却为这种热情付出了代价。

海军情报办公室的克莱莫中校通过海军渠道，向海军情报部门的领导、作战计划部门的领导、斯塔克、诺克斯和白宫快速传递着“炸弹弹着点标示图”电报。克莱莫把这份电报看成是日本人为简化通讯和降低成本的企图，认为值得打上一个星号（指“有兴趣的消息”），但不值得打上两个星（指“特别重要或紧急消息”）。他也准备了一份摘要或是封页，上面简写道：“东京指示对珍珠港的军舰专门报告，为了表明精确位置，分成 5 个区域。”此外，还把这份电报连同封页送给哈特。克莱莫有这种印象，即金梅尔也收到了它，因为“所有送给亚洲舰队司令的情报，都要送给或是作为行动收件人，或是作为情报收件人的金梅尔”。事实上，金梅尔一直没收到。

克莱莫在海军情报部门中的上司表露出一些兴趣，但不是太多。正巧，当处理这份电报时，将于 9 月 15 日上任的海军情报办公室的新主任狄奥多尔·S·威尔金森正在这里。海军认为威尔金森是个有才气的人，但他对海军情报工作不熟悉。然而，他的一些重要下属并不赞成这种对他不利的意见。海军情报办公室主任的任免不是按常规的。“依我之见，他有一个深谋远虑的头脑。”麦高伦作证时说，又机敏地加上，

“他几乎总是立刻接受我的建议。”

后来，威尔金森模糊地记得和一名或几名军官说过：“日本人似乎对珍珠港的部署非常感兴趣，并且……那就是他们情报工作的精细之处的证据。”他没有建议把这份电报发送珍珠港，也不记得就这个问题进行过讨论。他解释说：“……我们没有认识到它是特指攻击珍珠港的，并且……当时我们非常嫉妒这种密码的保密性以及我们正在破译这种密码……”加之，他相信金梅尔知道他的舰队处于经常的被刺探之中。对威尔金森来说，“专门要求把珍珠港分成几个区域……一直是对那里情报工作的另一个细致的要求”。

当“炸弹弹着点标示图”电报在传阅时，海军情报办公室的远东科科长麦高伦中校不在华盛顿。他 10 月 16 日才从欧洲回到自己的办公室，不记得当时就看到那份电报，即便是看到了，在他脑子里也没有留下太多的印象。他相信，日本外相给喜多发了“关于所需情报类型的明确的指示，比给西海岸其他重要日本领事馆的指示要详细得多，因为喜多在自己的领事馆中没有日本海军情报军官”。显然，麦高伦不知道喜多的一秘森村实际上是吉川猛夫，一名海军情报官。

麦高伦认为，即使自己看过这份电报，他也会像克莱莫那样，把它考虑成了“减少常用的大量的报告用语……日本人对这不喜欢……”的一种努力。他也会认为，军舰在珍珠港内的哪个位置和如何锚泊，“也可以解释成舰队准备行动快慢的一种指示”，有点像试图用画出消防队员铺位图的方法，来确定消防队能够多么快地对火警做出反应。

测定一支舰队多快可以出击的方法，是在其行动时对它计时，吉川已进行过多次。在这样的事情中，“迂回的”东方思想方法。比西方的要直截了当得多。美国的情报军官们——每个人都是聪明的和献身于事业的——如此忙于修剪“炸弹弹着点标示图”电报，使其适合于强行一致的先入为主的概念，以至于忽略了它明显的重要意义。

这份电报也没有给斯塔克留下任何印象。他记不得曾看过它，他承认即便看过，也会把它判断为“他们（日本人）注意细节的又一个例子”，给这种错误理解和先验的巫师的饮料中，又加上一种新的调料。斯塔克相信：金梅尔有“破译这些外交及军事电讯的设备和经过训练的人员……”他曾“两三次询问过”当这些电报到来时，金梅尔是否能够看到，并“得到了肯定的答复”。

斯塔克就这个问题征询意见的人，是作战计划处主任特纳。他又接着把这个问题拿去问海军通信部主任诺伊斯。特纳后来作证时说：“每次我都得到保证的答复说，那位司令得到的情报，像我们得到的一样多。就我所知，他比我们还早得到这些。”特纳相信这些情报，也包括了“魔术”。这就是他为什么“没有向那位司令官通告这些电报内容”的原因。

然而，诺伊斯则否认曾告诉过特纳说金梅尔正在破译这些电讯。“我从未宣称过珍珠港能够翻译所有的密码。”他作证时说。

当特纳把这样的答案告诉斯塔克后，这位海军作战部长认为没有必要就此事再去问更多的人。人们当然要问：为什么斯塔克不去问诺伊斯或是威尔金森的前任基尔克？他们是与此问题有更直接关系的和特纳同级的负责人。这是一个当从第二手消息来获取重要信息时，出现误解的典型例子。但是，斯塔克强调指出，他相信金梅尔可以得到“魔术”的情报，但并未影响他送给前沿司令官们的情报内容。他承认，让他们了解“主要趋势和与他们高度有关的情报”，是他的责任。“炸弹弹着点标示图”确定无疑地属于这一类。

后来，特纳又声称，他“不记得当时看过”这份“炸弹弹着点标示图”电报，也不知道为什么没看到它的原因。他认为，如果他能向威尔金森或有可能的话向英格索尔议及此事，将会大大地改变对珍珠港的认识，但他“不会就这个问题主动发出任何文电……”他认为这是海军情报办公室的责任。

当在开战很久之后，发现华盛顿手上有如此重要的情报却没有送给他们时，肖特和金梅尔两人都感到非常痛心。肖特作证说：

即使陆军部的情报部可能不感到有义务让我了解日本人对我们舰队进行刺探的日常活动，他们也一定得让我知道日本人正对珍珠港内的军舰的精确位置收集报告……因为这样的详细情报，只能用于敌人的破坏活动，或空中或潜艇的对夏威夷的攻击……这封电报认真分析起来，是一份真正的对珍珠港轰炸计划。

金梅尔同意肖特的意见，而且用强烈得多的语言来表达。他认为日本对美国舰队活动感兴趣的“一般方式”，是预计到的“传统的间谍活动”。但是，他陈述道：

根据 9 月 24 日电报和后来的一些电报可以看出，在日本政府寻求和获得的情报的性质上，有一个重大的和不祥的变化……它不仅仅是指向确定我们舰队的军舰在哪里的一般情况，它还指向舰队的每艘军舰的在与不在，指向每艘军舰在某个具体的位置……这些日本人的指示和报告，表明了日本要对珍珠港的军舰进行攻击。下这么大力气要求细致搞来的情报，从军事的观点，不可能有其他可设想得出来的用途……而当军舰离开了其被报告的在港内的停泊位置之后，这种情报的应用价值就失去了。

……没人比我更有权利知道：日本已把珍珠港分割成一些子区，并且正在寻求和接收我们舰队的军舰在港内的精确停泊位置的报告……

他已收到了格鲁的 1941 年 1 月的报告，那份报告再加上海军的文件，让人确信：似乎没有这种日本的攻击是“在可预见到的将来迫在眉睫的和被计划了的”。他相信 9 月 24 日的电报表明了有这种动向，因而“完全改变了以前给他的情报和告诫”。金梅尔进一步宣称：

这些截获到的日本电讯的内容，将从根本上改变我和我的参谋们对局势做出的估计……知道了日本可能进攻珍珠港，提供了在其来夏威夷途中伏击日本攻击部队的机会，也会建议为此集中我们的兵力……

迈尔斯反驳道：这份电报如果“单独考虑的话，有巨大的军事价值，但是不能孤立地考虑它……它是日本企图追踪我们海军舰只，发往全世界各地的无数电报之一”。迈尔斯的错误看法（显然，他的看过这封电报的同事们也同样这样看），表明华盛顿并没有抓住日本电报的主流，和第八十三号电报之间的强烈不同之处。无论是单独考虑还是和其他一起考虑，这份“炸弹弹着点标示图”电报都有自己的分量。后来，当被质问要求发另一封这种电报时，海军情报部不得不承认：“如果你认为把港区分成小块没有特殊意义，那么据我所知，还没有发这种电报的。”他们也承认：这不是“军舰动向的报告”，而“主要是为了报告美国战舰的存在与否，把珍珠港的水域分成方便的小区的电报”。

针对进攻珍珠港的防御是多年来一切计划、演习、灯火管制以及各种报告的基本出发点。对这种危险的意识始终出现在 1940 年下半年和 1941 年上半年的高层军事和政府官员的通讯之中。它形成了马丁—贝林格 3 月 31 日报告和在 8 月末送到华盛顿的法邢报告的基础。美国已向夏威夷各岛特别是瓦胡岛倾入了大量人力物力，如果不是准备对付与日之战和日本海军对珍珠港的进攻的话，这些做法的目的何在呢？

单单截收“炸弹弹着点标示图”电报本身，并不能证明日本打算进攻珍珠港，但与跟在它后面的来自东京和火奴鲁鲁领事馆的电报一起，也许会给金梅尔和肖特某些线索。华盛顿看来不重要的情报，在夏威夷看来，也许会很不同了。但是，估价和分发这类情报是华盛顿的陆海军参谋人员负责的工作，他们没能适当地估价，他们也没有把这些分发到与之主要有关的地方——金梅尔和肖特那里。但是，仍没有证据证明华盛顿完全正确估价“炸弹弹着点标示图”电报会改变整个历史进程，因为金梅尔和肖特将会怎样处理它，还是需要猜测的事。

收到“炸弹弹着点标示图”电报，在日本驻火奴鲁鲁领事馆中引起了很大的激动。它加强了吉川隐现出的这种信念：他们国家计划了某种形式的对珍珠港的进攻，甚至可能会是派部队登陆。随着夏秋季紧张局势的加剧，他和喜多讨论了空袭珍珠港的可能性，虽然谁都不敢有把握地相信，这就是他们收集情报的主要目的。然而，根据东京要的材料，他们设想这种进攻是会到来的。

喜多于 9 月 29 日对第八十三号电报（“炸弹弹着点标示图”）做了回答，并建议以下的改进：

> 今后决定使用如下符号来指示舰艇停泊区域：
>
> 1.KS——海军工厂内的修理船坞；
>
> 2.KT——第十、第十一码头；
>
> 3.FV——福特岛附近的系留锚泊地；
>
> 4.FG——福特岛的横靠码头（东侧与西侧分别用 A 和 B 区别）。

美国海军在 10 月 10 日翻译出了这封电报——刚好比陆军译出第八十三号电报晚一天。这样，华盛顿有了一次更进一步的机会，来搞清日本在瓦胡岛间谍活动更多的意义。但在官方的珍珠港事件听证会上，看不到任何有人把这两封电报联系起来考虑的迹象。

到 9 月时，吉川已搜集到了他能搜集的一切有关珍珠港军事设施的情报，他不再浪费时间来搜集统计数据，在码头边挤作一团的军舰已成为他的老相识。因此，在使他的情报去适合修改过的“炸弹弹着点标示图”的要求方面，他没有什么困难，他过去的调查加上他的现场经验，使他对军事形势的变化很敏感。

他在分散在许多周里的多次旅行中，侦察了珍珠港以外的许多地区。三上记得，曾多次带他去瓦胡岛的上风向去，有时只他们两人，有时和琴城户一起去。在这些旅行中，吉川命令三上沿着科克卡希路走，在这条路上可以很好地观察卡尼奥赫海军航空站。这位间谍和他的忠实的司机，两次去了几乎在瓦胡岛中心的瓦希阿瓦，那里十分方便地靠近斯科菲尔德军营和惠勒机场。在其中一次，吉川试图进入斯科菲尔德军营，但大门的卫兵拒绝他们进入，因为三上的出租汽车没有合适的车牌。

在秋初，吉川把他的“观光活动”从公共汽车和小汽车扩展到了空中。他套上一件最鲜艳的夏威夷式运动衫，带着一名艺妓做了次瓦胡岛上空的飞行旅游。在这次旅行中，他可以看到惠勒机场，并观察跑道的数目和方向。他们的飞机在接近南岸处向东转弯，越过伊瓦和珍珠港北端。军事安全限制规定，禁止观光飞机飞越珍珠港，但吉川清楚地看到了各个泊位和希卡姆机场。在他对惠勒和希卡姆两个机场的鸟瞰中，他数了飞机库数目来估计飞机架数。这架小型观光飞机又飞到艾伊东边，折回火奴鲁鲁，整个飞行过程用了不超过 20 或 30 分钟。

这次旅行，给了吉川关于瓦胡岛总体形状第一手的空中情报。对曾被证明是难啃的核桃的希卡姆机场的一瞥，以及对珍珠港的空中（虽然是有限的）观察，向他显示了在瓦胡岛附近的驱逐舰和其他舰只在哪里巡航。也许最有价值的是，它证实了他从地面上观察的精确度。

日本人正在对陆海军进行间谍活动这件事对美国人来说并不新鲜。但是，他们“没有办法去阻止它”。威尔金森后来作证时说：“我们不能检查邮件，我们不能检查电报，我们不能禁止拍照，我们不能逮捕可疑的日本人，我们不能采取任何措施来制止他们。并且，大家都知道间谍活动一直在正常进行，报告一直在送回日本。”

对于这种不幸的情况，华盛顿的几名政治领袖渴望做点什么？在珍珠港故事中，另一个有讽刺意义的是：与日本人加强他们在谍报战线上的活动的同时，依阿华州的参议员盖·M·吉勒特和得克萨斯州的众议员马丁·戴斯计划要调查日本的颠覆活动，两人都已对这个问题感兴趣一段时间了，两人都对这个问题仔细调查过，都被他们的发现惊骇了，并都认为应立即采取行动。更有甚者，两人的方向都对。

作为非美活动委员会主席，戴斯主要对美国的共产主义阴谋活动感兴趣，但他也指导着一项对日本的宣传和间谍活动的调查。到 8 月份时，戴斯及其委员会已积累了足够的证据，表明日本的颠覆活动构成了对美国的真正威胁。为了唤起全体美国人民的紧迫危机感，他安排了 52 名证人于 1941 年 9 月初到华盛顿举行公众听证会。

在开会之前，他于 8 月 27 日写信给检查长，要求确实搞清楚这次听证会是否“从与日本人有关的行政管理的观点来看，是合适的”。9 月 8 日，代理检察长马休·F·麦吉尔答复说，总统、国务卿和检察长都强烈感到：“像您考虑的这样的听证会，是不可取的。”

但戴斯没有把麦吉尔的信当作最后结论，继续去鼓动政府的执行部门。和总统谈了之后，戴斯回到自己的办公室，又给赫尔打电话，重复他和总统谈话的内容。国务卿同意：太平洋局势看起来是阴暗的，但他担心这种调查会打乱当时正在东京和华盛顿之间进行的外交谈判，他也清楚美国对太平洋战争还没准备好。据戴斯说，他告诉过罗斯福，也告诉过赫尔，他的委员会将遵从行政部门的意愿。

于是，在 9 月 21 日的美国新闻中报道了这件事：戴斯委员会的“对日本颠覆活动进行彻底调查”的计划已被取消。然而，在前一天，戴斯告诉过新闻记者：“在这个国家里，日本的潜在的间谍系统比德国梦想的在法治国家中的还要大。”他又说：“当战事起来时，这是一支必须考虑的极大的力量。”

过了不到两周，参议员吉勒特采取了行动。在 10 月 2 日，他和科罗拉多州的参议员爱德文・C・约翰逊一起，搞成了一项参议院决议，要求调查日本的颠覆活动。他特别引用了“在夏威夷和美国西部的日本领事馆的间谍活动”。

除了日本人之外，没人知道吉勒特的话是如何接近靶心。10 月 3 日，喜多谈到吉勒特的声称时说，它是非官方的谣言。他还坚持道：“我不知道参议员吉勒特说到的任何颠覆活动。”这也包括了对他自己的开脱。“这里的日本领事馆没有从事任何这类活动……因此，我看不到为什么这个领事馆要受调查的理由。”

喜多用不着担心。吉勒特提议的调查很快就与国务院发生了冲突。10 月 11 日（甚至正当“炸弹弹着点标示图”电报在华盛顿传阅时），赫尔告诉吉勒特，他强烈反对议会对日本领事馆官员进行调查，以免这种行动会干扰敏感的日美外交谈判。鉴于两国之间的紧张关系和国际局势的严峻，他不能同意会激怒日本或甚至会刺激它采取行动的措施，因此他求吉勒特放弃这件事。“参议员先生，”他乞求道，“我求您——不要摇动这条小船！”和戴斯一样，吉勒特服从了这位国务卿的意愿。

赫尔向新闻界证实他和吉勒特“交换了情况”，但由于他是如斯廷森所称的那种“小心谨慎不泄露秘密的老家伙”，拒绝透露“是否赞同了这位参议员的提议”。不过，记者们感觉出：赫尔“不希望目前干任何会在日本和本国之间激起恶感的事”。

到这时，喜多已比较有把握地相信，不会有调查来倾翻他的间谍苹果车了。他为本地日本人也说了一些好话，于 10 月 16 日向记者说：“这里对声称的反美活动的调查将会证明，夏威夷的所有日本人都是本地忠实的居民。”这样，正像在 6 月的立花案件和 9 月的戴斯委员会提议一样，白宫和国务院为了避免触怒日本，再次远离了他们的道路。戴斯在 1942 年 1 月的一次众议院会上讲话时，声称：假如在 9 月份他的委员会被“允许揭露这些事实……关于日本的间谍和颠覆活动”的话，“珍珠港的悲剧可能会避免”。吉勒特也告诉我们：“如果进行了调查，很可能日本人不会再有胆在 1941 年 12 月 7 日进攻我们。”

两人都可能是错的，或者也可能是对的。草鹿写道：连续不断地获得有关敌人的情报，是执行这次攻击中要解决的 4 个主要问题之一。切断他们在夏威夷的主要情报来源，很可能会坚定日本海军军令部的决心，使它拒绝山本把计划执行到底。的确，如果山本不是依靠最新的情报，而只是靠侥幸在珍珠港内找到金梅尔的舰队的话，他本人也很可能会却步不前的。

第三十二章
不管代价多大

日本联合舰队第一航空舰队参谋长草鹿龙之介

9 月底的一天，渊田在鹿儿岛指挥岗位上伸展手脚，正在享受几分钟对他十分稀少的休息。一个水兵走来向他报告：“先生，源田中佐刚刚到达，他希望见您。”感到吃惊和高兴的渊田立刻跳起来，急忙去迎接他的这位朋友。

源田很快进入正题：“在日美之间的战争到来时，山本计划攻击珍珠港。”他告诉渊田。他的这位同班同学吃惊得瞪大了眼睛。源田不给渊田时间来消化这一大块生肉：“如果这个计划被批准，”他继续说，“你将是攻击队的飞行队长。”

听到这儿，渊田的许多疑问都有了答案。几乎被这预想不到的荣誉和这大胆的设想搞得不知所措，他结结巴巴地自豪地表示了接受。

透露了这条新闻之后，源田要渊田立刻跟他去赤城号，参加一次参谋会议。在路上，他解释道，虽然总的轮廓已经完成，但还有许多细节问题留待解决，他希望渊田能参加完善作战计划的工作。

两人登上赤城号时，下午的阳光在有明湾上空闪耀。他们进入草鹿的舱房，紧张的气氛使渊田感到遭受到了撞击一样。他看到南云和几个参谋围挤着两张桌子，所有的军官都看着他，似乎在打量他，使他在这种集中评价的目光下，窘迫得发热。

其中的一些人早已对渊田有好印象。草鹿是渊田首次在赤城号上服役时的舰长，他认为渊田是“一名好飞行员和一名优秀的领导人”。源田的得力助手吉冈对渊田的鉴定是：“一位出色的人物，是我所认识的最能与别人相处，并在压力和战火中最镇静和最冷静的人。”

渊田认识南云，但以前没在他手下工作过。虽然充分知晓这位将军在海军中的卓越记录和普遍的知名度，他仍怀疑南云对革命性的第一航空舰队来说，是否是真正理想的领导人，他知道南云不是一位空军将领，对南云的印象是典型的保守派。

这位飞行队长和草鹿交换了尊重对方的鞠躬和笑容，然后草鹿示意渊田到桌前来。一张桌子上放着瓦胡岛的模型，另一张桌子上则放着大比例的珍珠港模型，草鹿向渊田简介了这项计划的背景。“我们想要你开始为此目的的特殊训练。”他着重指出。

接着，源田发起了对鱼雷问题的讨论。他解释说，战列舰沿着福特岛两艘一排地停泊，距港湾仅大约 500 米，此外在港岸上高耸着吊车和其他港口设备，到目前为止，日本还没有不会沉入珍珠港 40 英尺水深的淤泥中的鱼雷，但当技术人员研制合适的鱼雷时，渊田可以领导这种飞行训练。

渊田暗想，他的朋友胃口太大。他想，除了源田，还会有谁会发展这样一个计划，它要求使用一种还没有完善的武器去攻击停在被广誉为攻不破的要塞中的美国太平洋舰队！但他极为尊重他的这位同班同学的远见和无畏精神。再者，渊田本性中有宿命论色彩。他后来写道，他感到“受命运的安排，我总是参加把源田的思想付诸实践的工作”。

南云及其参谋们似乎想要渊田立即对珍珠港计划发表已见，但这对一位新到者来说未免要求过高。渊田在仔细考虑所有牵涉到的因素之前，也不可能接受鱼雷攻击方案，所以他要求看一下珍珠港的地图来补充其模型。吉冈拿来一张地图，渊田看了面前的实际水深数据，然后宣称：“对于用鱼雷攻击美国军舰来说，这太浅了。我建议不要计划这种攻击，因为这不是有效的攻击方法。”所有在场的人又对这个问题推敲了一段时间。草鹿决定，把鱼雷问题暂时搁置起来，让渊田按这个方向训练飞行员，但是不要使人感觉有什么特殊的事情与此有关。

渊田接着把注意力转向自己的基本专业高空轰炸上。“我们不能只靠鱼雷，”他说，“也不能对俯冲轰炸指望太多，因为炸弹太轻，不能穿透美国战列舰的厚装甲。我们必须依靠高空轰炸，不停地训练，直到轰炸员的技术满意为止。”

渊田十分清楚那些几乎把高空轰炸排除在外的所有困难，但他相信鱼雷轰炸的困难不比那些少，即便是日本人能解决造出合用的鱼雷和掌握有效投放技术等难题，他也不能想象美国人会忽略在军舰四周敷设防鱼雷网这项基本的预防措施。源田关于港内没有这种装置的假定，是根据 1941 年 3 月的一份情报。从那时以来，美国人有大量时间来敷设这种网。再者，渊田强调指出，美国人的成排停泊的习惯，意味着仅仅在外停泊的军舰易受鱼雷袭击，所有停泊在内的都将会不受损伤地逃脱，因为俯冲轰炸只能造成相对轻的损伤。

这条建议和源田的想法一致，他提议为了避开高射火力，高空轰炸机应在不低于 5000 米（1.6404 万英尺）的上空飞行。渊田相信，3000 米（9843 英尺）将是能够穿透战列舰的厚装甲、又能允许高命中率的最低高度。“为了保证最大限度的破坏，值得冒这个险。”他说，俯冲轰炸机将对付美国的航空母舰。这个说法也和源田的计划紧密契合，或是令人高兴的巧合，或是故意地（因渊田了解他的源田），渊田使用了“最大限度的破坏”这个他那位朋友心中的关键词。

这时，源田解释了他自己关于任务分配的想法。渊田给整个珍珠港计划带来新的一维空间，从此以后，他和源田组成了一个独一无二的小组。源田，这位富于创造性的天才提供新的想法，而渊田，这位有进取心的活动家，把这些新的想法锻造成真实。源田的头脑是轻剑——如闪光一样在挥舞，锋利灵活致命，而渊田的头脑则是重剑——钝尖的但有锋利的刃，坚固而耐用。

简介完后，草鹿转向渊田，庄严地指示他：“让我重复一遍，这是所有秘密中最机密的。我要求采取一切措施来保守这个秘密，甚至当你的机组人员为此使命进行训练时，也要对他们保密。”

南云在整个讨论过程中很少说话，但他的眼睛一直盯着源田和渊田。他不止一次插话问渊田：“是否一切都 OK？”这时，他又重复这个问题。渊田坦率地回答说：“此时我不能回答，先生，因为一切都取决于从现在开始的训练工作。”

渊田又转向草鹿，思考了一下这位参谋长的话之后，问道：“我可以告诉各组的指挥官，我们的使命吗？如果他们不了解他们正在做什么和他们的目的是什么，他们就不能尽最大的努力。”草鹿认真考虑了这个问题之后，回答说：“可以，但不是现在。过一段时间之后，我们将告诉他们。”草鹿仍希望海军不要从事这项不顾后果的冒险，在决定下来那天前，越少人知道这项计划越好。

南云和草鹿深深担心着的怎样最有效地使用日本海军航空力量这个大问题，也折磨着第十一航空舰队的塚原和大西。南云和塚原是老朋友，江田岛和海军大学的同班同学，他们在海战的战略和战术上许多观点相同。现在，他们一致认为，他们和他们各自的参谋人员的代表，应到一块来讨论他们相互的问题。于是在9月底，南云、草鹿、大石、源田、吉冈和小野代表第一航空舰队去了鹿屋，那里的塚原、大西、高桥再加上一两名其他人代表着第十一航空舰队。

在这里，塚原和他的大多数参谋首次知道攻击珍珠港的计划，塚原的反应是非常明确地反对，他认为这是一种疯狂的赌博，它将吃掉南方作战急需的军舰、飞机和兵员，但除了这项计划影响到他的空中作战外，他没有更深入地涉及它。

在战争情况下，从台湾陆上基地出发作战的第十一航空舰队的直接目标，是尽早地扫除掉美国在菲律宾增长的空中力量，这对日本登陆作战的成功是必需的。塚原特别担心的，是缺乏合适的战斗机来掩护他的轰炸机。零式飞机不能飞行去目标的全部来回航程，因为美国的主要机场在马尼拉地区，加起来超过了500英里的半径。此外，一些这样的空军基地位于台湾轰炸机作战半径之外，摧毁这些机场的任务，也许不得不等到入侵的过程之中，那时将会发生什么没人可以预料。敌人很可能会发动有沉重打击力量的反攻击，或者甚至给日本人重重的打击。而且，塚原还有另一个任务——从印度支那南部对马来亚类似的作战。

在这种情况下，第十一航空舰队希望得到强有力的航空母舰为基地的支持，唯一来源是第一航空舰队，所以塚原找南云借，能分出一些飞机来加强第十一航空舰队吗？经过一些讨论后，南云和草鹿同意了。

主持会议的大西有许多要说的，主要是由于草鹿的劝说，到这时他已对珍珠港冒险有了180度的大转变。草鹿在9月份和大西谈过多次，一开始大西只听草鹿的观点，后来也相信了。当然，其他一些考虑也对大西态度的转变起了作用，作为第十一航空舰队的参谋长，他应主要忠于自己部队的使命。帮助山本为珍珠港计划打基础——隔得很远的工作——是一件事，以损害分配给自己的任务为代价来响应珍珠港计划，则完全是另一回事了。

听到大西发言的吉冈，得出这样的印象，他相信无论怎么干，日本都不可能打赢对美国的太平洋战争。如果日本只限于向南推进，甚至向菲律宾进军的话，美国人会愤怒甚至开仗，但仍留有谈判的余地，然而若是攻击了珍珠港，则会使美国“非常不冷静地发狂”，任何和平的希望都将化为灰烬。

源田却不把大西想成那样悲观，他回忆大西说过，战争对日本将会肯定是极其困难的，因此如果走这一步险着，就必须以钢铁般的决心来干，否则危险将降临日本。相似地，塚原也对战争的最终结局抱着巨大的怀疑，他看不到“对日本来说”，怎样“才能成功地结束”一场长期的战争。

在整个鹿屋会议上，源田没有发言争论。所有高级别的人都明显坚定地反对珍珠港计划，源田不至于傻到把精力浪费在去撞砖墙。但在他那沉默的有礼貌的假面具后面，他对剥了第一航空舰队的衣服去给第十一航空舰队穿感到苦恼不安，他认为这样做定将极大地伤害珍珠港作战。

这次鹿屋会议，加强了第十一航空舰队的这种信念：在它对菲律宾的作战中，需要大批的航空母舰舰载战斗机的支持。讨论也尖锐地表明，缺乏对珍珠港计划的实际称赞。作为这次会议的主要结果，草鹿和大西决心带着对这项有害计划的反对去直接面对山本。因此，草鹿要求南云同意自己去和山本谈。南云轻易地答应了，因为他担心这项计划会变成一个高代价的大错误。在模拟演习期间，他就曾表示“应向山本提出适当的建议”。塚原批准大西和草鹿一起去进行这项任务。

假如这两位在出发时感到某些内心的颤抖，谁又能责备他们呢？山本高居于联合舰队的头上，像尼普顿海神一样，只能去讨好，而不能去惹的。但为了日本，草鹿在必要时也会用自己的草耙去和这位魔鬼作战。在秋初的这一天，这需要他自己全部的勇气，他知道山本对进攻珍珠港早在几个月前就下了死决心了。

草鹿也知道，山本对他的个人感情和对大西的个人感情不同。“山本非常喜欢大西，因为大西非常坦率。”战后，草鹿解释说，“山本也喜欢我，但方式不同，更准确地说是他赞慕我——我的清教主义和我的品行。至于大西，山本喜欢他而不是赞慕他。他毫无保留地绝对信任大西，对我的信任就有一定的限度。”

但是，这次草鹿能比大西作用更大。大西和珍珠港计划只有一种私人关系，而草鹿和这项作战有重要的官方关系。这并不是他第一次到旗舰去和山本讨论珍珠港计划的不可取，但这次有最后的味道，模拟演习已搞完了，政治形势正要达到高潮，飞行训练已进入一个更加活跃的阶段。

山本知道对他的计划的反对当然感到不安和不快，但他还是有礼貌地接待了草鹿和大西。当两位拜访者发表反对这可怕的赌博的论点时，山本、宇垣和几位参谋几乎沉默地听着。大西，这位世界上唯一敢直视山本那挖苦目光的人，根据珍珠港计划的危险性和战术上的困难，为反对这项计划而争论着，又详述了南方作战压倒一切的重要性和在对菲律宾作战中急需航空母舰的支援。他也力促考虑时间因素，外交危机拖得越长，美国海军就越会对任何日本可能的动向警觉。他担心充分利用出其不意的时机早已过去了，冬初的气候条件也会对日本不利。

这时，山本征求自己的航空参谋的意见。佐佐木根据来自海军军令部的情报概述了菲律宾敌人空军兵力的情况，由此推测第十一航空舰队刚好有足够的力量去完成这项任务。

大西的态度是温和的，不像是在反对，而像是在提建议，但当草鹿发言时，气氛就变了。他实际上非常严重地攻击了山本提出的前提，并且在他的急切之中，越出了日本人礼貌的界限。“您是一位业余海军战略家，您的想法对日本没有好处。”他迂回地告诉山本，“这次作战是一次赌博。”

“喜欢赌运气！”山本发怒地反驳道，“您说这次作战是一场赌博，所以我要把它赌到底！”然后，他又恢复了他那立即可得到的幽默感，继续开玩笑地说：“您总是以我的想法是投机为理由，攻击我干的和想的任何事。不要这样大谈赌博，虽然我很喜欢打牌和下棋。”

然后，他命令黑岛反驳草鹿和大西。对于这项任务，黑岛会用不可压抑的热忱来做，不仅是无形的忠诚的锁链使他对山本盲从，而且他也几乎虔诚地相信珍珠港计划。山本用这样的话结束了这次讨论：“我很清楚你们的观点，但我对这次作战有不可动摇的信心，不进行这次作战，我就不能执行太平洋总体作战计划。”

大西很大度地接受了失败，草鹿仍未被说服。当晚，大西留在船上和山本下棋，草鹿宁愿回赤城号去。懂得怎样最有效地赢得下级忠诚的心理学的聪明的山本，送草鹿到了舷梯，他轻拍着草鹿的肩头说：“您的建议是可以理解的，但作为司令官，我已决心不论代价多大，也要执行攻击珍珠港的计划。所以从现在开始，请您尽力去发展这项计划。”用一个精明的表示信任的动作后，他又说：“我把这项计划的一切细节问题交给你。”他还特意要草鹿向南云转达问候。

面对着如此完全的真诚和山本信任的目光以及他声音中隐藏着的命令，草鹿内心深处发誓，要尽最大努力：“将军，从今往后，我不会说任何反对这项计划的话，我发誓尽我的最大努力，去发展您的思想。”带着这样闪光的许诺，草鹿回到了赤城号上。

第三十三章 现在已升起了云层

日本第一航空舰队旗舰——加贺号

10 月 2 日，第一航空舰队的其他航空母舰的一群军官应南云之召，登上锚泊在有明湾的临时旗舰加贺号，舰上活跃起来了。当时，赤城号正在横须贺军港修理。这次集会包括南云及其大部分参谋、第二和第五航空母舰战队的司令官及其参谋人员、6 艘航空母舰的舰长及其航空参谋，还有一些关键的飞行队长，包括渊田和村田。

渊田开始为协调保密的要求和激发他的飞行员最大的热情这两者的关系而忧虑。他们都是勇敢的，能干的，而且是刻苦的，但缺乏方向明确感会限制他们的特殊的活力。渊田认为，主要的飞行队长应该知道实情，以便于他们用自己的热情去激发手下的人。他特别想让村田了解事情的核心，从而去发掘这位小冒失鬼的经验的宝藏。

6 位航空母舰舰长都是海军大佐，其中 3 位在霞浦学习过航空，他们是：赤城号的长谷川喜一，加贺号的冈田次作和飞龙号的加来止南。苍龙号的柳本柳作在日本海军中有点传奇性。他不抽烟喝酒，这就足够算是日本海军中的怪人了。他虽不是飞行员，但在来到苍龙号后产生了对海军飞行的兴趣。为此，他的参谋们，特别是他的全体飞行员们都称赞他。出席集会的另外两位航空母舰舰长，是翔鹤号的城岛高次和瑞鹤号的横川市平，据说城岛能在岸上驾驶军舰。

航空母舰的航空参谋们负责诸如派出飞机、收回飞机、装弹、加油和一般与飞行有关的问题。在战时，他们控制飞行甲板。这些参谋都是些有经验的飞行员，1941 年 10 月 15 日之后，他们都有中佐军衔。这次在加贺号上开会时，每位参谋都正忙于飞行员的训练工作。他们之中有 4 位也指挥着九州的飞行基地，即赤城号的增田省吾在鹿儿岛，加贺号的佐田尚宏在富高，飞龙号的天贝隆久在出水，苍龙号的楠本几人在笠野原。另外两名航空参谋和田铁治郎和下田久雄，分别在翔鹤号和瑞鹤号上服役。

在这时，第一航空舰队不是停在一个港口内的在一块儿的整体。为了靠近飞行训练活动中心，赤城号于 9 月 16 日在有明湾抛锚，在那儿待过了大部分秋天。偶尔，这艘航空母舰驶往佐伯，以便南云和在长门号上的山本会晤。9 月 16 日，苍龙号在九州东海岸大致中点的靠近富高训练场的细岛抛锚。这艘航空母舰也起浮动供应站的作用，因为富高只是一个临时基地，装备不完善。她的姊妹舰飞龙号于同一天到达九州岛另一端的出水。两艘新航空母舰中，瑞鹤号正在内海的吴海军基地进行最后的装备，它的飞行员则在于 10 月 10 日停泊在九州东北的别府湾的翔鹤号上进行训练。

“我把你们召来，是因为在日美开战时，我们要攻击珍珠港。”南云仔细地一字一句地说：“……我们必须尽一切努力成功，关键在于保密，因为若走漏一点风声，就注定失败。但是，如果我们对一切都保密的话，我们就不能全力投入训练，我们也不能有效地从事计划训练工作……”在这里，许多军官第一次听到了他们真正的使命。

“我强烈地感觉到，我的官兵们还没有得到足够的训练。”城岛陈述道，“最使我头痛的是怎样组织训练工作，以便使这艘新的航空母舰最大限度地发挥出联合作战能力。”

许多航空参谋衷心赞成山本的策划。下田认为：这个计划虽然包含了千钧一发的机会，是“了不起的”，“仅是这一点……使这次作战更加有潜力。”他解释说，“因为危险越大，美国海军就越料不到这种进攻。”在这次会议期间，下田和将率第二攻击波的岛崎谈了很多。“岛崎也认为将会成功，因为美国绝料不到如此大胆的一击。”下田说。

佐川相信，如果日本进入战争，珍珠港计划是健全的，也是必要的，他“从未听到过任何人反对它”。他又说：“年轻军官们当时士气很高，对这个计划充满了激情。”

天贝曾想到过，在战争一开始日本海军将会进攻美国舰队，虽然他没有精确地想到珍珠港，但他听到这个计划时，他的高兴多于吃惊。“现在已升起了云层，人人都知道了这个核心机密。”他说，“在即将到来的进攻中，真正决心尽自己最大的努力，是每一位在场的军官天天的誓言。”一些航空母舰的舰长们也表现出同样的热情。加来认为，这项计划是历史上该类型的最伟大的作战，每个人都必须全力以赴使之成为驰名的成功。草鹿接着南云讲了几句：“本次作战的成功，取决于鱼雷攻击。”他强调指出。然后，源田解释了这项计划，他利用瓦胡岛和珍珠港的模型，指出攻击的各基地和各军舰的位置，把不同的目标分给不同的飞行队，着重强调了专业化。例如，分配对军舰进行俯冲轰炸的飞行队，应把训练集中在这项专业任务上，不能把时间浪费在任何其他目的上。

这次两小时的会议结束时，第一航空舰队在通向珍珠港的路上又走过了一个里程碑。这次重要的会议不仅扩大了知情者的圈子，而且赋予南云舰队中的关键的军官们一种方向、目的和紧迫感。

没人怀疑，山本看到加贺号上的热情和积极进行的计划工作时，会感到很高兴。到这时，他变得对他的计划的反对非常关心起来，他知道南云和草鹿并没有改变他们内心的信念，他们仅仅是屈从于自己高居于上的意志和权威。“在联合舰队里，有一些将军反对攻击珍珠港。”他在和草鹿及大西谈话之后不久，对渡边说。他沉思着又说：“也许，依靠能够信赖的年轻军官会更好些。”

不管是不是巧合，在秋季里，源田和渊田发挥了越来越大的作用。山本真心喜欢这两位有进取心的军官，他看重渊田作为飞行员的技术和领导人的能力，他把源田当作“独一无二的优秀的”思想的真正的源泉，评价很高。这位司令官对第一航空舰队的训练工作有深深的个人兴趣，不时去鹿儿岛、笠野原和有明湾视察。南云、草鹿和大石也多次来长门号，和山本、宇垣及黑岛会面。在这些场合，第一航空舰队的这些高级领导人使人如此扫兴，搞得山本开始担心飞行员的士气了。

山本清楚，司令官的态度会对手下产生影响，所以有时他派佐佐木直接去找源田询问飞行员的精神状态。从多方面来说，他对他的鹰们比对南云更关心，如果有必要可以把南云换掉，但甚至山本也不能把第一航空舰队的所有飞行员都解职。源田每次都让佐佐木确信士气是好的，他养成了一种习惯，每次南云去了长门号之后，他都要亲自再谨慎地去一趟，每次他都向黑岛和佐佐木保证说，飞行员的士气高昂，知道了使命之后，他们都对最终成功有巨大的信心。

源田和渊田 可以自由进出设有瓦胡岛和珍珠港模型的草鹿的座舱。因为草鹿看重这两个人，也因为他自己缺乏专业知识来正确评价他们的建议，他要源田和渊田按个人意志自由地显示他们的能力，他将尽可能采纳他们的建议，平心静气地注视着他们的活动。他的态度是默认源田，在较小的程度上默认渊田，在第一航空舰队中对珍珠港作战的个人负责。这就使南云处于难堪的境地：被一群在自己陌生的世界里行动自如的人所包围。吉冈说，这位将军“在第一航空舰队中的处境，有点像一个过继来的儿子……他在危机的气氛中茫然，感到不安全，不得不想办法减轻自己的烦恼”。

当然，源田和渊田也有他们自己的问题。到这时，他们已定下派出两个攻击波，因为同时派出南云的全部飞机从技术上说是不可能的。渊田将率领第一攻击波，岛岐将在大约一小时之后，率第二攻击波跟着出击。源田之所以选中岛岐，是因为他在第二波的飞行员中资历高，了解自己的工作，同时也是一位有力的领导人。

渊田的一个头疼的问题，与研制一种能穿透美国战列舰甲板的高空轰炸炸弹有关。海军从 9 月底开始，对一种由 16 吋炮弹改装成的炸弹进行试验，海军少将上野敬造领导的横须贺海军航空队，在霞浦东南的鹿儿岛机场进行着这些实验。实验已进行了大约 10 天，还没有命中一次，上野要求南云派一些最好的飞行员带着飞机来，看看他们能否改进局面。

南云立刻领悟到这些实验的深远含义，他急忙召来渊田说明情况。“这次实验事关重大，”他郑重地说，“它决定着攻击珍珠港的成败。你马上带上技术最熟练的飞行员去鹿儿岛。如果那里的靶子不够大，必须不顾代价把它放大，它应模仿西弗吉尼亚号。”他进一步指示渊田，要最严格地保密：“你不能说出一点有关珍珠港计划的事，甚至也不能给别人以任何线索。”

渊田带着他的 5 名战鹰到了鹿儿岛，他是那里唯一知道夏威夷作战的人，因而他清楚这些实验的直接用途。头两天，他们的运气并不比横须贺的人好，观察试验的人都悲观了。的确，当成功要报答他们的努力之时，渊田已建议把靶子放大。第三天下午，古川直接命中了一颗炸弹，穿透了钢板。渊田急忙赶回旗舰做口头报告。南云仍担心靶子不是西弗吉尼亚号的精确复制品，但渊田让他确信，已为准备靶子投入了最大的精力和技巧。

然而，他袖子里还藏着一张王牌，古川的成功投弹高度是 3000 米（9843 英尺），这解决了珍珠港计划者们一直担心的一个问题——如何保证最大限度的命中率，又同时保证足以穿透美国战列舰甲板装甲的冲击力。在这之前，4000 米（1.3123 万英尺）一直被认为是能产生足够冲击力的最小高度，而 5000 米（1.8404 万英尺）高度则被倾向于认为能躲过防空火力。当对 3000 米是最有效高度（他第一次简单汇报时建议的）有把握之后，渊田向南云正式提出报告。但是，说服这位将军并不容易，南云一直提出防空火力的事。原来，竟然是渊田最信任的源田主张较高的高度。渊田用随口一句“别担心”，刷掉了南云的疑虑。

渊田也不同意传统的9机箭头形编队，建议改成倒V字形的5机编队。

这种编队将提供更多的虽然小一点的攻击单位，可以大大集中攻击特定目标。第一航空舰队最终会有90架97型轰炸机可供支配，其中40架已定下来用于鱼雷攻击，剩下的50架被5除，渊田就可以在那张大棋盘上使用10个棋子。

然而，除非高空轰炸技术取得显著的进步，这些突破都不会有用。当渊田报到承担此项任务时，改进技术的工作已在进行了，渊田也让吉冈进行这项工作。大约与此同时，天贝调到飞龙号上当航空参谋，他有优秀的工作记录。在10月初的简介会之后，他接受了两项任务：帮助解决高空轰炸问题和帮助解决鱼雷轰炸问题。10月10日，最后一批分配给第五航空母舰战队的飞行员壮大了第一航空舰队的力量，他们参加了在岛崎领导下的在宇佐的高空轰炸训练。

渊田把自己的全部巨大精力投入了这项工作。紧跟着加贺号上的简介会之后，所有的训练工作都急剧地加速了。在此之前，没有特别区分高空和鱼雷轰炸机，因为飞机是相同的97型，飞行员同时训练两种技术。现在，渊田把它们分开，从原来的9个飞行组中选出4个，进行鱼雷轰炸训练，剩下的5组跟他进行高空轰炸训练。这时，出现了一些愤懑和失望情绪，因为很多飞行员都想当鱼雷机驾驶员，但又不能在技术上通过。被选中的人都必须反应快速准确，或是必须无畏，或是必须有灵活的技巧。

源田和渊田也决定：所有第五航空母舰战队的飞行员，都不参加鱼雷攻击，因为他们缺乏专业知识和经验。另外，这个战队的俯冲和高空轰炸机只攻击空军基地，因这些目标比军舰大。

渊田决定：这4组鱼雷攻击机应成单行攻击，而不是成紧密的编队攻击。这种长而窄的线性队形，特别适合于有狭窄水道和许多障碍物的珍珠港。在一个愉快的秋日，渊田和村田把自己的飞行机组人员在鹿儿岛集合起来，对他们说：“你们已完成了模拟攻击舰队的初步训练，从今天起，作为一门高级课程，你们将训练用鱼雷攻击锚泊在浅水里的军舰。”渊田用非常随便的口气说出这些话，飞行员们都感觉不出有什么奇怪的。

“因为训练用的鱼雷还没有准备好，”他继续说，“你们只做动作。你们将在飞行队长带领下爬上2000米高空，从樱岛东面半山腰飞过去，降入甲突川峡谷，各机之间保持500米距离，在曲折穿越峡谷时，飞行高度是50米，然后由川崎谷飞到鹿儿岛市上空，以40米高度飞越市区。”

这些指示引起了真正的骚动。渊田这位坚持飞行条例的人，正在命令他们以 40 米高度不差分毫地飞过一座城市！还有更糟的，“从飞机左侧看到山形屋百货公司后，海边有个煤气罐，一旦躲开它，就把飞行高度降到 20 米，发射鱼雷。”他们将在离岸约 500 米处发现一个浮靶，当他们投放鱼雷时，必须保持平稳的 160 节速度的平飞状态，然后爬到标准高度返回基地。这时，飞行员们几乎惊呆了，在这种高度上，任何严重的失误都会使飞机摔入鹿儿岛湾。

“这……”渊田有点多余地又说，“是一项困难的任务。”他告诫大伙要胆大心细。在结束这次指示时，他说：“村田大尉将给你们做示范。”他陪着村田走到一架最好的鱼雷机前，对村田说：“我希望你能做到。”受到渊田这种随便和不动声色的风度的高度影响，村田龇牙笑道：“你可以当一名好演员！”随后他爬进了飞机，起飞，进行了漂亮的精确的表演。

那天，鹿儿岛市的居民看到飞机一架跟着一架地从河谷钻出来擦房顶而过，都非常吃惊。飞机一架接一架地沿着狭窄的河谷曲折而下，然后像由大炮射出似的，几乎贴着水面直飞。没人出差错，渊田脸上带着满意的光彩。从此，飞行员们每天都进行这种训练。鹿儿岛市的良民们，开始对海军条例感到绝望，因为这些飞行员们似乎在随意惊扰这座城市。甚至红灯区的妓女们也互相说，这些海军飞行员们变得反常无礼了。

村田向他的鱼雷机飞行员强调指出，在未来的战斗中，他们可能会不得不先飞越陆地，然后向下扑向水面投放鱼雷。他也强调说，这种投放将会是在浅水和机动性受到限制的区域。赤城号的鱼雷机飞行中队长后藤甚一大尉，发现渊田和村田的指示非常巧妙，它们绝不会太多地暗示真正的目的，所以无论是后藤还是他的伙伴，都不会猜到他们的目标将会是珍珠港中的军舰。大多数人猜测，他们可能是为攻击新加坡而进行训练。渊田有点鼓励这种离题的议论。

出水居民的日子不比鹿儿岛的好过。来自苍龙号和飞龙号的鱼雷机飞行员分别在他们的飞行队长长井大尉和松村大尉率领下，夜以继日地刻苦训练。长井是另一个村田类型的玩命作战的人，他有点胖，是个酒鬼。松村是一位英俊的年轻人，工作刻苦。“有时我们一天训练 12 个小时，非常重。”他说。

在 8 月和整个 9 月里，松村和长井不断接收一些准备溶进训练人员中的年轻的新飞行员，这项工作进行得比预料的要好。在 1 个月至 6 周的期间里，甚至新手也能参加航空母舰上的操作，他们在夜间训练中取得了进步，特别是在派出和回收飞机上。将有大量的夜间飞行训练，因为当时的计划，要求飞机在黑夜里起飞，在天亮时到达珍珠港。第一和第二航空母舰战队也进行夜间在敌人的探照灯下派出飞机这种困难任务的训练。松村的人对九州西南阿久根岸外的一块岩石进行攻击练习，他的人士气高昂，但当地农夫抱怨说，马达轰鸣使得母鸡都不下蛋了。

当渊田就任飞行队长职务时，俯冲轰炸的投弹高度是个问题。以前的做法是，飞行员在 4000 米（约 1.3123 万英尺）高度开始俯冲，在 600 米（1969 英尺）时投弹。但过了一段时间之后，将在第二攻击波中率领俯冲轰炸机的江草建议，等到 450 米（1476 英尺）高度时再投弹，这样可以增大直接命中的机会。

这是一个危险的做法，飞行员也许不能拉起来。渊田确信上级会禁止这种危险的做法，但他决心要发挥出俯冲轰炸机的最大效率，决定由自己批准这项改变。这几乎给他惹来麻烦，因为在他决定后不久，一架俯冲轰炸机出事了，引起了上级对此事认真的讨论。然而与此同时，投弹高度的变化证明了这样做有效，因而南云同意继续这样做。

江草在鹿屋的大型后勤基地附近的笠野原的一个小训练机场上，训练他的第二航空母舰战队的飞行员抛锚在有明湾的一艘老战列舰摄津号，作为俯冲轰炸机的靶舰。他们使用特殊制造的炸弹直接命中时，只冒白烟不爆炸。他们试过三种类型的炸弹，一般都做成 10 公斤的模型，因为太重就会有撞沉这艘老古董的危险。最后定下来的炸弹是 99 型的，重 250 公斤（550 磅），但为了适合这种炸弹，需要对原来的炸弹投放装置进行改装。这项工作干了整整一个秋天，直到 11 月中旬出发去集结地之前才完成。

与此同时，第一航空舰队面临着这种不受欢迎的可能性：有些事情可能会妨碍渊田领导攻击队。因此，渊田和源田指定海军少佐桥口作为渊田的接替人。桥口是帝国海军中对高空轰炸最有权威的人之一，在上海取得了实战经验，但他有温和的性格和平静的气质，不像渊田那样快乐和争胜好强。

10 月 10 日，第五航空母舰战队的最后一批人员到齐之后，进行了一些人事变动。翔鹤号的高桥海军少佐比江草军衔高，所以他正式当上俯冲轰炸机的领队，并最终在第一攻击波中带队。和他的内兄及密友岛崎一样，高桥是一位非常讲实际的人，爱好柔道，他肤色红润，按日本人的标准算大块头，好脾气，不易生气。在任何集体中，他也许算不上最敏捷的人，但只要被他那好动的脑子吸收了的东西都不会再忘掉，他也是一位靠得住的人。

高桥不仅领导着整个俯冲轰炸项目，而且也具体负责在九州东北部的大分进行的第五航空母舰战队的俯冲轰炸训练。随着这项工作，一个新的因素进入了攻击珍珠港的计算公式：俯冲轰炸的目标是福特岛的美国海军空军基地和珍珠港地区的所有其他机场。

渊田和战斗机的训练工作关系不大，源田对这项工作特别关心，而且板谷应排在日本海军最好的战斗机飞行员中。无论是源田还是渊田，都尽一切努力使年轻的飞行员充满新鲜的活力。许多分到第一航空舰队的飞行员都有在中国的战斗经验，但飞行训练的这两位负责人不想只用这些有自己方式的老手去攻击珍珠港。当然，他们绝不是瞧不起这些有实战经验的老手，源田和渊田寻求热切的生机勃勃的年轻人来进行战斗机训练。

有一段时间，似乎有这样的看法：只要在零式飞机驾驶舱里待过的人都受到欢迎，因为短缺熟练的飞行员。经过 9 月 24 日联合舰队和海军军令部的代表之间的讨论，决定从第三、第四航空母舰战队抽调熟练的飞行员，加强第一、第二航空母舰战队，特别是增加零式战斗机的数量。这项决定，导致第三和第四航空母舰战队十分缺少战斗机，但没有办法。接着，又从横须贺航空队抽调了大部分最优秀的人员，这就使那里在飞行学员增多时，反而减少了教官。甚至在采取了这些措施之后，战斗部队还得负责训练一些初出茅庐的年轻人。横须贺担负着实验新技术和培养新人，对这些重要任务的如此削弱，不禁引起了海军省航空本部和人事局的激烈反对。

零式战斗机分配的优先顺序是：第一、第二和第五航空母舰战队，第十一航空母舰战队成了可怜的老四。定下的目标，要求到 11 月初全部完成对第一航空舰队零式飞机的补充。

这样，随着南云的训练机器换上高速挡，到 10 月初九州岛已进入了新的状态。第一航空舰队中已知山本计划的人有了一种新的使命感，冷酷地为成功下定决心。如果说南云的军官们感到责任重大，那么他们也为自己是如此重大的战斗的一部分而体会到巨大的骄傲，深感祖国的命运将取决于这次作战。但是，南云的神经在继续折磨着自己，他的高级军官们也不是感觉不到，这项计划所包含的巨大挑战和固有的危险，还有如此多的事情要做，而做事的时间又是如此的不多，时间成了威胁他们全体的最坏的魔鬼。

第三十四章
力量、目的和计划

裕仁天皇任命陆军大臣东条英机组成新内阁

海军省人事局局长中原海军少将，在他 10 月 2 日的日记中忧闷地吐露：“人们说留给我们的唯一出路是选择战争……这种举棋不定……不能再继续下去了。”

在美丽的明治公园旁的陆军大学里，从 10 月 1 日到 4 日，这些内定将成为南线各陆军联队的参谋的人，进行着进一步的模拟演习。内田和山本佑二海军中佐代表海军军令部，向陆军同行们提出海军的观点。内田得出的印象是，陆军官方对珍珠港计划一无所知，但有几位陆军军官私下知道此事。

日本驻华盛顿大使馆也不乏想象的材料。10 月 1 日，东京外务省美国局的寺崎给井口参赞发了一份不祥的长电。在对美国没有接受首脑会晤表示形式上的遗憾之后，寺崎谈了几句关于“国内的非常严重的局势……”，然后又说：“目前，时间是最重要的因素。这件事是否能实现，对太平洋甚至全世界的和平有直接的重要的关系……”

在 10 月 1 日于印第安纳波利斯举行的美国酒吧协会的集会上，一个人斩钉截铁充满信心地说出了美国的心声。诺克斯宣称：

> 最好的防御，总是敏捷的进攻，而海军因其机动性是天生的进攻作战工具。我们拥有海军的目的是防御性的，但当战争到来时，海军必须总是进行进攻作战……时间因素，总是对一个专制统治的侵略者有利。他可以决定什么时候开始行动，可以把他的目的保密到行动开始之时……

10 月 3 日（日本时间）的太阳——在美国是 10 月 2 日——升起时，世界远不宁静。阳光从地平线上照射着华盛顿，宣告了赫尔的 70 岁生日。人们也许会认为，他应该有一天闲暇来和家人与朋友庆祝一下，但他召见野村，给他一个“口头声明”，作为对 9 月 6 日、23 日和 27 日日本提议的答复。

东京刚翻译完这份美国的答复，就召开了联席会议，只有近卫、丰田、东条、及川和两位总长出席，再加上宣读和翻译电报的寺崎。他把答复总结成：“由于似乎日本在原则上同意美国的意见，但在如何应用这些原则上与我们不同，所以美国对举行两国首脑会议持怀疑态度。”

东条建议会议应对这个“极端严重的事进一步研究，而不要企图当天找到答案”。永野无情地剪断了这种迷惑：“没时间讨论了，我们要迅速行动。”在东条解释了天皇对“四原则”的反对之后，会议决定赞成进一步研究，并尽快召开另一次会议。因此，毫不奇怪的是，丰田在当天发了一封电报，从近卫原来已同意的立场退下来，从一个与赫尔的四原则相似的具体协议上退下来。

陆军参谋本部也在 10 月 6 日开会，它把陆军的政策总结如下：

> 1. 陆军认为日美会谈没有达成协议的希望，因此不得不开战。
> 2. 关于驻兵问题，不得改变既定条件（包括各种驻兵方式）。
> 3. 如果外交当局认为尚有达成妥协的希望，不妨以 10 月 15 日为限，继续进行谈判。

第二天，杉山和永野一起达成了完全的一致，但比永野更保守和谨慎的及川还有一定的保留意见。

东京在表面上发热，与此同时，华盛顿却实际上发热。这座城市的气温不合季节地高达华氏 90 度，使斯廷森很难过，但他还是很为他和赫尔在 6 日召开的军事委员会会议之后进行的谈话感到高兴，国务卿征求斯廷森对“如果日本放下双手决定改邪归正时，可能达成什么样的解决办法的意见”。可想而知，斯廷森答道：“日本的口头许诺一钱不值……必须有行动。”特别是由中国撤军和保证不进攻西伯利亚，他反对在解决这两点之前总统和近卫会面。再有，“在撤军之前，我们的任何实际许诺都不生效”。这些，在当时形势下是非常苛刻的要求，但赫尔同意了。

日本陆军参谋本部刚刚决定了：（1）战争不可避免；（2）在从中国撤军问题上不后退一寸；（3）让外务省在10月15日之前和华盛顿达成协议。所以，这次赫尔和斯廷森谈话有讽刺意义。日本从来都没有比这次更特别地划定时间期限，在严厉的传统规律的倒转中，办事拖拉的爱好讨论的东方人非要快点，而办事迅速的爱好行动的美国人却反而慢慢吞吞。

任何看过“魔术”截收的电报的人，均可断定日本外务省正受着精神折磨。丰田在10月10日，给野村发了一份特别不愉快的电报：

目前，这些谈判的问题已到了决定性的阶段……并且时局不允许再无意义的拖延……是的，我知道你已在一大堆电报中充分告诉了我你的意见，但我想要知道的是，美国官员的意见，而不是别的什么……从今以后，当你去会见赫尔或美国总统时，请带上若杉和井口，并请及时地发回记下的全部记录。

指示一名大使当他只要和所在国政府接触时，都要带上一名监督者，是没有先例的凌辱，特别是对日本人来说。同一天，野村的回电甚至对他本人来说也是不寻常的直率，有着可以理解的刺耳：

……我已反复要求他们澄清我不理解的地方，但他们不做回答……

换句话说，他们不准备从他们一贯的态度移动一吋。但是，他们的行动似乎表明，他们准备在任何时候，考虑将会符合他们在2日的答复中规定的我们的任何计划。

与此同时，丰田通知格鲁：他于3日和6日再次指示野村就几点问题和赫尔会谈。他又说，他只收到野村10月9日的回电，因而“非常宝贵的一周时间浪费在了企图得到日本驻美大使发回的消息之上。假如已得到这消息的话，定会大大加速目前的对话……”丰田很明白，他必须指责某个人，这个人为什么不是野村呢？他为什么不能对付美国人，或至少搞清楚他们想要什么？但是，丰田又说：“自从有了日本驻华盛顿大使显然很疲倦的印象以来，正在认真考虑派一名有广泛经验的外交官，去华盛顿帮助那位大使的问题……”

显然，丰田没有理解到，美国国务卿并不是随时都在野村的支配之下，并且当他们在一起时，野村也不能完全控制谈话的内容。如果说罗斯福犯了假设美国可以首先发起战争的错误的话，那么日本人在假定美国人将会可预言地听从东京的外交指挥上，犯的错误则更大。

实际上到这时，日美讨论已失去了对实际局势的全部关系，真正的问题是时间。日本人想要快速的结果——与美国迅速满意地达成协议，或者不行，就争取足够的时间来进行南方战役，并迅速巩固阵地。这样，他们就可以在美国反攻时守住，同时准备在 1942 年春季进攻苏联的西伯利亚，如果这种入侵是可行的话。从严格的军事观点来看，日本最高军事指挥机构坚持在 10 月 15 日做出战或和的决定，是合理的。另一方面，美国也珍惜每一分钟，来改进武装部队和加强在太平洋的阵地。根据被“魔术”截获的不是发给野村而是发给亚洲其他日本外交机构，并在一定程度上给德国的电报的内容，美国政府的一些核心人士知道，日本正计划在不久的将来征服东南亚。如果美国对此撒手不管，对日本是最好不过了，如果不是那样，日本也会照样干。

这就是 10 月 12 日 14 点日本政府的四位阁员，在首相别墅荻外庄与近卫会面时的形势。这四位阁员是：外相丰田、陆军大臣东条、海军大臣及川和企画院总裁铃木。那天是近卫 50 岁大寿，他们不是去祝贺的，而是去讨论战或和这个重大的问题。这次会议的记录有些出入，但有三点是不用怀疑的：日本应继续备战，及川不愿海军独自承担这场战争，如果近卫不准备领导国家打这一仗，他就必须让愿意干的人来干。

也许丰田仍无望地企求，在事态发展的洪流把他扫出办公室之前会出现奇迹，因为他给野村发了一封有关计划中的和威尔斯会谈的重要电报：“家里的形势，正飞快地走向危机，如果想完成任何对日美关系的调整的话，两位领导人会晤已正变成绝对必要了。我现在不能详细谈，但请记住这个事实……”

丰田“不能详细谈”的原因很清楚，如果在最后一分钟罗斯福同意和近卫会晤，定下了确定日期的话，这种戏剧性的突破将会给现内阁带来新的生机，但如果华盛顿认识到近卫的职务是如何脆弱的话，无论总统还是他的任何一名顾问，都不会进一步考虑这件事。

10 月 16 日 16 点，近卫打电话给内大臣木户说，他已收齐了他的内阁成员的辞职信。这对木户是一个“大吃惊”，他立即报告了天皇。裕仁在 17 点召见近卫，接受了他的辞呈。半小时后，陛下和木户商议组成新内阁的事。

这次召见之后，木户和近卫长谈了一次，木户认为只有及川或东条是新首相的合适人选。两位政治家一致认为：天皇必须命令被选中的人，“不顾 9 月 6 日御前会议的决议，赞成重新审察整个形势”。全面考虑之后，木户相信最好把担子恰当地交给加速制造危机的陆军。也可能是，如果东条政府继续和美国谈判，这也许会使美国相信可带来好结果。近卫认为这样分析有道理，他赞成东条，同时建议天皇在指示东条组阁时说几句倾向于和平的话。东条有热情忠于天皇的名声，所以无论木户还是近卫，都不相信他会不尊重天皇的意志。

在 17 日，星期五，天皇召见东条，命令他组成新内阁。虽然这位陆军大臣加剧了内阁危机，但没有理由相信他是为了个人对这个高位的愿望而推翻近卫政府的，日本陆军一贯无视最高行政负责人而赞成皇权。木户建议东条当首相时，仍保留陆军现役，这样做是聪明的，因为这样一来，陆军将必须面对它自己造成的政治后果。

东条不是当独裁者或伟大领袖的材料，他没有丘吉尔的宏伟，没有罗斯福的政治敏锐，没有希特勒的邪恶的天才，没有墨索里尼的外向型的鲁莽，也没有斯大林的农民式的精明，但他是严格训练出来的真正为工作征来的一匹马，头脑敏捷却狭窄，是一名简直完全成功的军队中的将军。这支军队不鼓励有眼光的个性，东条就是日本集体独裁者陆军的完美的工具。

第二天，在自己旗舰的餐厅里，对东条没有丝毫好感的山本向参谋们充分发表意见说：“在此危机时期东条就任首相，这是不令人满意的。虽然他是勇敢的，但他不了解局势的背景，他不会改善局势。”

和联合舰队有更直接关系的是新海军大臣的身份，权威指向横须贺镇守府司令岛田繁太郎海军大将。从 1940 年 5 月 1 日起，岛田是中国方面舰队司令，7 周前他刚从亚洲大陆调回横须贺，和国内的政治没有什么关系。

在优点方面，岛田是相当虔诚的，很少饮酒，不抽烟，在整个海军中，以孝顺母亲闻名，他没有脾气，和蔼可亲。这些令人愉快的特点，自发地来自一种善良的有感情的本性。

在不足之处方面，岛田的头脑虽说机灵，却从不深入考虑问题。他总是不可救药地乐观，力求走最少阻力的路。虽然他很有自信，但很少坚定地站在某个立场上。在背后，许多人叫他“缓裈”，缓的意思是“宽松”，裈是日本相扑选手穿的兜裆布。美国绰号中，与之最相似的，也许是“德鲁皮·德拉韦尔斯”。这绰号的正确含义是：在该支持的地方不表态。

这样，正当日本比从前更需要一位强有力的海军大臣时，却用一位甚至不够资格和东条抗争的人替换了原来那位比较顺从的人。虽然岛田是内阁中海军的发言人，但他无论如何也不能和诺克斯当海军部长的作用相比。海军大臣是一位现役海军大将，本身是海军的一部分，和一位抓着皮鞭和马缰绳的老百姓不一样。这样，日本的海军和陆军一样，不认为自己应对文官政府负责，这就给海军很大的不受限制的权力，促成了两个军种中盛行的这种心理状态：政府的存在是为了支持军队，而不是反之。

紧跟着这次内阁危机，日本新闻界清楚无误地报道说：日本在外交政策上坚定了立场。官方的《日本时报和广告报》咆哮说："日本是自身命运的主人，有为了自己国家安全而自由行事的权利。如果为此目的必须和美国打仗（甚至想到这种大屠杀就感到可怕）的话，它有这种力量、目的和计划……"不幸的是，日本在一场它不可能打赢的不顾后果的战争中，在应用这些时判断错误了。

第三十五章
珍珠港将被攻击

珍珠港将被攻击

10月初的一天，南云在赤城号上的座舱的门突然被人推开，山口一阵风似地冲了进来。他刚刚知道了他的第二航空母舰战队被计划参加南方作战，而不是攻击珍珠港，他大发雷霆。山本的所有高级将领中，山口是最热心支持珍珠港冒险事业的，他作为司令长官的密友和拉拉队长，将率领他的航空母舰去东南亚，而不是去帮助敲掉美国太平洋舰队，这个现实深深刺痛他的灵魂。

碰巧草鹿也在场，像往常一样，当出现有关空战战术问题时，他召来了源田。源田知道了这个计划后，和山口一样的不快。对攻击来说，这不仅意味着只有仅仅3艘航空母舰，而且还破坏了一直在一起进行训练的空战的队伍，源田准备支持这位强烈抗议的将军。

“他们为什么不要我们第二航空母舰战队？”山口问。

草鹿有点直截了当地回答：“因为上级指挥部不想那样做。”

“为什么我们不提出强烈反对，让他们改变计划？……如果你真想攻击珍珠港，那就必须使用6艘航空母舰才行。”山口反驳道，“如果第二航空母舰战队的飞行员要调往第五航空母舰战队的话，我别无办法，只有辞职！”他向南云吼道：“你再三说第二航空母舰战队的巡航范围不足。只要我们能够到达夏威夷就算好了，用尽燃料之后，我们将在海上漂浮，其他舰队可以不管我们而返回日本。”

他转向源田呼吁：“源田，你怎样认为？”源田和山口一样愤怒，但他控制自己，回答说：“我同意您的意见，他们怎敢定出这种愚蠢的计划来！”

山口的发火震惊了南云和草鹿，作为回答，南云只能说：“得了，如果那是海军军令部的命令，我们毫无办法。”带着这回答在耳际中回响，山口像进来时那样，不讲礼貌地冲出了南云的座舱。

因此，我们可以设想，10月2日在长门号上举行山口和许多其他军官参加的专门模拟演习时，他们的心情有点不高兴。山本对9月举行的模拟演习不完全满意，他召集高级海军将领到他的旗舰进行第二轮的图上演习。他希望在发出联合舰队第一号作战令（帝国海军最宏大的作战计划）之前，解决一些困难和错误概念，他也期待清除掉舰队内部对他的战略设想的一些激动着的反对气氛。

停泊在广岛湾距一个叫室住的小港不远处的长门号，在10月9日第一缕阳光照来之后，像蚂蚁窝一样地拥挤着。从那天到11号，山本进行了南方作战的桌上演习。在这期间，第一航空舰队的代表们留在陆奥号上过夜。南云和山口都不明智地喝醉了，但很痛快。山口并不完全是闹着玩，和南云比柔道时企图窒息南云，以表示对把自己排除在珍珠港作战之外的不满。比赛很快就要出圈了，草鹿及时把两人分开，急忙把山口扶进邻屋里，让他冷静下来。

10月13日9点30分，长门号再次来了一大堆佩带金穗带的人。这次是和攻击珍珠港计划有关的人，包括南云和草鹿、源田及南云的其他参谋，山口和原出席了，还有一些支援舰队的司令官们，如第三战列舰战队的三川，第一驱逐舰战队的大森，第六舰队的清水、三户和他们的几位潜艇参谋。海军军令部作战课的两位代表——富冈的航空顾问三代和内田——来观察这次演习。

虽然这次珍珠港模拟演习总的步骤，和在海军大学的那次差不多，观察者立刻注意到一些重要的不同点。例如，山本决定除了第六舰队的先头任务之外（如在东京做的那样），将有几艘潜艇伴随着南云的特遣舰队作为尖兵。在实际攻击之前之中和之后，在夏威夷水域的所有潜艇都要在南云的指挥之下，以维持统一指挥。

南云非常担心一位粗心大意的潜艇艇长采取提前行动，或是在渊田的飞行员们发起空中攻击之前让美国人发现，从而不可挽回地毁了整个作战。这次桌上演习的参加者们相应地在瓦胡岛周围画了一个圆圈，包围了600英里的区域，他们估计这个圆圈的圆周，将是美国巡逻飞机从夏威夷基地飞出任何方向上的外限，他们把这个区域定为“危险带”，在里面的潜艇都必须小心行动。攻击之前，圈内的潜艇在白天都应保持下潜状态，只有在夜间才能浮出水面。

在9月图上演习和这次桌上演习之间，南云的参谋们已一致同意了一个集结地点。这个灵感来自草鹿。当他还是一名海军少佐时，曾对千岛群岛进行过透彻的研究，当时他的军舰在择捉岛单冠湾停泊。那海湾能装下整个特遣舰队还绰绰有余，与外界联系很少，远离日本主要岛屿和交通要道，它总是笼罩在浓雾之中，因此提供了理想的隐蔽场所和十全十美的出击地。

这次和9月的图上演习之间的主要区别是，为了和海军大学之后定出的折中计划相一致，这次只有3艘航空母舰参加，它们是加贺号、翔鹤号和瑞鹤号。之所以选这3艘，是因为它们有较大的活动半径。赤城号、苍龙号和飞龙号则用于南方作战。

南云带着这支被减弱的舰队再次开始了他的纸上航行。第一航空舰队在理论上由内海启航，在单冠湾集中，走北线去夏威夷，在瓦胡岛以北约200英里处，航空母舰在黎明时派出两批攻击波。演习裁判判定空袭成功，对美国舰队造成了“中等程度”的损伤，而且，特遣舰队在没有受到严重损失的情况下逃回了。

在这次长门号上的图上演习特遣舰队的组成，只能使负责南方作战的人高兴。正如打算的那样，这次演习使许多问题表面化了，包括怎样使珍珠港作战和南方作战同步进行这个紧迫的问题——早在x日之前，庞大的入侵舰队与载有成万人部队和军需的护航船队，早已行驶在去马尼拉的无法隐蔽的海上交通要道上了，如果英国的侦察飞机和侦察舰船发现和跟踪近藤的舰队，日本人应该不理会这些侦察呢，还是把它们击毁呢？

近藤当然愿意在这些同盟国的侦察手段把自己的位置发回其总部之前，把它们击毁，但南云在这点上固守己见，他坚持在他攻击珍珠港前，不应有任何形式的敌对行动。山本同意这个意见，警告近藤：“在得知对珍珠港的空袭已发动之前，在南方各地任何地方，你都不许开始作战行动。如果有人提前发现了南方舰队，你必须改变航线，用返回日本的假动作来迷惑英国人。”

近藤对珍珠港作战的价值高度怀疑，一心想要取得南方战役的成功。所以，当山本向他介绍了珍珠港计划的轮廓之后，他立即问道：“我们从哪里搞来进行如此广泛作战的所有军舰？日本怎能承受在如此广的区域分散使用兵力？”他强烈反对珍珠港冒险，因为“它超出了日本海军的能力，过分取决于日本控制不了的许多因素”。山本平息了他的抱怨。“别担心，”山本说，“攻击珍珠港一结束，我就会给你更多的航空母舰。”

三川也不满意，他一直在九州和四国之间的丰后水道训练他的第三战列舰战队（比睿号、雾岛号、鲲五号和榛名号）。他预计在珍珠港作战中的某个时刻，他的军舰将会和美国太平洋舰队纠缠在一起，因此他顽固坚持自己的要求：他的整个分舰队都应伴随特遣舰队去夏威夷，分给他的两艘战列舰和金梅尔的 8 个大家伙较量时，显得有些可怜。三川对自己的巡洋舰力量没有抱怨（两艘重型的，利根号和筑摩号，一艘轻型的，阿武隈号），但是若发现美国太平洋舰队处于警戒状态，或者在大海上巡航而不是围着福特岛打盹这种可能性，要求提供比两艘战列舰大得多的火力。

山本拒绝了三川的要求。“总体作战不允许分出更多的战列舰，给第一航空舰队。”他坚定地告诉他，“英国肯定会派出强大的海军兵力，去南中国海保卫马来亚和新加坡，我们需要金刚号和榛名号的速度与大炮，来对付英国的威胁。”这个决定，在当时和其后的一段时间，使三川十分忧虑。然而，作为一名忠于职守的军官，他决心尽最大努力去完成山本分配给他的任务。

这次图上演习，留下了许多有关潜艇的问题有待解决，无论是潜艇的参战数量还是作战细节，都没有定下来。袖珍潜艇是否参加攻击珍珠港，取决于技术问题，因为山本是在这次图上演习中，或者稍后一点的时候，从理论上批准使用它们的。从此，这种袖珍潜艇成了珍珠港计划的一个整体部分，分给第六舰队使用。第六舰队开始准备大型潜艇的后甲板，像日本妇女背孩子那样，把这些小家伙绑在上面运去，并且如大家都希望的那样，再运回来。

有些问题，不是计划和训练工作能解决的。在华盛顿进行的对话的成败，决定着日本将采取什么样的军事行动。然而，不管野村努力的结果如何，联合舰队都必须为极端情况做好充分准备。如果华盛顿的答复可以被接受，就撤回对珍珠港的攻击，如果不能被接受，山本就想处在能够尽快发出攻击的位置上。

这次图上演习于 10 月 12 日结束时，情况就是这样。当晚，各舰队司令和高级别参谋留在长门号上共进晚餐，像往常一样，山本是大方和善的主人，他好心地禁止谈论专业问题，让客人们愉快地享受欢笑、米酒和友谊。

第二天，从 9 点开始重新检讨这次模拟演习的总的战术问题，然后在 14 点开始高级将领和参谋会议。山本在会议开始时，讲明对每个人的发言不做正式和非正式的记录，但他将“用心写下每个人的想法，和计划中的精华部分”。

宇垣在讨论之前紧急呼吁团结，他的话基本上是这样的：每一位军官无疑都有好主意，但一旦日本决定开战，每一位都必须忘掉自己的主意，遵循联合舰队定下的计划。因为，第一号作战命令还没有完成，事实上正处于准备阶段，所以现在是每一位指挥官发表自己意见的时机。一旦山本大将定下了舰队的政策，就只剩下一件事了——忠实地执行它。宇垣引用了一句日本的谚语："掌舵的太多，会把船开到山上去。"

将军们按宇垣指定的顺序，一个接着一个地发言。三川是第一个，他声称，从航海的观点来看，如果在本年中太晚的时候进行的话，攻击珍珠港事实上将成为不可能，海上的大浪和坏天气会给海上加油带来不可克服的困难。大西说，攻击珍珠港已为时太晚，他再次坚持第十一航空舰队在进攻菲律宾时需要航空母舰舰载飞机的支援。近藤建议日本应不管美国，先攻马来亚，这样就只和英、荷作战。南云借这个机会，对夏威夷冒险中固有的危险，像新活动起的火山一样，以低沉的声音畅所欲言。草鹿也做了同样的发言。

唯一的一位大胆发言支持山本计划的将军是山口，他不管在这次图上演习中被痛心地抛弃，谈了对演习的看法。他相信，无论他本人参加与否，在珍珠港计划中，都不应有占着茅坑不拉屎的人。他坚持日本必须在开战之时进攻珍珠港，但他警告不要过于扩大日本的扩张范围。他特别警告说，任何占领俾斯麦海新不列颠岛北角上的澳大利亚突出在外的空军基地——拉波儿——的企图，都将会把国家的海军兵力分散得太多。

"部分高级军官们总的感觉是，对执行这次攻击来说，已太晚了。"源田说，"他们感到，对出其不意这个因素发挥重要作用来说，已为时太晚。他们认为，政治形势已恶化到了使美国海军早已做好应付这种突然袭击的极端情况的准备。"

当最后一位发言者重新坐下时，夕阳已在地平线上消失。山本站起身，一阵期待的肃静和令人发冷的敬畏扫过屋里的人，他缓慢地但带着不可误解的决心说话。"我对整个战备形势已研究一些日子了。"他告诉大家，"并且，我已注意到了各位军官今天发言的要点，将会仔细考虑这些意见，把有建设性的意见揉进即将发出的舰队命令中去。我理解到，有些人认为我的计划不好，但是，这次夏威夷作战是日本总体战略的一个生命攸关的部分。"然后，他用一种快刀斩乱麻的声调排除了任何一丝的误解："只要我是联合舰队的司令长官，珍珠港就要被攻击。我要求你们充分支持我，回到各自的岗位，为日本作战计划的成功勤奋工作吧，祝你们交好运！"

山本的发言，一下子并永远地澄清了气氛。从此以后，在联合舰队中不再有争论，不再有对这项计划的反对，不再有南云或其他人的抱怨了。很好！山本可以把他的马群赶到水里，甚至叫他们喝水，但他不能使每一位都对此感到高兴，他也不能从每个人头脑里消除掉对下述问题的清醒认识，即日本的战舰同时朝几乎所有方向全速前进和这种没有先例的广大的战役所意味着的令人毛骨悚然的后勤供应问题。“最令我们担心的，是联合舰队面临的问题之大。”塚原回忆说，“当我们回到岗位时，并不是带着希望的巨大激情，而是带着对面临的艰巨任务的清醒的认识。”

海军省人事局局长中原，也为类似的忧虑所苦恼。“舰队正以 12 月 8 日为目的而训练。”他在 12 月 8 日的日记中记到，“……最重要的是，因外交形势的关系，开始战争的准确时间最难决定，一个日期对掌握始发性也许太晚，而另一个日期也许太早，这又和战争准备工作有密切的关系……”由此可见，早在 10 月 11 日，联合舰队就已定下了 12 月 8 日——夏威夷时间 12 月 7 日，星期日——作为目标日期。

虽然山本坚定的发言平息了对珍珠港计划的反对，但并没有终止对方法和手段的讨论，山本也不打算这样做。在这些困难问题中，最突出的是确定多少艘航空母舰参战这个恼人的问题。源田自然对在长门号图上演习中所取得的“中等程度的损伤”感到痛心和不快，他在逻辑上把对美国舰队造不成大的战果归咎于航空母舰力量的不足，就算运气和技能都达到最好点，只有 3 艘航空母舰所代表的打击力量，不能造成足以补偿特遣舰队损失的对敌伤害。虽说源田准备牺牲日本人的生命，但他不准备浪费这些生命。草鹿衷心地同意源田的看法，从那天之后，这两人联合起来坚决反对折中计划。

山口也对 3 艘航空母舰远不满意。在图上演习中，他的航空参谋铃木断言苍龙号和飞龙号的巡航半径，足够它们去夏威夷而不需海上加油时，他说“你错了，我知道你也知道自己是错的”。他告诉铃木，但他不能因自己的这位航空参谋有胆这样争辩而责备他。

他也不能未经抗议就咽下这苦药片，一大捆线把山口的战舰绑在了夏威夷作战上，单是山本的计划本身也足以赢得山口的忠诚合作。他也像源田那样相信，大规模的空中攻击，是保证对敌造成最大限度伤害的唯一方法。

不合逻辑但可以理解的是，山口没有把自己的苦境归罪于做决定的山本，反而把怒火倾泻给南云。因为南云从一开始就反对这项计划，又被定下来率领只有 3 艘航空母舰执行一次打了就跑的袭击。这次图上演习结束后不久，他的怒气到了顶点，再次撞入南云的座舱。这次，他发怒到了不服从上级的程度，南云命令他滚出去。山口逃出门时，摔下了这样的喊叫：“如果你把事情弄糟，我会杀了你！”

第三十六章
我们应该保持警惕

华盛顿和夏威夷方面仍以为日本可能进攻苏联

罗斯福刚一听到近卫内阁倒台的消息，就取消了一次自己内阁的预定的会议。他和赫尔、斯廷森、诺克斯、马歇尔、斯塔克和必然出席的哈里·霍普金斯从10月16日14点开始，开了两个小时的会。他们都担心新成立的日本内阁将会比刚下台的“更加反美得多”。“日本海军正变得和日本陆军言辞一样的激进，因此我们面临着这种微妙的问题：采取外交上的防护行动，以应付日本首先采取错误行动。”斯廷森在日记中写道。

在随后的年代里，修正主义学派的历史学家们急迫地抓住这样的不幸的言辞，作为证明罗斯福故意设法使日本发动太平洋战争，并特别诱使其攻击珍珠港的证据。实际上，这位陆军部长仅仅表达了一个人人都知道但很少——至少在执行机构一级——大声说出的基本真理：没有一个政府希望以坏的形象出现在它的人民和后代面前。

后来，斯廷森巧妙地表达了他的观点：“如果战争到来，重要的是……如果不用牺牲我们的安全就可以做到这一点的话，我们不应处于开第一枪的地位。要让日本以其真正侵略者的本来面目出现。”历史的证据清楚地表明：罗斯福的政府宁愿避免与日本的战争，以便于可以集中美国的全部力量去对付希特勒。

东京的危机，在美国海军部“造成了极大的波动”。据斯塔克的助手说：“每个人都感觉到战争不远了。”特纳为斯塔克起草了一份电报，发给金梅尔和哈特。海军作战部长在发出之前，把它“大大地……软化了”。即便这样，它仍含有对日本可能会走向战争道路的强烈警告：

日本政府的辞职造成了严重的局势。如果组成一个新政府，它可能会是强烈国家主义的和反美的。若近卫政府仍然存在……它将在一个不包括和美国和解的新的训令下运转。在这两种情况下，日俄之间的战争有很大的可能性。因为，日本认为美国和英国应对其目前的绝望的处境负责，所以也有日本进攻这两个国家的可能性。鉴于这些可能性，您应采取包括既不暴露我们的战略意图，又不构成激怒日本行动的恰当的预防措施……

这封电报也要求金梅尔通知相应的陆军领导人和那里的海军军区。

特纳用日本的“绝望的处境”这个词，指的主要是“它的经济条件”。他相信，在日本和美、英、荷之间，“至少一个月之内”没有战争的可能性，但“对俄国”情况就不同了，因为日本“早已在满洲有部队，展开了没有，我们不知道”。日本已“在自己水域中部署了海军力量的很大部分，对俄国的作战行动，可能会在尽早的日期发生”。

在用越过苏联领土进行巨大的战争这样的景象来估计日本的行动方面，特纳远不是唯一的一个人。的确，俄国在美国的头脑里，成为另一个混淆了搞清日本真正意图的转移注意力的问题。迈尔斯认为，非常有可能的是，下一届日本内阁将是受控于陆军的亲轴心的，并且它会很快地“利用俄国在欧洲逆境所带来的西伯利亚兵力空虚这个机会”。他在一份日期为10月16日给马歇尔的备忘录中，指出了这一点。

肖特的情报参谋贝克内尔，在他的办公室准备一份对日本在10月17日12点对形势的估计时，也想的是苏联：“……可以比较有把握地说，日本的基本政策……将保持不变，并且预计日本将会很快宣布，它准备对任何可能会反对它的既定政策的国家或几个国家的联合，提出军事挑战……”贝克内尔列举了日本最有可能的动向：

1. 从东边进攻俄国。

2. 压迫法属印度支那和泰国，在提供陆、海、空军基地上和保证进行经济合作上做出让步。

3. 进攻英国在远东的领地。

4. 防卫美国为支持英国的进攻。

5. 在对其在战术、战略和经济上最有利的不管什么地方，同时进攻 ABCD（美、英、中、荷四国）集团。

他认为上述最后一项的可能性——日本的真实意图——是最不可能的，因为它会违反“在一个时间打败一个对手”这条轴心国的基本原则，但仍不能把它排除在外，因为日本人认为“作为他们进攻俄国的结果，与美国的战争是不可避免的，所以有理由相信，它也许会在我们的建设海军计划完成之前，来攻打我们”。由此引出的明显推论是：“在整个 ABCD 四国集团几乎确实卷入之前，不可能采取进攻美国。因此，有这种可能：日本可能会在最有利的时机，并在它对其敌手有着最大的战略、战术和经济优势之处发动进攻。”但是，贝克内尔的估计，没有对这有利之处是什么和在哪里做出预测。

斯塔克也想到日本可能会玩“希特勒玩的同样把戏，即一个时间一个目标”。但为了保险起见，他警告所有的商船，提防“日本对美国船运采取敌对行动的可能性”。

在华盛顿，没人按下了恐慌的按钮。权威人士早就认识到，近卫的“温和”是非常有相对性的。海军和国务院的联络官平基·舒依尔曼上校，在 10 月 17 日送交斯塔克一份切合实际的总结：

目前得到的报告是：将要组成的新内阁，不会比刚刚倒台的更好和更坏。日本可能进攻俄国，或可能南进。但在最终分析时，这将由军队根据机会以及他们是否能逃脱惩罚来决定，而不是由掌权的内阁来决定。

斯塔克和舒依尔曼看问题的眼光完全相同，只是继续采取谨慎态度。10 月 17 日，他发了一份指示给哈特，把复印件发给包括金梅尔在内的其他人。他命令哈特让“所有从远东区域，加上上海和在 WPL46 号文件中定义的由印度和东印度区域来的横渡太平洋的悬挂美国旗的船只，通过托雷斯海峡时，保持向南航向，并远远避开橙色控制海域……”托雷斯海峡，在新几内亚南端和澳大利亚北端的约克角之间。斯塔克在同一天发给金梅尔的指示说："由于继续用远程陆军轰炸机增强菲律宾防御的巨大重要性，你被要求为保证威克岛和中途岛的飞机场的安全，采取一切实际可行的预防措施。"

金梅尔马上按斯塔克的指示行动起来。他使6艘潜艇处于"随时可以出发去日本"的戒备状态，命令在中途岛的两艘潜艇进行10英里半径的战时巡逻，并且派两艘潜艇去威克岛进行15英里半径巡逻。他命令贝林格派一个由12架侦察机组成的中队，去中途岛进行每日距离100英里范围巡逻，他还命令贝林格准备派6架侦察机去威克岛，并且从珍珠港抽出飞机来补充这些飞机调走后的空缺。与此同时，他又命令所有的空军和潜艇指挥官，"只在受到攻击时，或是接到太平洋舰队司令要他们这样做的命令时，才采取进攻行动"。

金梅尔也用"增加潜艇、军火和物资储备"来增强约翰斯顿岛和威克岛的防卫，增派海军陆战队去帕尔米拉岛，让正带领一支分遣舰队去美国西海岸进行常规巡航训练的派伊，从10月20日起处于接到通知12小时就可行动的戒备状态，逐步增加了"珍珠港外的军事演习区的有效保安措施"。他还把西弗吉尼亚号的出航日期推迟到了11月17日。恰是在当时，日本人正用该舰的模拟物作为练习他们的轰炸技术的靶舰。这艘战列舰将去皮吉特海峡进行大修。此外，金梅尔指示布洛克，使分布在外的各岛屿处于警戒状态。布洛克立即把这条命令传给了中途岛、约翰斯顿岛、帕尔米拉岛和威克岛的海军陆战队。

这样，在接到斯塔克的电报几天之内，金梅尔让自己的各部队处于戒备状态，注意可能会冒险进入中太平洋的任何日本军舰、潜艇和飞机，但他们将不会也不能看到了就开火。正如海军调查法庭的报告所写的："考虑到日本把一个强国的合法行动歪曲为对她的安全和声望的敌意威胁这种传统倾向，陆军部和海军部被迫采取每一个谨慎措施，来避免触犯她的这种超级敏感性。"

像经常发生的一样，海军在发出一个非常激烈的警告之后，又很快把它平息了。显然，斯塔克没有消化特纳估计的全部内容。除了缓和10月16日电报的语言之外，他又在10月17日给金梅尔发了一封私人信。当特纳后来看到这封信时，感到"非常吃惊"：

从个人来说，我不相信日本鬼子真会朝我们驶来。我发给你的电报，仅仅说了这种"可能性"。……总之，经过在白宫的长时间商议之后，大家感到我们应该保持警惕，至少在能看出某些苗头之前……

我想，我们可以和野村在5分钟之内达成协议，但日本陆军是绊脚石。顺便说一句，中国人也认为在日本达到全部目的之前能打败日本，并且正全力在所有地方坚持，而不是妥协……

然后，斯塔克又加上了他常用的又及：

马歇尔刚打来电话，他急切想要我们进行某种侦察，这样他可以放心地感到：日本入侵攻击部队到达威克岛时，其轰炸机可能不会保持队形。我告诉他：我们不敢保证不会发生这种紧急情况，但我感到它是非常不大可能发生的。虽然我们尽我们的能力持续对日本舰队的动向进行监视，但对任何这些太平洋岛屿的航空母舰的仔细策划的袭击，可能会很难被侦察到……

斯塔克可能不知道自己的这封信写得有多聪明，他显然把这封信看成是半官方的，因为他把该信的一份复件发给了哈特，并且像他习惯做的那样，要金梅尔把这封信给布洛克看。

碰巧，在10月17日布洛克提醒华盛顿考虑他原来的关于地方防卫和安全的电报说，他收到的所有装备中，值得一提的是一条老炮艇萨克拉门托号，它“没有能用来作战的像样的火炮，也没有可用来作战的速度”。唯一可用于反潜巡逻的飞机，是不适合用于此项目的陆军飞机。他只有4艘驱逐舰（其中一艘没有声呐）和3条对付潜艇的海岸巡逻艇，这些也要用于“在非常广的区域内的护航和安全巡逻”。他极力要求分来“一些小型快速的舰只……装备着声呐和深水炸弹”，外加至少两个中队的侦察机。他在结尾时，尖刻地说：“几乎所有英国的失败的原因，都可以用一句陈词滥调来表达：‘太少和太晚了。’我们希望我们可以从他们的错误吸取教训。”

金梅尔在同一天（10月17日）签署赞同了布洛克的备忘录，再次主张他的战术进攻准则：

……有可能是，海军部不愿也没有能力提供满足需要的适当兵力，给第十四海军军区的司令官。这种情况，可能是来自这样的概念，即在紧急情况下，美国太平洋舰队总是可以分出军舰来用于这些目的。如果真是这样，这种前提是荒谬到不值得反驳的。一支被其他任务捆在基地的为保证海上安全的力量不足的舰队，就不是一支真正意义上的舰队。此外，这只舰队已分配了在战争情况下的确定的任务，这些任务的严格执行不仅要求目前已有的兵力，而且要求尽可能多的可搞到手的兵力。

在金梅尔的司令部，正进行着许多关于“东条陆军大将将遵循什么样的政策，以及有关领头的日本海军军官们的个性、一般背景”等的讨论。

当雷顿每天在 8 点 15 分向金梅尔做简单汇报时，谈到这些问题，就显出他对这些问题的在行了。

雷顿和山本有私交。他认为金梅尔的这名对手，是一名“非常能干、经过充分磨炼的军官……他有着比任何其他日本高级军官更多的头脑”。他用例子向金梅尔说明了山本的特点。他说：“他打桥牌能赢大多数桥牌好手……是日本棋比赛冠军。”雷顿引用这些能力来说明山本的头脑是“敏锐，警觉的，并且根据我个人的观察，和他在日军中的名声来看，他是一位非常突出的军官”。

自然，日本航空母舰这个主题也在一般讨论中涉及了。雷顿声称：“当日本手上有更重要的赌注时，没有能力在她可能在第一次战斗中就输掉战争的地方，下太大的赌注。”这话，很像日本海军军令部和联合舰队中山本的反对者们的发言。

到 10 月 20 日，最初的激动开始平息下来。这时，陆军部能够通知肖特：“美日之间的紧张关系仍会紧张，但在日本的外交政策中发生突然的变化，似乎不是迫在眉睫的。”

金梅尔于 10 月 22 日，向斯塔克报告他对收到的指示所做的相应部署。可以预料，他抓住这个机会，请求更多的巡逻舰只，“至少再增加两个驱逐舰中队”。他再次要北卡罗来纳号和华盛顿号。“我们有证据表明，一艘新的战列舰刚编入日本现役，并且谣传另一艘也将很快编入现役。”他告诉斯塔克，“这种情况，将进一步打乱太平洋的力量平衡。”假若他知道了大和号和武藏号的精确尺寸的话——这两艘新的日本战列舰，每艘都超过 6 万吨排水量，有 9 门 18.2 英尺大炮——他一定会惊呆了。它们比任何美国可浮动的东西更大，更快和更有威力得多。

金梅尔接着乞求：“所有您能派给我们的远程潜艇，它们在使日本基地、本土和贸易航道附近的日本驱逐舰和其他巡逻舰艇经常处于忙碌状态，可能是非常有效的。”不但不会给金梅尔更多的潜艇，华盛顿将很快抽调他的一些最好的潜艇给哈特的亚洲舰队，作为对抗日本在东南亚威胁的进一步增强的措施。

金梅尔也想要巡洋舰，目的是对抗期待中的“日本鬼子的入侵行动……再有，我们自己计划中的进攻性作战要求巡洋舰，更多的巡洋舰。至少您能为我们做的事，是让我们保持我们现有的巡洋舰……”接着，这位太平洋舰队司令把注意力转向自己的空军力量："我们计划在战争初期阶段进行的战斗形式，是重视航空母舰的飞机作战。"因为太平洋舰队，只有 3 艘航空母舰——企业号、列克星敦号和萨拉托加号，他要求把一艘商船"改建为航空母舰，用于在圣迭戈的训练"。

虽然，在火奴鲁鲁级的巡洋舰上的火炮雷达被证明了令人痛心的失望，因为它对检测飞机显然无用，但金梅尔还是对训练工作报了喜。他也准备了和提交给斯塔克一份有关威克岛、中途岛、约翰斯顿岛和帕尔米拉岛的军事设施和防卫情况的透彻的研究报告，批准了从马绍尔群岛以东至澳大利亚的 B-17 飞机的另一条陆基飞机路线的研究。但又指出："我们没有足够可用的船运能力，来对付我们岛屿的发展问题。没有大大增加了的船运能力，我们可能无力承担为陆军增加的负担。"

没人比斯廷森更关心这些飞行堡垒了。他在 10 月 21 日给罗斯福发了一封文笔流利的信，企图说服总统相信他自已在要求把这些飞机给英国人上所犯的错误：

……一个最重要的战略上的机会，已突然出现在西南太平洋……为了不至于对该地区的影响大的事件无能为力，我们突然发现，我们有着得到强大的有效力量的可能性……我们正在从美国的一个基地向菲律宾赶运飞机和其他备战物资，而美国目前还没有足够的飞机来满足在那个西南太平洋舞台上我们最低限度的需求。这就是去年我们推迟了供给英国人的结果……但即使是这样不完善的威胁，也提供了阻止日本南进和保障新加坡安全的希望……然而，正如您所十分清楚的那样，这场战斗的最终成功的希望在上帝的膝盖上，而且我们不能预先知道日本会突然爆出些什么来……

斯廷森对 B-17 的威力是乐观的。由于把所有可得到的飞行堡垒都送到菲律宾去加强麦克阿瑟的力量，华盛顿把瓦胡岛的地位降到成为一个中转站。这就使马歇尔原来用 B-17 来保卫夏威夷的设想无效了。

当 10 月 28 日赫尔问他是否赞成"立即对日宣战"时，斯廷森坚决地回答："不"——他用大写字母 NO 加重了语言。他解释说，他想利用"以飞机来加强我们在菲律宾的阵地的极好机会，并且利用它作为迫使日本人不进攻新加坡的外交武器的手段，如果我们走运的话，还能让日本脱离轴心……"

在这个危机的时候，陆军部和海军部摸到了一个联合成一个整体进行努力的机会，它也许会在分析评价情报方面提供不可估量的帮助。从 7 月 1 日起，在陆海军联合委员会内，正在成立一个联合情报工作委员会。斯廷森已在 9 月 29 日批准了它的成立，诺克斯在 10 月 1 日也批准了。但这个委员会到 10 月 11 日才第一次开会，在战争开始之后才再次碰头。据迈尔斯说：“在陆军部和海军部之间，关于该委员会的功能是什么，设在哪里，使用什么房间，允许它使用什么样的秘书等等问题，仍有不同意见，并且仍在讨论。”

如果只把这问题留给陆军情报部和海军情报办公室单独去处理的话，他们也许早已定出他们满意的办法了，因为迈尔斯是威尔金森及其前任柯克两个人的老朋友。在部长一级，合作也是定下来的事。从日记来看，斯廷森对情报工作的兴趣是显然的，而诺克斯对他的情报部门，有极强的个人兴趣。

但在陆军作战计划部的杰罗和他在海军中的对手特纳之间，就这个委员会功能的范围有着争论，这是由来已久的。杰罗“希望该委员会校对、分析和解释情报的含义，估计敌方的能力和敌方的意图，特纳将军则希望只限制在提出与事实有关的可能有用的证据，而不做出估计或其他形式的预测……特纳的意见胜了，”迈尔斯后来作证说，“特纳将军在当时的很长时间里，都负责海军作战。无论是杰罗，还是……我自己，都不能和他共事长久。”

然而，华盛顿注视着太平洋爆发战争的可能性。10 月 23 日，斯塔克通知金梅尔、哈特以及其他人：“在接到进一步通知之前，所有在火奴鲁鲁和马尼拉之间的陆海军的横过太平洋的运兵船、运弹药船和其他装有重要军事物资的船都要护航……”

于是，金梅尔抓住了 10 月 29 日和哈莱特·阿本德共进午餐这个机会。这位记者刚完成一次为《读者文摘》所做的去新加坡、马尼拉、荷属东印度、澳大利亚和新西兰的采访旅行。他告诉了金梅尔一些有兴趣的消息，其中“最重大的”是如果日本进攻苏联，则大英帝国将对日宣战。阿本德也说了荷属东印度将会跟着宣战。从这位记者的消息中，金梅尔猜测日本最有可能的进军方向是向北——那就是苏联领土。很自然，在和阿本德谈话之后，金梅尔问斯塔克：“如果他们真的这样冒险，并且英国和荷属东印度也对日宣了战，我们怎么办？”

看来，斯塔克或是他的上司，就这个问题不可能准备给金梅尔一个明确的回答。国务院特别是索姆奈·威尔斯知道：“无论是陆军和海军，都在尽最大努力劝说总统和国务院尽可能地避免任何冲突，并且尽可能长久地继续进行谈判。”

第三十七章 和联合舰队结成一体

日本对美开战的急先锋——
海军军令部总长永野修身

虔诚的日本人的思想和祈祷都朝向东京，那里靖国神社的“大节”从 10 月 16 日开始。联合舰队的训练一直如此繁忙，以至于“全体参谋都几乎忘记了这个向丰收感恩的日子，但我没有遗憾的话”。正像宇垣在日记中写的，他们一直在进行实弹试验。宇垣回忆：“我们距离一个接一个地摧毁敌人的日子，已经不远了……”停泊在九州岛南的赤城号上，事情已开始沸腾了。草鹿和源田从长门号的模拟演习回来之后，对只用 3 艘——可能是 4 艘——航空母舰攻击珍珠港的前景，像山口一样感到苦恼，但他们的反应具有更多的建设性。他们觉得是要去打不可能完成任务的战争，遇到了比他们所能对付的更大的困难，对前途提心吊胆。

源田一直赞成一次全面进攻。由于草鹿已向山本保证了自己对这项计划的支持，他也相信，如果必须攻击珍珠港的美国太平洋舰队，他们就应该动用最大限度的空中打击力量，这就意味着 6 艘航空母舰。在源田的催促下，草鹿使南云陷入了绝境，迫使他面对现实。虽然仍对整个计划反感，南云决心尽一切努力来保证尽可能多的进攻力量，所以他授权草鹿去东京，努力争取海军军令部解决航至母舰问题。

草鹿出发前和源田商量："若我们被迫接受他们的计划的话，我们怎么办？"他问。源田的回答是，用少于6艘航空母舰不可能作战成功，所以第一航空舰队必须绝对地坚持这一点。至于草鹿自己的意见，他后来回忆起：如果海军的这些大亨们不让步的话，最好取消这次对珍珠港的攻击。草鹿于10月17日出发，准备若不成功就辞职。当天，他就到了东京，直接去海军军令部办公室把问题提给了富冈和作战课的成员。他一再坚持6艘航空母舰都必须参加对珍珠港的攻击，"只要第一航空舰队去进行这次作战，"他坚持说，"就应当拥有这样的工具。"

但是，富冈坚持反对使用6艘航空母舰，他再次强调最优先考虑的南方作战，要求使用至少第一航空舰队的两艘航空母舰。此外，海军军令部相信，派6艘航空母舰去珍珠港，将会是日本不可补充的海军航空力量的过于危险的集中，若是有一点点失误——谁也不敢否认这种可能性——的话，海军将会失去远程打击力量，这种赌注押得简直太大。

草鹿意识到自己是在浪费时间，立即离开了。但他确信他是对的，他没有辞职，也没有飞回赤城号去认输，他给山本发了一个电报，简单地解释了发生的事，然后直接飞到长门号去见山本。

山本注意地听着。草鹿强调指出，不仅海军军令部拒绝给第一航空舰队额外的航空母舰，对攻击珍珠港计划的其他反对意见仍是广泛的和顽固的。他甚至断言，在他和东京的大人物的斗争中，山本的联合舰队的军官们也没有给予他有力的支持。

然后，他提醒山本，在9月底，他已同意不再反对这项计划。当时，山本曾向他充分保证，在他发展这项计划的努力中联合舰队的支持。"司令官，您不是向我保证过把这项计划的细节问题都交给我管，并且尽一切努力来满足我为这次作战的要求吗？"草鹿有礼貌但坚定地问道。其含义是清楚的：现在正是山本实现自己的诺言的时候。

山本不需要督促，他已有一段时间越来越担心和不安了。听了草鹿叙述赴东京的无结果之行，他意识到已到用他自己的力量强行促成此事的时候了，否则将会为时已晚。"我立刻派人去海军军令部。"他告诉草鹿。

正好是第二天，10月18日，黑岛飞往东京。他的任务是双重的：第一，保证得到海军军令部对夏威夷作战的同意；第二，劝说其成员给第一航空舰队6艘航空母舰，执行这一使命。山本给了这位使节一个秘密武器，指示在必要时再使用它。

黑岛找到富冈时，他正在和最近从长门号参加模拟演习回来的三代谈话。黑岛立刻宣布：山本派他来东京的目的，是尽快对于攻击珍珠港这件事“得到立即澄清”。“在原则上批准它吗？”他问。如果批准的话，第一航空舰队就必须有 6 艘航空母舰来执行这项使命，剩下的时间已经不多了，山本需要不拖延的答复。

富冈不会轻易被吓倒，他列举了他个人反对山本计划的主要原因：这是一项吓人的任务，没人敢保证美国太平洋舰队将会待在珍珠港，诸如鱼雷轰炸和海上加油等这样的技术难题有待解决，海军没有进行如此多方面作战的空军力量，以及这项计划将分出大量的兵力，从而伤害了日本最重要的南方作战。这些，事实上是他在 7 月向黑岛说明的观点的重复。

又和 7 月的情况完全一样，黑岛不等富冈说完，就激动地用山本最有力的论点，加以排炮般地反击。美国海军在珍珠港集中了足以打击日本侧翼、威胁南方战役成功的力量，在入侵南方时，联合舰队必须分成许多部分，因为不得不在分布很广的不同地区同时进攻。如果美国舰队出来的话，日本海军就不能及时地把分散得很开的部队集合起来，在西太平洋成功地和敌人战斗。更糟的是，无疑美国人已计划了要夺取马绍尔群岛，如果这种情况发生，日本的防御外圈就被撕破，其海军的战略地位将大大地被削弱。阻止这种威胁的有把握的办法是，在源头上粉碎美国海军的打击力量，像加图（古罗马政治家——译者注）对美加达吉咆哮一样。黑岛坚持道：“珍珠港必须受到攻击！”

富冈仍站稳自己的立场。黑岛认识到和他讲道理没用，便拿出了自己司令长官给的秘密武器：“海军大将山本坚持认为，他的计划应被采纳。我被授权声明：若计划不被接受，则联合舰队司令长官将不能再对帝国的安全负责。在这种情况下，他将别无选择，只有辞职，而且和他的全体参谋一道辞职。”

富冈几乎不相信自己的耳朵，三代也感到吃惊。然而，他们不可能怀疑黑岛说的不是真的。山本辞职的威胁给整个形势带来了新的一维空间。现在，富冈充分认识到山本要执行这次进攻的决心的深度，他的职业上的判断，在山本这种披着铠甲的意志的猛攻面前屈服了。

因此，富冈告诉黑岛，他个人将同意山本的计划。但他提出了下列条件：（1）6 艘，仅仅 6 艘航空母舰将可以用于这次攻击；（2）联合舰队不能再要更多的日本海军航空力量；（3）进攻珍珠港之后，第一航空舰队的航空母舰应尽早参加南方作战。

黑岛轻易地口头同意了，富冈要白纸黑字，所以黑岛写下了保证。富冈手里拿着保证书，耳边还回响着山本辞职的威胁，带着黑岛去见自己的顶头上司福留。

在福留那里，黑岛也企图先讲道理。“联合舰队的全体参谋，”他告诉福留，“对攻击珍珠港计划的切合实际性和最终成功满怀信心。”正如福留记录的那样，黑岛采取了“非常强烈和肯定的”态度，并且“事实上要求必须执行珍珠港作战”。

说服福留不比说服富冈容易，因为福留在这个问题上一点也不同意山本的意见，而且目前他当然首先忠于永野。因此，他重复了反对山本的鲁莽计划的从前的论点，又加上：失败将打乱日本整个的作战计划，对未来的作战造成最不利的影响。

黑岛反击说，山本坚定地相信，除非日本海军先除掉了夏威夷的美国太平洋舰队的威胁，否则最重要的南方作战不会成功。横拦着美国前进道路的马绍尔群岛，没有强大到足以提供可靠防御屏障的程度。

福留心里早已熟知这些论点，现在它们对他的影响也不会比以前更大。因此，在不到一小时内，黑岛第二次祭起了山本给他的法宝。福留听了之后，认识到它的赤裸裸的威胁力量，海军军令部除非接受了山本的计划，否则很难让山本不发作。福留把黑岛带到隔壁房间，去见军令部次长伊藤。他是 10 月 15 日刚刚被晋升为海军中将的，从 4 月 10 日至 9 月 1 日是山本的参谋长，所以他对珍珠港计划有坚实的了解。黑岛对山本这宏大计划的热情并没有影响他，还是时间的紧迫和山本的毫不隐瞒的威胁，促使他必须做出同意或不同意的判断。他立即把福留和富冈带去见最高人物。黑岛则在伊藤的办公室里，一直等到他们和永野讨论完毕。

在永野的办公室里，福留首先发言。他回顾了到目前为止在联合舰队和海军军令部之间的讨论情况，他们的基本分歧，在这样的作战中牵涉到的主要问题和山本对采纳它的顽固坚持。伊藤接着发言，他强调了时间的严重性，提醒永野这个问题已拖了好几周了，现在他们必须做出决定，他也着重谈了山本辞职的威胁。

永野的同事告诉我们，永野在 1941 年 10 月是一位疲惫的人。“如果我们能向永野念完一份报告，他没有睡着的话，就算是一次成功。”富冈说。但永野的优点是，他认识到自己的有限，他曾不止一次地对同事说，也许他的工作需要一位更年轻的人来干。据富冈说：“大约在 10 月中旬或 10 月底，他令人注意地明显地改变了对危机的态度和立场。”这并不令人吃惊，因为在联席会议上，永野并不是一只和平鸽。他可以期待，岛田甚至会比及川更少地给他带来麻烦，新首相东条也是一位坚定信念的扩张主义者，这些情况使永野感到了新的活力。但是，这些并没有使他生气勃勃到和山本较量的程度。

永野不吭声，也不提问，听伊藤和福留把话说完。“我倾向于海军省军务局的计划，”他坦白地说，“它似乎更合理一些。但我不愿让这位舰队司令长官辞职，正像若不通过这项计划他会做的那样。我认为，最好的办法只有批准。”

永野只是说山本比任何其他人都更彻底地研究了这个问题，因为他是如此下决心和有信心认为联合舰队有能力执行这次作战，最好让他去打这一仗。永野提出两个条件作为同意的基础：（1）攻击珍珠港，无论如何不能干扰南方作战；（2）不能干任何削弱海军在进攻南方中的空军力量的事情。

两位将军回到伊藤的办公室。伊藤通知黑岛，永野已批准了攻击珍珠港，黑岛高兴得心跳。“现在，山本和联合舰队的全体参谋，免去了辞职的难堪局面。”他高兴地告诉福留。

永野的同意，并不是海军军令部的最后批准。在 11 月初，山本的计划被正式写进联合舰队第一号作战令时，才算是正式批准了。即便是这时，也没人敢绝对有把握地认为日本真得会和美国打仗，因为决定最终将由政府做出。但随着永野的同意，日本海军已走了非常重要的一步，长时间痛苦的争论、不停地提出反建议和折磨人的犹豫结束了，所有有关的人都有一种新的亲密感和新的热情。“海军军令部的成员，第一次开始感到和联合舰队结成一体。”福留说，“他们现在可以自由地尽一切可能的努力，来帮助山本及其参谋们制定这次作战的详细计划。”

不可避免地会出现这样的问题：山本是否真正打算辞职？或是，提出这种威胁，不过是这位玩扑克者的最大的虚张声势？要刻画出山本是困难的，一位爱天皇和祖国胜过任何其他的爱国者，仅仅因为海军军令部不能按他定的规矩打牌，就要在他的国家恰恰需要他时放弃自己的岗位！

永野也可能会驳回山本，一下子并永远地结束珍珠港争论（如果山本的威胁是认真的话），一下子摆脱山本和他的整个学派。他为什么没有这样做？显然，答案是他从未考虑过在没有山本指挥联合舰队的情况下，去和美国作战。“这种主意是无法想象得出的。”福留说，“尽管在东京的我们反对珍珠港计划，永野对山本的能力和判断力有最大的信任。他最终同意了，是因为他知道山本不是在虚张声势。如果认为这似乎有点奇怪的话，那就请务必记住，山本在日本海军中的地位是独一无二的，他是一位真正的圣经中的巨大海兽。”

10 月 20 日 13 点，长门号从室住港到了佐伯湾。草鹿和其在潜艇部队中职务相当的三户及新超级战列舰大和号的舰长拜访了这艘旗舰。草鹿汇报了他最近的东京之行，这一点没给宇垣留下好印象。他在日记中，有点尖刻地记下：“如果他在前次和军令部的会议中也像这次那样热情的话，这个问题早就容易地解决了。但他颇像一位麻烦制造者，因为他改变了原来的观点。我想，先任参谋（黑岛）一定有一段艰难的时间……”

第二天，10 月 21 日，海军军令部作战课讨论“在战争爆发前发出的指示和命令”，由井口起草。他们也为海军与美、英、荷作战的应急作战计划上紧了发条。“预计我们将于 12 月 8 日开战。”井口记道。

黑岛于 10 月 22 日，由东京带着胜利的桂冠回来。他报告了结果之后，长门号上一片欢腾。连平时不特别喜欢黑岛的宇垣也在日记中写道：“他能够为珍珠港作战计划取得我们舰队希望的同意，是一次了不起的成功。似乎是，若不能得到同意的话，我们的司令长官已下决心辞去自己的职务。”

但是，除非在外交形势和备战之间快速缩小的间隙合拢之前，第一航空舰队能够做好准备，否则山本的胜利是空的。宇垣对第一航空舰队感到有点失望和抱怨：

我判断山本是在另一天当南云迫使山本给他一个关于这次作战的答复时，向他说清楚自己的决心的。但南云的要求是否有点过急？第一航空舰队的态度到底是什么？从它一开始就逃避山本的计划来看，它应该为这件事提出一个自己的计划，因为它不能控制自己的下级。

南云这个人，他不仅和别人争吵，而且还酒后吹牛。甚至，现在南云也不是完全准备把他自己和下属送进死神的大嘴，和争取比做出的牺牲大二至三倍的战果……如果南云和他的参谋长强烈反对这次作战，并感到他们不能完成它，他们应该提出辞职。

宇垣向山本表示了自己的想法，山本不同意。但山本考虑了一下之后，他和宇垣断定：“只要情况允许，就应避免走这一步……”山本也表示，由于小泽刚于 10 月 18 日被任命为南遣舰队司令，海军“没有这个岗位的其他合适的人选……”

撤换南云的想法，山本并不是第一次有。在草鹿和大西晋见山本，表示他们对珍珠港计划反对几天之后，山本曾对渡边说过：“如果那些将军反对珍珠港计划，我将免掉他们，换上同意这个计划的将军。”

真正的情况是，山本没有具体理由免去南云。他一直是第一航空舰队的忠实可靠的和专家式的领导，他从不隐瞒自己的怀疑，但他一直在用他巨大的能力为他的新舰队的成功而工作着，可以拿出在军舰整洁、高昂的士气和坚实的训练成绩上的优秀成绩。如果因为他反对过一项任何有头脑的人——包括山本本人——都不得不承认有严重危险的作战方案，就把他撤职的话，会是令人震惊的不公正。

没人否认，永野同意“原则上”采纳珍珠港计划，实际上并没有使战略和战术形势改变，批准并不能保证成功，以前危险的方面仍然存在。不管永野最后同意，一种广泛的说法依然存在：这项计划不该也不可能被执行。

奇怪的是，没人比山本本人更清楚珍珠港计划中所固有的各种问题。他在10月24日写给海军大臣岛田的信中，相当坦率地公开了他的真实思想。他首先对岛田的任命表示怜悯和同情，声称他认为自己在危机中“能够把自己完全献身于舰队的事业，而感到非常幸运”。然后，他向岛田坦白了自己对日本将会遭受的重大损失的担心，以及他因此决心用“在战争爆发的瞬间，对敌人心脏深处的一次强大的空袭”来开始战争，“从而给敌人一次在一段时间内不能恢复士气和物质上的巨大损失的沉重打击”。

显然，山本已研究了他的珍珠港的对手，并尊重他。因为，山本接着写道：“从海军上将金梅尔的个性，以及美国海军近来的思想倾向判断，我认为美国海军不大可能必须把自己限制在既定的前线进攻战略上。”换句话说，他怀疑敌人会像还债似的，和在舰队决战概念中所想象的那样，一头扎进联合舰队的集中的兵力中。

山本把注意力转向可能会发生的美国的进攻以及它可能会带给他热爱的祖国的严重的结果。然后，他转向自己心中最秘密的问题：

> 我最近听说，海军军令部中有些分子争辩说：因为将在战争一爆发就立即进行的空战，只不过是一场二级作战，成功的机会是大约一半对一半，所以把全部空军力量都用于这次作战太危险，不值得考虑。
>
> 但对我来说，似乎更危险的和更不合逻辑的是这种想法：在中国打了4年筋疲力尽的仗之后，又接着对美、英、荷作战，同时又想着和俄国开战的可能性，在比欧洲战场大得多的战争舞台上，一场旷日持久的战争中坚持10年或更长的时间。如果面对着这样的劣势，我们决定开战（或是为形势发展所迫而开战），我作为对舰队负责的权威，看不到用正常的战略取胜的一点点希望……

我们几乎可以感到岛田的头皮开始发紧。“对这些问题，我的舰队的先任参谋，最近在东京向负责的权威们做了解释，并得到了他们的批准。”山本继续写道，“但似乎还有一些人，在怀疑我担当最高司令长官的个性和能力。”

我们不知道山本从哪里得来这些想法。自然，没有一个有如此强烈个性的人，在生活中不会树立几个对立面的，但整个海军军令部刚刚在他的辞职威胁下屈服了。“事实上，”他接着写道，“我认为我没有资格担当联合舰队司令长官这个职务，除此之外，在目前这个国家面临危急的时刻，也没有时间来考虑每个人的个人利益。”

上句话的第一部分是日本人的礼貌，第二部分纯粹是山本的。他因此向岛田交代：“请从广阔的角度考虑到我所说的话，来处理这些问题。”这样，山本间接地告诉他的这位同学：如果岛田为了赢得对总的战略的同意而不得不摆脱山本的话，那就请便吧。

在一次修改为联合舰队制定的作战计划时，我促使把在战争开始时的空中作战包括在计划中。我的想法是，这种作战是如此的困难和如此的危险，以至于我们必须准备冒全军覆灭的风险……

考虑整个形势，与美、英的战争仍是可以避免的，当然要尽一切努力来达到这一目的。但我对已被驱使到目前状态的日本是否有改变态度所必需的勇气和力量，抱怀疑态度。我惶恐地担心，目前可以挽救局势的唯一出路，在于天皇的决定。

山本从未学过心理学，但他了解自己的同胞，知道一个日本人承认错误是多么痛苦的事。不幸的是，正如日本内阁就要发现的那样，天皇的意志并不足以扭转潮流。

考虑到山本对即将到来的日本与英美之战的真正担心，我们只能遗憾的是，他没有看到和按照另一条他可采用的办法行事。如果他有足够的影响力来迫使海军军令部接受珍珠港计划，他就有可能行使足够的影响力，来劝说海军拒绝批准获胜希望如此渺茫的敌对行动。在这种情况下，外交或许会挽救局面。

代之而来的是，山本把智慧和精力用于兜售一个计划，它虽然似乎是对它所取代的计划的一项改进，但从未鼓励起全心全意的信心，最多算是一个山本自己承认的计算精确的冒险罢了。更糟的是，山本的冒险绝对保证了美国完全把愤怒转向日本，从而毁掉了一切和平谈判的可能性。

岛田知道珍珠港计划的准确时间搞不清楚。虽然山本在这封10月24日的信中没有提到珍珠港的名字，但从文章的用词看来，显然他知道岛田会理解他谈论的是什么？

山本也许试探过他若真的撤掉南云时，岛田会有什么反应。正像他在大约这段时间的某日向渊田坦白的那样，他仍有一个亲自率领攻击部队的隐藏的愿望。另一方面，如果他真的打算给“缓袢”增加些勇气，和为了在内阁一级为海军的强有力的行动而清舰备战的话，他令人惋惜地失败了。因为，岛田不是敢于反对永野的人，更不用提和东条及杉山对抗了，他只能随波逐流。

第三十八章
外人

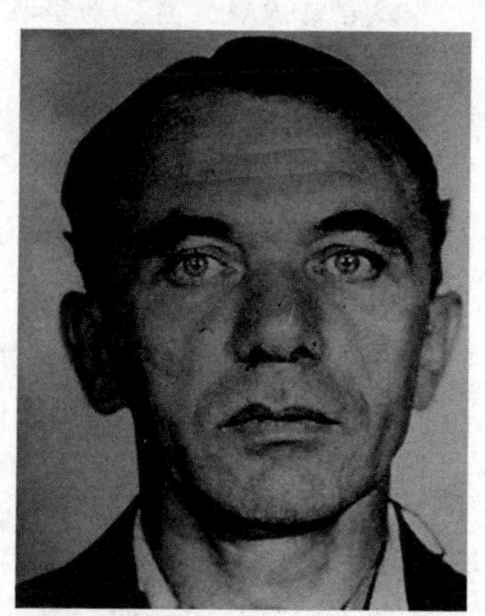

珍珠港事件前为日本从事谍报工作的德国人库恩

10月20日，野村虽然心里不痛快，并深知一切已无济于事，仍不得不审慎地通过新外相东乡茂德向岛田发电祝贺。他指责海军没有能与他合作，说“我不能告诉你我消息闭塞的程度。我按照自己的想法经常和国务卿交谈，如果我们现在从另一个角度来探讨形势，我的出现会搅乱形势的……”

野村还未接到新内阁的政策说明，但他显然认为，如果他担当起东条的领导职务，他一定会改变立场。外相急忙回电向他保证：

新内阁在公正的基础上调整日美邦交的热情，无异于前内阁……

因此，我们要求你或若杉选择适当时机，让美国政府间接知道，我国不打算花更多时间去讨论这件事。请继续谈判，强调我们期待美国政府正式提出反提案……

显而易见，东乡的电报带有令人十分熟悉的腔调及一丝诡辩，给了野村致命一击。而野村用以反击的电报是如此动人，以至事隔多年读起来，还有不小心会触犯朋友隐私之感：

> 我坚决认为，我应当随前任内阁的辞职而退休。从一开始，国务卿就知道我的诚意，但他判断我在东京没有影响，我听说总统也是这样认为……
>
> 现在可以说，我已形同摆设。对我来说，如此羞辱的生存，骗人骗己，实在难以忍受。我并不是要逃离战场，但我认为这是一条一名从事社会活动的人士应当选择的道路。

然而，东京仍需要野村。东乡在万里之外，含混地表明“希望你将会认识到，你应当放弃个人的愿望，继续留在岗位上”。既然野村已插手，只要天皇需要，他就不会掉头而去，许多日本人愿为祖国捐躯，而野村要做的事也许更困难——为日本而蒙羞。

从 10 月 23 日起到月底，除了 10 月 26 日东条首相和岛田一起参拜伊势神宫外，连日在东京召开了联席会议。在冗长有时争论激烈的会议上，讨论了 11 个有关国家政策的问题。从历史观点看，这些会议可以被视为一个整体。

许多事情在会议上迅速明朗化。首先，尽管天皇在任命东条为首相时，要求重新制定国策，但与会者不能够使时针逆转，而废除 9 月 6 日的御前会议，实际上，也没有人去努力这样做。

其次，东条很快发现，作为陆相和角逐首相是一回事，而自己当内阁首脑却完全是另一回事。他似乎患上一种轻微的政治精神分裂症，这使陆军和海军的同僚们深感不安。

再其次，最高统帅部与陆军及海军大臣之间的分歧从未像现在这样大。东条坚持认为内阁要从容地研究形势，而岛田在发言中对此不置可否，杉山和永野却叫喊要迅速做出决策。

10 月 30 日，会议通过一项计划，它后来被称为甲案。其要点如下：在“三国条约”及从法属印度支那或中国撤军等问题上坚持原来的立场，但日本将就部队留在中国 25 年一事进行协商；至于赫尔四原则，“在带有附加条件的原则上同意它”，是不可能的；日本愿意把国际自由贸易概念用在中国，但它也必须在世界各地同样适用。

与此同时，海军方面却全速走在前面。一旦军令部接受山本方案，就将他的大胆设想融入日本的总体战争计划之中。因为在此次行动中，海军必须和陆军合作，因而陆军也必须分享秘密。所以，在10月末11月初，海军通过各种渠道，将攻击珍珠港一事正式告诉了一些陆军要员。当然，他们当中一些人早在9月初就已有耳闻，现在终于得到正式消息。

在得到官方消息之前，知道夏威夷行动的陆军军官数目太多太杂，很难一一披露于此。当他们听到这一行动时，没有发表什么意见。东条和他的将军们知道，要想对敌作战，特别是要想对美国太平洋舰队作战，很大程度要依仗海军，因此陆军一定要尽力配合。

但是，这一切还未通告国家最高一级政府。永野刚刚在原则上接受了山本的珍珠港行动计划，富冈的作战课便马上为他准备了一个全面战争计划综述，以便呈报天皇。在10月20日至25日之间的某个时刻，永野带着这份有他本人、岛田、伊藤、福留以及富冈等人盖章的文件，到皇宫向天皇汇报。

我们不知道裕仁对山本的大胆计划的反应，但他一定认识到军事准备比他预期的要充分得多，而且他的内阁无视他关于重新开始进行日美谈判的特别指令。裕仁非常了解海军战略，他一定不会不注意到这个计划改变了舰队作为日本飘浮长城的传统形象，天皇之盾变成了天皇之剑。

帮助擦拭此剑的，是一位最不起眼的帝国臣民吉川。他怀疑夏威夷这个“大岛”是否藏有一些日本不知道的情况，于是他在10月13日8点15分爬上一架商业飞机，去窥看夏威夷。

他的主要目的，是发现美国太平洋舰队可能使用的替代珍珠港的锚地，他还力图查看陆军人数和装备。他对应奥田要求陪他一同来的琴城户说，他对四个地方尤其感兴趣：1. 希洛港；2. 基劳伊，那里有座国家卫队兵营，另外有人讲，在熔岩平地上正营造一个新机场；3. 南端，一个新机场正在那里建造；4. 科哈拉，它是坐落在阿弗勒的岛内航空站。当他俩于10月17日10点离开希洛时，吉川敏锐的眼睛发现了一个海军无线电站和一个军用机场。更重要的是，他得出了一个不容置疑的结论，即在这些外围岛屿上没有美国太平洋舰队的特别隐藏处，美国人把全部鸡蛋都集中在一个篮子里。

在领事馆一次关于日本间谍活动的谈话中，吉川大谈“外人”这个话题。“外人”，指的是国家雇用的非本国臣民。所有国家，包括日本，都雇用“外人”，但吉川怀疑这种人是否靠得住。他们开始时提供大量情报，但一般来讲，情报量很快就减少，雇主发现钱没少给，可情报却越来越少。

10 月 25 日，吉川遇到这样一个人，此人的情况恰好证明他对“外人”间谍的指责是对的。此人叫赫尔·多克特·伯纳德·朱利叶斯·奥托·库恩。关于库恩的背景，只要说他 1930 年参加纳粹党就足够了。自 1936 年 4 月，他和妻子弗里德尔及全家到火奴鲁鲁定居，表面上他在夏威夷大学就读日语，他还想在不动产或家具市场上干一番，但都未如愿。他曾于 1935 年在日本居住过一段时间，1936 年又去过日本。库恩一生给人总的印象是：一位有良好教养和受到良好教育的流浪汉。

纳粹党早就应该发现这个人具有间谍气质。在库恩 1942 年 1 月为联邦调查局提供的原始供述中，没有提及他在 1928 至 1930 年期间属于德国海军秘密警察组织这一有意义的事实，尽管这一事实后来被揭露。同样，他也没有承认他自 1935 年起便与日本海军签有合同这个更重要的细节。1935 年，他与驻柏林的日本海军武官横井忠雄海军大佐接上头，签了第一份月薪为 2000 美元、年终奖金为 6000 美元的为期两年的合同。如果一切顺利，合同期满后再续期。

库恩对同一年在日本与小川宽治的见面，也始终谨慎地保持沉默。当时，库恩已同军令部其他军官讨论了获取情报计划，小川尽管有些担心，但还是接纳了库恩。他对库恩干此项工作的能力感到不安，与其说因为他不信任这个新成员，不如说因为此人看起来，对于这样的任务过于神经质。

得到正式许可之后，库恩一家在火奴鲁鲁愉快地定居下来。1938 年，日方与库恩续订合同，尽管他在东京的大本营里已赢得了一个“嗜钱者”的名声。

1939 年 3 月，小川在去华盛顿的途中，在火奴鲁鲁停留，给了库恩一台经过特殊设计带有灵敏天线的便携式无线电发报机。整个发报机恰好放在一个小提箱内，有效范围为 100 英里。小川还指示库恩潜伏下来，如果日美战争爆发，他将利用此设备把情报发送给等在瓦胡岛外的日本潜艇，再由潜艇把情报转发到日本。

所有这一切，自然不会不被注意到，库恩一家引起了当地情报部门的怀疑。早在 1938 年或 1939 年初，当地情报机构便记认库恩，为德国或日本，或同时为两国效力的情报人员。

1941 年 6 月，美国冻结了日本的财产之后，库恩与奥田联系，要求就库恩太太的一笔资金的问题用密码给东京的一位朋友发份私人电报，而且他还暗示到，这笔钱是他提供服务的酬金。奥田当时同意发电。毫无疑问，只要把库恩支出领事馆院外，他会同意一切合理要求，而库恩的出现，一定使他忐忑不安。

立花回到东京海军军令部情报课时，同样也对库恩的看法极为不好。他不喜欢他见到的库恩的一切，正如他用流畅且富有乡音的英语解释得那样：

> 库恩不仅被怀疑是否忠于职守，而且他作为间谍的能力也很低下，以至令人担心他是否能为我们空袭珍珠港计划提供足够的情报。他胆子很小，在危险面前不能从事间谍活动。更严重的是，我们同他的关系，恐怕会受到美国方面的怀疑，其后果是他将叛卖日本，我们的秘密可能会从他那里泄露出去。因此，我们决定在其他办法行不通时再起用他。为此，要做好准备。

10 月 25 日上午，吉川对琴城户说，奥田希望他能在当天下午开车拉他们去某个地方，但他未说明是什么地方。琴城户问关："你认为我们要去哪儿？"关什么也不知道。当天 15 点 30 分，奥田和吉川乘琴城户的福特车离开领事馆，奥田手里拿一个像钱包样的东西，和吉川坐在后排。在丘莱与莫卢尼两条道路的交叉口，琴城户停了车，吉川下车，奥田叫琴城户再向前开一段路再停下来，等吉川回来。

吉川必须步行一段路，才到库恩家。在那里，他交给库恩一个包裹和一封信。库恩供述说，包裹里有一封用英语打写的便条，条上问他是否有一台短波发报机，及是否愿意在几天后某个夜间的约定时间，用一定波长做一次试验。

这不是库恩喜欢的从他的雇主那里接到的指令。吉川递给他一个信封和一张纸，库恩在纸上潦草地写上回答，说他"不能做此次试验"。他极其紧张地把这张纸匆匆塞进信封，交给吉川。吉川没有要收据就走了。库恩迫不及待地打开包裹，内有 1.4 万美元，大部分是 100 美元一张的现钞，还有一部分是 20 美元一张的。然后，他迅速把那张写有无线电试验的便条撕成碎片，烧掉了。

吉川声称他并不清楚库恩与日本海军或喜多之间的关系，但是在他去执行这次任务之前，总领事对他简要介绍了库恩的情况。任何一位工作人员都可以送这笔钱和内有指令的信封，然而喜多告诉吉川说，这是"极为重要的任务"。或许，他想让吉川有机会去估量一下他的接班人，因为战争一旦开始，日本海军就会让库恩冒极大危险接替吉川的工作，在那种情况下，日本将需要"外人"把情报源源送到东京。

吉川送给库恩的指示和钱，是由一位"海军军官"乘航班从东京带来的。至于此人是谁，记载不一，他负有五重与库恩有关的使命：（1）说明获取什么样的情报，修改库恩密码；（2）建立联络方式及订出试验方案；（3）准备一台无线电发报机，建立一条备用的联络途径；（4）扩充库恩间谍网；（5）提供必要资金。

吉川回忆当时库恩"非常惊慌"，库恩自己也承认很紧张。他是否突然意识到他的坦途即将结束，取而代之的是陡峭悬崖——事态越来越严峻，在最严峻的时刻，他的雇主期望他担当起真正的责任重担，去铤而走险？是否这位半瓶子醋的间谍认清，他不得不穿上号码过大的鞋子，去挑重担？这位对东方稍有了解的欧洲人，是否在平平的黑眼珠深处，看到了亚洲的灵魂，它深不可测，又历史久远？我们对当时关键时刻库恩的心灵为何战栗，无从知晓。我们只知道德国纳粹遇上日本武士，也会感到心惊胆战。

第三十九章
兵不厌诈

1941 年 10 月 22 日从高空拍摄的福特岛全貌

“兵不厌诈”，是孙子在约公元前 500 年间写在中国古典军事著作《孙子兵法》上的一句话。孙子还讲过更为透辟的警句——“乘虚而入”。而美国正是在紧要关头留下一道门缝，东京于是急急忙忙把脚伸进去，跨过了门槛。

仲夏的经济冻结，终止了日本商船在日本与美国之间的航运。8 月初，东京就恢复通航问题，开始与华盛顿谈判。军令部敦促外务省就此事尽快与美国达成一项协议，因为它打算利用重新通航的船只进行间谍活动。经过几周的谈判，赫尔和野村达成协议，允许三艘日本客轮从日本到美国航行一次，但船上不能装载货物。

10 月 12 日，美国和日本新闻界同时发布 3 艘日本邮船会社客轮离日抵美的时刻表：龙田丸号 10 月 15 日由横滨港启航，绕道火奴鲁鲁，10 月 30 日抵达旧金山；冰川丸号 10 月 20 日由横滨港启航，11 月 1 日抵西雅图；太阳丸号 10 月 22 日由横滨港启航，11 月 1 日抵火奴鲁鲁。

贝克内尔认为，航运协议背后很可能有文章。他在 10 月 25 日 12 点送出的“关于日本形势情报判断”中指出：“日本人在向中国南部地区进行军事扩张之前，就是先谨慎地把日本侨民转移出来。人们对此至今记忆犹新。”

美国之所以同意“航运协议”，是希望它有助于缓和存在于两国之间的紧张局势。然而，无论东京本意如何，第三部的确抓住了这一时机乘船过海，来到夏威夷进行秘密的间谍活动。日本海军领导人，几乎没有理由指责喜多通过外务省发回的情报，但海军军令部情报部打算花双倍力气，核对喜多情报。他们希望派遣相应领域内经验丰富的海军军官，亲自到珍珠港进行实地考察，弄清各种情况。因为，他们担心来自火奴鲁鲁的报告缺乏技术细节。此外，电报不可能把从那里搜集到的所有情报都毫无遗漏地传递回来。

为此，军令部挑选出具有良好履历和专业知识的军官。前岛俊秀海军中佐是这一特工小组资格最老者。他是潜水艇专家，自信，头脑敏锐，并且训练有素，观察细微，他一定能带回一份有实用价值的情报。早在数月前，他就知道山本的计划。前岛的助手松尾敬宇海军中尉，是从第六舰队挑选出来的，松尾曾在微型潜艇上工作过。此次，他的任务是探明微型潜艇是否有潜入珍珠港的可能性。

第三位成员——铃木荣海军少佐，是位飞行军官。他是源田的好友，在此次至关重要的间谍活动中，他扮演了更为重要的角色。此人又高又瘦，有一张精明的脸和敏锐灵活的大脑。铃木已在海军军令部情报部工作了 13 个月，专门研究美国空中力量，特别是航空母舰的战斗能力。

铃木直至 9 月初才正式得知珍珠港计划，但参加了当月在东京举行的军事演习，并参加了在戒备森严的秘密会议室里举行的讨论会。

此行的使命是立花向铃木传达的，他们还对完成使命所要采取的策略进行了研究。在临行前那段紧迫的日子里，铃木详尽研究了有关夏威夷和珍珠港的情况，用脑子记住了有关情况和数据。这样，他就不用做笔记，以免笔记落到别人手中。

10 月 15 日，龙田丸号从横滨港启航。船长木村阪男是一位预备役海军军官，他的手下全是新船员。随船前往的还有一位海军军官，我们只知道他是“F 少佐”。他将在火奴鲁鲁与喜多接头，然后去旧金山搜集有关苏联、美国和其他国家沿北太平洋航线开往远东的商船的情报，他还负责搜集在西海岸能够搞到的有关美国海军的一切情报。此外，船上还有两位颇有些神秘的人物，一位是称为监察员的前田国昭，另一位是被称为交通省代表的土屋贤一。他们的身份后来被分别确认为第三部美国课中岛凑海军少佐和外务省信使。龙田丸号上的这些特工人员，还肩负着另一个使命——与夏威夷建立预备通讯渠道，以防美国中止与日本的正常通讯，或禁止使用密码电报。

在驶往夏威夷的整个航行期间，轮船不能使用无线电发报机。但事情并不仅仅如此，在轮船即将启航之际，山口文次郎海军大佐交给船长一个密封信封，吩咐他要仔细保管，把它交给日本驻火奴鲁鲁总领事。总领事将在船靠码头后马上登船。这封信要求喜多立即全力以赴地搜集有关驻珍珠港美国海军的情报。信中特别指示，喜多立即着手准备一份详尽的地图，准确标明瓦胡岛上每个军事设施的规模、兵力及所在位置。地图将由一位近期到达火奴鲁鲁的特工人员取走，此人还要和喜多商讨其他紧急重要事情。

龙田丸号于 10 月 23 日星期四 10 点钟在火奴鲁鲁靠岸。停岸不久，喜多来到船上，木村交给了他那个密封信封。我们有充分理由相信，木村或这个特工小组的另一位成员还交给喜多另一件内装现金的包裹。10 月 25 日，吉川把这个包裹连同“准备无线电发报机、建立使用业余无线电人员的备用通讯渠道”的指示，交到库恩手中。该船在火奴鲁鲁仅停留一天，于 10 月 24 日星期五下午启航，开往旧金山。

此时在东京，铃木、前岛和松尾业已完成临行前的准备工作。在 10 月 21 日出发前最后一次军令部简况汇报会上，铃木拿到一份内容涉及广泛的调查表，并受命不惜一切代价保护好它。另外两个人接受的是口头指示。他们 3 人的首要任务是，密切注视北太平洋航线上所有舰船的动向。因为，太阳丸号将沿着南云将来要走的航线，做一次试航。

铃木和前岛必须对中途岛以北的关键地区加倍予以注意。如果美国巡逻机在这里发现了太阳丸号，那么第一航空舰队将不得不走更远的航线。另一个重要地区是瓦胡岛西北水域。在那里，他们必须高度警惕，注视那些有可能报告特遣舰队行踪的飞机和舰船。

军令部还需要船只经过海域的气象和海面情况报告，靠近火奴鲁鲁时，特工人员必须记录下瓦胡岛周围海域所有舰只的运行情况。停泊期间，要继续弄清这些情况。

铃木和前岛的名字未出现在旅客名单上。铃木佯装成船上助理事务长，前岛装成一个医生，为了以防万一，他学习了一些最基本的医学知识，前岛化名为塚田，铃木认为没有必要，也就未改名。松尾混在旅客中间。

10 月 22 日，太阳丸号由横滨启航，同龙田丸一样，这艘船严格坚持无线电静默。在整个航行期间，铃木、前岛和松尾滞留在甲板上，踱来踱去，观看着汹涌的波涛，不时用高倍望远镜瞭望远处的地平线，一天数次核对气象情况和计算出已完成的航程。铃木每天都要写出一份有关风速、风向、能见度、船只摇摆颠簸度以及海面情况的报告。夜里，3 名特工人员轮流进行着这一令人疲倦的观察，并且要特别注意是否有船的灯光。尽管这项工作单调乏味，但这样做对袭击珍珠港的成败有着举足轻重的作用。因此，他们不能忽略哪怕是最细微之处。

当太阳丸号改变航向从北边向瓦胡岛驶去时，海面更平静了，天气也更暖和了，但铃木却更加紧张。11 月 1 日黎明前，船驶到瓦胡岛以北 200 英里关键海区。这里，他们发现一架美国巡逻机在飞行，这是太阳丸号在整个航行期间第一次发现美国巡逻机。铃木在观察记录中写道："侦察线——200 英里。"轮船以 14 节的航速前进，航行至瓦胡岛以北约 100 英里处，铃木看到了一个美国飞机编队。据铃木讲，编队开始时佯攻轮船，但只是摆摆样子。于是，铃木又草草记录道："攻击线——100 英里。"不久，港口隐约可见，它身后是绿色的群山，被白蒙蒙的雾和晨霭笼罩着，景色颇为壮观。现在，铃木和他的伙伴们可以把观察结果填在表上了，他们先前未曾预料到，除了一场短短的暴风雨，天气是如此之好。海洋条件虽然复杂多变，但并非不可对付。他们未在中途岛以北发现任何巡逻机，瓦胡岛以北的侦察范围也似乎不超过 200 英里。最重要的是，铃木和同伴们在整个旅途中没见到一艘船，这一发现使铃木对未来袭击充满了希望和信心。

太阳丸号于 11 月 1 日、星期六 8 点 30 分驶进火奴鲁鲁港，这个时间选择得妙不可言。当轮船缓缓放下锚链时，铃木和前岛手持望远镜站在驾驶台上，在这个绝妙的时刻观察瓦胡岛四周清晨的情形。这个时间与将来实施袭击的时间几乎相同。他们在周末进港，正好可以观察星期日的整个情况，未来的袭击就是定在星期日。然而，这一切并非出于巧合，而是军令部精心安排好的。

铃木后来声称，当时他能从驾驶台上看到珍珠港，这也许是真的。然而，即使他用望远镜也很难做到这一点。因为珍珠港距火奴鲁鲁港六七英里。再者，铃木并没有发现当时停泊在海军大锚地里的那几艘主力舰。

铃木和前岛决定不在船上做任何记录，以免在美国当局突然检查太阳丸号时受到威胁。他们还决定不上岸，在船长室与舷门之间拉上直线电话。这样，他们在同喜多或领事馆其他人接头时，如果有陌生人或可疑的人上船，驻守舷门的日本人会及时提醒他们。

喜多在船靠岸的第一天就上了船。他一共到船上去了三四次，每次都带着两位领事馆成员。他们把情报送上船，或从船上取走情报。铃木对喜多透露了自己的真实身份，但没有告诉领事馆其他人。领事馆每天派人上船送报纸，报纸卷内藏有备忘录和写有军事情报的小纸条。这些报纸当然要经过美国保安警卫的检查，但通过检查哨并不困难，手持报纸的领事馆工作人员主动翻动报纸，警卫点点头便放行了。铃木、前岛和松尾接到报纸卷后，马上从中找出备忘录，然后继续他们的工作。有时，铃木爬上驾驶台，核对刚刚拿到的情报。

尽管吉川是向铃木、前岛和松尾做情况介绍的合适人选，喜多却不允许他上船，有什么必要让他成为安全检查的对象呢？吉川如果暴露，瓦胡岛上的日本间谍网就会裂开一个大洞。有鉴于此，喜多亲自向特工人员做情况介绍。就我们所知，船上的几次会面的确没有人提及袭击珍珠港计划一事。

特工人员在第一次见面时就告诉喜多说，他们需要关于驻扎在珍珠港、瓦胡岛及夏威夷群岛其他地方的美国军队的所有情报。铃木特别感兴趣的是：美国舰队的准确兵力、部署情况、对抗演习训练及周末习惯等。他还希望了解空军的具体实力，及所属军事设施的准确位置。前岛和松尾则想弄清美国太平洋舰队在珍珠港附近水域抵御潜艇袭击的能力，以及找出袭击中能最有效地使用大型和微型潜艇的途径。

第一次见面时，铃木还把第三部准备的约有100个项目的问题表交给喜多。喜多回到领事馆后，马上交吉川填写，表上包括了军令部所有感兴趣的问题。

“当我看到那些问题时，我想了许多。”一位前领事馆成员说。“日本真有可能远途而来实施一场成功的袭击吗？”他补充说，“我记不清领事馆里是否有人提起珍珠港可能遭受袭击一事。但是，看到船上所进行的间谍活动和那份重要的调查表，我就明白了其中的含义。那些了解内情的领事馆人员认为袭击有可能发生，但它将完全取决于日美谈判。”

喜多给吉川下达了严格的指示，要求他把答案写得越小越好，它要由人偷偷送回太阳丸号，喜多不希望它体积过大，以免引起美国当局的注意。

吉川为完成这份报告日夜兼程，从已搜集到的情报中择其精华。他还让三上开车带他到珍珠港地区转了一圈儿，再次观察美国太平洋舰队及其锚地的现状。他还绘制了许多大幅地图，其中的一张，标明了舰队在珍珠港的部署，还有一张标明瓦胡岛上的美国空军力量。吉川把侧重点集中在所有的机场和备用机场上，甚至连高尔夫球场也未放过，因为美国人有可能使用球场作为紧急着陆点。

军令部还想知道，是否有可能给美国人以出其不意的打击。吉川的回答是肯定的，铃木也认为如此。船进港那天，铃木早早就从床上爬起来，他疾步走上驾驶台，准备观察美军休息的星期日。天空中，没有平日可见的训练飞机和轰炸机，只是下午时分才看到一架运输机和几艘驶进火奴鲁鲁港的船只。

夏威夷地区的空中巡逻，是东京高级军官们大伤脑筋的众多难题之一。吉川来到火奴鲁鲁后，一直密切注视巡逻机的行踪。最近，他把观察时间延长了一倍，把从黎明至黄昏每一小时所观察到的情况都记录在案：巡逻机何时起飞，巡逻时间的长短，飞机型号和飞机数目，及一般侦察弧度等。吉川认为，南面警戒还不错，但北面警戒不怎么样，组织也不严密，实际上可以说非常糟糕。当然，吉川不可能确切地知道巡逻机的飞行距离，及它们在瓦胡岛外是否改变航向等，他只得根据常识，对此进行猜测。

太阳丸号停泊期间，铃木也在从早到晚地观察从瓦胡岛基地起飞的飞机。他记下了飞机的架数、机种、颜色、高度、速度、飞行方向，以及起飞和返回时间。如果飞机是从希卡姆机场起飞的轰炸机，他便核对飞机的大小（双引擎还是四引擎）、架数、编队及训练地区等。

吉川的报告，为铃木和前岛提供了夏威夷上空气象情况的极好分析。气象情报一般不会出差错，因为火奴鲁鲁报纸上，几乎每天都有夏威夷各岛及周围太平洋海域的详尽的天气报道。

火奴鲁鲁领事馆人员怎么能够把吉川冗长的报告和附加地图，带过太阳丸号的跳板而不被发现呢？然而，这确实做到了。吉川声称，是喜多把材料带到船上的。但铃木回忆说，是另一个人完成的这项任务。

特工人员没能找到所有问题的答案，这是很自然的。铃木声称，他当时没见到航空母舰。然而，他知道瓦胡岛上有相当数量的舰载飞机，由此可以推算，夏威夷水域里有一两艘航空母舰。而他在火奴鲁鲁港逗留期间，企业号和列克星敦号正停泊在福特岛附近。铃木也未获得足够的有关瓦胡岛空军基地的准确情报，希卡姆机场是个例外。但即使是有关它的情报，也并非完全可靠。关于惠勒大型战斗机基地，铃木报告说："我们不能对其设备进行调查。"

当铃木在为美国舰队及其空中力量大伤脑筋时，前岛和松尾把注意力主要集中在潜艇问题上。他们试图解决的重要问题之一是：夏威夷群岛中哪座岛屿可以提供相对安全的场所，使日本潜艇可以发射和收回艇载飞机，以及在袭击后接回微型潜艇人员和飞行员？他们最后发现，尼豪岛最理想。该岛属于私有，而且人口稀少，位于考爱岛西南几英里开外。令人惊奇的是，在日本仅依赖手头书面材料独立工作的渊田也做出了同样的选择。

他们研究的第二个问题是：在珍珠港入口处外和锚地里的日本潜艇人员将面临什么困难？对于这个问题，前岛和松尾都不能予以肯定的回答。因为，这将在很大程度上取决于袭击时美国巡逻艇的情况。另外，潜艇艇长的能力和机遇也是不可忽视的。

尽管如此，他们还是得出几个结论：第一，在珍珠港外行动的潜艇艇长，不可能看到港内金梅尔的军舰；第二，白天，潜艇艇长站在驾驶台上，可以在七八英里外辨认出通向锚地的狭窄航道入口；第三，如果潜艇艇长用潜望镜观看，他必须在靠近珍珠港二三英里处，才能较清楚地看到入口；第四，夜间进港，需要借助航道入口周围或附近的航海定位界标，进行定位。

在当时严重的形势下，联邦调查局、海军情报办公室、陆军情报部及海关方面，都在密切地注视着太阳丸号。然而，火奴鲁鲁领事馆与船上特工人员之间的密切往来，却没有遇到任何麻烦。这似乎令人费解，答案就在于美国反间谍机关只注意了上下船的旅客。海关官员仔细检查了下船旅客的所有行李，从海关或军事角度上均未发现任何问题，上船旅客接受了更为严格的检查。

11 月 5 日傍晚，该船驶离码头。通常，日本国的轮船都是在热烈的节日气氛中离港，这次启航，船上既没有漂动的彩色飘带，也没有挥手告别的欢乐人群。对此，铃木、前岛和松尾毫无怨言，他们带上了极有价值的敌人情报返航归国。一艘海岸警卫艇尾随太阳丸号驶向大海。随着太阳丸号的离去，夏威夷同日本的最后直接联系被切断了。

第四十章

在上天手中

日本将用来攻击珍珠港的 93 式鱼雷

秋天，景色宜人，南云官兵们在继续为袭击珍珠港加紧训练。

10 月 23 日下午，两位曾在 2 至 8 月份赴德国考察的军官，向山本的参谋们做了一次考察报告。其中一位，是内藤武海军少佐，渊田的好朋友。内藤曾在鹿儿岛作过一次报告，渊田也去听了，他想从内藤那里了解一些有关英国在塔兰托[①]使用鱼雷机袭击意大利军舰的情况。内藤当时在柏林任助理海军武官，出事后，他乘飞机前往塔兰托，对事件进行调查并做了损失估计。内藤在鹿儿岛逗留了一昼夜，渊田向他提出了涉及广泛的问题。

渊田此时的乐观态度还有其个人原因。他于 10 月 15 日被晋升为海军中佐，同一天，村田也由于功绩卓著被晋升为海军少佐，他的人都在步步高升。自动记录回声测

①见第五章。

深仪显示，鱼雷的下沉度为20米（约66英尺），但无论怎样继续努力，也不能再有所突破。飞行员们不能理解，为什么要达到最大深度为10米这一显然不合情理的要求，什么样的舰队能在如此浅的水域里抛锚？他们对渊田的好情绪暗暗感到奇怪，对此，他是不是没有感到有压力？

渊田清楚地知道，如果他手下的官兵们意识到此次训练的目的，就会加倍努力工作，不再发牢骚。源田也持有相同的看法：部下不知道原委，却被督促着加倍努力，的确"有点儿过分"。但他同样还担心从第一航空舰队走漏风声——当然不是故意的，而是那些不知深浅的飞行员在饶舌中泄漏出去。由于上级不开绿灯，尽管渊田同情部下，也只得继续要求他们进行更为艰苦的训练。20米和60米没什么两样，只能是10米，除此之外，哪怕仅差一米，他也不允许。

公平地说，不能责怪飞行员或鱼雷手。他们每个人，都在马不停蹄地工作着，他们利用现有设备，做到了人能做到的一切。即使是热情开朗的村田，也开始有些灰心丧气。在演习和训练中，他们已尽了最大的努力，现在只能指望技术人员了。

研制实用的鱼雷鳍的工作在横须贺进展迅速。自9月初开始，至今已一个月左右，驻扎在横须贺的航空联队，对先前只作为空中稳定器的装置进行了试验。在使用Ⅱ号模型鱼雷时，他们在水深12米处试验成功。更重要的是，鱼雷鳍使鱼雷非常平稳，使它能在较狭窄的空间成功地运行。鉴于鱼雷鳍在实际应用时优点突出，也许能够满足珍珠港作战的要求。

然而，一波未平一波又起，新的难题是，如何为实战准备好足够数量的改进型鱼雷。令人沮丧的消息传到渊田和他的部下的耳朵里：至10月15日，只能准备好30只，第二批的50只将于10月30日才能运到，最后的100只直至11月30日才能全部准备好。

另一个问题同样使渊田感到忧虑：珍珠港军舰周围可能布有防鱼雷网。如果美国真的布下网，鱼雷轰炸便几乎失去意义。除非村田及部下经过刻苦训练后技术提高，以及技术人员使鱼雷设计有突破性革新。

9月下旬左右，目的为寻找破防鱼雷网途径的试验在横须贺展开。然而，尽管人们拼命努力，绞尽脑汁反复试验，破防鱼雷网的难题仍然没有解决。福留后来告诉我们说，一旦发现美国军舰有防鱼雷网保护，"我们就决定只用炸弹袭击军舰，而放弃鱼雷攻击"。

当渊田和村田意识到横须贺试验成功的可能性不大时，便研究出了另一种可能的解决办法。他们一致认为，试验之所以失败，是因为炸弹的药量太小，不能炸开一个让后继飞行员识别并加以利用的洞。但是，如果能狠狠地击中防雷网，并且轰炸高度合适——几乎同目标舰的吃水线一致，防鱼雷网就会被炸破。因此，这两位飞行队长在源田的同意下做出下列决定：必要时，几架鱼雷机冲入网中把它炸开。这是一种自杀性攻击，开创了以后在二次大战中使用的神风突击队残忍战术（神风突击队是二次世界大战末期日本空军敢死队，他们驾驶满载炸弹的飞机撞击轰炸目标，企图与之同归于尽——译者注）。他们3人直至到达单冠湾集结地，才开始与飞行员们讨论这个方案。

与此同时，渊田的高空轰炸机队也在做着不懈的努力，力求在战术上尽善尽美。他们的成绩甚至超出了渊田的预料。日本海军应深深感谢那5位坚持在战斗中使用高空轰炸机的人士，他们是源田、古川、渊田、渡边和阿曾。渡边和阿曾是试验组的领导人，自春季上马这个项目以来，他们逐步把精确度提高至70%。实际上，他们为日本海军的空中力量增加了一种新式武器。

渊田一直在考虑的另一个问题，是第五航空母舰战队飞行员的素质问题。他们没有夜间飞行的经验，在有限的剩余时间里也不可能达到这一要求。他向源田提议，把原订袭击时间夏威夷时间6点30分改为8点。由于日出时间为6点零6分，6点钟起飞能使他们在夜幕的掩护下发射起飞，并能及时飞至瓦胡岛，达到黎明时分发起突袭的效果，这个时间还能使飞行员在到达目标上空时，享受日光之益。源田认为言之有理，便同南云商量。南云同意后，对主体计划做了相应的更改。

第一航空舰队还面临着另一个关键问题。在整个特遣舰队中，只有7艘舰只能够在不用加油的情况下，从单冠湾启航，经过长时间北上，到达瓦胡岛，它们是大型航空母舰加贺号、翔鹤号和瑞鹤号，战列舰比睿号和雾岛号，重型巡洋舰利根号和筑摩号。因为，日本传统战术一贯是只在本国领海内作战，所以日本未曾营造远程军舰也未对海上加油这一技术予以特别注意。至1941年夏季，他们才能做到给行驶中的轻型巡洋舰和驱逐舰加油，办法是满载油料的油船驶在军舰前面，一根拖缆系住油船和军舰。此时，潜艇对工作中的两条船是个威胁。再者，这种加油方式对于小型军舰是可行的，因为它们可以轻而易举地跟在油船后面。而现在出现的新难题是：怎样为诸如赤城号等大型军舰加油。赤城号的马力和惯性都很大，在紧急情况下不易调动。油船可以急转弯，但航空母舰或战列舰的战术旋回直径太大，可能会拉断油管。

特遣舰队面临的这个难题，不是一位聪明能干的飞行员可以解决的。但日本很幸运地拥有一位能干务实、经验丰富的水兵——草鹿。这方面，恰巧是他所擅长的，最后他胸有成竹地解决了问题。草鹿首先决定，特遣舰队在驶往夏威夷的途中，舰上的每只油箱均要装满燃油，放在甚至以前从未放过油箱的地方，这样将增加赤城号、苍龙号和飞龙号的自身燃料储备量。航空母舰在任何时间都应保持储油充足，因为如果大自然不施恩惠的话，航空母舰必须高速前进，产生出飞机起飞时所需的每小时约 30 英里的大风。

因此，草鹿强烈要求军务局放弃海军省有关禁止在舰上某些地区放置物品的安全措施。起初，军务局有关人员很不合作，后来在一位远见卓识的军官帮助下，草鹿胜利了。军令部和海军省一致同意，在紧急情况下，舰队司令长官可以取消上述禁令。经过仔细检查表明，使用各种各样的圆桶和备用油箱之后，赤城号、苍龙号、飞龙号和两艘战列舰，便可以载有大量的储备燃料。然而，这个方法不适合阿武隈号和那些驱逐舰，因为它们船体的强度和稳定性均不允许这样做。

草鹿及其同僚设计的加油方法，从本质上一反传统的加油位置。加油时，航空母舰和战列舰的位置在油船的前面。这一想法简单吗？是的，但必须有人想出，并付诸试验。为驱逐舰加油时，一次可以同时加油 3 艘——油船两侧及尾部各一艘。驱逐舰在驶向夏威夷的途中，每天需要加油。10 月中旬的一次试验证明，草鹿的加油系统是可行的。在特遣舰队向夏威夷挺进时，油船和各战斗舰只的水兵们都充满了信心，因为他们在航行中能够应付加油这个难题了。

至 10 月下旬，渊田的工作有不小的进展。他把飞行员分成两组进行训练——一组是战斗机，一组是轰炸机。两个小组在 4 次空中实战演习中，打得难解难分。而鱼雷机在两周时间内就进行了 10 次以舰队为目标的轰炸。

军令部和联合舰队接到消息说，最后一批改进型鱼雷，直至 11 月 30 日才能交付使用。他们强烈要求尽快交货。南云的飞行员们必须 10 月底前收到全部鱼雷，但他们自然无权正面通知军械部门的官员们。根据特遣舰队的日程规定，飞行人员将在 11 月中旬左右向集结地出发，因此改进型鱼雷必须在该日期之前运到，并在每艘航空母舰上进行调试。尽管海军舰政本部不十分情愿合作，但答应最迟在 11 月 20 日之前交付最后一批鱼雷。因此，所有有关人员准备鱼雷一运到佐伯，便立即装到赤城号和加贺号上，以完成最后的战争准备。据源田讲，长崎三菱公司的福田当时嗅出了即将发生重要事件的气味——或许海参崴的浅水域里将有重大行动。因此，他打破了三菱公司的规章制度，让工人加班加点，机器马不停蹄，终于在 11 月 17 日完成了全部订货。

源田来到东京催货，并安排受训人员调试新鱼雷鳍，以防万一到货太晚，第一航空舰队人员不能自己完成。渊田在 10 月 30 日至 11 月 4 日的几天里，在鹿儿岛收到了 5 至 10 个带稳定鳍的改进Ⅱ型鱼雷。当时，他急得直冒汗，因为这个数目远不够进行正常训练所用。

第一次试验证明，新型改进鱼雷效果很好，但有欠稳定。后来，在一个清爽的秋日里，3 枚并非模型的真正鱼雷被安上鳍，投入 12 米深的水中，其中一枚扎入水底，另外两枚胜利地朝目标冲去。渊田此时正飞在鹿儿岛湾的上空，真真切切地看到了两只鱼雷直向目标冲去，它们白色的尾迹切开蓝色的水面。三分之二的鱼雷运行成功，照此推算，40 枚鱼雷中，预计有 27 枚击中目标。

这样，日本人在 10 月底以前，解决了珍珠港计划中许多过去从未解决的军事难题。现在，无论是南云，还是瑞鹤号上的新兵，都明确了自己应负的责任。虽然仍有许多事情要做，但准备工作毕竟进入了彩排阶段。

10 月 29 日，富冈和山本佑二海军中佐来到长门号上，通知联合舰队关于军令部下达的行动宗旨、命令、指示以及陆海军之间的协作要点。山本中佐是个前途远大的年轻人，富冈手下这样的年轻人为数不少。山本是前外相的女婿，曾负责与陆军联络和全面军事行动，特别是涉及中国战场的行动。

永野首肯了珍珠港计划之后，军令部重新修订了作战计划，把珍珠港行动大纲包括其中。之后，永野把这份称为“日本舰队国家防御计划修正案”的文件呈送天皇批准。富冈过去曾执意反对珍珠港行动，而现在却深深地卷入其中，一旦军令部接受山本计划，他就必须全力以赴地在各个方面与联合舰队合作。

富冈同山本海军大将及其他几位参谋，进行了长达几个小时的谈话。山本看到自己的大胆设想被收编到军令部的总体作战计划蓝图上，非常高兴。在此之前，他一直是按照自己的想法行事，为这个只在提案上的袭击制定计划进行准备以及开展训练。现在，既然计划得到东京头面人物的赞同，特别是天皇本人的首肯，那么他也就立足于坚实的基础上了，他的肩膀不用再承受全部责任的重荷了。

两名使者还从福留那里带来一封信。信中解释说，当东条内阁组阁时，天皇要求重新制定国策，为达此目的，联席会议自 23 日开始召开。由于首相并没有透露他本人的意图，军令部不能估计出最后将产生出什么决议。因此，军令部要求各战斗部队再接再厉，做最坏的打算。宇垣对那些政治上的风风雨雨持悲观态度：

谁敢不满足我们的要求？现在只有进行战争，别无选择。倘若我等吊儿郎当地消磨时光，无所事事，将只会掉进敌人布好的陷阱之中。但如果我们下定决心参战，并为此做好一切准备，就可以胸有成竹地和敌人谈判，敌人就极可能出乎意料地向我们妥协。面临当今危机，战争是供我们选择的唯一道路。除非敌人改变主意，否则别无其他道路，只有战争……

宇垣的愤恨之情，第二天便传染到长门号上。那天，南云和其他几位即将参加南方战役的陆军军官一起来到长门号上。这时，南云显然催促联合舰队尽快确定最后日期。因为，宇垣这样记录道："他们敦促我们立即确定 x 日，但是我们不了解东京的进展如何。我想东京还未做出决定。"

军令部实际上早已决定日本时间 12 月 8 日为 x 日。有众多的原因促成这一选择：（1）美国在太平洋的力量日趋壮大，特别是在菲律宾的力量；（2）隆冬季节，北太平洋的气象条件将肯定封住特遣舰队的航路。假若日本等到 1 月或 2 月，气象条件会更为恶劣；（3）以石油为主的战争物资储备正在减少；（4）12 月能给特遣舰队夜间行动提供足够的月光；（5）陆军希望尽快采取行动，避开最坏的季风季节；（6）最后一点，但绝非最次要的一点，情报表明美国太平洋舰队主力周日回港。

即使在长门号逗留期间，南云也无法掩饰内心的不安。其他人或许对珍珠港冒险行动同样也忧心忡忡，但他们比较善于掩饰自己的感情。宇垣对这位第一航空舰队的头头没有丝毫敬意，忍不住在日记中挖苦道："南云……看上去对他的特殊使命十分焦躁不安，我想这是自然的。但我希望，在行动开始之时，他千万别由于焦虑而垮下来。"接着，他用清醒的笔触继续写道：

生与死掌握在上天手中。如果行动中南云能数次转危为安，他就应该感到满足。假如指定我去完成这一使命——任命来自天皇——我将竭尽全力，把赋予我的使命看作一个武士能够得到的最大荣誉，并把其他留给上天来施舍仁慈。没有什么会使我担心，一个人瞻前顾后就不能投入战斗。如果有 60% 的成功希望，一个人就应该在做好最坏的打算之后，勇敢果断地向前冲去。

显然，宇垣是会创造奇迹的。或许，如果南云真的与宇垣调换位置，一切可能会大不一样。

战争准备就绪

日本为准备攻击珍珠港模拟演习

11 月 1 日，风大浪急，山本和参谋们在四国以南的土佐湾里的长门号上，观看训练演习。16 点 30 分，山本接到海军省加急密电，要求他在 3 日中午秘密赶到岛田官邸。

宇垣的大脑被好奇心折磨了整整一天。军令部是否会问：如果谈判继续，联合舰队能把进入战争时间推迟多久？对此，宇垣的回答十分明确："我们作为联合舰队指挥官，早已做出如下结论：就准备工作、月相和一周时间安排等而言，12 月 8 日是最佳选择。"此次召见，是否意味山本将出任首相兼海相？但这将违背他本人的心愿。

其实在那天，险些发生一次内阁危机。联席会议的最后一次会议于 9 点召开，会议持续约 17 个小时，气氛紧张且不融洽。会议讨论的最终结果是：订于 12 月初进入战争，谈判将继续到 12 月 1 日零点。在该日期之前，由日本飞机、潜艇及水面舰只调动引起的任何冲突，均将以局部事件解决。会议还决定，一旦甲案失败，将向华盛顿提出乙案。其内容如下：

1. 日美双方应保证不向法属印度支那以外的东南亚及南太平洋地区进行武力扩张。

2. 日美两国政府应相互合作，保证对方在荷属东印度群岛获得各自需要的物资。

3. 日美两国政府应将相互间的通商关系恢复到资金冻结以前的状态。美国应保证向日本提供所需石油。

4. 美国政府将不得干涉日中两国为实现和平而做出的努力。

当时任海军省兵备局局长的保品善四郎海军少将告诉我们，他就是在那时听说的袭击珍珠港计划。所有与会者都明白，袭击美国舰队是将来同美国交战的第一步。11月4日，内阁会议通过了联席会议决定。11月5日，御前会议批准了联席会议决定。此时此刻，战争野马已经挣脱缰绳，不服控制。因此，作战计划获得批准，早已在意料之中。

长门号于11月2日5点驶进佐伯湾。宇垣站在甲板上，望着挂在山边的月亮，月亮似乎刚刚完成自己的工作。10点20分，山本前往东京，留下宇垣参谋长处理日常工作。当天晚上，宇垣接到第一部发来的加急电报，询问联合舰队是否同意8日到10日之间在东京召开会议，制定“陆海军协议”。宇垣立即回电表示“没有意见”。他在日记中写道：“从这封电报，我们可以看出，他们已下定最后决心。”

宇垣的判断完全正确。内田记录道：“在内阁与陆军参谋本部的会议上，做出了开战的决定。”仲原也这样写道：“最近做出一项决定，政府将……采取……正面行动……决定说：从战备角度出发，政策的改变是绝对必要的。”似乎没有人注意到事情前后的不一致性——正如大量进食是为填满尺码过大的衬衣似的。这两位日记作者所记下的都是：开战已成定局，不必等外交谈判的结局，也用不着天皇的批准。

11月3日13点30分，南云把下属各级指挥官和参谋们召集到赤城号上。他之所以能很快地召集起他们，是因为前一天所有指定为特遣舰队成员的舰只，第一次在有明湾集结。南云认为，现在已到告诉他们此次长时间训练目的的时候了。

据与会者回忆，南云当时讲了下面的话：“根据外交形势判断，同美国开战看来已成定局。因此，我们决定去袭击驻夏威夷的美国舰队。尽管一些细节问题还未最后确定下来，但渊田和源田两位海军中佐已制定出行动的总体计划。稍后，他们二位将向你们讲解。听完之后，如有问题，可以向他们提出质询。”

大石大致谈了总体计划后，源田具体介绍了空袭方案，渊田对细节问题做了补充。一些飞行员，吃惊得几乎从座位上摔下来。前一段时间，大多数飞行员已意识到他们的训练是在针对某个特定目标，并相当肯定地认为这个特定目标是新加坡或马尼拉，他们当然不会想到夏威夷。现在，他们都狂欢起来："身为男儿，我生恰逢时！"

第二天，随之而来的是生活节奏上的变化——为夏威夷行动进行模拟演习。10 月间，渊田曾安排数次演习，但飞机是从陆基起飞，而不是从航空母舰起飞，因为这样做可以节约珍贵的燃料。然而，渊田此次尽量使演习条件接近实际。因此，特遣舰队的大部分飞机，在其航空母舰的运载下，驶向距佐伯约 200 英里处。第一攻击波于 7 点钟起飞，第二攻击波按照普通防御队形于 8 点 30 分起飞，第五航空母舰战队未参加此次演习。

在距佐伯 20 英里处，渊田命令展开：一见到信号，俯冲轰炸机立即进入攻击高度，鱼雷机在较低高度飞行。袭击部队下方，是日本舰队的战列舰，它们排列得气势雄伟，正像计划者们希望他们的对手舰只在珍珠港排列得那样。军舰上，联合舰队的参谋们兴致勃勃地观看着，源田也在其中。演习完毕，他将从这些参谋手中收集报告，然后转给渊田。

第一攻击波攻击"敌人"后，第二攻击波的高空轰炸机和俯冲轰炸机又猛冲过来。第二攻击波里没有鱼雷机，因为第二波上来时，出其不意的效果已不复存在。这时，高空轰炸机猛扑向佐伯机场，俯冲轰炸机则集中力量对付军舰，特别是赤城号和苍龙号。

9 点 30 分，演习结束，特遣舰队在黑暗中返回有明湾。第二天上午，南云在赤城号上召开讲评会。渊田指出飞机到达集结地的时间过长，源田对接近目标的方式及队形的展开感到不满，他交给渊田一叠记录稿，让他仔细过目，然后再交给各飞行队长传阅。源田、渊田及一些经验丰富的参谋们，对仅有 40％的鱼雷在正确深度达到平衡，而其他鱼雷下沉至 15 甚至 20 英尺，感到忧心忡忡。但下沉至 20 英尺的鱼雷极少，因此前景还是乐观的。然而，完美主义者源田对此很不满意。

此时此刻，约瑟夫·罗奇福特海军中校在珍珠港战斗情报机构进行的工作也颇有进展。罗奇福特曾专修过日语，现在是机关中最好的一名情报专家。目前，他正监视着日本航空母舰。尽管他和他的助手们对本机构获得的有关日本海军情报的 70% 以上不能破译，但却可以在不阅读电文的情况下，辨认出相当一部分情报的真伪。

经过多年努力，美国战斗情报机构对日本海军使用的通讯系统已有相当程度的了解，对无线电通信网络等也有颇为详细的了解。他们在珍珠港监听的无线电网络似乎能达到最好的效果，但由于缺乏人力，不能全面监听。他们甚至连一些日方某些人的个人特点都能辨别出来，例如赤城号的无线电报务员“拍报时，就像坐在按键上一样”，莱顿回忆时说。

近一段时期内，瓦胡岛的海军情报机构已觉察到日本航空母舰可能将要采取什么行动。莱顿解释说：“日本海军的组成，过去一直是航空母舰或航空母舰战队分别属于第一和第二舰队。约在 1941 年中期，这一构成显然不复存在。我们用了一段时间才肯定了这一点。航空母舰被归并到一个战斗部队中去。”当地时间 11 月 3 日，恰好是日本为夏威夷行动进行全面演习的那天，罗奇福特的组织注意到一个新的呼号“IIKOUKUUKANTAI”，其字面意义为第一航空舰队。如果这一判断正确，那么第一航空舰队，就意味着一个新成立的海军空战部队。另有一些迹象表明这个判断的正确性。尽管莱顿、罗奇福特及同事们的思路对头，但他们没有想象到，他们发现的这个战斗部队，最终将袭击珍珠港。

山本于日本时间 11 月 4 日 21 点 45 分返回长门号。他告诉宇垣，已做出一项决定：“谈判还要继续，我们要尽量降低条件。与此同时，陆海军继续做好战争准备。最后决策将于 12 月 1 日中午做出。一旦我们决定开战，开战日期将订于 12 月上旬某天（海军的意思是把 8 日订为 x 日）。”

岛田曾问过山本，是否有必要对联合舰队的人事进行变更。山本回答说：“既然撤换一两个高级军官将会影响整个舰队的士气，那么此时此刻，我丝毫不愿看到任何变更。”这样，山本失去了一次在例行人事变动的幌子下撤换南云的极好机会，如果他的确有意这样做的话。

山本在东京时曾与永野讨论过，后者要求山本保证在下述情况下召回特遣舰队：（1）舰队被发现；（2）由于某种原因，机密被泄露；（3）谈判最终取得成功。山本同意联合舰队有权在 12 月 1 日之前召回已部署的部队，12 月 1 日之后，正如他对永野所言：“局势将由上天掌握。”

11 月 5 日，为夏威夷行动而进行的第二次模拟演习顺利开始。这次基本与上次相同，但有一个变动：在距目标区约 80 英里处，轰炸机群遭遇敌人战斗截击机群，于是一场空战于 9 点左右开始。假若渊田和他的飞行员在夏威夷不能做到出其不意，上述情景就是他们预料可能发生的。演习于 11 点 40 分胜利结束。源田仍然对高空轰炸机的准确度感到不满，他认为飞行员击中目标率太低，这可能是由于训练过度疲劳所致。他更加关注那些令人恼火的鱼雷，它们仍然入水过深。

渊田对于攻击目标过于集中感到担心，几艘军舰三番五次地遭到进攻，而其他军舰几乎无人理睬。渊田仔细查对过图表后发现，外侧军舰——即靠近进攻者的军舰——在进攻面前首当其冲。这种状况必须改变才能使内侧军舰也遭灭顶之灾。

宇垣对此次演习没发表任何意见。11 月 5 日，联合舰队的参谋们紧张地准备陆海军协议书和联合舰队 1 号作战令。那天，军令部发布了大海令第一号和大海指第一号。尽管联合舰队要等一两天才能正式接到这两项命令，但山本早已确切知道命令的具体内容，并希望同时发布自己的命令。大海令简明扼要：

奉旨，军令部总长命令山本联合舰队司令长官如下：

1. 帝国为自存自卫，预订于 12 月上旬对美国、大不列颠和荷兰开战。有鉴于此，务必做好各项作战准备。

2. 所需之作战准备，由联合舰队司令长官实施。

3. 有关具体事项，由军令部总长下达指示。

大海指第一号，较大海令第一号详细，命令山本采取各种措施准备作战。

黑岛在长门号上已工作数月，准备联合舰队第一号作战令。自从他见到军令部的原始作战计划之后，便认为山本的参谋们应制定出另一个计划来取而代之。他像平常干此类工作一样，经过几周酝酿准备后，才开始具体撰写命令。他是在东京的 9 月图上演习之后才开始这项工作的，他吩咐部下分头工作，准备计划的各个部分。10 月中旬或下旬，黑岛收集起部下的报告后，便夜以继日地工作着，准备出了一份计划草案。他把计划拿给参谋总长宇垣过目，宇垣问为什么他的计划涉及的范围这么广。的确，该草案与其说是作战令，不如说是一份全面的战争规划。黑岛解释说，他之所以这样做，是因为他相信“一份命令就应包括所有可能发生的战争”。他还认为，时间流逝如此之快，同时准备作战令和总体规划是明智之举。

气象报告表明，11 月 7 日的气象条件可能不利于飞行，所以山本决定提前于 6 日召开在东京举行的陆海军讨论会。他带着几位参谋一同乘飞机前往，这些参谋将同军令部作战部人员商讨联合舰队第一号作战令的有关问题。山本指示宇垣随后跟来。由于此次会议，山本失去观看袭击珍珠港前最后一次模拟演习的机会。

由于下了一场大雾，部队只好在佐伯湾集中，而不是在港内军舰上。宇垣在日记中赞赏道：“他们取得了很大的进步，这些进步预示着不久将到来的巨大成功。”当特遣舰队从起飞点返航时，长门号用莫尔斯电码发出：“攻击气势壮观。”源田却不以为然，他认为轰炸试验“非常糟糕”，只有部分炸弹击中目标舰。他后来回忆说：

"那个结果的确令人失望。"

在渊田考核飞行员的本领之时，山本和他的参谋们正从岩国乘上飞往东京的飞机。黑岛又一次拿出他的作战令草案斟酌起来，这儿改一个字，那儿添一个词，力求尽善尽美。山本和渡边坐在棋盘前，渡过了整整3个小时的旅途。

继山本之后到达东京的宇垣，11月7日来到海军省。他看到各部门的人员都在情绪高昂地积极努力工作。接着，他去拜访了军令部的几位要人。最后，他把随从参谋们召集到第一会议室，继续完成联合舰队作战令的最后修改工作。

联合舰队第一号作战令已不仅仅是日本海军部队的战术运用指令，而是一份长远的战略计划。作战令的第一部分，提出了日本将征服和占领的军事目标；第二部分，提出有关巩固和防御反袭击的措施。这份长达百页的作战令还包括了上千个具体细节。简言之，日本的领土野心要求它在太平洋几乎所有的角落同时采取行动，其中包括苏联的沿海各省。从来还没有一个国家制定过范围如此之广的作战计划。

联合舰队作战令震动了东京的作战部，它大大超出该部对日本一旦于1942年春进入战争局势发展的设想。在作战部还未发现该作战令与军令部最初指示的范围相差很大之前，联合舰队的参谋们早已制定出作战令。三代认为该作战令达到了日本扩张主义的顶峰。

作为一名航空参谋，三代对该作战计划特别感兴趣。他是同山本的航空专家佐佐木一道阅读的这份计划。三代本人对其中许多地方持不同看法，其中最根本的一条是，该计划使日本海军冒的风险到达了极为可怕的程度。然而，作战部并未竭力反对山本的联合舰队作战令，因为作战部认为作战令将不会全部实施。首先，作战令大大超出了联合舰队的能力范围；其次，实施如此宏大的计划，军令部有权持否决权。当然，福留和他的部下也该明白，山本一旦干起来，想阻止他，就会像阻挡滚滚向前的洪流一样，是徒劳的。

作战部与山本参谋们之间的会议仅开了一天，会后立即发布了作战令，军令部共印刷700份。作为绝密文件，这么大的印刷数量令人吃惊，军令部和联合舰队的文书军士们共同参与作战令的印刷。作战令起初包括了珍珠港计划，但印刷时被删掉了，只在原始稿中保留了它。值得庆幸的是，草鹿在作战令中对有关夏威夷行动为后代留下了简短的记录：

1. 特遣舰队将在战争开始之际，对可能停泊在夏威夷水域内的美国太平洋舰队，实施突然袭击并摧毁之。

2. 特遣舰队将事先抵达指定的一级战斗准备区。

3. 行动开始日期暂定为 1941 年 12 月 8 日。

上述记录，无疑是特遣舰队的真正使命——摧毁美国太平洋舰队。有关珍珠港行动的一切想法、计划和训练只基于一个出发点：金梅尔的军舰极可能在夏威夷，而不是在别处。

美国海军部的头面人物——各部局负责人——11 月 7 日那天也召开了会议，财政部提出了一份补充预算报告。与会者一致同意，应该停止关于舰船位置测定和天气情况报告的工作。这简直太是时候了，此时罗奇福特的战斗情报组织已经出色地测定出许多日本部队的所在方位，并已接近测出第一航空舰队。11 月 6 日的情报简报，已有日本通信联络大幅度紧缩的报告。

当作战计划在东京最后定稿时，第一航空舰队继续为战争做准备。上一次演习过后不久——11 月 7 日或 8 日——源田从赤城号飞往鹿儿岛，到那儿同鱼雷机飞行员一起研究如何解决遗留难题，鱼雷最初入水深度和命中率。

鱼雷机飞行员都十分沮丧。村田闷闷不乐地说："我们所能做的，仅仅是依靠其他轰炸机的勇敢。"但是，他们还是打起精神，研究出两种解决办法。第一个方案来自村田，即飞机以每小时 100 英里的速度飞行，当高度降为 20 米时，开始投掷鱼雷。这种方法的试验，用的是带有鱼雷鳍的改进型鱼雷。第二个方案是根岸绞尽脑汁想出来的，它要求飞机时速 100 英里，高度 10 米，俯冲角度 1.5 度，使用 91 一 I 型鱼雷。这主要是因为改进型鱼雷不够。

源田指示村田及部下在几天之内，对这两项新技术进行试验，然后前往大村和佐世保为袭击作进一步的准备。村田一丝不苟地执行了源田的指示。令大家吃惊的是，两种方法都出乎意料地获得成功。鹿儿岛海军空战基地的指挥官益户海军中佐（兼赤城号飞行参谋）立即向南云发出一份报喜电报："命中率达 82%。"这一突破性的进展可能发生在 11 月 11 日至 13 日期间，那几天南云正在岩国开会，他是在那儿收到的这封电报。

当赤城号上了解情况的人得知鱼雷试验结果后，都受到了极大鼓舞。源田大大松了一口气，他当即就"感谢上天"，并更加坚定地认为"帮助之手将降临到那些坚持不懈忠于职守的人们头上"。尽管高空和俯冲轰炸机的优秀飞行记录几乎可以完全排除一旦鱼雷轰炸失败、行动不能照常进行的可能性，但是在关键时刻取得的这一胜利，还是大大增加了此次作战的保险系数。

虽然两种试验结果的命中率均为82%，源田和其他计划者还是决定采纳第一种方法，因为它比较容易实施。此外，它要求的飞机速度和高度不至于过多地暴露飞机，而致使它们遭受高射炮火无情的射击。此时，源田完全肯定，如果特遣舰队能够做到出其不意，此次冒险行动定会取得巨大成功。

第四十二章
摇铃和击鼓

日军微型潜艇

11 月 1 日，华盛顿的军政界领导人都为谣传日本将大规模进攻昆明以切断中国运输命脉——滇缅公路一事感到忧心忡忡。陆海军联席会议于 11 月 3 日召开重要会议，对这一问题及其他问题进行讨论。根据马歇尔提供的情报，日本尚未决定其作战方案，但可能于 11 月 5 日做出决策。这份情报极其准确，日本订于 11 月 5 日召开的御前会议，的确对此做出了决策。

会上，英格索尔概述有关加强亚洲舰队海上力量的问题，其中包括增派几个潜艇分队驶往菲律宾。这些潜艇自然是来自金梅尔的隐蔽地。但是，失去几艘潜艇并没有引起金梅尔的不满，他一向为人宽厚，相信这些潜艇对亚洲舰队可能用处更大，因为它们更靠近日本本土。

东条上任后，格鲁在东京花费了两周时间研究局势动态。现在已是 11 月 3 日，他准备把自己的意见呈送给国务院，尽管经济冻结引起了种种不便，但日本既未垮掉，也未乱了阵脚。格鲁警告说，日本可能将采取“全力以赴或战或死的方针，日本人要大干一番，冲破外国人的港口封锁，哪怕全民族冒切腹自杀的危险，也绝不屈从于外国的压力”。格鲁和其他工作人员一致认为：“这个可能性不仅存在，而且极可能会变为现实。”

然而，格鲁既未提出妥协原则，也未建议言和条件，他的目的在于让美国政府知道“日本人的思维方式是不能用我们自己的逻辑习惯加以推断的”。他还预言道：“日本与美国的交战恐怕难以避免，日本人的开战方式可能富有戏剧性、危险性和突发性。”

11 月上旬发生的政治事件恰逢日本报界掀起狂热的反美浪潮。宇垣用赞许的口气记录下这个浪潮。11 月 4 日，他在日记中写道：

> 通过摇铃和击鼓，公众被发动起来。当我们注视美国方面的反应时，民众也在准备着。倘若美国方面仍未做出反应，我们将缓和态度，装出我们准备妥协的样子。没有比在未来一周内，我们将要进行的政治及战略活动更为重要的了。

同一天，外务省向野村发来几封透露真情的电报。东乡当然不会把一切真实情况向大使和盘托出，他实际上也做不到。在东拉西扯地说了一些日本的良好愿望和美国的罪恶后，电报继续写道：

> ……这一次我们要表示，友谊是有限度的。现在，我们在做最后一次可能成功的讨价还价。我希望，我们能和平地解决我们同美国的恩恩怨怨。
>
> ……为防止出现任何差错，我要求你严格按照我的指示办事……没有个人解释的余地。

野村几乎还没来得及思索这份不祥电报，东乡又急速发来一份传达甲案分为四部分的电报。在略述各项条款后，东乡继续讲道：

> 我认为……撤离（中国）的问题将是最棘手的……我们的目的，在于转移占领区和军事人员，以打消他们的怀疑……我要求你用尽可能巧妙和令人愉快的语言，婉转地向他们转告说，不定期限的占领并非意味永久性的占领……

这份非凡的电报收到了恰如其分的效果。人们此时才领悟到，东乡为何在这个特殊时刻召见经验丰富的外交官来栖三郎，让他以特使身份前往美国。东条政府依然需要野村作为驻华盛顿的头面人物，但同时也需要一个能力更强的人士做手中王牌。人们也可以理解，为什么美国当局在看完那封从头至尾带有明显欺骗口吻的电报后，丝毫不相信日本政府的诚意。

东乡在甲案发出后，又抛出了乙案。假若日美双方观点产生明显分歧，野村将提出乙案。如有必要，野村可以对甲案提出的撤离、三国条约和歧视问题做一些相应的补充说明。

美国海军在同一天——11 月 4 日——注意到一个颇有意义的迹象，并汇报到金梅尔、哈特和包括布洛克在内的一些海军指挥官那里：日本似乎要撤出其在西半球的所有商船。情报专家埃利斯·M·扎卡赖亚斯认为，商船撤回日本"是战争就要开始的迹象"之一，海军情报机构"早已认识到这一点……"

东乡接二连三地向心绪不宁的野村发来指令。11 月 5 日，他给大使发来的电报，规定了最后期限："由于形势所迫，所有为签署协议的准备工作必须在本月 25 日前完成。我知道，这是难以做到的，然而形势迫使我们不得不这样做……"为何是 25 日？因为那天（日本时间 11 月 26 日），特遣舰队将从单冠湾出发。[①] 假若在第一航空舰队开始行动之前达成双边协议，日本可以节省大量的时间、燃料和人力。

华盛顿的当权人士却没有一个人为准备同日本开战而摩拳擦掌。相反，马歇尔和斯塔克于 11 月 5 日向罗斯福递交了一份联合判断书。书中，他们十分肯定地说："目前，太平洋的美国舰队实力不如日本舰队，因此不能在西太平洋进行任何无限期的战略性进攻。"斯塔克和马歇尔还指出："假若日本战败，而德国未败，定局仍不能形成……"因此，"美国与日本之间的战争应该避免，与此同时，应在远东集结防御部队，直至日本进攻或直接威胁对美国至关重要的领土的安全之时"。他们建议"只有在某些特殊情况下，才对日本实施军事行动"，这就是"日本武装力量挑起直接战争，进攻美国、英联邦、荷属东印度群岛等领土或托管地"。

彼此相安无事刚刚一个月，野村和若杉就于 11 月 7 日 9 点拜访了赫尔和他的助手约瑟夫·W·巴伦旦。野村向他们转达了日本政府愿意重新对话的愿望，并向赫尔递交了包括甲案在内的公文。他还要求总统接见，后来接见被安排在 10 日。像往常一样，会见双方从个人角度讲是真诚的，然而赫尔看不出甲案带有任何"新的实质性东西，也看不出日本政府坚持的一贯立场有何改变"。

---

①见第四十八章。

当天下午，罗斯福召集内阁会议。会上，总统首先请赫尔讲出自己的看法，赫尔就国际形势危机一题讲了约15分钟。在谈到与日本谈判的情况时，他强调指出："双方关系异常紧张，我们应该提高警惕，以防日本在任何时间任何地点发动军事进攻。"鉴于日本的军令部和联合舰队刚刚发布作战令这一事实，赫尔的预见的确太准确了。

日本可能在任何时间任何地点发动军事进攻的提醒，对金梅尔没有丝毫帮助。恰好也是11月7日，斯塔克再次写信给金梅尔，令人遗憾地拒绝了金梅尔关于增加驱逐舰，以及北卡罗来纳号和华盛顿号两艘新型战列舰的请求。斯塔克以不安的笔调结束说："局势不稳，太平洋似乎蕴藏着危机……一个月内，危机极可能爆发……"时间恰好是一个月！这个预言简直是准确无误。

最后期限如同擂响的战鼓，激励着许多日本人为之奋斗，但该期限只留出极有限的宝贵时间把潜艇行动编入珍珠港计划。10月中旬左右，原水上飞机供应船千代号船长、现任微型潜艇母舰舰长原田海军大佐，把受训人的注意力引向新加坡和珍珠港，这是首次向士兵们透露他们的真正使命。"当原田大佐告诉我们，要特别注意珍珠港和新加坡时，"坂牧海军少尉这个长着一副讨人喜欢的圆脸、聪明年轻的受训人回忆时说，"我们以为，可能一部分人被派去袭击珍珠港，另一部分人前去进攻新加坡。"

10月底，他们受训结束，放假10天。据坂牧回忆说，休假之后和在返回各自所属的母舰之前，山本在当时停泊在柱岛的长门号上，接见了全体受训人员。山本对他们讲，他们的任务十分重要，对海军意义重大，他们将要参加的冒险行动，远比常规水面作战的成功把握大得多，他们将使老一辈军人相形见绌。因此，他要求他们勤奋、勇敢、尽责。

当那些年轻的受训人在日本各地休假时，第一潜艇分队司令长官佐佐木半九海军大佐接到一份使他吃惊的命令：到吴接收潜艇。这些潜艇当时正在紧急改建，限期11月10日交活儿。甚至吴海军基地负责人都不知道海军将要做什么，更不用说佐佐木了。改建工程包括安装空气净化装置，用于破防潜网的装置，以及电话系统。最令佐佐木迷惑的，是艇身尾部也进行了改造。

出于好奇心，佐佐木去问松村。松村回答说："这个装置使你能够把潜艇开到珍珠港附近，去袭击美国太平洋舰队。"这样，佐佐木几乎在偶然的情况下才弄清他的使命。消息使他震惊，任何人想到采取这样的袭击方式，都会感到惊慌失措。而几乎是等到最后一分钟才告诉他实情，实在有些不负责任。再者，佐佐木对船体是否能承受住那些特殊装置和潜艇自身重量有所怀疑。这些大型潜艇是新营造的，相对而言没有经过什么考验。珍珠港行动中的潜艇行动部分，准备得过于仓促，这一点在佐佐木冷静的大脑中久久不能离去。“太仓促了！太仓促了！太仓促了！”回忆时，佐佐木不赞同地说道。

如果说佐佐木为潜艇参战感到担心，渊田为此就要说忧心忡忡了。11 月上旬，他才从江田岛时的同班同学、潜艇专家澁谷若龙海军少佐那里听说此事。这位飞行队长问涟谷，潜艇能起什么作用？他认为如果空袭成功，潜艇将毫无用处，充其量不过是在一个充满危险的作战计划中徒增的一分危险。

渊田不禁对山本感到有些失望。看来，司令长官不惜冒整个珍珠港计划失败的危险，也要让常规部队在袭击中占一席之地。渊田从未怀疑过微型潜艇官兵们的勇敢和自我牺牲精神，深知即使是他的飞行员们，为天皇尽忠的机会也要超过 50%。渊田从未赞同过潜艇参战的想法，并毫不掩饰自己的观点。

澁谷是一个粗壮、红脸膛、性格开朗的人。11 月 5 日，他接到去第一航空舰队工作的任命，他或许对航空母舰需要一名潜艇参谋感到不解，但从没表示出来。11 月 9 日，他来到赤城号，见到南云及其主要参谋。当天，大石对他谈了有关珍珠港计划的情况。此时，对他的任命已经明了，在这样一场需要互相配合的战斗中，南云需要一名潜艇参谋。

11 月 7 日，苍龙号和飞龙号分别驶向各自的海军基地吴和佐伯。每艘军舰都有专门为其负责修理、保养和供给的基地港，基地里的工作人员对经他们之手照料的军舰感到特别骄傲。日本现在在南云特遣舰队周围编织了一张迷惑人的大网。还像在训练期一样，有人每天在同一时间用同一波长从九州发出伪装通讯。这样做，将给诸如罗奇福特战斗情报组织监听者的印象是：第一航空舰队正在该地区进行常规训练。更重要的是，海军无线电广播天天向南云发出的讯号，与打算在驶往夏威夷途中发出的讯号相同。假如在 11 月 26 日即预订出发日再开始这样做，极有可能使美国人有所察觉，会猜想这一天开始了某件不寻常的事。

11 月 9 日，翔鹤号和瑞鹤号驶进吴，赤城号和加贺号分别于 9 日和 7 日向佐世保驶去。在这几艘军舰逗留期间，罗奇福特手下的监听者准确地辨认出，赤城号是航空母舰的旗舰，并测出它在佐世保地区。他们还于夏威夷时间 11 月 10 日准确地测出吴和佐世保地区还泊有其他几艘航空母舰。

在停泊期间，工人们从航空母舰上卸下所有不必要的物品。从效率和安全角度出发的一切不必要的东西都被毫不留情地卸下来，其目的是让航空母舰轻装上阵，并腾出空间放置更多的燃油，油桶堆放在每个空间、毋需整理的通道和除飞行甲板以外的所有甲板。在以后的 4 天里，南云允许水兵们上岸。那些不明实情的军官和水兵们认为，他们将开始一次常规训练航行，而那些知道真情的人们，此时唯恐泄露机密，甚至担心在睡梦中会自言自语说出来。

源田下达命令，为所有飞机采取防寒措施。在采纳的众多措施中，其中一条是给螺旋桨涂抹一层薄薄的防冻油。特遣舰队可能会在阿留申地区遇上美国巡逻舰队，万一如此，飞行员们就只好在冰冻季节中坚持作战。南云发布了袭击部队I号令，指示他的部队于20日前完成作战准备，到单冠湾集结。一批人事调令也随之发出，其中之一是任命村田为赤城号飞行队长，乡太离开龙骧号到赤城号去。

没有比清水更忙的人了。他也于11月10日拿出了他的远征行动计划。清水的潜艇将负责侦察拉海纳水路、阿留申群岛及南太平洋上的某些战略要地。他的微型潜艇将潜入珍珠港，而大型潜艇将包围瓦胡岛。空袭之后，这些潜艇将对任何企图出港的美国军舰实施攻击。原负责警戒的潜艇将摧毁任何在西海岸和夏威夷之间的美国船只。

从某一方面讲，清水比南云沾光。因为，即使那些最挑剔的战列舰队司令们也同意潜艇出去潜伏的方案，所以清水没有经历过诸如物质短缺或官方不情愿调拨物资等令人苦恼的难题。然而，这个优势对潜艇官兵们没有丝毫益处。清水总共管辖30艘潜艇——25艘一流大型潜艇和5艘微型潜艇。

11月10日，清水在佐伯湾的小鸟号上召集所有分队、中队、各潜艇指挥官开会，屋内座无虚席。松村宣读了官方简介I号，通知与会者说，攻击目标是珍珠港。第二天，11月11日，三和重义海军少将率领着第三潜艇中队溜出佐伯湾，取道夸贾林，直奔珍珠港。该中队的启航时间，恰好是四个11——11月11日11点11分。这个由几艘潜艇组成的中队离开如此之早，是因为它们的活动半径相对小一些，因此必须在马绍尔群岛加油。

在第二航程中，三和将沿着约翰斯特顿和帕尔米拉岛之间的航路离开夸贾林，直奔瓦胡岛。一旦进入目标区，I–72号和I–73号将执行一项重要的使命：在不迟于12月6日（日本时间）之前，完成搜索拉海纳水路，报告有关锚地、茅伊岛西岸及西边不远的拉内岛东岸的所有情况。这些情报，最迟在日本时间12月7日（当地时间12月6日）前电告特遣舰队。倘若美国舰队大部在上述地区停泊，南云将有时间把攻击目标转向拉海纳。

三和的I–74号还另有一项特殊使命。它将在x日那天潜入尼毫岛附近，营救被击落或被迫降在海上的飞行员。其他潜艇将力图在空袭后击沉射程内任何一艘美国舰船。

当山本把联合舰队推向令他担惊受怕的战争时．外表仍像往常一样坚定沉着。然而，他在给朋友堀真吉海军少将的信中却流露出心中的不安。信写于11月11日，即第一批潜艇出发的那天。他在信中说："我发现，我处在一个十分奇怪的位置上——不得不竭尽全力做一件与我的判断力和信念相反的事，这或许是天命。"

那天上午，山本和包括宇垣在内的随从人员乘火车离开东京，前往横须贺。然后，他们乘机飞往岩国航空大队，于13点30分稍过着陆，立即登上前来迎接他们的长门号。当日与次日，岩国集结着各式军舰，除南方舰队之外的所有舰队司令长官、参谋长和资深参谋都乘船或坐车，前来参加联合舰队的作战会议，其中包括南云、草鹿、大石和清水。

13日9点，山本和宇垣离开长门号前去参加会议。山本首先致以特别精彩的开幕词，之后宇垣向与会者简要介绍了联合舰队第一号作战令。会议期间，南云接至来自第一航空舰队有关鱼雷训练出现突破性进展的消息。山本和南云都同意源田的观点，鱼雷试验的成功大大保证了珍珠港袭击的成功。

11月15日9点30分，会议再次开始，议题是陆海军协议。山本代表陆军和海军再次致开幕词。在此次会议上，山本重申一旦袭击前日美谈判成功，他将召回部队。他严厉警告说，就夏威夷行动而言，即使飞机已从航空母舰上起飞，特遣舰队也必须撤回。

在山本启程前往自己的旗舰（约13时）之前，清水与这位司令长官进行了一次私人谈话。山本认为，从珍珠港救出微型潜艇人员有很大困难，如果清水认为微型潜艇这样做等于同归于尽的话，他可以考虑取消行动计划中的这一部分。但清水决定，待他同微型潜艇官兵谈过之后再做定夺。

11月14日，清水第一次来到吴视察潜艇和潜艇官兵，他亲自发给每位军官一份命令。当这些人从他们的司令长官手里接过命令时，既骄傲又兴奋，脸涨得通红。

然后，清水对微型潜艇的任务做了解释。行动计划规定，他们将于x日前1日夜间离开母潜艇，驶至尽量接近珍珠港外的主浮标。这5艘潜艇将于当天夜间进入航道，各自寻找合适的位置，然后潜伏水底。他们必须在空袭开始之前进入珍珠港，但无论发生什么，也不能在X日夜间前采取任何行动。

但是，微型潜艇指挥官岩佐尚二海军大尉请求空袭之后马上发起进攻，而不是等到天黑再开始。因为，在水下停留如此长的时间可能会有危险。更重要的是，他的士兵乘敌人混乱之际发起进攻会取得更好的效果。清水不同意这个意见，因为他认为，白天进攻能活下来的机会微乎甚微，尤其是空袭必将激怒美国人进行残忍的报复。但岩佐仍然坚持自己的意见，其他微型潜艇指挥官也积极支持他的观点，认为应该考虑如何给予敌人最大限度的打击，而不是他们的存活。

在如此高昂的战斗精神激励下，清水同意做此变动。看到这些坚定、年轻的脸庞，他相信袭击定会成功，山本将为他们感到自豪。

现在，海军真的付诸行动了。赤城号载上它的飞机和包括渊田、村田和益户在内的飞行员，于 13 日驶出鹿儿岛。14 日下午，赤城号驶进佐伯湾，南云、草鹿和大石在此上舰。瑞鹤号和翔鹤号分别于 11 月 16 日和 17 日驶往别府，去迎接它们的飞机和官兵。与此同时，苍龙号和飞龙号也在集中它们的飞机和飞行员。

日本人意识到，如此大批的飞机从基地起飞，势必引起相当的关注，为了严守秘密，即使是日本民众，也不能知道特遣舰队的行踪，因此设计了一些假象。几乎在渊田的轰炸机和战斗机离开跑道之时，第十二联合海军航空队的飞机在九州训练基地降落，其目的是继续保持机群形式。日本沿岸各战斗部队尽量让更多的官兵放假，以至在日本人生活的画面里，蓝色军装到处可见。

为了迷惑敌人机敏的耳朵，日本人安排飞机与特遣舰队进行伪装联络。日本人并不打算送假情报让美国人消化，那样做反可能弄巧成拙，适得其反。

这些防范措施十分奏效。11 月 18 日，美国战斗情报组织认为："日航空母舰较平日而言相对沉默。摄津号仍然同那些航空母舰在一起，其他军舰可能在吴附近进行目标演习……"与事实如此接近，然而又如此遥远！美国的情报专家们再一次走到恰好是通向真理的大门，但只是走到门口，便"砰"的一声，把门关上了。

第四十三章

一定成功

日本佐伯湾

“尽管整个世界都在向暴风雨的中心靠拢，可今天的天气真好啊！”宇垣 11 月 15 日在日记中写道。他为日本出现了印度夏天才有的可爱天气感到陶醉，而他所提到的那场暴风雨的真正内涵，天皇在同一天晚些时候也明白了。13 点，帝国大厦司令部内聚集着陆海军领导人，他们坐得整整齐齐，分别向天皇陛下解释未来战争中第一阶段的作战计划。

一些与会者，是刚刚从当天上午召开的联席恳谈会赶来的。此次会议批准了“关于尽快结束对美、英、荷、蒋战争的草案”。为此，会议还制定出一项内容详细的方案，其中包括 1941 年记录在案的一些实属自欺欺人的想法：全面圣战，击败大不列颠和中国，把苏联并入轴心国阵营，以及摧毁美国意志等。

尽管会前已就如何向天皇进行简要汇报做了精心安排，但作战计划仍然解释得十分详尽。裕仁从诸如杉山、永野和其他高级将领那里了解到这一宏伟的战争计划，以及他的海陆军将领们如何实施这一计划的情况。陛下显然提出了几个有关南方战场的问题，但我们不知道他是否问起有关袭击珍珠港一事。日本官方研究文献《夏威夷作战》说，这次重要会议并未涉及珍珠港计划。然而，几位与会者向我们保证，海军当时肯定向天皇呈上了一份作战纲要，尽管纲要很简短。

只有后一种说法才符合逻辑：首先因为裕仁自 10 月底就已知道这项计划；其二，凭借他最高司令官的显赫位置，他有绝对权力支配这样一次简况汇报会；其三，他十分了解海军情况，如果认为他未注意到所呈计划中没提及 6 艘航空母舰、2 舰战列舰、3 艘巡洋舰、整整一个驱逐舰中队以及潜艇和油船，那简直是在说他无能和愚蠢。

日本上空越来越浓的带有预兆的气氛，使美国大使馆工作人员感到焦虑不安。11 月 17 日，格鲁发电给赫尔，提出明确警告，并提到那封令他不安的第三封电报：

> 在强调必须防备日本在与目前中国战争无关地区发动突然的陆地和海上军事行动时，我认为，日本人将可能利用他们现有的军事优势，包括率先进攻和突然袭击。但重要的一点是，我国政府不要（绝对不要）把事先提出警告的主要责任，强加在包括陆海军武官在内的我们的头上……
>
> ……我们所能观察到的陆军和海军的活动范围，仅限于我们用肉眼能看到的。然而，这是极其微不足道的……

格鲁和海军武官史密斯·赫顿，当然不会知道第二潜艇分队已于 11 月 16 日潜出横须贺大型基地，朝珍珠港驶去。分队指挥官山坂海军少将自 1917 年进入军界后，一直默默无闻，他手下的那几艘潜艇的历史也可以追溯到 20 世纪 20 年代。它们应当装备现代化，但横须贺海军基地仅仅来得及让这些潜艇能够投入战斗。山坂将在远离中途岛的东北方航行、巡逻和搜索敌人，然后从北边接近瓦胡岛。

一旦进入目标区，山坂便把他的 7 艘潜艇部署在瓦胡岛和考爱岛中间地区，以及瓦胡岛和英洛凯岛中间海域。空袭之后，他们将严密注视美国太平洋舰队，并用鱼雷攻击碰到的任何美国舰船。在南云率领特遣舰队在北太平洋灰色海域里披浪前进的 10 天前，清水的第六舰队的一个分队，就作为山本夏威夷冒险行动的另一个组成部分，嘶嘶响着向东驶去。

同一天，茅原海军中佐也小心翼翼地指挥着他的 I-10 号潜艇缓缓驶出横须贺。他将沿着东南方向前进，经过长时间的海上航行后，到达斐济群岛，对苏瓦港进行观察，然后再朝东北方向前进，直达圣诞岛的萨摩亚。之后，再向夏威夷群岛以东方向行驶，至距旧金山约900英里的海区，观察美国舰队在南部洋面那片广阔的水域里的活动。倘若发现美国战舰，他们将追踪其后，但不能发射鱼雷。他们必须在空袭珍珠港之后才能实施鱼雷攻击。一旦第一枚炸弹在瓦胡岛上空爆炸，他将潜伏在夏威夷和西海岸中间水域，击沉任何企图返回圣迭戈或其他港口的受伤美国军舰。

11月17日8点，长门号在没有护航的情况下从岩国驶出，于13点40分在佐泊湾抛锚。15点，山本和宇垣及其他参谋动身来到赤城号，向第一航空舰队的主要军官做最后一次形势趋向讲话。

飞行甲板上聚集着大约100名军官：南云和他的参谋们，所有指挥官和他们的参谋们，以及飞行队长们。从山本的讲话中，人们不难发现，他并不是到赤城号上来讲千篇一律的鼓舞士气的话。他看上去十分真诚，这是因为他在做即席讲话，而平时他的讲话都是由栗岛和安次起草发言稿。现在，我们已找不到他那次讲话的原文记录了，但他的发言给与会者留下了深刻印象，许多人至今还记得讲话的要点和其中一些原话。他在讲话中，明确希望特遣舰队的各级指挥官，从过分自信的框框里解放出来，充分重视其对手的素质。在1941年间，不仅美国人有轻敌思想，许多日本人对美国也不屑一顾。他们认为，美国外强中干，人民在政治上离心离德，奢侈的生活和颓废的道德观使他们已不堪一击，美国人根本不是吃苦耐劳、纪律严明的日本人的对手。然而，山本认识到，素质优良的巨人有时也会落到上述境地，珍珠港事件将结束这种状况。

山本在讲话中还说："尽管我们希望能够以出其不意取胜，但同时也要准备迎战美国人顽强的抵抗。日本在其光辉的历史上，曾遇到许多强大的敌人——蒙古人、中国人、俄国人——而此次我们将面对的是，最强大也是最狡猾的敌人。"

讲话中，山本还谈到了他的对手金梅尔："这位美国海军指挥官绝非平庸之辈，像他这样年轻资浅的上将，一般不会委以美国太平洋舰队司令这样的重要职务，除非他能干、勇敢、顽强。我们可以预料，他将英勇地予以反抗。再者，听说他目光远大，但又小心谨慎。因此，他很可能已制定出严密的防范措施以应付紧急情况。为此，你等必须对如果袭击不能出其不意该怎么办加以考虑。你们可能将不得不杀出一条血路，才能接近目标。"山本的这句话至少深深地刺痛了两个人——源田和渊田。

"武士道精神，就是要选择势均力敌或本领更强的对手。"山本结束时，提醒与会者，"在这点上，你们无可抱怨——美国相对日本而言，旗鼓相当。"

讲完话，山本缓缓走到渊田面前，默默地握住他的手。海军大将直视的目光表达了他对此次行动的信心。渊田感到，他自己用以回报的目光，同样闪烁着必胜的信心。

之后，与会者来到餐厅举行告别宴会。宴会气氛严肃庄重、甚至有些沉闷。他们吃着象征幸福的干墨斗鱼和象征胜利的胡桃，以天皇的名义，为即将到来的战斗干杯——“Banzai（万岁——译者注）！ Banzai！ Banzai！”

举杯祝愿之时，山本说：“我期待此次行动马到成功。”一般来讲，在战斗即将开始之际，一位日本将军总是说“希望”，而山本用的是“期待”两字。所以，与会者对此印象极为深刻，这里面内含的必胜信念激励着在场的每一个人。

宴会后不久，南云率其参谋来到旗舰长门号做礼节性回拜。全体在场人员再次举杯，预祝未来冒险行动成功。草鹿对宇垣说：“或许我有些迟钝，但我并不认为我们将要干的是什么惊天动地的大事，尽管人人都说它异乎寻常。”宇垣答道：“你能这样认为，就相当不错了，不是吗？”后来，宇垣在日记中，非常哲理般地写道：“如果我们尽力而为，将肯定能得到上天的赐福；即使我们死去了，也将无可抱怨。无论是成功，还是死亡，我们都是为了同一个目标而战。这样想，我们就可以心平气和地听从命运的安排。”不仅草鹿，所有的人都需要从头脑清楚的宇垣所说的“心平气和地听从命运的安排”那里，得到一些启示。

约 16 点，苍龙号和飞龙号在 4 艘驱逐舰的护航下离开佐伯湾，向位于千岛群岛的集结地驶去。此后，其他舰船一艘接一艘地驶出港口，有的沿海岸行驶，有的在离海岸线 100 英里开外的海面上行驶。当飞龙号绕过冲绳岛接近丰后海峡入口时，一名水兵向海里倾倒垃圾失足掉进大海。这个遇难者的上司、一向乐观的平多松沼海军大尉，因此而对前途产生了悲观情绪。当船驶离伊势神宫时，松沼整理干净自己的房间，向神龛鞠躬，以悼念那位失事水兵。

日落时分，苍龙号通过四国南端，向北疾驶而去。陆地从视线中消失了，但过了不久，水兵们再度见到日本国土，那是他们通过伊豆群岛向千叶以东航行时映入眼帘的房总半岛。此时，他们在最后一次眺望着日本本土。山口不是那种感伤地凝视自己国土而浪费时光的人，在驶向单冠湾的航行中，他不断检验第二航空母舰战队在雾中防空、加油和航行的能力。水兵们在航行中始终高度警惕地观察海面动静，因为无线电侦察警告他们，有一艘美国潜艇正在从菲律宾向北移动。

瑞鹤号终于装备完毕，与其姐妹舰翔鹤号一起，威严地驶离别府。瑞鹤号的水兵此时仍然认为，他们是驶往伊势神宫去朝拜。他们以往经常去朝拜，目的是提高士气和消遣散心。直至出海后一两天，他们才发现，此行的真正目的地是单冠湾。

夜幕已降临佐伯湾。赤城号熄灯起锚，在两艘驱逐舰默默地伴随下，像幽灵一样驶向大海。那天夜间，源田在驾驶台上值班。南云关切地望着他，说：“航空参谋，你一定累坏了。谢谢你所做的一切。我在驾驶台多待一会儿，你下去休息休息。”这是南云第一次公开承认这位航空专家所做出的努力。源田非常感动，不知如何表达自己的感激之情，回答说：“长官，我一切都好，如果我说我干了这样一件值得干的工作还感到疲劳，上天是会惩罚我的。”

赤城号沿距海岸100英里的航路前进。在那坝群岛下端，转弯向正北方向驶去。在驶近横须贺、横滨、东京一带时，它停了下来，等待夜幕降临。因为，这一带来往船只很多，它可能被发现。赤城号人不知鬼不觉地驶过了这一地区，在继续北行的路上，也未遇到任何船只。

当气势浩大的舰队驶出佐伯湾时，长门号上的水兵们都挤在主甲板前沿，挥手向特遣舰队的战友们告别。山本在忠心耿耿的参谋们的陪同下，也站在那里。大家既激动又紧张，意识到此次出征对于他们乃至整个日本意味着什么。他们禁不住要想，这些宏大的军舰能有几艘归来？这些好伙伴们中有多少人此次是最后一次见面？山本在那里站了几个小时，直至望远镜里也看不到驶在最后的军舰。

就在特遣舰队启航的当天，太阳丸号载着3位特工人员回到日本。该船沿着南云舰队将来从珍珠港返回时航行的路线，向本土驶来。他们的观察结果，再一次肯定了山本的设想：瓦胡岛以北和以西的空中巡逻极不严密，中途岛地区未见到任何飞机，也未见到任何船只，天气很好，海面条件令人满意。由于担心船靠岸会延误时间，海军省开来一艘摩托艇，把前岛、铃木和松尾接上岸。立花前来迎接，并通知铃木和岛田当天下午到军令部汇报。他们二人穿戴得像踌躇满志的企业家，立即动身前往东京。

14点，他们走进海军省大楼的一间特别房间，屋里聚集着军令部的许多重要人物：永野、伊藤、富冈、佐薙、三代和几位作战部的参谋。来自情报部的一个特别小组，也不耐烦地等在那里，他们是前田、小川、山口、立花等。

铃木率先汇报。他的第一句话就很令人鼓舞：在整个往返旅途中，未发现任何种类的船只。这句话很受听，但它不能排除特遣舰队在去夏威夷的途中有被发现的可能性，仅远征舰队本身的规模，就使航行面临极大的威胁。太阳丸号这样单船航行是一回事，在海面分布达数英里的30艘舰船的航行是另一回事。

对于铃木关于气象和海面条件的汇报，大家都很满意。但没有人能肯定地说，第一航空舰队的航行将会像太阳丸号一样一帆风顺。对袭击珍珠港一向不抱热情的军令部人士们，此时不得不面对这样一个事实：对于11月底和12月初的北太平洋情况，唯一能够肯定的只是它的不肯定性。

尽管情报部拥有获取驻珍珠港美国太平洋舰队情报的来源，但每个人都在认真地听取铃木的汇报。铃木强调说，11 月 2 日星期日，许多各种类型和规模的舰船泊在港内。他还说，他在火奴鲁鲁期间，没有见到一艘航空母舰，但看到很多舰载飞机。

军令部的代表们在听完铃木有关美国空中巡逻情况的汇报后，都松了一口气。空中巡逻的不严密，是美国这个巨人盔甲上的一个裂缝。

铃木此后分析了瓦胡岛上敌人陆海军的部署情况。他估算了美国陆海军的空中实力，重复一遍他和喜多的谈话，并向在场人员出示了吉川绘制的瓦胡岛及其他岛屿的详细军事地图。铃木还谈到吉川填写的那份详尽调查表中的某些内容。

最后，铃木谈到美国的防御能力。即使特遣舰队一帆风顺地到达目标区，敌人也能够在瓦胡岛上空进行顽强抵抗。倘若美国的军事部门提高警惕，严阵以待，日本人将会遇到更大阻力。但如果南云的飞行员能够做到出其不意，获得空袭成功的希望还是很大。

铃木汇报的话音刚落，各种各样的问题就提出来了。伊藤希望知道在 x 日那天美国太平洋舰队是否能肯定待在珍珠港内，金梅尔是否有可能在那个星期日更改惯例。对伊藤的问题，铃木不能给予一个明确的肯定或否定回答，但是他强调说，敌人主力舰只大部每周末都在港内，他在火奴鲁鲁度过的那个周末，它们就在港内停泊。喜多也曾相当有把握地对他说，美舰队数月来一直沿守这一惯例，从未出现过变化。

有人提到拉海纳问题。铃木指出，金梅尔的大型军舰已不使用这个锚地。喜多对他讲，只有驱逐舰和小型军舰才在那里停泊。

富冈询问了有关美国航空母舰的情况，有特殊任务才出发是不是它们的习惯？假如是，特殊任务具体指什么？航空母舰离开珍珠港，是单舰独行，还是成队前往？是否常有颇具规模的支援舰只随同前往？对于这些实际问题，铃木不能给予过多的回答。

福留问，敌人看来是否在搞战备。铃木回答说，瓦胡岛上平日挤满了工作小组，训练演习到处可见。但 11 月 2 日星期日，岛上呈现出一幅截然不同的画面，珍珠港很晚才从晨睡中醒过来，只有为数不多的飞机飞上天空，军官和士兵们享受着周末的闲暇，瓦胡岛平日的紧张被缓慢的散步所代替。喜多曾肯定地对他说，周末休息在夏秋季工作日程中是有明文规定的。

据铃木回忆，永野当时没提出任何问题。相反，他的外表和行动都像一个疲倦的老人，会议期间，他打了好几次盹儿。只是铃木在开始汇报时和后来的提问阶段，他的精神还不错，能注意听会儿。

铃木结束后，岛田开始汇报，他集中谈了实施潜艇攻击的有关问题。他的结论是，潜艇作战的困难很大，特别是微型潜艇。岛田认为，在距珍珠港如此近的地方放出它们，并让其想方设法进入有如瓶口的狭窄水道是相当危险的，因为防潜网能很快将其封锁。再者，日本人必须加倍小心，以防潜艇行动引起美国人注意，致使破坏整个空袭计划。

听完铃木和岛田的汇报，富冈得出的结论是，尽管他们带来的这些情报令人满意，但距保障山本冒险行动的成功还相差甚远。他后来回忆说："尽管我们手中已掌握了美国海军和瓦胡岛军事情况的情报，但袭击珍珠港，至多不过是赌徒走的一步棋罢了。"

会议之后，铃木回到东京自己家中。转天，他来到军令部，与情报部门的几位工作人员一起，核对并整理一切与珍珠港有关的情报，因为，他还有一件需要完成的重要任务。当天夜里，他登上停泊在横须贺的三川的旗舰比睿号，驶向位于千岛群岛的集结地。在特遣舰队驶往夏威夷之前，他将在那里向南云及其参谋人员做一次简况汇报。

在东京开完会后，岛田立即赶到横须贺，把自己的见闻讲给那里的潜艇人员。然后，又同松尾一道赶到吴，向特别攻击部队做报告。两位特工人员，讲到他们在火奴鲁鲁搜集到的有关美国太平洋舰队的情况，以及如何确定方位和进入水道，水的透明度及美国防潜保护措施等。

令松尾大失所望的是，他发现自己不能作为一名微型潜艇员亲自参加袭击珍珠港的战斗，因为特别攻击队订于明日就出发①。在清水的推荐下，佐佐木带着他登上旗艇I-22号，因为松尾掌握着瓦胡岛局势的最新情报。

11月18日清晨，母潜艇自吴驶向龟个首，在那里载上微型潜艇。微型潜艇被放在指挥塔正后方，母艇上的两条铁链把它们固定住，一条电话线把两艇联系起来。这样，微型潜艇的艇长可随时同母潜艇联系。

在一个没有月光的夜晚里，担任特别攻击任务的潜艇，一艘接着一艘出发了，它们就像驼着背的幽灵钻入水里。为安全起见，它们在驶过丰后海峡到达公海前，各艇之间必须保持20英里的间距。它们必须坚持无线电静默，但同时又要保持队形，一旦需要就能彼此靠拢，使用闪光灯联络。然而，这并未成为需要。

I-22号是最后离开的，在约午夜时分，它驶向大海。19日清晨，它途经联合舰队的主力部队。"在佐伯湾以北方向，"宇垣记录道，"我们见到一艘无标志怪模怪样的潜艇向南驶去。经证实，它是第三潜艇分队旗艇I-22号，它的上面载有一艘微

①松尾于1942年5月31日在与其他两名微型潜艇艇员一道参加袭击澳大利亚的悉尼港时战死。

型潜艇……”当I–22号回答长门号询问证明自己身份后，山本的旗舰用信号灯回答：“预祝你们成功。”佐佐木从他的低位艇上用信号回答：“我发誓一定成功。”对此，宇垣印象深刻。他的日记继续写道：

×日的突袭，将完全是一场突然而至的暴风雨。他们给予敌人损失有多少，并不重要。那些满脸含笑登上所在潜艇的年轻大尉和少尉们，带着视死如归的坚定信念。对他们，我们怎样称赞也不过分。这种自我牺牲的精神至今不渝，我们完全可以信赖他们。

微型潜艇参战，自开始就被认为实属同归于尽。飞行员们是带着冷静的头脑和坚定的信念参战，他们愿为成功洒下一腔热血，而不愿为故作姿态而流一滴血。与此同时，主张让那些微型潜艇去做无谓牺牲品的人，似乎太残忍了。人们不禁要问，如果他们给予敌人损失的大小“并不重要”，那么让他们参加训练、装备并把他们送上前线的目的，到底何在？

同日，11月19日，另一艘巡逻潜艇I–26号离开横须贺，到北部海域巡逻。艇长是横田实海军中佐，他成年后的大部分生活是在艇上度过的，曾经历过几乎各种各样的海底使命。相比之下，此次任务来得最急，I–26号直至11月6日才装备完毕，而横田是在此后不久才得知珍珠港计划。因此，他的部下几乎没有时间熟悉装备后的潜艇，更不用说进行任何专门训练了。

三木到横须贺向横田及其他潜艇艇长做了简单的任务介绍，但对计划中的空袭部分未做过多解释。他还指明，开战与否，现在尚不能确定，因此潜艇人员离开基地后，必须非常认真地收听来自本土的无线电广播。横田的具体任务是，侦察阿留申群岛美国海军的活动，然后继续向美国西海岸前进，报告途中见到的任何船只，但不得发射鱼雷，直至空袭珍珠港以后才可以。

11月18日午夜过后，南云的驱逐舰劈波斩浪驶出佐伯湾。凌晨2点钟，秋云号最后一个离开。

“我们满怀期望，某个重大任务在等待着我们。”副舰长千种海军中佐在日记中写道。究竟是什么任务，他不清楚。昨天，在旗舰——轻巡洋舰阿武隈号——上召开的舰长、副舰长和枪炮部门长会议上，只讲了作战大纲和枪炮部门长应如何搞好战备的问题，而没有提到袭击珍珠港。

秋云号所在战队由7艘驱逐舰和油船日本丸号组成。当天晚些时候，各舰加油，但千种感到不痛快：“任务不详，加油时间过长。”他认真地写道。然后，他又简要描绘了一下："军官和水手们在训练课上唱起军歌，我尽最大努力鼓舞他们的士气，嗓子都喊哑了。"

微型潜艇和驱逐舰出发以后，佐世保的工人们仍在拼命工作，把最后一批改进型鱼雷装上加贺号。鱼雷刚从长崎运来，致使这艘航空母舰的出发日期比第一航空舰队的姐妹舰们向后整整推迟一天。为防止这些新式鱼雷在最后时刻出问题，横须贺鱼雷部主任土田海军中佐随该舰出发。大部分航空母舰上都有一定数量的非军事人员，因为这些高空投掷炸弹又细又长，一般轰炸机的投放装置不适宜安放它们，而时间又不允许制造和安装新型炸弹投放装置。因此，工人们乘上航空母舰，在去单冠湾的途中改造投放装置。俯冲轰炸机上类似的改造工程，在离开基地到达佐伯湾以前业已完成。这些工人不知道他们的目的地是哪儿，当特遣舰队向夏威夷进军时，他们将换乘一只油船，在单冠湾等待，直至袭击结束。

谢天谢地，加贺号终于启航了。它急速赶往集结地，去分发那些宝贵的鱼雷，并加入到舰队的行列中去。当它在两艘驱逐舰的护航下绕过九州南部时，收回了从陆地基地飞来的飞机。加贺号沿着距海岸线约50英里的航线前进，像赤城号一样，一路上未遇到其他船只。

为特遣舰队开路的，是高速行驶的国后号炮舰，它前去命令择捉岛邮局停止所有通讯联络。电话、电报、邮局业务，来往该岛的旅行以及所有正常的海上交通将全部终止，使这一地区的居民成了名副其实的囚犯，直到袭击珍珠港后，他们才得以释放。特遣舰队的舰只也采取了特别措施，以防通讯方面出现疏漏。一些舰只，甚至把舰上的无线电发报机电键封住了，免得有人无意触动到它。令船上水兵不解的是，他们领到了夏季和冬季的军装，他们至今仍不知道他们的最终目的地。

在驶往单冠湾的途中，各舰紧张地进行着海上训练。赤城号上，南云为飞行官兵起草训令。他要在单冠湾向他们介绍简况时，把训令分发下去。他让源田修改训令草稿。该训令不含任何技术问题，实际上它不是通常意义上的训令，我们最好称之为激励书。它解释了长期海上空中战术训练的目的，并申明在此危急关头，日本期望每位参战官兵贡献自己的全部力量。源田与渊田商量后，决定由颇有文学天赋的渊田为训令定稿。

然而，比这更为重要的是，山本的告别讲话使源田和渊田颇伤脑筋。他们始终把突袭这一假设作为前提进行训练，而山本在最后一刻却警告他们不要指望出其不意能获成功。因此，渊田、源田和村田聚在一起，苦苦思索。

他们决定，如果担任攻击任务的飞机陷入高射炮火的包围之中，村田所率领的速度较慢的鱼雷机，绝不能像训练时那样首先接近目标，其他轰炸机应赶在前面，造成尽可能多的混乱，把炮火引到上面，使其避开鱼雷机。这样，村田等人将仍能给予敌人以沉重打击。村田反对这项决定，他不喜欢踏着别人开辟的道路前进。但源田和渊田态度坚决，认为生死攸关比村田的虚荣心更重要。

3 个人还制定出一套信号系统，假若袭击者真能做到出其不意，渊田将发射一枚信号弹。这样，村田和他的鱼雷机手们将可以充分利用攻其不备的优势冲上去，在烟雾弥漫空中之前，给予敌人以最大限度的打击。接着，俯冲轰炸机和高空轰炸机再实施攻击。然而，倘若渊田发现美国人有所准备，他就发射两枚信号弹。在这种情况下，俯冲轰炸机将率先轰炸，高空轰炸机随后跟进。当它们把敌人炮火引向高空后，村田的那些易受火力攻击的鱼雷机才能进入战场。

今和泉喜次郎海军大佐率领的 3 艘巡逻潜艇 I-19 号、I-21 号和 I-23 号，组成第二梯队，加强了来自本土的日本战舰的力量。今和泉手下的特殊部队不属清水领导，今和泉也没有参加 11 月 10 日召开的第六舰队指挥官简况汇报会。在 11 月 20 日出发日的 3 天前，军令部的一个参谋（可能是有泉海军中佐）才指示他秘密向单冠湾出发，在那里接受下一步的指令。实际上，海军甚至没给他一份正式命令就秘密地把他带走了。今和泉自然会想象到一定发生了什么不同凡响的事，但万万没有想到是去袭击珍珠港。

与他相反，当佐藤海军少将于 11 月 21 日看到横须贺雨雾中的小山向后退去时，便确切地知道他要去的地方。急需的一些修理工作推迟了他的第一潜艇分队的启航日期，因此该分队是最后一个离开本土的战斗单位。现在，他的 4 只潜艇终于向东北方向驶去，航线几乎与第二潜艇分队的一样，在阿留申群岛和中途岛之间，并肩负同样的使命。

清水满意地看着他的潜艇上路后，便返回加取号。该旗艇在加罗林群岛的特鲁克抛锚，停留至 12 月 2 日。此后，清水和他的部下将驶往夸贾林，在那里待至空袭之后。山本冒险计划中最欠考虑的，是让清水的潜艇作为第一个全体出动的海军单位，驶向目标区。

一触即发

从出发地到目的地

11 月中旬，日本海军为掩盖其航空母舰所在位置而发出的伪装电讯信号，搞乱了美国情报机构的阵脚，但罗奇福特战斗情报小组仍然掌握着大量有关日本潜艇的情报。罗奇福特的报告表明，潜艇正在向东移动，他准确地追踪清水，一直到马绍尔群岛，日本人在向南集结的情况也没有躲开他们的注意。这一迹象，使罗奇福特感到焦虑不安。他在作证时说："约 11 月 1 日开始，我们便知道有什么事情正在进行中。"他当时不能准确地判断日本人究竟在干什么，尽管这一切与日本武装进攻海南岛，及其后来进攻印度支那的情况相似。

然而，瓦胡岛完全失去了日本航空母舰的线索，对支援舰只的情况也迷惑不解。例如，11 月 15 日，罗奇福特把战列舰第三分队的比睿号和雾岛号以及驱逐舰第一中队与南方部队混在一起。第二天，罗奇福特的部下把瑞鹤号测定在马绍尔群岛的贾卢伊特里，尽管有许多人对此持有异议。

当金梅尔谈到日本航空母舰失去行踪时，莱顿说：“类似这样的情况经常发生。一般对此的推测是，它们可能在港内停泊。”他后来解释说：“当监听不到航空母舰的行踪时……它们极有可能在港内停泊，因为它们此时用的是低频低功率的电讯呼号，难以监听到……只有当它们重新在海上航行，定向仪才能查明它们的方位……”

因此，瓦胡岛的海军情报机构不祥地预感到，日本海军要做一件不同寻常的事情。窃听器操纵员注意到，日本的通讯联络变得“非常复杂，他们一遍又一遍地发同样的电讯稿……”然而这一切，都是日本人精心策划的骗局。

可是，瓦胡岛上的美国陆军却认为他们能够控制局势。11 月 14 日的一次试验，表明夏威夷有能力发觉 80 英里以外舰载飞机在海上的发射起飞，并在 6 分钟内驱逐机便能够起飞，在距珍珠港约 30 英里处拦截入侵轰炸机。肖特的通讯主任卡罗尔·A·鲍威尔陆军中校写道：“所有在场的将军们都非常高兴……”

有一位没有随大溜为夏威夷现状唱赞歌的官员，是司法部副部长诺曼·M·利特尔。他在 11 月 14 日写给罗斯福秘书马文·O·麦金泰尔的信中，对夏威夷领导层的能力深表疑虑：

> 和平时代，对这个“太平洋上的天堂”的任命是一回事，但是……在太平洋形势日趋紧张的情况下，就必须任命那些能干、勇敢、无畏的指挥员，他们必须能够当机立断。我的印象是，这里的各个方面都很薄弱……海军司令部指挥官海军上将（布洛克）是一位心地善良、见多识广的老绅士，已年过 60。这位在美国国旗下担任海军最令人激动职位的指挥官，每晚 9 时 30 分就上床就寝。正如他对我所言，他“过了这个时间，头脑就不清楚了”。而指挥陆军的上将（肖特）也已年过花甲，是个经验丰富值得尊敬的人……

金梅尔对华盛顿未能采纳他的建议，以及未和他保持情报交流，感到十分恼火。后来，他坚持认为“这些一再的推三阻四……以及海军部坚持把重点放在大西洋的一贯策略”，对于他“不能预料到 12 月 7 日自天而降的空袭，有很大关系”。11 月 16 日，他再次写信给斯塔克，心情显得相当急躁：“在前几封信里，我向你阐明了太平洋舰队的要求。我们的要求是实事求是的，应该立即予以满足。我看到物资和人员在向大西洋调拨，他们那里无疑需要这些，但我必须坚持说，应对太平洋舰队的需要给予更多考虑。”

恰恰就在这个时刻，埃利斯·M·扎卡赖亚斯的适时汇报被人忽视了。扎卡赖亚斯当时任巡洋舰盐湖城号舰长，对情报工作十分感兴趣。大约就在那几天里，一个名叫柯蒂斯·B·芒森的人，带着海军作战部关于对此人“一切公开”的指示来到夏威夷。来人问扎卡赖亚斯，假如发生战争，夏威夷或西海岸的日本居民发生武装暴乱怎么办？来人还想知道，这种情况发生的可能性有多大？扎卡赖亚斯对这种可能性的存在表示怀疑，因为同日本人的战争“定将以空袭我舰队开始，因此日本人的战备一定是在绝密情况下进行，所以……在美国或在夏威夷的日本人，不会知道战争的爆发时间”。珍珠港事件后，扎卡赖亚斯要求并得到了芒森对此次谈话的作证。芒森还补充说，扎卡赖亚斯当时还认为，“这样的袭击，符合他们（日本）历史上不宣而战的程序”。

扎卡赖亚斯几次找作战计划部的索克·麦克莫里斯，想谈出他的意见，但得到了毫不客气的拒绝。这位情报专家没再继续坚持，他理解为：倘若上级愿意听他的见解，会找他谈的。

野村也于 11 月 14 日，把自己的意见整理成一份简明扼要说理透彻的意见书。他在结尾时这样说：“我认为，如果日本局势允许，请再耐心等待一两个月，以便对世界形势有更清楚的了解……”野村在 11 月 14 日，还要求耐心等一两个月，显然他不知道他的国家已计划于 12 月 7 日开战，更不知道将以袭击珍珠港开始。到此时此刻，野村已数次上书大谈有关美国长期保持强国势力、憎恨三国条约、支持中国和英国，以及美国人民基本上是同心同德等。这些唠叨，必定使他成为外务省感到讨厌的倒行逆施之辈。

11 月 15 日，野村同赫尔会面结束后，十分绝望地向东乡提议，假若谈判破裂，日本执意“要走一条完全不受约束的道路，就请着手做关闭使馆和召回大使的准备”。但他的电报清楚地表明，他不希望爆发日美战争，更不愿看到战争即刻爆发。他还说：“目前，德国和美国存在同样的局面……”即德美之间尽管未正式交战，但外交关系相当紧张。

然而，东京并不想看美国的脸色行事。11 月 15 日，东京再度电告野村说：“无论形势如何，第七三八号电报中提出的日期（华盛顿时间 11 月 25 日）绝对不能更改。因此，务请说服美国认清形势，使其于该日期前，在协议上签字。”要求野村在 10 天内打破僵局，劝说美国为日本签署一张空白支票，这显然很荒谬。

那些致力于“魔术”工作的人们，把力量集中在截获外交电报上，却放过了一封那一年中最有意义的最能暴露日本人意图的电报。11 月 15 日，东京责成其驻火奴鲁鲁领事馆：“鉴于日本和美国之间极为严峻的双边关系，请不定时地向国内汇报港内舰只停泊情况，每周汇报两次。尽管你们非常清楚应严守秘密，但仍请多加小心。”

不幸的是，海军直到 12 月 3 日才译出这封意义重大的电报。然而，即使剩下的时间也足以让华盛顿提醒夏威夷的保卫者们。这封电报用如此简练的语言来表达如此重要的事情，简直前所未有。这是东京唯一的一次用如此多的字，向领事馆谈到日美关系问题。在陆军和海军已截获的源源不断的电报中，这封电报本身的内容足以使它及火奴鲁鲁领事馆受到特殊的关注。东京要求领事馆每周提供两次情报，表明了他们目前的兴趣所在，而要求做不定时的报告，显然是为了避免建立一种习惯模式。在该电报的末尾，东京方面告诫领事馆“严守秘密……多加小心”。当一只狐狸已在鸡笼，人们还需要比这更充足的证据吗？然而，我们手中没有任何关于这封电报在华盛顿引起哪怕是极小震动的记录，更谈不到关于它曾促使某人向金梅尔或肖特透露此情报的记录了。

但是，华盛顿并没有蒙头睡大觉。麦科勒姆早在 11 月上旬就安排他的办公室 24 小时昼夜值班。他认为美国与日本关系异常紧张，战争迫在眉睫。他还认为，倘若日本向美国开战，将以袭击我舰队开始。

海军情报办公室于 11 月 1 日至 15 日期间的半月情报综合，反映出麦高伦的一些观点：“美日关系面临危机，在近一时期内，给远东其他方面的发展蒙上了一层阴影。”显然，没有人期待来栖此行能够成功。“据报，特使本人对此，同样表示极为悲观……”但是，不能说海军情报办公室的其他成员也同意麦高伦关于日本将袭击美国舰队的推测，因为这份冗长的情报综合没有这样表示出来。恰恰相反，它表示日本在“印度支那”还“没有能强大到足以进军云南乃至泰国的地步”，联合舰队现仍滞留“在日本领海内，绝大部分在内海”。

如果华盛顿对东京 11 月 15 日发给喜多的电报稍稍予以注意，吉川就将无法完成那封电报所下达的任务。自 11 月 15 日，吉川几乎天天去侦察太平洋舰队，每天画出一张港内停泊舰只的位置和移动的特别图。吉川早在 10 月起就开始销毁存放在喜多办公室的秘密文件，从那之后，他经常剔除卷宗里的材料。他后来声称，这样做不过是为腾地方而已。当然，他也承认身边存放过多的文件有一定的危险。无论怎样解释，大量地销毁文件保证了他一个月后当消息传来时，只需销毁数量很少的文件。

吉川侦察后所得到的印象是，太平洋舰队像和平时期一样行动，未显示出特别的警觉，也没有想到要做一些伪装，每逢周末舰队仍然返回珍珠港，并允许众多的官兵登岸。这一切对日本十分有利。尽管吉川曾是一名水兵，但他为美国人的这个惯例感到痛惜。他认为，政治局势如此严峻，而美国海军却恪守常规时间表，简直不可思议。

令人奇怪的是，国际形势愈不好，吉川就愈安全。11 月 7 日之后，希弗斯告诉菲德勒说，他知道“整个间谍网集中在日本领事馆周围，但是外交豁免权妨碍我进行调查，我要做的任何事都可能引起公开争端而导致战争”。

恰恰就在此时此刻，夏威夷海区情报办公室的梅菲尔德开始了一件可以使吉川行动告吹的事，更确切地说，它可以让山本的珍珠港计划付诸东流。梅菲尔德一直试图弄到日本领事馆来往电报的复制本，但没成功。11 月中旬，美国无线电公司经理大卫·萨尔诺夫来到夏威夷，梅菲尔德通过萨尔诺夫的关系，“间接地从该公司的文件中得到一些情报”。我们无从知晓萨尔诺夫是否和如何同自己的良心做斗争的，但据推断，他身为后备役陆军上校，其爱国主义之心必定战胜了他的法律顾忌。这样，美国战斗情报组织终于得到了它窥视已久的东西。然而，幸运之神仍然偏爱日本人。领事馆出于公正的原则，把自己的业务按月分给火奴鲁鲁的各家无线电公司。很不凑巧，麦卡无线电公司负责处理领事馆 11 月份业务，而不是美国无线电公司。

日本领事馆使用的是 J-19 外交密码，而不是紫码。用麦科洛姆的话讲，罗奇福特是“我们海军内最出色的密码员和无线电行家，并且精通日语”。如果他在华盛顿解出 J-19 密钥 12 小时内收到该密钥，他和他的人马应该毫无困难地解码，并译出来往于东京和火奴鲁鲁的电报。

形势就像一个头脑敏锐的精灵，在开一场带有喜剧色彩的玩笑。日本海军采取了严密措施以保障通信安全，而外务省却像聊家常似地把机密泄漏出去。尽管日本人在搞无线电伪装，夏威夷战斗情报组织还是抓住了它的许多重要规律。假若莱顿和罗奇福特能够坐下来研究一下摆在他们面前已截获的电报，以及罗奇福特监听到的点滴情报，他们极有可能揭开山本的秘密。假若罗奇福特能同时在麦卡无线电公司和美国无线电公司得到日方电报内容，就极可能在 11 月下旬从“炸弹弹着点标示图”系列中，揭示日本的最新动向。12 月初，自日本发来的电报数猛增，综合分析后，应能摸出日本的企图。

与此同时，国务院予以日本特使来栖全面合作。为了方便来栖，安排原订 5 日离开香港的快速运茶帆船推迟至 11 月 7 日才启航。来栖外表上是个美国人心目中典型的日本人——又矮又瘦，在那副必不可少的眼镜后藏有一双深沉的眼睛，小胡子，两道刷子般的斜眉毛，总是透着惊异的表情。日本希望从他的此行中得到什么？除去施放烟幕弹，别无所求。而谁又能知道来栖对本国近期计划又了解多少？

来栖乘坐的船在到达中途岛时，机器出了故障，因此多停留了一两天。之后，船驶往火奴鲁鲁。该船到达火奴鲁鲁的时间是 11 月 12 日 16 点 35 分，贝克内尔前来迎接来栖。“哦，您就是贝克内尔上校！”来栖抬头看着面前身材高大的美国人，高声说道。接着，他向贝克内尔转达了他的一个好朋友的问候。两个人驱车绕过珍珠港，从后道驶向夏威夷皇家旅馆。汽车绕开珍珠港，并没有逃过来栖的注意。途中，来栖问："假如我们两国之间不幸发生战争，您认为夏威夷的日本人会采取什么态度？"

贝克内尔居高临下看着来栖，不无讥讽地回答："特使先生，我正想问您同样的问题！"接下来是短暂的沉默，特使似乎在考虑这句话的意思。贝克内尔又严肃地问："特使先生，您是否认为您在华盛顿可以做出一些努力，以防止我们两国之间出现更多的麻烦？"来栖同样严肃地答道："坦白地讲，我不知道。但是，我真诚地希望我能做些什么。"

来栖于 11 月 15 日 13 点 30 分抵达华盛顿。同一天（东京时间 11 月 16 日）外务省发电给野村，就他 14 日发来的出色报告，给予极令人不安的答复：

……你一定知道我们非常感谢你所做出的努力，但帝国的命运将于几天内做出决定，因此务请更加努力……依你之见，我们应该耐心等待，以观战争发展动向。然而……形势不允许等。我已在第七三六号电报中明确谈判期限，它不能更改……

这样，东京再一次坚持 11 月 25 日这一限期。15 日，外务省向华盛顿和其他几个日本驻外使馆发出指示，要求一旦发生紧急情况，立即销毁密码机。

17 日 10 点 30 分，野村把来栖介绍给赫尔。国务卿第一眼就不喜欢这个新特使。尽管有个人偏见，但赫尔还是称赞来栖"自来到美国后，处理与公众关系"的方式，他还表达了他和他的助手们对日本大使的敬意和信任。3 位外交官来到白宫，等待 11 点钟的总统接见。总统和他们的交谈，长达 1 小时又 15 分钟，却没有任何进展。罗斯福引用威廉姆·詹宁斯·布赖恩的话，"朋友之间不会把话说尽"，才使野村感到一丝安慰。

赫尔、野村和来栖于 18 日再次会谈，讨论如何恢复日美邦交正常化问题。由于日本仍然同德国搅在一起，致使谈判陷入僵局。赫尔甚至暗示："一旦希特勒得逞，他将最终侵略远东，欺骗日本。"来栖反对说，他的国家不能"废除三国条约，但可以做些为三国条约增光的努力"。最后，野村提出是否可能把局势恢复到日本进入南印度支那和经济冻结之前。赫尔对此表示失望，指出从法属印度支那撤出的军队，可以"转移到其他地方，进行一些同样令人讨厌的活动"。但是，他答应同英国和荷兰讨论这个提议。在两位日本人面前，赫尔脸上毫无表情。然而，他显然从这个权宜之计中看出，几乎没有可能让日本从全面出击的军国主义立场走出来，而采取一种更富理性的态度。

假若日本外务省希望同美国保持和平，为何不尽快采纳野村的建议？野村的提议从表面上看，是一个可以接受的权宜之计，双方都放弃了一些实质性的东西，以此表示各自的真诚与信任。搬掉两个棘手的障碍——日本从法属南印度支那撤军，将消除东南亚地区对同盟国最直接的威胁，而美国的经济解冻也将消除日本人最大的不满。

然而，不幸的是，东条政府与美国保持和平，是严格建立在全部并同时接受日本条件基础之上的。更为严重的是，东乡对于野村采取绝对禁止的灵活外交极为不满。18 日，野村和来栖向本国发电，热情详细地解释了野村的权宜之计。但在此之前，外务省就已发电训令野村，安排那些还未登上特别船的日本人马上撤离回国。然而，东京未向野村和来栖透露这样一个事实真相：由龙田丸号负责的第二批撤退侨民的航行是彻头彻尾的欲盖弥彰。该船订于 12 月初离开日本，但东行几天后又返回横滨，这种做法对船上的美国人和那些在美急待回家的日本人都同样是一个大骗局。无论如何，那封催促撤退侨民的电报，足以使任何大使感到焦虑，也足以使任何优秀的战斗情报军官警觉起来。

11 月 18 日，东京发给火奴鲁鲁喜多的电报也应该产生同样的效果。电文如下：“务请汇报下述地区舰只停泊情况：‘N’地区、珍珠港、马尼拉湾、火奴鲁鲁（原文为斜体字）及其附近地区（侦察时秘密进行）。”“马尼拉湾”后又被划掉，可能情报部原意是“马马拉湾”。

美国陆军直至 12 月 5 日才译出和处理完这些已截收的领事馆来往电报。美国人破译了 J-19 密码，并非意味他们能自如地读懂电文。密钥天天在换，为了译出电报，破译员不得不埋头于一大堆电稿之中。用 x 先生的话说，这个工作“实在难啃”。尽管如此，被耽搁的主要原因，是因为它们是用平信寄往华盛顿的。它们虽然姗姗来迟，却仍能向华盛顿提供颇有价值的信号：日本人仍然对珍珠港内金梅尔舰队停泊的准确位置感兴趣，也不会有人忽略了电文强调的“秘密进行”的字眼。

倘若日本人发现美国战斗情报组织非常了解“松村”，他们会感到吃惊的。贝克内尔多年后说：“他（指松村）和他的出租汽车司机，跑遍了那个该死地方的各个角落”。但是，由于此人像一个观光者在观光，又未破坏政府财产，所以未受干预。

贝克内尔几乎每次都参加喜多在领事馆举行的聚会。这样的聚会通常是只有男子参加的社交活动，“到处摆有苏格兰威士忌酒，艺妓负责倒酒”。贝克内尔深入到敌人领地的全部收获，不过是畅饮免费苏格兰威士忌以及对奥田的敬意。贝克内尔认为，奥田“精明强悍，足智多谋”。

接到东京来电后，喜多当即用吉川 11 月 18 日撰写的详细报告答复东京。吉川的报告详细精确，富于建设性。然而，真正在美国海军情报办公室和陆军情报部引起忙乱的，是外务省 11 月 29 日发给野村的电报：

……万一发生紧急情况（断绝我们之间的外交关系）和切断国际通讯，下述警告信号将被增加到每天的日语短波新闻广播中。

（1）日美关系危急：东风、雨。

（2）日苏关系危急：北风、多云。

（3）日英关系危急：西风、晴。

上述信号，将在广播间歇和结束时，作为天气预报播出，每句话重复两遍。听到上述信号，务请销毁所有密码文件。

绝密。作为紧急情报下达。

东京当即随发一份详述：

当外交关系恶化时，我们将在日常情报广播的开始和结束，增加下列信号：

（1）日美关系："HIGASHI"。

（2）日苏关系："KITA"。

（3）日英关系（包括与泰国、马来西亚和荷属东印度支那群岛）："NISHI"。

上述信号，将在广播开始和结束时重复 5 遍。

向里约热内卢、布宜诺斯艾利斯、墨西哥城、旧金山传达。

东京的"风力"信号，分别于 11 月 26 日和 28 日试播。自此日起，美国陆海军便竭尽全力，企图截获风力实施信号。华盛顿指示罗奇福特在"最有可能使用的频率"上建立监听执勤。因此，罗奇福特派出 4 种语言的军官到亚洲去，"连续 24 小时监听一两个频率及所有已知东京广播，但一无所获"，麦科洛姆作证时说："我们当时都在寻找……"就他所知，"我们一直未放松寻找，直至炸弹落到舰队头上……"

为什么"风力"情报引起如此震动，而对更具意义的"炸弹弹着点标示图"系列的反应却非常冷淡？这是珍珠港事件中的另一个不解之谜。华盛顿当然不需要日本外务省通知美国与日本之间的外交关系"危急"。

金梅尔和布洛克收到亚洲舰队 11 月 28 日发来的电报后，才知道"风力"一事。

电报还提到："英国和其他盟国也在对此进行监听。"驻爪哇的美国陆军高级代表也收集到这一情报，并于 12 月 3 日向迈尔斯汇报。他的报告是唯一使用"战争"这一字眼的报告。他的报告里有这样一句话："日本将在其对外广播中，最后以气象报告的形式，通知其驻外使领馆有关战争的决策……"或许是爪哇把可能出现的最坏结果用以解释日本人的措辞，或许是外务省在提醒其远东驻外使节时使用比通知野村更为有力的语言，东京曾在通报 7 月 2 日御前会议时的确这样做过。

美国驻巴达维亚总领事沃尔特·福特，于 11 月 4 日用近乎煽动性的措辞报告——"倘若危机导致最坏结果……倘若危机的威胁存在……"但随后又用平淡的口吻，把冷水泼到整个局势上去："对此，我认为没什么了不起。我对形势持怀疑态度，自 1938 年以来，经常存在类似的局势。"

珍珠港事件的其他任何细节，都不如"风力"情报引起的反响强烈，但是否收到了实施信号？日本似乎根本未用过这套暗语。东京与华盛顿之间的正常通讯，直到珍珠港遭袭击时还在畅通无阻，因此没有必要广播"东风、雨"。

"风力"信号的确无关紧要。当人们回忆起那段时光，便可体会到国会联合委员会下列判断的正确性了："假设 12 月 7 日以前的确截收到风力实施信号，我们也认为，它对我国与日本帝国关系中已知的严重局面，不能提供任何新东西。"

假若美国政府得到对东京 11 月 20 日发给火奴鲁鲁领事馆电报多加注意的建议，情况可能会好得多。20 日电报电文如下："绝密。务请广泛调查夏威夷及附近水域的舰队基地。"电报中留有一个单词的空缺，令人不解。但我们可以准确无误判断出，空缺中的单词应是"air"（航空）。日本对美国在夏威夷的空中力量特别感兴趣，若打算成功地袭击舰队，就必须牵制住它。即使忽略空格的存在，这封电报也值得深入探究一番，因为电报无处不在表示日本人对舰队活动的兴趣。

罗奇福特和他的那些忠于职守的部下们此时还在继续努力，企图追踪上日本舰队。但是，自从南云特遣舰队从分散在日本各地的基地纷纷驶向单冠湾后，罗奇福特的目标就失踪了。"战列舰第三分队、航空母舰战队和两个驱逐舰中队始终保持通讯联络……未发现从领海向外移动的迹象。"这是 11 月 18 日的情报综述。种种迹象表明，第二舰队司令长官将"指挥一只由第三舰队、联合空中部队、几个航空母舰战队和战列舰第三分队组成的大型特遣舰队"。

华盛顿麦高伦办公室在同一天提交的情报综述认为：比睿号和雾岛号在吴—佐伯地区；赤城号、加贺号、苍龙号和飞龙号在九州南部；瑞鹤号在吴—佐世保地区；其姐妹舰翔鹤号在台湾高雄，此处旁边注有问号。日本在这场捉迷藏的游戏中得胜了。

罗奇福特找出了一个特殊规律。他认为，日本的重大行动可以从“三个确定阶段”显露出来：第一阶段，“通讯联络量增大”；第二阶段，“由于重组舰船和战斗单位，通讯出现混乱……”；第三阶段，无线电静默随之而来，“无线电静默一旦开始，你就能预感到有什么事将要发生……”。

令人感到吃惊的是，日本几乎没有注意其南方部队的通讯安全，就像他们在世界的那个地区明目张胆地实施扩张主义计划。因此，后来罗奇福特指出：珍珠港和甲迷地区战斗情报组织做出的判断，除有关珍珠港外，完全准确。

没有证据可以表明，当时瓦胡岛上有任何人把日本人行动的危险同珍珠港联系起来。金梅尔时常来到罗奇福特办公室做一些探讨。然而，他们的证词都没有表明，他们的谈话曾涉及锚地里的舰队有遭袭击可能的话题。正如罗奇福后来所言：“那时，没有一个人从珍珠港的角度考虑问题。”对形势做出判断当然不是罗奇福特的事，他的任务是挑选有关材料加以分析总结，然后呈送舰队司令部以供参考。他除去从无线电里搜集情报，没有其他任何情报来源。

金梅尔使索克·麦克默里斯成为了解罗奇福特战斗情报组织工作进展的少数人之一。这位作战计划部的参谋认为，“日本人的兴趣在亚洲地区，他们在那个地区可以更有效地使用他们的全部力量”。他还认为日本袭击珍珠港冒的风险太大，不值一干。他以为日本人会像他一样，去考虑事情的前因后果。更糟的是，他认为袭击“极可能由破坏者或潜水艇来干”。然而，他从未认识到，他所认为不可能发生的袭击真的发生了。

类似的看法普遍存在于陆军官兵中。伍奇·菲尔德也掉进这个陷阱里，不仅如此，这个陷阱还逮住许多比他职位更高、经验更丰富的人士。菲尔德作证时说，他极信任海军，他也知道海军负责远距离空中侦察，并且认为海军的确实施了这样的侦察。甚至，马歇尔也持有诸如此类的想法。总参谋长认为，日本人不会冒险进攻珍珠港，他们将会更稳妥地向南进军。

然而，日本人的计划是同时在两个方向实施大规模行动。为贯彻执行这一方针，东乡对野村和来栖提出的关于暂时解决外交问题的提议，根本不予理睬。他于 11 月 19 日直接训令来栖：“特使……接到经过修改的指令后，务请递交帝国政府的乙案，不得做出任何让步。”

“倘若美国不同意乙案，谈判将不得不宣告破裂……”

野村可能十分恼火。他认为，无论是维持现状或开始军事行动，都将导致“一个充满火药味的局面，最终把我们推向一场武装冲突”。他请求东京推迟 4 或 5 天再宣布撤离在美日本人的船只安排一事："……现在我们正敦促美方早日予以答复。我认为，倘若此时带有内涵地宣布撤离船只于 25 日或 26 日前后启航，将对我们极为不利……"

我们在此毋需补充说明，外务省如何否定野村带有良好愿望和富于理性的提议了。

第二天，11 月 20 日，星期四，这天或许不是递交乙案最策略的日子。正如野村向东京解释的，这一天是"美国盛大的节日，他们称之为'感恩节'。但是，尽管是感恩节，我和来栖还是拜访了赫尔先生，他同意谈判，而且看上去很愉快"。

面对东乡下达的直接命令，野村和来栖不能脱延递交乙案那令人不快的时刻，只好把那份决定命运的提案当面交到赫尔手中。赫尔答应对此做认真考虑，然而他早已从"魔术"那里知道，"该提案是日本的最后提案，或是最后通牒……"。

日本要求得到她所需要的全部石油、经济解冻和终止对中国的援助，但给美国唯一的应允是，日本将从南印度支那撤至北印度支那——即使这件事，东乡也刚刚向野村表示不能做到。无论如何，这个行动等于在东南亚及东印度群岛的动静脉上放上一把匕首。乙案的确提出日本将不再向东南亚和南太平洋进军，但对亚洲大部地区未做说明，尤为明显的是，乙案未提到西伯利亚和中国未占领区问题。况且，日本人对三国条约只字不提，也没有做出不通过新开放的美国贸易渠道去供应希特勒的保证。正如赫尔所言，同意乙案就意味着：

美国宽恕日本以往的侵略罪行，同意日本未来无限制的侵略，放弃坚持以往外交政策中最基本的一贯立场，背叛中国，接受默默无闻的助手地位，去帮助和支持日本在西太平洋和东亚地区建立霸权的行径。

简言之，"日本 11 月 20 日的提案……十分荒谬，任何有责任心的美国官员，在睡梦中都不会接受它"。但是，国务卿当时并没有大吼说绝对不行，因为美国军队需要时间做好战争准备，另一个原因是，赫尔大脑中尚存有雪崩在最后一刻还可能转向的幻想。

第四十五章
一切将会自动发生

两位日本王牌飞行员江草隆繁（左）与村田重治

孤零零的单冠湾位于去择捉岛的途中，是个理想的掩避所，早期海盗极可能把它用作根据地。单冠湾方圆约6英里，提供了面积广大的锚地和完美的隐避地。它的西岸地势平缓，东岸连绵着一座座又高又陡的峭壁，峭壁下是狭窄的圆石海滩。它的北部坐落着一个名叫户下井的有些凄凉的小渔村，零零落落地有几间简陋的房子。南部叫上别，那里没有任何建筑物。特遣舰队到达时，浓雾笼罩着海面，雪断断续续地从灰蒙蒙的冬季天空落下，厚厚的一层白雪覆盖着海岸和伸向远方的山脉。

几天来，南云特遣舰队陆续进入集结地。“15点15分，我们抛锚。”千草在11月22日的日记中写道，“我刮了长长的胡子。单冠湾被我强大的海军舰队占据了。看到这些军舰，我感到信心十足。”千草至此，还不知道夏威夷行动一事。

今和泉率领着3艘潜艇驶进单冠湾。此时，他意识到将要进行某种重大的军事行动。如此多的舰船？将要做什么？当他和3位潜艇艇长到赤城号报到时，便一切都知道了。草鹿告诉他：“你们将作为先遣巡逻队，随特遣舰队一道去夏威夷。”并随即递给他们一些必要的文件和指令。草鹿对他们所讲的计划，后来做了改动，这是由于能见度太低，特遣舰队主力和潜艇之间的通讯联络有困难。

最后一个到达的，是 11 月 22 日满载改进型鱼雷驶来的加贺号。人们以加倍的热情欢迎它的到来，不仅因为它带来了鱼雷，而且还因为它的出现象征着吉祥如意。日本水兵像世界上所有水兵一样，都很迷信，在他们心目中，加贺号是“常胜”之船，因为它曾经历过 1932 年和 1937 年间在中国海上的成功军事行动。

11 月 22 日，南云召集参谋们以及渊田听取铃木的情况报告。20 点，报告会在赤城号上一间守卫森严的房间里举行。屋里，南云放有珍珠港和瓦胡岛的立体模型及收集到的有关攻击目标的材料。铃木除了带来他那塞满数据与事实的大脑外，还带来了喜多在太阳丸号上交给他的地图，一张珍珠港和美国海军部署详图，以及记录着瓦胡岛飞机数目、种类、飞机场和飞机库容量的报告。据铃木讲，这些材料极为详尽地介绍了珍珠港和瓦胡岛的情况，甚至未放过飞机库房顶厚度的数据。

铃木扼要重复了他曾对军令部人员所讲的话，讲到了美国太平洋舰队在珍珠港的部署情况，特别强调舰队每周末返回基地的习惯。他汇报说，福特岛基地上有 5 个 PBY 飞机大队，共约 60 架飞机。当航空母舰停泊在珍珠港时，该基地为舰载机提供机库及训练和修理设备。“卡内奥赫机场也停有 PBY 飞机”，他补充说，“大约有 50 架飞机，另外还有一个机库和停泊浮标。一个战斗机陆地基地，正在营建中。巴伯兹角机场没有机库，它只作为舰载机行动基地使用，那里约有 60 架飞机在训练。”他强调说，希卡姆机场拥有强大的空中力量，估计驻在该机场的攻击部队，拥有 40 架四引擎轰炸机和 100 架双引擎轰炸机。

铃木以喜多在火奴鲁鲁交给他的材料为基地所做出的估计，实际上大大超过了实际数目。希卡姆机场只停有 12 架重型轰炸机（B–17D 型），夏威夷空军只拥有 50 架中型和轻型轰炸机（3 架 B–12 型、32 架 B–18 型、2 架 A–12 型和 12 架 A–20 型），恰恰是铃木所估数目的一半。这些飞机中，除 B–17 型和 A–20 型，其余均为淘汰型飞机。

接下来，铃木谈了有关战斗机的情况。他说，约有 200 架 P–40 型、P–38 型和 P–36 型飞机，以及 70 余架其他型号飞机。显然，如此强大的截击力量完全能够挫败日本的进攻，并给予日本飞机以致命打击，而来犯者却不得不当场同美国驱逐机决一雌雄。事实上，铃木对美国战斗机的估计也是不准确的。马丁共掌握 152 架战斗机（99 架 P–40 型、39 架 P–36 型和 14 加 –26 型），除 P–40 型外，其余全是淘汰型飞机。铃木汇报说，瓦胡岛共有 455 架陆军飞机。然而，夏威夷的全部空中力量，只不过为 277 架军用飞机，其中包括 13 架侦察机。

然后，铃木把话题转向美军飞机的使用情况。他对在座的人说："美国飞机没有在瓦胡岛上空进行大机群飞行的习惯。"这句话对于源田和渊田来说，意味着两种可能性：日本人或许不会遭遇到敌人进行训练飞行的大型机群，如果遇上，这无疑表明美国人已发现进攻者，并让飞机起飞阻击进攻者。因此，每位飞行员必须用鹰一般的眼睛，注视是否有敌人大规模空中活动的迹象。

铃木解释说："美军在瓦胡岛以南和西南地区的空中巡逻还不坏，但北部地区的巡逻，一般来讲不太好。"这一点，与其他渠道而来的情报基本相符。对于南云来说，这固然是个再好不过的消息了，因为他将从北面靠近珍珠港。铃木结束时说："海军 PBY 飞机早饭前后开始巡逻，午饭前返回，然后再起飞，太阳落山前返回。根据我本人的观察和从火奴鲁鲁搜集到的情报，我完全可以肯定，美国侦察机在太阳升起之前不开始巡逻，巡逻也不会持续到日落之后。"

这是最最重要的情报，是山本计划成功的关键。火奴鲁鲁领事馆早已提供这一情报。在 9 月份的图上演习中，山本及其同事们就基于此点进行了部署。美国人显然自夏末至今几乎未改变其巡逻模式。如果一切能按计划进行，南云的第一攻击波将在敌人开始巡逻之前从航空母舰上起飞，那么进攻便成功在望。

铃木做报告时，南云自始至终像一尊木偶一样，纹丝不动地坐在那儿，眼睛直勾勾地盯着面前这位特工人员。铃木结束报告后，南云对四个问题表示极为关切：（1）途中或目标区内是否有被发现的可能性；（2）瓦胡岛敌人的警惕程度如何；（3）珍珠港内找到美国舰队是否容易；（4）敌人报复的可能程度如何。铃木不能全部消除南云的疑虑，只能重复他对军令部人士说过的话："看来，一切对特遣舰队有利。"

铃木汇报中唯一的不和谐音，是缺少有关美国航空母舰的准确情报。源田和渊田向他直截了当地提出了迫切需要知道的问题："珍珠港内有几艘航空母舰？它们的行动、日常规律和部署情况如何？"铃木的回答不尽人意："就我个人而言，未见到一艘航空母舰。但据最新情报，珍珠港内泊有 3 艘航空母舰，它们像金梅尔的其他舰只一样进出该地区。"

上述回答，就其数字来讲是准确的，但就其行动来讲不太确切。航空母舰行动的不可预估一直令吉川头疼。倘若找不到航空母舰，前景将会很不妙，因为这会导致一系列问题的出现：倘若它们出港了，攻击是按计划继续进行，还是特遣舰队先侦察该地区，以寻找失踪的航空母舰？假如第一航空舰队途中遇到一艘或几艘美国航空母舰，是应该见到就打，还是等待来自东京的绿灯？

可以预料，源田和渊田都同意无论有无航空母舰，均按计划实施攻击。假若航空母舰在途中遇到特遣舰队，他们将必须见机行事，尽管两位飞行专家倾向无论何时何地只要发现它们就打的意见。正如他们所见，南云舰队离开单冠湾后，战事随时可能发生。在外游荡的美国航空母舰特别令南云不安。在以后的日子里，这些航空母舰总是缠绕在他的脑海中，制约着他的思维和行动，其他任何难题，都未像这个问题一样，令他放心不下。

铃木不能做出这样或那样的保证，他的报告是特遣舰队得到的最后一次直接的情况报告。正如草鹿所言："我们认识到，在我们去夏威夷的途中，火奴鲁鲁向东京提供的源源不断的军事情报，随时可能被人为地中止。我们还意识到，即使军令部收到有关珍珠港的最新情报，也极可能不能及时送到北太平洋我们的手中，以至于在袭击开始的那个早晨不能利用。"

倘若南云得知他的航空母舰同样令美国海军头疼，或许会感到一些满足。美国战斗情报组织完全失掉了第一、第二和第五航空母舰战队的行踪，直至袭击开始后才找到它们。

尽管铃木的报告有空白点，却极有价值，它证实了日本人作计划时所考虑到的各种因素的准确性。然而，它仍然不能使南云从顾虑重重中解脱出来。草鹿从未对想象中的胜利感到乐观，铃木的报告使他更加清醒。对瓦胡岛上美国空中力量的担心使南云和他的参谋长一致同意：进攻只能是一次性。

"我想，那些在北部航行的人们，一定会突然感到很冷。"宇垣在第二天，即东京时间 11 月 23 日的日记中写道。此时，一场刺骨的风暴，在长门号外呼啸。

……倘若美国得知我们目前的决心，它不会不采取措施防备我们。我们不能再浪费时间了……

由于我们丝毫不打算改变主意，一切将取决于美国的态度。假若美国放弃下列主张：它是这个世界的监督人，一切应按照它的意志进行，它还有救。假如它不能认清这一点，便不存在其他选择……

同一天，山本在战前最后一次陆海军领导人会议上讲话。"如果同美国谈判成功"，他强调说，"我将命令所有部队于 12 月 7 日 1 时前返回。命令一到，各舰必须立即撤回。"没有丝毫讨价还价的余地。一些指挥官大着胆子抱怨说，这是一个"难以执行的命令，根本不可能实施”。山本听罢，大声吼道：“数百年来，建立和训练武装力量的唯一目的是维护和平。假如这里有哪位军官认为他不能服从命令，我此时此地就下令让他不要参加此次行动，我命令他马上辞职。”

东乡似乎比任何时候的顾忌都多。他把一只脚踏在制动器上，控制着野村，禁止他提出一切建设性意见，又把另一只脚踏在油门上，催促野村大使在限期内继续活动。“有一些你无法猜测的原因，促使我们在25日前解决日美关系问题……”他于11月22日通知野村说。尽管这样说，他后来还是把限期延至11月29日：“这一次，我们绝对说话算数，即此期限绝对不能更改。期限一过，一切将会自动发生。”

在此紧要关头，美国国务院的政策是“抓住眼前一切救命稻草”，争取时间继续谈判。从11月21日至25日，赫尔及其助手在“全力以赴拟定协议，以阻止日本陆海军在几天内或几周内采取行动……”这些协议，有一条是财政部国际金融专家德克斯特·怀特提出的。摩根索认为这条建议颇有价值，便推荐给罗斯福和赫尔。摩根索和怀特都不知道“魔术”，因此他们无从知道日本人到底在干什么。

陆军和海军对赫尔提出的暂时协议中的个别地方持有保留意见。在讨论中，斯塔克和杰罗代表正在弗罗里达州休假几天的马歇尔发言，认为“该协议从军事角度讲，令人满意”。杰罗在给斯廷森的11月21日备忘录中解释说：“实施协议各项条款将达到我们目前要达到的一个主要目的——避免同日本开战。只要太平洋上能维持暂时和平，我们就可完成在菲律宾的防御准备，并同时能保证我们在物质上援助英国……”他强调指出，“作战计划部愿意再次重申，倘若能同日本签署暂时协议，将能极大保证我们在欧洲战场上的成功。”

然而，其他人不同意这一观点。暂时协议之所以付之东流，是因为中国方面的反对，丘吉尔也同意中国人的意见。在从日本买回几周时间的极小可能性与失掉中国的必然性两者之间做出抉择，并不困难。

在华盛顿发生这些不顺当的事情的同时，金梅尔表示出对珍珠港战斗情报组织愈发感兴趣。金梅尔对罗奇福特在情报综述中所说“应特别引起注意”的日本人行动进行了分析研究。之所以说“应特别引起注意”，是因为“根据以往经验判断，这是开战前的讯号”。按照金梅尔的指示，罗奇福特给海军作战部和甲米地发电，强调指出了日本人“正在准备一次重大的军事行动，行动将马上开始，由大致两个特遣舰队组成……”。罗奇福特给出了集结地点、参战单位、行动方向等情况。他指出，似乎“在马绍尔群岛内集结着强大的武装力量……至少有1/3的潜艇和一个航空母舰战队……”。甲米地情报小组同意罗奇福特的结论，但对航空母舰所在位置持有异议，因为罗奇福特未提供足够的证据，以表明马绍尔群岛泊有航空母舰。

正当美国战斗情报部门试图找出裕仁舰队的行踪时，日本人对美国的武装力量同样感兴趣。宇垣命令部下为一张军事地图着色，然后钉在他的墙上。11 月 24 日，多云，宇垣坐在那儿，两眼凝视着地图，眼睛每停留一处，“就发现那个地方标有红色，这是敌人军队的标志，太平洋真是浩渺无垠啊”。尽管参战的日本舰只已各就各位，但宇垣仍觉放心不下。他在日记中承认：“如果一切能按计划进行，那就是天遂人意。可是……我们的计划从一开始……就似乎有些想入非非。”然而，宇垣最终甩掉了萦绕在心头的疑窦，继续写道：“无论如何，这项战争计划已考虑进诸多的不利因素。倘若我们每一步都考虑得过于认真拘谨，就不要去打仗了。我们需要进行一次大规模进攻，并做好随机应变的准备，坚持战斗，直至胜利。”

11 月 24 日，斯塔克给金梅尔和哈特发来一封密电。他对形势的看法是：

与日本人的谈判，其结果恐怕不会令人满意。我们认为，目前的局势是：日本政府的声明以及他们陆军和海军的行动，都表明他们可能企图袭击包括菲律宾或关岛在内的任何地区。参谋长审阅过本电报，同意我的上述意见，并要求各收报人将此通报本地高级军官。须保密，以防使已很严峻的局面更加复杂化，或加速日本人的行动。

尽管电报内容机密度很高，但金梅尔和哈特早已有所了解。因为，正是他们自己的战斗情报组织向华盛顿提供了有关日本人行动的情报。当然，华盛顿还拥有其他权威性情报来源。

假如金梅尔真的获得了“魔术”截获的东京和火奴鲁鲁领事馆之间的往来电报，特别是 9 月 24 日的“炸弹弹着点标示图”，以及后来诸如由吉川准备、由喜多 11 月 24 日发出的关于各类舰船行动的专业性情报分析电报，金梅尔定会做出有力反应，这是毋庸置疑的。

喜多发来的报告进一步证实了美国海军放弃拉海纳作为主力舰锚地的情报，报告了金梅尔舰队周六和周日在港内停泊的极大可能性，并向日本通报了一个最好的消息，即美国舰队在海上训练的大致地点：战列舰在茅伊岛以南或西南，重巡洋舰“无疑在萨摩亚群岛”，轻巡洋舰似乎在巴拿马。然而，报告只字未提金梅尔的那些捉摸不定的航空母舰的训练基地。

不走运的是，金梅尔、莱顿、贝克内尔、肖特以及他的情报顾问们，均未曾有幸看到这封电报的电文。凡是了解金梅尔的人都会毫不怀疑地相信，他会尽一切力量不让喜多得逞，除非华盛顿在无意中捣乱。即使只掀起一阵暴风雨，领事馆也无人再胆敢看一眼比划艇大的船。因为在那段时间里，日本也不希望瓦胡岛发生公开冲突，以防美国人有所警觉。但这封截获电报像往常一样，用平信寄往华盛顿，于是陆军直至12月16日才把它译出。

罗斯福和他的顾问们都希望尽可能同日本维持长时间的和平。然而，美国每个善于思考的读报人都明白，局势已到了异常严峻的时刻。正如斯廷森后来忿忿然写的那样：

……人们都认为1941年10月和11月存在迫在眉睫的战争威胁是一个不为常人所知的秘密，只有华盛顿当局了解这一内情，是当局使之神秘化。但此见解完全是错误的……与日本的战争迫在眉睫，这在当时是众所周知的事。人们一再受到警告：危机在向我们迫近。

然而，人们并没有被警告：危险在威胁着夏威夷。原因很简单，因为华盛顿方面没有人意识到或怀疑存在这种危险，其中包括总统。总统几乎预估到了所有日本人可能采取的行动，但不能确切地肯定日本人究竟要做什么。

11月25日中午，罗斯福参加战争委员会召开的会议，议题是日美双边关系问题。斯廷森谈到此次会议时说，总统提出“我们极有可能被袭击，或许就在下星期一，因为日本人正是以不宣而战臭名远扬的。目前的问题是，我们应该采取什么措施，如何引诱他们首先开火，而又不会给我们带来太多的危险”。

赫尔对和平解决双边关系不抱希望：“日本人已武装到牙齿。他们多年来一直未放弃侵略活动，长期同希特勒勾勾搭搭。日本人目前对局势的掌握拥有主动权，而我们没有……”赫尔道出了事情的关键，但罗斯福对此却从未弄懂，或许他懂了，但不肯承认。

“日本人随时可能付诸武力，进行新的侵略活动。”国务卿继续说，“保卫我们国家的安全，是陆军和海军的责任。”这句话只是对事实的简单陈述，赫尔并不是在暗示国务院“已放弃通过外交手段，继续努力维护和平的宪法职能”。

赫尔结束时说，依他之见：“我们的防御计划，应该在假设日本人把出其不意作为战略中心的基础上加以拟订。他们可能在几个地区同时开战，其目的是削弱我防御能力及联合防御能力。”赫尔准确无误地道出了日本的战略战术。然而，他从未预料到，日本将要袭击的“几个地区”之一就有珍珠港。在这一点上，为数众多的人犯有同样的错误。

斯廷森关于“首先开火”的著名论断，是所谓修正主义思想流派长期紧追不舍的问题。然而，把这四个字抛开原文单独拿出，一定会给人们造成误解。凡是大量读过有关珍珠港事件历史材料的人士，都不会怀疑美国希望同日本尽可能保持长时间和平这一点。当时，政府希望自己毫无负担地继续支持英国和反对希特勒，尽管这样做会把国家置于支持斯大林的地位。

日本无疑将要开战，那些有权接近“魔术”的人士都了解这一点。因此，问题不在于维护和平或进行战争，这已经不在美国人的控制之中。罗斯福的内阁成员并不都知道“魔术”所描绘的未来，更不用说国会和普通美国人民了。他们不能被告知内情，那样做势必将威胁那个极为宝贵的情报来源。因此，正如斯廷森后来所写的：“弄清日本人是否这样做（首先开火）是必要的。这样，人们头脑中将永远不会产生谁是侵略者的疑问。”

日本人开战，固然不需要华盛顿的鼓励，这是他们的唯一企图，除非他们能够通过美国的外交投降，在 4 天内达到其扩张主义的目的。但是，这在当时绝对不可能。那次战争委员会会议开始整整 4 小时后，南云特遣舰队就从单冠湾出发，踏上了首先开火之路。①

①从特遣舰队出发至袭击后，事件相互之间的影响更为复杂和富有戏剧性。东京时间比夏威夷美国军事时区提前19个半小时，比华盛顿特区的东部标准时间提前14个小时。例如，战争委员会议在华盛顿时间12点召开，夏威夷此时是6点30分，而日本时间则是11点26日的2点。记清时差，将对弄清以后的事件有所帮助。使用军事上使用的24小时计时制，可以避免上午（A.M）和下午（P.M）时间上的相互混淆。）

第四十六章
无论在何处找到

日本航空母舰赤城号

11 月 23 日上午，赤城号上人来人往，一派忙碌景象，南云将在该舰军官起居室举行由各舰主要负责军官参加的特别会议。这里聚集着各航空母舰、战列舰、巡洋舰和驱逐舰的舰长和参谋们，今和泉和他的 3 艘潜艇的艇长、油船旗舰极东丸号的船长也在场。

会议一开始，南云便宣布了令人震惊的消息：“我们的使命是去袭击珍珠港。”人群骚动起来。这是南云首次公开向全体指挥官及参谋们透露他们的进攻目标，尽管在场不少人数月来参与了该计划的制定工作。

南云解释说，此次袭击并非已成定局，倘若日美谈判成功，特遣舰队将受命返航，倘若谈判失败，他们将别无选择，只能去实施袭击。南云要求每个人应竭尽全力，确保任务顺利完成。

接下来，草鹿简述了万一特遣舰队在途中被敌人发现所应采取的措施：倘若敌人在 x-1 日前发现整个特遣舰队，南云将率舰队掉头返回日本；倘若南云及参谋们确信美国人只发现日本舰队的一部分，特遣舰队将根据具体情况，改变航向继续前进；假若敌人在 x- 日当天发现特遣舰队或者在 x- 日之前向他们开火，特遣舰队将必须动用武力实施强攻。

草鹿发言结束时，介绍了每位将要发言的人。大石率先发言，讲解了特遣舰队的编制、横跨太平洋的航线、需要遵守的防范措施及每个战斗单位在这个充满危险的航行中所担负的职责等。然后，他重点解释了南云那天签署的特遣舰队第一号令的要点，该作战令涉及有关特遣舰队往返夏威夷的航线以及全部空袭计划。在场的军官每人收到一份作战令和附加图表，以便会后进行详尽的讨论。作战令里有这样一句话："空袭结束后，舰队将立即撤退，返航日本，待重新装备和补充后，接受第二阶段的任务。"

至此，南云似乎已正式制定出作战方针：打完就跑的袭击术。但这里需要解释的是：南云和草鹿一向认为，一次有 350 余架飞机参加的力量强大的双波进攻，将给予美国太平洋舰队以致命性的全面打击，因此无须再实施第二次大规模进攻。他们早在特遣舰队到达单冠湾前就已做出这一决策。

尽管如此，南云于 11 月 23 日又发布了另一个似乎有些自相矛盾的特遣舰队令——第三号作战令。该作战令指出，飞机袭击瓦胡岛返航后，"应立即准备下一次攻击，舰载攻击机将装上鱼雷"。

"倘若美军陆基空中力量被全部摧毁，我部将立即准备再次攻击，以求最大限度地打击敌人。然而，倘若敌人力量强大，实施反攻击，我二次攻击的目标将直接对准敌反攻击部队。""二次攻击"的提出，是对源田和渊田的让步。

下一位走上讲台的是源田，他的发言持续了约半个小时。他开头便说："此次袭击的基本目标是，摧毁全部美国航空母舰和不少于 4 艘战列舰。与此目的休戚相关的另一个目的，是歼灭美军在瓦胡岛上的空中力量。"他解释说，飞机轰炸的目标，将首先集中在舰队主要单位上。因为假若目标对准珍珠港内的每艘舰只，那么任何舰只都不会受损过大。再者，由于水浅，敌人将会在短时间内修复那些受损不大的舰船。因此，我们此次行动的主要目的将不能得以实现。我们的作战目的是：让美国太平洋舰队在至少 6 个月内不能行动。

接着，源田讲解了作战细节问题。进攻将分两波进行，第一波由渊田直接率领，其中有战斗机和所有类别的轰炸机。第一攻击波，将在瓦胡岛以北约 230 英里处起飞，约 8 点开始实施攻击。第二攻击波，将在瓦胡岛以北 200 英里处起飞，给予第一波炸伤的舰只以致命打击，并且负责摧毁美国空中力量，使之没有报复的能力。

两波飞机完成任务后，将在距瓦胡岛西端西北方向约 20 英里处集合，然后返回各自的航空母舰。之后，特遣舰队将立即准备应付各种可能的反攻击。倘若敌我之间的攻击与反攻击继续深入，日本所有高空轰炸机将换上鱼雷。倘若敌人未实施反攻击，特遣舰队将极有可能对珍珠港再度实施大规模攻击。第二次袭击珍珠港时，将不再使用鱼雷机，只使用高空轰炸机。

源田特别强调进入夏威夷水域不被敌人发现的必要性，任何飞机不得在空袭那天早晨之前起飞，6 架战斗机和 3 架俯冲轰炸机必须在日出至日落间守卫在每艘航空母舰上待命，以应付任何意外事故。

源田重申草鹿先前解释过的有关事项：倘若敌人在 x-1 日前发现整个特遣舰队，舰队将返回日本；倘若美国飞机在 x- 日之前向他们挑起战争，他们将击落敌机；但如果美军飞机未采取任何带有敌意的行动，日本人将不予理睬；倘若敌机于 x- 日那天发现特遣舰队，南云官兵将毫不犹豫地将其消灭掉。

然后，源田进一步解释说，根据计划，军令部将把来自火奴鲁鲁领事馆有关美国太平洋舰队的情报，全部通报给特遣舰队，南云还将在空袭那天早上，接到来自夏威夷水域巡逻潜艇送出的情报。但是，特遣舰队必须建立自己的情报源，以防万一其他两个情报源不能沟通。特遣舰队必须得到最后时刻的敌情报告。这样，源田和渊田便可能在最后一分钟做出相应的战术变动。

源田披露出为达此目的将实施的两个可行性方案，两个方案的实施均要冒很大的风险。现在，我们只谈第二个方案，因为它是实际应用的方案。第一波起飞前 1 小时，重型巡洋舰利根号和筑摩号各发射一架水上飞机。这两架用于侦察的水上飞机，将对珍珠港和拉海纳水道分别进行侦察，飞机驾驶员将对美国军舰是否在其侦察区域内做出判断，并弄清美国舰队各部的确切数目和部署情况，以及观察气象和风力，最后逐一向特遣舰队报告。南云和他的参谋们非常清楚这样做的潜在危险性，即侦察机可能被发现，以及驾驶员在报告时将打破无线电静默。但是，为了得到最后时刻的情报，南云不得不同意这个合算的冒险行动。

源田最后谈的是，留在后方担任侦察和掩护任务的 54 架战斗截击机的具体做法。每艘航空母舰提供 9 架飞机，这些飞机被分成 3 个小队，每队有 18 架。特遣舰队上空应始终有一队飞行，另外两队停在飞行甲板上，准备替换或在紧急情况下随时起飞。第一队飞机将在第二波起飞后立即升空，在空中盘旋飞行两个小时，然后第二小队和第三小队依次升空。在空中飞行的小队中，其中 9 架将在 4000 米高空做巡逻飞行，另外 9 架在 2000 米高空巡逻。这 3 个截击机飞行队的巡逻，将坚持到 x-日的日落之后。

源田的发言结束后，小野起来发言，谈有关未来航行中的通讯问题。他说，无线电发报机的电键必须加封，某些情况下还需要拔掉保险丝；舰队航行期间，只收电，不发电；白天，各舰之间用旗语联络，夜里（夜间在一般情况下，实施严格的灯火管制）用特制聚焦窄光束信号灯联络。

接下来，是南云的航海与气象参谋音次郎发言。他扼要地讲解了有关到夏威夷将采取的航线和特遣舰队的编队问题。参谋们至少设想出了一打以上的不同编队，采用哪种编队将视情况而定。会议快要结束了，所有与会者举杯预祝此次行动成功，为天皇干杯。

午饭后，南云马上在赤城号军官起居室召开另一个会议。到会者，有南云的参谋、山口、原和他们的参谋、渊田及其手下的所有飞行军官。南云首先宣读了源田和渊田在来单冠湾途中为他写好的训令。当那些年轻的飞行军官们得知要去袭击珍珠港时，他们的喜悦心情难以言表。

南云讲话后，飞行参谋开始发言。源田的讲话长达近一个小时。由于在场的人有些未参加第一个会，他又重复了一遍他上午讲话的内容，然后依次讲解他和渊田拟订的 5 个主要攻击方案。这些方案是他们 9 月和 10 月在九州与飞行队长们共同商讨制定的，因此到会者并没有为此感到格外吃惊。源田和渊田要充分利用这个最后的机会，集思广益，进一步完善方案。单冠湾也为南云和他的各有特长的参谋们提供了熟悉未来空袭方案的机会。源田和渊田根据下面 5 种可能，制定出相应的方案：

1. 美国太平洋舰队在珍珠港内；
2. 美国太平洋舰队在拉海纳水道内；
3. 美国太平洋舰队部分在珍珠港，部分在拉海纳水道；
4. 美国太平洋舰队在海上，而且特遣舰队发现了它；
5. 美国太平洋舰队在海上，特遣舰队未找到它。

现在，我们只需要讨论第一个方案，因为它与实际情况相吻合。第一攻击波计划 8 点钟开始空袭夏威夷，第一波共拥有 189 架飞机，其中渊田亲自率领 50 架高空轰炸机，村田率领 40 架鱼雷轰炸机，高桥率领 54 架俯冲轰炸机，板谷率领 45 架零式战斗机。

当村田的轰炸机低空溜进目标区并用鱼雷袭击主力舰时，渊田的高空轰炸机集中轰炸敌舰甲板，板谷的战斗机飞在主力飞行大队之前，以控制空中，然后超低空扫射航空设施，俯冲轰炸机将集中力量轰炸希卡姆、惠勒和福特岛机场，以牵制美军战斗机和轰炸机，防止它们实施反攻击。

第二攻击波继第一波起飞后立即起飞。第二波飞机的飞行速度是此次作战成败的关键。第二攻击波的构成是：岛崎亲自率领 54 架高空轰炸机，江草率领 81 架俯冲轰炸机，进藤三郎率领 36 架战斗机。第二波没有鱼雷机参加，因为鱼雷机已在第一攻击波的轰炸中完成使命，再者第二波实施轰炸时，出其不意的因素已不复存在，如再度实施鱼雷攻击，被激怒的敌人给予鱼雷机的反击对特遣舰队来说失大于得。

岛崎率领的高空轰炸机的攻击目标将是希卡姆、卡内奥赫和福特岛机场。与此同时，进藤的零式战斗机亦袭击上述目标以及惠勒机场，以达到完全摧毁敌人空中力量的目的。源田把极大的希望寄托在村田的鱼雷机上，它们将负责倾覆金梅尔的轻型装甲航空母舰。一旦这些航空母舰落到无助地苟延残喘的地步时，江草的俯冲轰炸机再实施轰炸，让它们浑身是孔满目疮痍，再也不能重振威风。

讲完所有的可行方案后，源田谈到袭击前的空中侦察问题：利根号和筑摩号各有一架侦察机，在第一攻击波起飞前一个小时起飞，分别侦察珍珠港和拉海纳。他的话还未说完，村田就跳起来，对此表示强烈的反对。他坚持认为，侦察机起飞和第一波出击之间隔一个小时太长，此次侦察飞行无论何时实施都是很危险的，但间隔时间从诸多方面而言，是事关整个作战成败的关键。他认为，一个小时足以使美军发觉这场空袭，并做好迎战准备。由于此次袭击在很大程度上依赖出其不意取胜，因此他强烈要求把这段时间减为半个小时。

村田的提议引起一阵热烈的讨论。有几个人认为，一小时是可行的，但大部分人站在村田一边。源田转向小野，征求这位通讯行家的意见。小野对半个小时是否足以把情报送回表示怀疑。但村田声称，出其不意是整个袭击计划最主要和最重要的特点，如果做到出其不意，就无须为空袭成功与否而担心，倘若不能做到，将很难预测什么样的命运在等待他们。

源田打算全面考虑后再向南云提出最后决策。因此，他询问侦察飞行参谋们，是否认为侦察机有可能在空袭的那个清晨在珍珠港和拉海纳上空飞行而不被发现。参谋们一致持否定意见，他们认为美国人有可能击落这两架飞机。这对于筑摩号和利根号侦察机飞行员来说，是个不妙的前景，两位飞行员当时都在会场上。

接着，源田又问渊田，在飞往珍珠港的途中，从接到侦察机报告到向第一攻击波发布最后袭击令，需要多长时间。一向务实的渊田回答说，这要根据当时的情况而定，倘若一切正常，他必须在下达命令以前接到报告，接到报告的时间应稍早于他到达瓦胡岛北端，即实施攻击前约20分钟。他强调指出，假若飞行员在展开前不知道侦察报告内容，其轰炸效果可能会降低。

尽管飞行军官们一致同意缩短间隔时间．但源田还是决定暂时把这个难题放到一边，使会议能继续进行。据推测，他和渊田第二天上午对这个问题又做了研究，然后向南云建议把时间缩短至30分钟。南云考虑片刻后，同意了。

接下来，小野再次谈起通讯问题。他再三强调了保持无线电静默的必要性，航行期间，无线电静默只能在万分紧急的情况下才能打破。渊田下达最后攻击令时，无线电静默可以打破，但此时只有飞行队长能够用无线电联络。小野的方案是，倘若空袭成功，渊田将用信号“脱拉！脱拉！脱拉”（虎！虎！虎！）通知。鉴于此时此刻之前的任何错误行动都将轻易地导致这场空袭失败，因此每一个指挥官都应严禁采取任何敌对行动，直至渊田从夏威夷通过电波发回消息。因为，倘若有人突然开火惊动敌人，日本的全部计划将被轻易地葬送。日本在各个地区实施的战略方针均以此次突袭为主导，因此其他各地的行动均应谨慎地配合空袭珍珠港。小野决定，只有一个例外情况可以打破无线电静默：假如飞机发生引擎故障，飞行员可以发信号，报告其所在方位。

小野强调说，即使空袭已经开始，无线电通讯也必须保持在最小数量。这样，一方面可以避免不必要的混乱，另一方面也是更重要的一方面，可以尽量减少暴露特遣舰队的所在方位。但是，万一飞行员在返回航空母舰的途中迷失方向，可以发信号要求指示。小野正在拟定一套特殊密码供紧急情况时使用。

他的话音刚落，第二攻击波第十一俯冲轰炸机队长千早海军大尉就跳起来反对说：“我反对这个打破无线电静默的计划。在决定日本生死的这场战斗中，无论有什么理由，也不应打破无线电静默。”他转过身来，挑战似地对飞行员们说：“怎么样？如果引擎出故障，我们为什么不能默默地死去？”他还坚持要求航空母舰不应回答任何求助信号，甚至袭击之后。否则，只能帮助敌人找到特遣舰队，破坏整个任务的胜利完成，危及舰队所有人员的安全。其他人都异口同声地说，宁可死，也绝不打破无线电静默。

做出这样一项重大决定后，铃木又继小野之后起来发言，他把前一天晚上向南云和参谋们报告的内容简要地介绍了一下。于是，与会者就有关情报问题，展开了一番短短的讨论。

贯穿下午会议精神和形成5个方案主体的中心思想是：无论在何处找到美国太平洋舰队，都将其彻底摧毁，特别是要摧毁金梅尔的航空母舰，使之不能修复。上至山本下至珍珠港计划的所有策划者都清楚地知道，只要美国航空母舰在太平洋上游弋，日本那广为分散的部队就毫无安全可言。日本人把珍珠港视为美国海上力量一把寒光逼人的利剑，南云舰队必须在它拔出鞘把日本的帝国之梦斩得粉碎之前，就将其砸烂。